U0625984

高职高专金融类"十四五"规划系列教材

商业银行
风险管理与业务合规

SHANGYE YINHANG
FENGXIAN GUANLI YU YEWU HEGUI

主　编　金广荣

副主编　汪彩君　郭延安　金　朗

中国金融出版社

责任编辑：张菊香
责任校对：孙　蕊
责任印制：丁淮宾

图书在版编目（CIP）数据

商业银行风险管理与业务合规／金广荣主编． -- 北京：中国金融出版社，2025.
3. --（高职高专金融类"十四五"规划系列教材）． -- ISBN 978 - 7 - 5220 -
2703 - 6

Ⅰ. F830.33
中国国家版本馆 CIP 数据核字第 2025GN7411 号

商业银行风险管理与业务合规
SHANGYE YINHANG FENGXIAN GUANLI YU YEWU HEGUI

出版　中国金融出版社
发行

社址　北京市丰台区益泽路 2 号
市场开发部　（010）66024766，63805472，63439533（传真）
网 上 书 店　www.cfph.cn
　　　　　　（010）66024766，63372837（传真）
读者服务部　（010）66070833，62568380
邮编　100071
经销　新华书店
印刷　保利达印务有限公司
尺寸　185 毫米 × 260 毫米
印张　19
字数　418 千
版次　2025 年 3 月第 1 版
印次　2025 年 3 月第 1 次印刷
定价　59.00 元
ISBN 978 - 7 - 5220 - 2703 - 6
如出现印装错误本社负责调换　联系电话（010）63263947

前　　言

党的二十大报告指出，"我国发展进入战略机遇和风险挑战并存、不确定难预料因素增多的时期，各种'黑天鹅''灰犀牛'事件随时可能发生"，必须"增强干部推动高质量发展本领、服务群众本领、防范化解风险本领"。

2023 年 10 月中央金融工作会议强调，以加快建设金融强国为目标，以推进金融高质量发展为主题，以深化金融供给侧结构性改革为主线，以金融队伍的纯洁性、专业性、战斗力为重要支撑，以全面加强监管、防范化解风险为重点，坚持稳中求进工作总基调，统筹发展和安全，牢牢守住不发生系统性金融风险的底线，坚定不移走中国特色金融发展之路，加快建设中国特色现代金融体系，不断满足经济社会发展和人民群众日益增长的金融需求，不断开创新时代金融工作新局面。

商业银行是高负债经营企业，如果出现系统性风险，负外部性极大，严重影响人民群众的根本性利益，影响社会安全稳定。如何牢牢守住不发生系统性金融风险的底线，维护人民群众的利益，是商业银行经营中面临的首要问题。懂得金融风险基本理论，能够识别金融风险，掌握金融业务风险点，能采取正确金融风险防范策略和管理措施，是金融从业人员的基本业务素质。扎牢制度防火墙，合规经营、合规操作是防范金融风险最重要的手段之一，每一个部门规章、业务指引、操作规程都是经验教训的总结，金融从业人员必须懂得金融业务法律法规，掌握金融监督管理部门有关业务部门规章，坚守金融机构内部操作规程，用合规手段防范管理金融风险。

本教材以习近平新时代中国特色社会主义思想为指导，以教育行家和行业专家对商业银行业务任务风险点与从业人员合规素养要求分析为基础，结合高职高专金融专业培养方案与专业教学标准设计。本教材主要包括商业银行风险管理与商业银行业务合规管理两大内容，其中商业银行风险管理主要包括商业银行风险基础、信用风险管理、市场风险管理、操作风险管理等内容，商业银行业务合规管理主要包括商业银行柜面交易合规管理、商业银行服务营销合规管理、商业银行经营管理合规实务等内容。商业银行风险管理内容编写主要以金融监管部门制定的风险管理办法和指引为依据，以案例分析、定性分析为主；商业银行业务合规管理内容编写主要涉及商业银行业务中法律法规的理解与应用，以案例分析为主。教材整体内容突出对商业银行从业人员风险管理能力和业务操作合规素养的培养，教材内容的选取紧紧围绕商业银行一线人员的业务操作需要，同时考虑了从业人员对职业素养、知识结构提升的职业发展需要；融合了相关职业资格证书（银行业专业人员资格考试《银行业法律法规与综合能力》科目中风险管理、职业操守、法律法规模块）对知识、技能和态度的要求，增强商业银行各类岗位风险意识、合规意识，提高风险防范能力和自觉合规能力。

本教材在编写过程中得到了浙江金融职业学院凌海波教授的精心指导，课程组老师郭延安副教授、王彦方博士的大力支持，参考了很多的文献资料和案例判决书，对此一并表示衷心感谢！

教材中有不足之处，敬请赐教！

金广荣

2025 年 3 月

目　　录

第一章
商业银行风险与合规概述

SHANGYE YINHANG FENGXIAN
YU HEGUI GAISHU

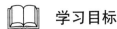 **学习目标**

【知识目标】

◆ 掌握风险的内涵、风险的构成要素、商业银行风险特征、商业银行合规的含义。

◆ 掌握商业银行风险分类标准及其风险分类、商业银行合规依据。

【能力目标】

◆ 能从不同金融企业角度理解风险，能够初步具备商业银行业务合规思维。

◆ 能对不同的商业银行风险进行分类。

【思政目标】

◆ 坚持正确的风险理念，树立正确的价值观和财富观，倡导并践行社会主义核心价值观，坚持正确的价值取向。

◆ 了解商业银行风险特点，培养银行人审慎稳健风险思维，树立职业可持续发展的合规理念，为高质量发展建设共同富裕示范区奉献力量。

◆ 树立崇高的职业发展目标，杜绝"赚快钱"思想，遵纪守法开展金融业务。

◆ 树立正确的风险观，自觉回避违规非法公司和产品，在职业生涯中实现可持续发展。

第一节 商业银行风险与合规概念

一、风险的概念与内涵

案例导入：2024年1月16日，中共中央总书记、国家主席、中央军委主席习近平在省部级主要领导干部推动金融高质量发展专题研讨班上强调，中国特色金融发展之路既遵循现代金融发展的客观规律，更具有适合我国国情的鲜明特色，与西方金融模式有本质区别。

习近平指出，党的十八大以来，中国逐步走出一条中国特色金融发展之路，这就是：坚持党中央对金融工作的集中统一领导，坚持以人民为中心的价值取向，坚持把金融服务实体经济作为根本宗旨，坚持把防控风险作为金融工作的永恒主题，坚持在市场化法治化轨道上推进金融创新发展，坚持深化金融供给侧结构性改革，坚持统筹金融开放和安全，坚持稳中求进工作总基调。

习近平指出，要着力防范化解金融风险特别是系统性风险。金融监管要"长牙带刺"、有棱有角，关键在于金融监管部门和行业主管部门要明确责任，加强协作配合。各地要立足一域谋全局，落实好属地风险处置和维稳责任。风险处置过程中要坚决惩治腐败，严防道德风险。金融监管是系统工程，金融管理部门和宏观调控部门、行业主管部门、司法机关、纪检监察机关等都有相应职责，要加强监管协同，健全权责一致的风险处置责任机制。严厉打击金融犯罪。

习近平指出，推动金融高质量发展、建设金融强国，要坚持法治和德治相结合，积极培育中国特色金融文化，做到：诚实守信，不逾越底线；以义取利，不唯利是图；稳健审慎，不急功近利；守正创新，不脱实向虚；依法合规，不胡作非为。

资料来源：新华网. 习近平在省部级主要领导干部推动金融高质量发展专题研讨班开班式上发表重要讲话（节选）[EB/OL]. [2014-01-16]. https：//www.gov.cn/yaowen/liebiao/202401/content_6926302. htm? slh = true.

案例分析：

（一）习近平总书记在省部级主要领导干部推动金融高质量发展专题研讨班上系统阐述了防范系统性金融风险、金融合规文化等内容。防范化解金融风险特别是防止发生系统性金融风险，是金融工作的根本性任务。

（二）该次研讨学习精辟阐述了金融高质量发展的客观规律，金融监管是防范金融风险重要手段，是系统性工程。金融合规业务经营是金融风险管理的必要条件，商业银行等金融机构应当健全制度体系，让业务有规可依、有据可循，减少业务任意性，加强对业务合规监管，建立严格的追责制度，把从业人员管起来，惩治腐败，把权力关到制度的笼子里，从而降低业务操作风险，减少金融犯罪。

（三）将金融服务实体经济作为根本宗旨。实体经济健康发展是防范化解风险的基础，商业银行是风险管理机构，集中了大量的金融风险。商业银行必须要服务实体经济，服务人民生活，只有这样才能真正平衡发展与风险的关系。

（四）提高商业银行风险防控能力是提高商业银行竞争力、可持续发展的重要条件，是我国商业银行在金融业开放中站得住脚的保证，商业银行必须提炼内功，提升风险管理能力。

内容讲解：

（一）风险的内涵

1. 风险词源。以打鱼捕捞为生的渔民们，出海前都要祈祷，祈祷在出海时能够风平浪静、渔获丰富、平安归来。渔民在捕捞生产过程中，深深地体会到"风"带来的无法预测无法确定的危险，"风"即意味着"险"，所以有了风险。出海遇到大风可能带来船毁人亡，也可能带来高于预期的收益，如台风期间海鲜涨价。

2. 风险的概念。风险一般被定义为"未来结果出现收益或损失的不确定性"，主要涉及不确定性、概率、损失、波动性、危险等。

（1）风险是结果的不确定性。不确定性是指对事物未来的状态人们不能确切知道或掌握，也就是说人们总是对事物未来的发展与变化缺乏信息和掌控力。根据能否在事前估计事件的最终结果，又可将不确定性分为可衡量的不确定性和不可衡量的不确定性两种。从不确定性的角度出发，事物的结果有好有坏，即潜在损失与盈利机会并存。

（2）风险是指各种结果发生的可能性。风险是一种不确定的状态，故而风险与可能性存在必然的联系。风险是以一定概率存在的各种结果的可能性，具有一定的可度量性。风险导致的各种结果出现的概率总是在 0 ~ 1 波动，概率接近于 0，表明发生的可能性越小；概率越接近 1，则说明发生的可能性越大。可能性是对不确定性的量化描述，是对风险或不确定性的进一步认知。风险主要从风险发生概率和风险发生损失幅度的角度度量。

（3）风险是实际结果对期望值的偏离。在投资学中，风险常常被定义为风险因素变化的波动性。市场风险中的利率风险、汇率风险、股票价格风险都是由市场风险因素变量围绕其期望值上下波动造成的，计算期望值和方差（或标准差）则是描述这种波动的常用方法。这种将风险定义为波动性的观点主要用于定义易于量化的市场风险。将风险与波动性联系起来的观点实质上是将风险定义为双侧风险，即不仅考虑了不利的波动——下侧风险，还考虑了有利的波动——上侧风险，风险既是损失的可能又是盈利的机会。双侧风险的定义与单侧风险相比，更符合风险管理的发展方向——全面风险管理，更有利于对盈利制造部门和明星交易员的风险管理，而且还为全面经济资本配置和经风险调整的业绩衡量提供了理论基础。

（4）狭义风险是造成损失的可能性。这种典型的传统风险定义，只重视下侧风险，即损失的可能性，而将盈利机会排除在外。

3. 商业银行的风险偏好。商业银行要审慎稳健经营，确立资本、效益和风险综合平衡的经营理念，促进银行质量安全、高效经营和健康发展的有机统一。商业银行"审慎经营"的本质就是要在依法合规的基础上，将资本、效益和风险综合平衡的经营理念落实到各项经营管理活动中，实现从粗放式经营向集约化经营的根本转变；商业银行"高质量发展"的核心就是要紧紧围绕银行自身的核心竞争力来制定实际的发展战略，明确经营理念、市场定位、发展模式和发展目标，并持之以恒、贯彻到底，促进银行保持平稳、持续、健康的发展方向。商业银行审慎经营从法人治理、风险管理、内部控制、资本充足率、资产质量、损失准备金、风险集中、关联交易、资产流动性等方面着手。《中华人民共和国商业银行法》规定，商业银行以安全性、流动性、效益性为经营原则，实行自主经营，自担风险，自负盈亏，自我约束。"安全性、流动性、效益性"作为商业银行的经营原则，安全性居于"三性"原则的首位。安全性是商业银行生存和发展的前提，银行经营应该首先在保证资金安全的基础上实现利润的最大化。

（二）风险特征

1. 客观性。风险是由客观存在的自然现象和社会现象所引起的，非人的主观意愿所决定。自然界的运动是由其运动规律所决定的，而这种规律是独立于人主观意识之外而存在的。人们只能发现、认识和利用这种规律，而不能改变之，因此，风险是一种客观存在，是无法完全控制和排除的。

2. 必然性和偶然性。从全社会看，大量风险事故的发生是必然的，存在风险因素会导致风险事故的发生。大量风险事故资料的观察和统计分析，发现其呈现明显的运动规律。然而，对特定的个体来说，某一风险事故的发生是偶然的，是杂乱无章的。任一具体风险的发生都是诸多风险因素和其他因素共同作用的结果，是一种随机现象。这种偶然性表现出种种不确定性：（1）风险事故发生与否不确定；（2）风险事故何时发生不确定；（3）风险事故将会怎样发生，其损失多大，也是不确定的。

3. 可变性。风险处于运动、变化之中。风险的变化，主要是由风险因素的变化引起的。这种变化主要来自三方面：（1）科技进步；（2）经济体制与结构的转变；（3）政治与社会结构的改变。风险具有相对性，同一风险因素和风险事故对某一具体业务风险的有关各方（不同的风险管理主体）可能会有不同的影响，甚至是截然相反的。

4. 普遍性。风险具有普遍性，存在于人类生活的各个方面，无时不在，无处不有。任何投资都存在风险，只是风险大小不同而已，如股票可能会被套牢，债券可能不能按期还本付息。

（三）风险的构成要素

风险是由风险因素、风险事故和损失三者构成的统一体。风险因素是指导致风险事故发生的潜在条件，包括物质风险因素、道德风险因素、心理风险因素。物质风险因素又称物理风险因素，是能直接影响事物物理功能的有形因素。道德风险因素是与人的品德修养有关的无形因素，即个人的不诚实、不正直或不轨企图促使风险事故发生，以致引起社会财富毁损或人身伤亡的原因或条件。心理风险因素是与人的心理状态有关的无形因素。它是人们主观上的疏忽或过失，以致增加风险事故发生的机会或扩大损失程度的因素。风险事故是指造成生命财产或资金损失的偶发事件，它是造成损失的直接或间接事件，是损失的媒介物。风险损失是指风险事故发生所造成的损失。

（四）风险与损失

风险是事前概念，是损失或盈利结果的一种可能的状态，在风险事件实际发生前风险就已经存在。损失是事后概念，反映风险事件发生后所造成的实际结果。损失类型可以分为预期损失、非预期损失、灾难性损失。预期损失是商业银行预期在特定时期内资产可能遭受的平均损失，商业银行的预期损失采取提取准备金、冲减利润来处置。非预期损失是商业银行一定条件下最大损失值超过平均损失值的部分。利用统计分析方法（在一定的置信区间和持有期内）计算出的对预期损失的偏离，是商业银行难以预见的较大损失。非预期损失需用资本覆盖。灾难性损失是指超出非预期损失之外的可能威胁到商业银行安全性和流动性的重大损失。对于过度投机造成的灾难性损失一般采用事前严格限制高风险业务和行为的方式进行防范；对于规模巨大的灾难性损失，如地震、火灾等，可通过购买商业保险的方式转移风险。

（五）经济风险

经济风险是指在经济活动中预期目标与实际结果发生背离。在市场经济条件下，经济风险的存在是必然的。一是因为市场经济的内在本质决定了市场经济中存在大量的不确定性，这种不确定性易产生风险。分工与交换是市场经济的内在本质，市场就是不同的产权主体在提高自己经济福利水平的努力过程中所进行的各种分工与交换的总和。在社会分工空前扩大化的条件下，由价值规律所决定的价格机制、供求机制和竞争机制充分发挥作用，单个经济主体的私人生产行为与多样化的社会需求之间固有的矛盾可能导致商品交易无法顺利进行，私人产品向社会产品的"跳跃"出现困难，从而产生生产风险。同时，不同产权主体间的产权转让因利益机制、供求机制和竞争机制的制约，也难以全面有效地合理实现，造成资源配置的低效率或无效率，从而产生交易风险。由于上述两方面原因的存在，产权无法通过交易得到均衡补偿，这就必然导致经济风险的产生。

二是因为契约的不完全性使风险难以避免。契约的不完全性主要是由交易成本、契约双方的有限理性主义和事后机会主义所造成的。契约无法就所有可能发生的情况作出详尽的规定，或者无法用明确的语言描述出双方所预计的将来发生的情况，或者在前两者都能够实现的情况下契约无法为第三方所证实。个体在追求自身利益最大化的条件下，由于交易双方的有限理性主义，他们所作出的具体决策就往往不及时、不全面和不可靠，有时甚至是扭曲的和错误的，从而导致风险产生。所谓"市场失灵"和"政府失败"实质上就是人们有限理性行为下的一种必然现象。同时，在经济主体有限理性行为下，信息不对称必然会产生机会主义行为，有目的地对信息进行加工和扭曲，从而造成风险。高度社会分工条件下的经济活动是以信用化的契约关系为基础来运行的，而不完全契约的普遍存在必然使经济风险无处不在。

三是环境的不确定性导致了经济风险的产生。导致经济风险的因素可归为市场的不确定性和环境的不确定性两类。前者反映的是人与人之间的联系状况；后者反映的是人所面对的自然环境状况，如资源的稀缺性、技术水平、资本存量、经济规模等都属于自然的客观经济环境。在给定前提下，人类对这些既成事实和约束条件无法加以改变，事先也不能准确预料。

（六）金融风险

金融风险是指资本（包括真实资本和虚拟资本）在运营过程中由于一系列不确定因

素而发生的价值或收益损失的可能性，它有狭义和广义之分。狭义的金融风险是指金融机构在经营过程中，因为客观环境变化、决策失误或其他原因其资产、信誉遭受损失的可能性。广义的金融风险是指参与金融活动的个人、企业、政府或金融机构，因客观环境因素变化等金融资产以及金融机构信誉受到损害或出现波动的可能。广义的金融风险突破了狭义的金融风险定义对风险主体资格的规定，增加了自然人、公司企业、金融中介机构以及政府作为风险主体。

金融风险的成因有信息的不完全性与不对称性、金融机构之间的竞争日趋激烈、金融体系脆弱性加大、金融创新加大了金融监管的难度、金融机构的经营环境缺陷、金融机构内控制度不健全、经济体制性、金融投机等。金融从业人员从事金融业务，需要从金融风险成因方面把控业务风险，把金融风险成因作为业务风险识别的重要角度。

金融风险具有广泛的不确定性。系统性金融风险的暴露或爆发会给整个金融体系带来损失，导致金融危机：大量金融机构倒闭，股市崩溃。这种风险的引发既可能是来自国外的冲击，也可能是国内的原因。从宏观经济角度来看，防范金融危机就是指对这类金融风险进行识别与化解。按照危机发生的诱因，一般将金融危机归为三种类型：一是货币危机，是指由于汇率变动，本币大幅贬值，货币当局为平抑汇率波动动用外汇储备和提高本币利率，引起本国经济紧缩，增长速度下降甚至衰退；二是银行危机，是指由于某种原因银行出现挤提或倒闭，引起连锁反应，扰乱经济秩序，酿成经济危机；三是外债危机，是指一国因无力偿还外债，引发一系列经济金融问题。货币危机与银行危机之间的关系是复杂的。在汇率贬值的情况下，若银行持有大量外币负债，就会更脆弱，虚弱的金融部门会削弱货币稳定的基础，而贬值反过来会加重既存的银行部门的问题；当中央银行开动印钞机救助有问题的金融机构时，就又会重复过量发行货币，从而引发货币危机。

经济与金融高度融合，金融在市场配置资源中起着突出作用，是调节宏观经济的重要杠杆，金融安全日益成为国家经济安全的核心。金融机构与金融资产种类越丰富，金融活动对经济的渗透力就越强，经济因受益于金融发展就越快。没有金融安全，最终就没有经济安全和国家安全。由此可见，金融经济已成为现代经济的基本特质。与之相适应，经济风险的集中表现形态也由过去的企业风险转变为以货币和信用为媒介的金融风险，防范和化解经济风险的关键就在于防范系统性金融风险的发生。

（七）商业银行风险的内涵

商业银行风险是指商业银行在经营活动中，由于受事前无法预料的不确定性因素的影响，实际收益与预期收益发生背离，从而导致商业银行蒙受经济损失或获取额外收益的机会和可能性。

银行风险和金融风险是局部与整体的关系，金融风险涵盖了银行风险，而银行风险是金融风险的一个有机组成部分。商业银行在经济发展中的特殊地位和商业银行风险的巨大外在成本，决定了商业银行风险是金融风险防范的重点。

1. 商业银行仍然是经济发展中最重要的信用中介。金融中介最主要的作用是协调资金供求双方的行为，它凭借自身专业化的地位，帮助双方降低交易费用，促使交易达成，从而使总的交易规模得以扩大。

2. 商业银行风险在金融风险中占比最大。商业银行风险与非银行金融机构的潜在风险相比，其数量和程度都更加突出。从风险机制的作用过程来看，外债风险、证券风险、外汇市场风险都直接或间接地以商业银行为载体，最终引发商业银行的信用风险、利率风险、汇率风险、流动性风险等典型风险，并迅速通过银行体系扩展到整个金融系统乃至整个国民经济，造成整个金融体系的动荡。

3. 商业银行风险的两重性使银行风险具有外移的巨大社会成本。商业银行风险的外部性表现为商业银行风险成本的二重性，即不仅包括与一般企业相同的微观成本，而且包括巨大的宏观成本。这种宏观成本包括对交易平衡的影响，对借款者、对支付体系和其他银行信心的影响。具体来讲，一方面，银行破产将使银行向社会提供的有价值的金融服务受到破坏，存款者得不到他们的货币，而借款者得不到信用，支付体系的持续有效职能也将解体，作为对其他银行失去信任的结果，将进一步威胁到银行、金融体系以及货币供应的稳定，最终可能导致金融危机。正因为如此，商业银行与一般工商企业及非银行金融中介不同，不能轻易在市场上自由破产。另一方面，商业银行的资产不易在金融市场上出售，变现能力较低，然而其变现的压力却又随时存在。因此，这种流动性风险使商业银行预防和控制风险损失的成本要高于其他金融中介机构。同时，这种宏观成本还体现在商业银行风险对整个金融体系和国民经济发展的长期影响上。银行危机中的国家不仅要付出高昂的代价，而且金融体系的彻底恢复也需要很长的时间。

二、商业银行风险的特征

案例导入：2022 年 8 月 26 日，中国银保监会批复原则同意某农村商业银行股份有限公司进入破产程序。SY 农商行承接了该银行的人员、网点和存款，各营业网点正常展业，已办理的存折、存单、银行卡等交易介质可以继续使用，各项服务保持不变。该银行全部资产负债已依法厘清并得到妥善处理，存款人和其他债权人利益得到了充分保障。当地银行监管部门认为，该银行等个别机构违法违规经营，出现重大风险，严重破坏了地方金融秩序。按照市场化法治化原则处置高风险银行机构，其目的是保护金融消费者合法权益，尊重市场规律，严防道德风险，维护金融稳定。银行业一直是金融体系中的重要支柱，小型银行的破产事件引发了广泛的讨论，银行破产事件并非遥不可及。这家银行的困境只是银行业普遍面临的挑战的一个缩影。银行业无论规模大小，都需要谨慎经营和有效的风险管理措施。监管机构需要不断改进监管制度，以确保金融体系的稳定和安全。

资料来源：国家金融监督管理总局官网、辽宁省地方金融监督管理局官网。

案例分析：

银行破产的原因在于发生了重大信用风险，不能清偿到期债务，并且资产不足以清偿全部债务、缺乏清偿能力。"冰冻三尺非一日之寒"，银行资不抵债并非突发事件，而是存在已久，但是由于银行的信用掩盖了风险苗头。因此，商业银行风险具有客观性特征，银行经营活动中存在各种风险，不存在绝对零风险业务，即使是商业银行存款业务也存在风险，存在本金损失的可能性。银行经营者与所有者的投机偏好、关联交易都会影响银行的经营风险，从而使商业银行业务存在损失的可能性。银行信用分层会更加显现，资产质量差的银行发行人将面临更大的融资成本和压力。银行风险管理具有传染性，可能会迅速波及其他商业银行机构，引发更大范围的风险。对于商业银行风险处置宜早不宜迟，要加强对风险的监测，牢牢守住不发生系统性金融风险的底线。

内容讲解：

（一）客观性

银行风险的客观性是指商业银行的经营活动总是伴随着各种风险，绝对零风险的业务在商业银行活动中是不可能存在的，其原因如下。

1. 在市场经济活动中，不可避免地存在着信息不对称性。由于信息的不完全性和不透明性，主体进行投资决策时获得的信息并不能做到及时、准确、全面和可靠，这就导致金融主体对金融客体必然缺乏理性的认知，所以作出的某些决策可能是错误的，至少是有误差的，决策的误差就会引起经济活动中金融风险的产生。

2. 市场参与主体总是存在着一定的投机偏好。按古典经济理论，"经济人"的本性就是追求收益最大化以及风险最小化，因而他们可能运用各种投机倒把的机会或违反道德的不正当手段以牟取暴利，如利用政策空白、钻合同的空子、欺诈、谎报、违约等。这些投机、冒险和各种钻营性金融行为的长时间存在势必引起商业银行风险。

3. 金融业务越来越具有交易的关联性与对象的复杂性。金融自由化、全球化趋势使得简单原始的信用交易已经不能满足当今投资者的融资需求，各种各样的金融中介与经纪业务相继出现，而交易对象（金融业务与产品）也日趋多样化，这些都让金融交易变得更加繁杂并引发了银行之间、业务之间相互交织联动的复杂关系。交易中环节越多，出现问题的可能性就越大，这个复杂关系中的任何一部分脱节都会造成巨大的风险，而这种金融发展趋势引起的复杂关系将会长期存在。因此，在金融活动中完全避免风险几乎是不可能的。

（二）可管理

银行风险的可管理是指商业银行风险虽然不可避免，但是市场经济主体可以依据一定的方法理论对其进行事前识别、预测，事中监督防范，并加以规避。

市场经济主体具有控制风险的技术手段和方法。市场经济主体可以利用先进的现代化分析方法，计算出各项与商业银行风险相关的技术性参数，然后根据以往银行风险事件发生的概率、产生的特殊环境，来预期在何种水平参数下发生风险的可能性较大，何种水平下发生风险的可能性较小，从而为风险可控性提供技术支持。现代的金融监管制度是银行风险控制的有效保障和可控性的有力证明。金融监管制度尤其是银行风险监管是对经济主体行为的适当约束，它的存在、健全与创新，可以保障经济主体尽可能降低银行风险发生造成损失的可能性。承认金融风险可管理是建立金融监管制度（如银行监管制度）的前提。

（三）隐藏性

银行风险的隐藏性是指在不爆发金融危机或银行支付"挤兑"的情况下，银行风险表面上可能一直受其信用保障而掩盖可能会造成损失的风险苗头。其原因如下。

1. 由银行的信誉保障而发生的"有借有还、此还彼借"的信用借贷行为被循环往复地执行，使得许多导致损失或者不利的因素让该信用借贷循环被掩藏起来。

2. 银行所具有的信用货币发行和创造信用的功能使得本属于即期应该发生的风险损失，可能由于通货膨胀、借新还旧、贷新还息等手段而得以延迟或暂时被覆盖。

3. 银行由于金融垄断和政府干预甚或政府特权的保护，将一些本已显现甚至正在造成损失的银行风险通过行政行为的压制而暂时消除。虽然隐藏性的存在可以使银行风险暂时不会爆发，为商业银行争取到短期的缓冲和弥补的机会，但是过分依赖隐藏性始终不是银行风险控制与防范的有效手段。

（四）集中性

银行风险的集中性是指由于银行经营的特殊性社会经济生活中的各种风险都集于银行一身，银行成为风险的集散地。其原因如下。

1. 银行经营的商品特殊。银行经营的货币资金是联结社会经济各主体的纽带，社会经济各主体的行为（对货币的需求和供给）及宏观经济环境的变化，都会引起货币资金自身价值的变化，从而引起银行资产价值的变动，给银行带来损失的可能。

2. 银行的业务活动特殊。商业银行具有信用中介职能。市场经济是风险经济，各经济主体置身于充满风险的环境中自求发展。按照市场经济的运行秩序和法律规范，风险各有其承担主体，似乎是井水不犯河水，可事实上，各种风险不可避免地会相互影响。银行的各种业务经营直接面对的是各种经济主体，各经济主体经营活动的成败直接决定了银行经营的成败，银行不但要承担其他企业所应承担的社会和经济义务，更要承担经济发展过程中各种决策偏差的后果。可见，正是由于银行特殊的业务活动，社会上各种经济风险向银行集中。

（五）加速性和传染性

所谓商业银行风险的加速性和传染性，是指商业银行风险一旦爆发，就会产生多米诺骨牌效应，加速对金融体系的震荡和冲击，并迅速传染到其他社会经济主体，引发更大范围的社会经济震荡。之所以如此，是因为各金融机构之间织成非常紧密的信用网络，各经济主体也通过金融机构和金融交易直接或间接地相互依存，一旦某一金融机构出现问题，其相互间的支付链条就会断裂，从而产生债务连锁反应，正常的社会支付机制就会堵塞，甚至中断。比如，一旦某银行不能如期兑付存款，就会引发存款挤兑，并波及其他银行；越是存款挤兑，就越没人愿意存款，挤兑越多，银行存款越少，兑付就更为困难；这进一步又会发生更大规模的挤兑，使银行出现支付危机，逼迫银行硬性收回原有贷款和缩减甚至停止新贷款的发放；信用的急速萎缩，又将引发经济主体资金周转困难而发生债务危机，出现企业的破产倒闭。总之，商业银行风险爆发所引起的连锁反应"步步紧逼"，速度不断加快，具有波及面越来越广的加速性和传染性特征。

三、商业银行合规的内涵

案例导入：2023 年 12 月 1 日，国家金融监督管理总局发布的行政处罚显示，因涉及 56 项违法违规事实，对某商业银行总行罚款 15 242.59 万元、没收违法所得 462.59 万元，对分支机构罚款 6 770 万元；罚没合计 22 475.18 万元。违法违规事实有违反高管准入管理相关规定、关联贷款管理不合规、重大关联交易信息披露不充分、统一授信管理不符合要求、内审人员配置不足、案件防控工作落实不到位、贷款风险分类不准确、发放大量贷款代持本行不良等56项。该银行表示，将认真落实中央金融工作会议精神，坚定践行金融工作的政治性、人民性，始终坚持依法合规、诚实守信、稳健审慎、守正创新的经营理念，坚守风险底线，筑牢内控防线，强化全面风险管理，努力当好维护金融稳定的主力军，为国家金融、经济安全与发展作出贡献。

资料来源：国家金融监督管理总局网站，https：//www. cbirc. gov. cn/cn/view/pages/ItemDetail. html？docId = 1137872&itemId = 4113&generaltype = 9。

案例分析：

商业银行的经营具有特殊性，一方面商业银行的经营对象为货币资金，大量资源集中；另一方面商业银行是高负债、高杠杆经营，其资金来源大部分是存款人的积蓄。商业银行发生风险，具有巨大的负外部性。同时商业银行是一个企业，以盈利为目的，在追求利润的同时必然会涉及利益与规则相冲突的情形、利润与合规相冲突的情形。因此，必须要加强对商业银行合规经营的监管，让商业银行在法律法规和行业主管部委制定的规章范围内经营，加强银行从业人员的合规意识、法律意识，保障商业银行可持续高质量发展。

内容讲解：

（一）合规

合规一词单从字面上解释，合的字义为不违背，规的字义为法则、章程、标准，合规也就是合乎规范的含义。2006年10月中国银监会颁布《商业银行合规风险管理指引》以来，合规理念和合规文化在银行业得到了普及，商业银行也随即开始启动合规建设，取得了积极的效果。为深入贯彻2023年10月中央金融工作会议精神，提升金融机构依法合规经营水平，培育中国特色金融文化，2024年12月25日国家金融监督管理总局发布《金融机构合规管理办法》，自2025年3月1日起施行。根据《金融机构合规管理办法》，合规是指金融机构经营管理行为及其员工履职行为应当符合法律、行政法规、部门规章和规范性文件，以及金融机构落实监管要求制定的内部规范。合规管理部门，是指金融机构设立的、牵头承担合规管理职责的内设部门。金融机构设置多个职责不相冲突的部门共同承担合规管理职责的，应当明确合规管理职责的牵头部门。

（二）合规风险

巴塞尔银行监管委员会于2005年4月29日发布的《合规与银行内部合规部门》文件引言对合规风险的表述为：合规风险是指银行因未能遵循法律、监管规定、规则、自律性组织的有关准则，以及适用于银行自身业务活动的行为准则而可能遭受法律制裁或监管处罚、重大财务损失或声誉损失的风险。《金融机构合规管理办法》中规定合规风险，是指因金融机构经营管理行为或者员工履职行为违反合规规范，造成金融机构或者其员工承担刑事、行政、民事法律责任，财产损失、声誉损失以及其他负面影响的可能性。

（三）合规管理

《金融机构合规管理办法》所称的合规管理，是指金融机构以确保遵循合规规范、有效防控合规风险为目的，以提升依法合规经营管理水平为导向，以经营管理行为和员工履职行为为对象，开展的包括建立合规制度、完善运行机制、培育合规文化、强化监督问责等在内的管理活动。合规管理是商业银行一项核心的风险管理活动。商业银行应综合考虑合规风险与信用风险、市场风险、操作风险和其他风险的关联性，确保各项风险管理政策和程序的一致性。通过建立健全合规风险管理框架，实现对合规风险的有效识别和管理，促进全面风险管理体系建设，确保依法合规经营。国家金融监督管理总局及其派出机构依法对金融机构合规管理工作实施监督管理，检查和评价其合规风险管理的有效性。银行业自律组织依照《金融机构合规管理办法》制定实施细则，对会员单位的合规管理工作实施自律管理。

（四）合规法律、规则和准则的进一步解释

合规法律、规则和准则有多种渊源，包括立法机构和监管机构发布的法律、行政法规、部门规章和规范性文件，以及金融机构落实监管要求制定的内部规范，还可包括更广义的诚实守信和道德行为的准则。合规法律、规则和准则通常涉及如下内容：遵守适当的市场行为准则，管理利益冲突，公平对待消费者，确保客户咨询的适宜性等。同时，其还特别包括一些特定领域，如反洗钱和反恐怖融资，也可能扩展至与银行产品结构或客户咨询相关的税收方面的法律。

（五）合规风险的损失后果

合规风险所导致的损失后果有多种表现形式，既可能是遭受法律制裁，如因违规而被追究相应的法律责任，包括刑事、行政或者民事法律责任，尤其是被监管当局针对违规行为处以相应的行政处罚；也可能是在财务上蒙受损失，例如因为违规行为而不得不支付罚款、赔偿金等直接形成财务损失。或者，虽然违规行为没有直接造成有形的物质损失，但是银行因为发生违规行为而使自身的声誉受到冲击，市场主体和公众对该商业银行的信任下降。声誉损失对于以信用作为根本立足点的银行来说是一种不可估量的重大损失。

 【拓展栏目——思政园地】

为防范化解金融风险提供制度保障（节选）

合规管理是金融风险防控的重要手段。习近平总书记强调："金融管理部门要努力培育恪尽职守、敢于监管、精于监管、严格问责的监管精神，形成有风险没有及时发现就是失职、发现风险没有及时提示和处置就是渎职的严肃监管氛围。""要做到'管住人、看住钱、扎牢制度防火墙'。要管住金融机构、金融监管部门主要负责人和高中级管理人员，加强对他们的教育监督管理，加强金融领域反腐败力度。"

加强金融风险防控能力、提高金融监管质效，必须建立联动监管机制。必须加强与纪检监察部门联动配合，坚决铲除各种金融风险和金融领域腐败问题产生的根源。建立与各级纪检监察机关的联动协调机制，实现定期通报、信息共享、协同查案、合力反腐。加强与公安机关、检察院和法院等部门联动配合，净化金融生态环境。建立打击非法金融活动、打击恶意逃废银行债务和遏制金融案件发生等方面的联动机制。只有这样，才能及早发现金融风险，降低后期风险处置成本；有效防范和化解金融风险，降低风险化解难度；加强金融领域反腐败工作，为金融安全提供有效保障。

资料来源：侯宇尧. 为防范化解金融风险提供制度保障［N］. 人民日报，2020 – 11 – 04（09）.

第二节　商业银行风险种类

一、商业银行风险分类标准

案例导入： 中国工商银行 2023 年年报披露了该银行的风险管理相关内容。2023 年，该行坚持"风控强基"，深化落实"五个一本账"要求，推进全面风险管理迭代升级和落地实施，强化风险管理顶层设计，完善全面风险管理规定等制度体系，建立完善风险管理机制，压实风险管理三道防线职责，提升全面风险管理成效。主要风险管理披露内容包括风险管理组织架构、信用风险、市场风险、银行账簿利率风险、流动性风险、操作风险、声誉风险、国别风险、信息科技与网络安全风险。在年报目录之前，该行还披露了其重要的战略目标、战略内涵，以及使命、愿景与价值观。

资料来源：2023 年中国工商银行 A 股年报，59～75 页。

案例分析：

我国商业银行风险分类标准应当与国际接轨，监管部门采用国际通行标准对商业银行风险进行监管，满足我国商业银行参与国际竞争与国际业务合作的需要，促进我国商业银行高质量发展。

内容讲解：

对商业银行风险的分类可采用不同的标准，相应地，分类的结果也各不相同。例如，按发生的范围，可以将银行风险划分为系统性风险和非系统性风险；按能否量化，可以将银行风险划分为可计量风险和不可计量风险；按银行风险发生和存在的地域，可将银行风险划分为国内银行风险和国际银行风险；根据商业银行所经营的业务种类，可将银行风险划分为资产风险、负债风险、中间业务风险和表外业务风险等；按照商业银行具体业务风险，可将银行风险划分为存款风险、贷款风险、理财业务风险、代收代付业务风险、托管业务风险等；按照商业银行风险发生的诱因，银行风险可分为信用风险、市场风险、操作风险、流动性风险、国别风险、声誉风险、法律风险及战略风险。

二、巴塞尔委员会对商业银行风险的分类

案例导入： 2023 年第一季度，我国商业银行总资产仍保持较快增长，但净利润增速出现较大幅度回调，净息差也进一步收窄，整体经营环境承压。2023 年 3 月末，商业银行整体净息差为 1.74%，较 2022 年第四季度的 1.91% 下降 0.17 个百分点，再创历史新低。商业银行不良贷款总额为 3.1 万亿元，较上季末增加 1 341 亿元，总体保持低增长态势；商业银行不良贷款率为 1.62%，较上季末下降 0.01 个百分点，连续 10 个季度出现下降。拨备覆盖率为 205.2%，较 2022 年同期上升了 4.5 个百分点，风险抵补能力在

持续加强。商业银行核心一级资本充足率、一级资本充足率、资本充足率的平均水平分别为 10.5%、11.99% 和 14.86%，较上年末均有所下降。商业银行整体流动性覆盖率为 149.5%，流动性比例为 62.97%，总体保持稳定。

商业银行不良贷款的产生有各种风险因素，如客户违约产生的风险、政策变化的风险、汇率变化的风险、利率变化的风险等，应当针对商业银行不良贷款发生的具体原因进行分析统计，提高商业银行信贷资产质量。

案例分析：

不良贷款主要是指借款人未能按原定的贷款协议按时偿还商业银行的贷款本息，或者已有迹象表明借款人不可能按原定的贷款协议按时偿还商业银行贷款本息的贷款。贷款五级分类制度按照贷款的风险程度，将银行信贷资产分为五类：正常、关注、次级、可疑、损失。不良贷款是指次级、可疑和损失类贷款。

不良贷款的产生有多方面的风险因素，但主要是经济下行对企业的不良影响或者企业本身经营风险导致。另外，银行贷款管理未实现精耕细作，如贷前调查不深入、贷中审查不落实、贷后管理不到位。不良贷款是商业银行的主要成本费用之一，银行发放贷款时必须充分考虑贷款风险，应当在贷款报价中考虑该部分成本。客户不能依约及时偿还贷款、未依约偿付垫款或者未履行银行担保合同而产生信用风险，是商业银行发生损失的主要原因。因此，对贷款人来说，授信业务的信用风险是最主要的风险，但授信业务风险除了信用风险之外，还有利率风险、汇率风险、流动性风险、操作风险等其他风险。

内容讲解：

（一）巴塞尔银行监管委员会与巴塞尔协议

1. 巴塞尔银行监管委员会。巴塞尔银行监管委员会目前包括中国、美国、英国、日本等在内的 45 个成员，由中央银行和正式负责监管银行业务的当局组成。此外，该委员会还有 8 名观察员，包括中央银行、监管机构和国际组织。该委员会总部设在巴塞尔的国际清算银行，其成立是为了通过提高全球银行监管质量来加强金融稳定，并作为成员国之间在银行监管事务上定期合作的论坛。该委员会作出的决议没有法律效力，但一般仍预期各国将会采取立法规定或其他措施，并结合各国实际情况，逐步实施其所制定监管标准与指导原则。

2. 《巴塞尔协议》。巴塞尔银行监管委员会制定了一系列国际银行监管标准，其中最引人注目的是其关于资本充足率的协定，这些协定俗称《巴塞尔协议 I》《巴塞尔协议 II》《巴塞尔协议 III》。

（1）《巴塞尔协议 I》。1988 年 7 月，巴塞尔银行监管委员会通过《关于统一国际银行的资本计算和资本标准的报告》，简称《巴塞尔协议 I》。该报告主要有四部分内容：资本的分类、风险权重的计算标准、1992 年资本与资产的标准比例和过渡期的实施安排、各国监管当局自由决定的范围。体现协议核心思想的是前两项。首先是资本的分类，也就是将银行的资本划分为核心资本和附属资本两类，对各类资本按照各自不同的特点进行明确的界定。其次是风险权重的计算标准，报告根据资产类别、性质以及债务主体的不同，将银行资产负债表的表内和表外项目划分为 0、20%、50% 和 100% 四个风险档次。风险权重划分的目的是衡量资本标准服务，报告所确定的资本对风险资产比重不低于8%，其中核心资本对风险资产的比重不低于4%。

（2）《巴塞尔协议Ⅱ》。1999年6月，巴塞尔银行监管委员会对《巴塞尔协议Ⅰ》进行修订形成《巴塞尔协议Ⅱ》，并于2006年正式实施。该协议将国际银行业的风险监控范围由单一的信用风险扩大到信用风险、市场风险、操作风险。《巴塞尔协议Ⅱ》作为一个完整的银行业资本充足率监管框架，由三大支柱组成：一是最低资本要求，二是监管当局对资本充足率的监督检查，三是银行业必须满足的信息披露要求。其中，最低资本规定即核心资本充足率标准与《巴塞尔协议Ⅰ》一致。

（3）《巴塞尔协议Ⅲ》。在雷曼兄弟于2008年9月倒闭之后，银行业进入金融危机时杠杆作用过大，流动性缓冲不足，需要从根本上改变《巴塞尔协议Ⅱ》框架。2010年9月12日，巴塞尔银行监管委员会宣布，各方代表就《巴塞尔协议Ⅲ：流动性风险计量、标准和监测的国际框架》和《巴塞尔协议Ⅲ：更具稳健性的银行和银行系统的全球监管框架》（简称《巴塞尔协议Ⅲ》）的内容达成一致。根据这项协议，商业银行的一级资本充足率将由4%上调到6%，同时计提2.5%的储备资本和不高于2.5%的逆周期准备资本，这样一级资本充足率的要求可达到8.5%～11%。总资本充足率要求仍维持8%不变。此外，该协议还引入杠杆比率、流动杠杆比率和净稳定资金来源比率的要求，以降低银行系统的流动性风险，加强抵御金融风险的能力。

中国推进巴塞尔协议最重要的原因是银行业国际化也是中国金融对外开放大体系的一环，为我国金融国际化的推进做准备。巴塞尔银行监管委员会对银行监管方面具有先进丰富的经验，值得中国借鉴，以实现与国际银行业统一监管标准的接轨。

中国在原有监管指标体系的基础上，形成了中国银行业当前的资本充足率、杠杆率、拨备率和流动性比率四大监管工具的指标体系。

（二）商业银行风险分类

巴塞尔银行监管委员会根据风险的诱因，将商业银行风险分为信用风险、市场风险、操作风险、流动性风险、国别风险、声誉风险、法律风险和战略风险八大类。

1. 信用风险。银行信用，即银行以货币形式向货币借入者提供的信用。由于商品或货币的所有者暂时转让出其对商品或货币的使用权，承借者因此要付给一定利息作为补偿。这种单方面的价值转移无疑使信用提供者承担着能否索偿的风险，因而信用和风险总是交织在一起。

信用风险是指交易对手因各种原因未能及时、足额偿还债务或银行贷款而违约的可能性。发生违约时，债权人或银行将因为未能得到预期的还本付息而承担财务上的损失。信用风险不仅包括违约风险，还应包括交易对手信用状况和履约能力上的变化导致债权人资产价值发生变动遭受损失的风险。

对于商业银行来说，信用风险不仅包含信贷风险，还包含存在于其他表内、表外业务，如贷款承诺、证券投资、金融衍生工具中的风险等。贷款业务是商业银行的主要业务，当前我国商业银行的信用风险主要体现在不良贷款上。

2. 市场风险。巴塞尔银行监管委员会把市场风险定义为"市场价格波动引起的资产负债表内和表外头寸出现亏损的风险"。市场风险广泛存在于银行的交易和非交易业务中，分为利率风险、汇率风险、股票价格风险和商品价格风险，分别是指利率、汇率、股票价格和商品价格的不利变动可能给商业银行造成经济损失的风险。

随着银行业的发展和创新产品的层出不穷，特别是 20 世纪 90 年代以来，国际银行业的运行和监管环境发生了很大的变化，市场风险的破坏力日趋显现。在银行资本与风险资产比率都正常的情况下，以金融衍生品交易为主的市场风险频频发生，发生了巴林银行、大和银行等巨额亏损和倒闭事件。

市场风险发生时，往往涉及地区性和系统性的金融动荡或严重损失，因此，市场风险往往又被称为系统性风险。

3. 操作风险。《巴塞尔协议Ⅱ》对操作风险的定义是：操作风险是指不完善或有问题的内部程序、人员、计算机系统或外部事件所造成的损失的风险。国家金融监督管理总局制定的 2024 年 7 月 1 日实施的《银行保险机构操作风险管理办法》对操作风险的定义是：操作风险是指由于内部程序、员工、信息科技系统存在问题以及外部事件造成损失的风险，包括法律风险，但不包括战略风险和声誉风险。对于操作风险的认识，需要正确把握以下四点。

（1）操作性风险是由人员因素亦即由操作失误、违法行为、越权行为和流程因素引起的操作风险，尽管操作性风险是操作风险中发生频率最大、占比最高的风险类型，但我们不能将操作性风险等同于操作风险。根据定义，操作风险包括四类：人员因素引起的操作风险、流程因素引起的操作风险、系统因素引起的操作风险和外部事件引起的操作风险。人员因素引起的操作风险包括操作失误、违法行为、违反用工法、核心员工流失等情况。流程因素引起的操作风险分为流程设计不合理和流程执行不严格两种情况。而系统因素引起的操作风险包括系统失灵和系统漏洞两种情况。外部事件引起的操作风险主要是指外部欺诈、突发事件以及银行经营环境的不利变化等情况。《巴塞尔协议Ⅱ》还指出，法律风险也属于操作风险范畴。其中，操作性风险仅包括人员因素引起的操作风险中的操作失误、违法行为、越权行为以及流程因素引起的操作风险中的流程执行不严格的情况。显然，操作性风险不能等同于操作风险。

（2）金融犯罪并不能涵盖所有类型的操作风险，它仅是操作风险的主要类型。金融犯罪不包括那些由于银行自身不完善的流程和系统漏洞以及外部事件等因素造成的操作风险。将操作风险等同于金融犯罪，往往会使银行无意识地缩小操作风险的管理范围，错误地将操作风险管理等同于金融犯罪管理，从而将操作风险管理职责不恰当地完全赋予内部审计或安全保卫部门。操作风险管理还涉及许多部门，如安全保卫部门、科技部门、后勤事务部门等，因此部门之间需要协调。

（3）单就某个年份来看，操作风险事件是没有规律的，比如操作失误在某个年份发生失误的情况可能非常多，但在其他年份又会非常少，表面上确实无规律可循。但是，如果将这些操作风险事件放在很长一段时间和同类型的大量数据中来看，就会发现，这些操作风险正以某种稳定的概率发生，这正是银行量化操作风险的基础。

（4）必须从整体上、本质上来把握操作风险。如果以孤立的、隔离的态度看待操作风险，只能将单个操作风险事件视作突发事件。只有捕捉到各种操作风险事件之间的联系，发现存在于不同表象背后的共性，才能准确地描述银行面临的操作风险，进而从整体上把握操作风险。

4. 流动性风险。商业银行流动性是指商业银行满足存款人提取现金、支付到期债务和借款人正常贷款需求的能力。2018 年 5 月中国银保监会制定的《商业银行流动性风险管理办法》对流动性风险的定义是：流动性风险，是指商业银行无法以合理成本及时获得充足资金，用于偿付到期债务、履行其他支付义务和满足正常业务开展的其他资金需求的风险。商业银行应当按照该办法建立健全流动性风险管理体系，对法人和集团层面、各附属机构、各分支机构、各业务条线的流动性风险进行有效识别、计量、监测和控制，确保其流动性需求能够及时以合理成本得到满足。

根据巴塞尔银行监管委员会发布的《有效银行监管的核心原则》，商业银行流动性风险，是指银行无力为负债的减少或资产的增加提供融资的可能性，即当银行流动性不足时，它无法以合理的成本迅速增加负债或变现资产获得足够的资金，从而会引发流动性支付危机导致挤兑情况发生。在商业银行经营中所承受的所有风险中，流动性风险的影响直接危及银行的生存乃至整个金融体系的稳定，其破坏程度远非其他风险所能相比。

5. 法律风险。商业银行的法律风险是指商业银行经营过程中由于法律因素导致损失的可能性，包括法律的内在缺陷、商业银行基于错误的法律理解或法律适用而实施的商业行为、监管机构的不当法律执行等因素导致商业银行遭受诉讼、制裁或其他不利后果的可能性。按照《巴塞尔协议Ⅱ》的规定，法律风险是一种特殊类型的操作风险，它包括但不限于因监管措施和解决民商事争议而支付的罚款、罚金或者惩罚性赔偿所导致的风险敞口。

6. 国别风险。

（1）巴塞尔银行监管委员会对国别风险的定义。除贷款业务中固有的交易对象的信用风险外，国际信贷业务还包括国别风险。巴塞尔银行监管委员会认为，国别风险是指与借款人所在国的经济、社会和政治环境方面有关的风险。商业银行在向外国政府或政府机构贷款时，由于这种贷款一般没有担保，国别风险可能最明显；在向公共或私人部门提供贷款或进行投资时，将国别风险考虑在内十分重要。国别风险的一种表现形式是"转移风险"，即当借款人的债务不是以本币计值时，不管借款人的财务状况如何，有时借款人可能无法得到外币，不能按期归还其外币债务。

（2）我国对国别风险的定义。为加强银行业金融机构国别风险管理，根据《中华人民共和国银行业监督管理法》《中华人民共和国商业银行法》以及其他有关法律和行政法规，2023 年 11 月国家金融监督管理总局发布《银行业金融机构国别风险管理办法》。

根据该办法，国别风险是指由于某一国家或地区政治、经济、社会变化及事件，导致该国家或地区债务人没有能力或者拒绝偿付银行业金融机构债务，或使银行业金融机构在该国家或地区的商业存在遭受损失，或使银行业金融机构遭受其他损失的风险。国别风险可能由一国或地区经济状况恶化、政治和社会动荡、资产被国有化或被征用、政府拒付对外债务、外汇管制或货币贬值等情况引发。国别风险的主要类型包括转移风险、主权风险、传染风险、货币风险、宏观经济风险、政治风险以及间接国别风险。该办法所称国家或地区，是指不同的司法管辖区或经济体。如银行业金融机构在进行国别风险管理时，应当视中国香港、中国澳门和中国台湾为不同的司法管辖区或经济体。

国别风险暴露，是指银行业金融机构因境外业务形成的所有表内外风险暴露，包括境外贷款、存放同业、存放境外中央银行、买入返售、拆放同业、境外有价证券投资和其他境外投资等表内业务，以及担保、承诺等表外业务。重大国别风险暴露，是指对单一国家或地区超过银行业金融机构集团资本净额25%的国别风险暴露。

（3）国别风险主要类型。

①转移风险。转移风险是指债务人由于本国外汇储备不足或外汇管制等原因，无法获得所需外汇偿还其境外债务的风险。

②主权风险。主权风险是指外国政府没有能力或者拒绝偿付其直接或间接外币债务的可能性。

③传染风险。传染风险是指某一国家的不利状况导致该地区其他国家评级下降或信贷紧缩的风险，尽管这些国家并未发生这些不利状况，自身信用状况也未出现恶化。

④货币风险。货币风险是指汇率发生不利变动或货币贬值，导致债务人持有的本国货币或现金流不足以支付其外币债务的风险。

⑤宏观经济风险。宏观经济风险是指宏观经济大幅波动导致债务人违约风险增加的风险。

⑥政治风险。政治风险是指债务人因所在国发生政治冲突、政权更替、战争等情形，或者债务人资产被国有化或被征用等情形而承受的风险。

⑦间接国别风险。间接国别风险是指某一国家或者地区因上述各类国别风险增高，间接导致在该国或者地区有重大商业关系或利益的本国债务人还款能力和还款意愿降低的风险。间接国别风险无须纳入正式的国别风险管理程序，银行业金融机构在评估本国债务人的信用状况时，应适当考虑国别风险因素。

（4）国别风险分类标准。

①低国别风险，是指国家或地区政体稳定，经济政策（无论在经济繁荣期还是萧条期）被证明有效且正确，不存在任何外汇限制，有及时偿债的超强能力。目前及未来可预计一段时间内，不存在导致对该国家或地区投资遭受损失的国别风险事件，或即便事件发生，也不会影响该国或地区的偿债能力或造成其他损失。

②较低国别风险：该国家或地区现有的国别风险期望值低，偿债能力足够，但目前及未来可预计一段时间内，存在一些可能影响其偿债能力或导致对该国家或地区投资遭受损失的不利因素。

③中等国别风险，是指某一国家或地区的还款能力出现明显问题，对该国家或地区的贷款本息或投资可能会造成一定损失。

④较高国别风险，是指该国家或地区存在周期性的外汇危机和政治问题，信用风险较为严重，已经实施债务重组但依然不能按时偿还债务，该国家或地区债务人无法足额偿还贷款本息，即使执行担保或采取其他措施，也肯定要造成较大损失。

⑤高国别风险，是指某一国家或地区出现经济、政治、社会动荡等国别风险事件或出现该事件的概率较高，在采取所有可能的措施或一切必要的法律程序后，对该国家或地区的贷款本息或投资仍然可能无法收回，或只能收回极少部分。

7. 声誉风险。2008年国际金融危机后，声誉风险管理逐渐成为金融机构风险管理体系的重要组成部分。2009年1月巴塞尔银行监管委员会在《新资本协议市场风险框架修订案》（征求意见稿）中明确将声誉风险列为第二支柱，并指出银行应将声誉风险纳入风险管理的流程中，并在内部资本充足和流动性预案中适当覆盖声誉风险。2021年2月8日中国银保监会制定的《银行保险机构声誉风险管理办法（试行）》规定，声誉风险，是指由银行保险机构行为、从业人员行为或外部事件等，导致利益相关方、社会公众、媒体等对银行保险机构形成负面评价，从而损害其品牌价值，不利其正常经营，甚至影响到市场稳定和社会稳定的风险。声誉事件是指引发银行保险机构声誉明显受损的相关行为或活动。

声誉风险与其他金融风险不同，难以直接测算，并且难以与其他风险分离和进行独立处理。良好的声誉是一家银行多年发展积累的重要资源，是银行的生存之本，是维护良好的投资者关系、客户关系以及信贷关系等诸多重要关系的保证。良好的声誉风险管理对增强竞争优势，提升商业银行的盈利能力和实现长期战略目标起着不可忽视的作用。《银行保险机构声誉风险管理办法（试行）》首次明确了声誉风险管理"前瞻性、匹配性、全覆盖、有效性"四项重要原则。前瞻性原则重点强调树立预防为主的声誉风险管理理念，要求加强源头防控、关口前移，定期审视，提升声誉风险管理的预见性。匹配性原则要求声誉风险管理工作不仅要与机构自身经营状况、治理结构、业务特点等相适应，同时也要符合外部环境动态变化，不断调整完善。全覆盖原则明确机构各层级、各条线都应重视声誉风险管理，建立完善的声誉风险管理架构体系。有效性原则指出声誉风险管理以防控风险、有效处置、修复形象为最终标准，制度设计、机制构建和组织落实都应围绕这一标准来展开。银行保险机构应建立声誉风险监测机制，充分考虑与信用风险、保险风险、市场风险、流动性风险、操作风险、国别风险、利率风险、战略风险、信息科技风险以及其他风险的关联性，及时发现和识别声誉风险。银行保险机构应加强声誉风险应对处置，按照声誉事件的不同级别，灵活采取相应措施，可包括：

（1）核查引发声誉事件的基本事实、主客观原因，分析机构的责任范围；

（2）检视其他经营区域及业务、宣传策略等与声誉事件的关联性，防止声誉事件升级或出现次生风险；

（3）对可能的补救措施进行评估，根据实际情况采取合理的补救措施控制利益相关方损失程度和范围；

（4）积极主动统一准备新闻口径，通过新闻发布、媒体通气、声明、公告等适当形式，适时披露相关信息，澄清事实情况，回应社会关切；

（5）对引发声誉事件的产品设计缺陷、服务质量弊病、违法违规经营等问题进行整改，根据情节轻重进行追责，并视情况公开，展现真诚担当的社会形象；

（6）及时开展声誉恢复工作，加大正面宣传，介绍针对声誉事件的改进措施以及其他改善经营服务水平的举措，综合施策消除或降低声誉事件的负面影响；

（7）对恶意损害本机构声誉的行为，依法采取措施维护自身合法权益；

（8）声誉事件处置中其他必要的措施。

8. 战略风险。战略风险是指商业银行在追求短期商业目的和长期发展目标的系统化管理过程中，不适当的未来发展规划和战略决策可能威胁商业银行未来发展的潜在风险。美国货币监理署认为，战略风险是指经营决策失误，或决策执行不当，或对行业变化束手无策，而对商业银行的收益或资本形成现实和长远的影响。这种风险来自四个方面：一是商业银行战略目标缺乏整体兼容性，二是为实现这些目标而制定的经营战略存在缺陷，三是为实现目标所需要的资源匮乏，四是整个战略实施过程中的质量难以保证。

在现实操作过程中，战略风险管理可以被理解为具有双重含义：一是商业银行发展战略的风险管理，针对政治、经济、社会、科技等外部环境和商业银行的内部可利用资源，系统识别和评估商业银行既定的战略目标、发展规划和实施方案是否存在潜在的风险，并采取科学的决策方法或风险管理措施来避免或降低风险；二是从战略性的角度管理商业银行的各类风险，在进行信用风险、市场风险、操作风险以及其他风险管理的过程中，从长期的和战略的角度充分准备、准确预期未来可能发生的意外事件或不确定性，将各类风险的潜在损失控制在可接受的范围内，以确保商业银行的稳定运营。

【拓展栏目——思政园地】

为全面建设社会主义现代化国家开好局起好步（节选）

《当前经济工作的几个重大问题》一文，是习近平总书记在 2022 年底召开的中央经济工作会议上发表的重要讲话的一部分，围绕"着力扩大国内需求""加快建设现代化产业体系""切实落实'两个毫不动摇'""更大力度吸引和利用外资""有效防范化解重大经济金融风险"五个重大问题系统部署。

有效防范化解重大经济金融风险是维护国家安全的重要内容。党的十八大以来，习近平总书记高度重视防范化解重大经济金融风险，明确把强化监管、提高防范化解金融风险能力作为做好金融工作的重要原则之一，强调防范化解金融风险特别是防止发生系统性金融风险，是金融工作的根本性任务和永恒主题；强调必须通过改革保障金融安全，坚持市场化改革方向，加快建立符合现代金融特点、统筹协调监管、有力有效的现代金融监管框架，坚守住不发生系统性风险的底线；强调要科学防范金融风险，早识别、早预警、早发现、早处置，着力防范化解重点领域风险，着力整治各种金融乱象，着力加强风险源头管控，着力完善金融安全防线和风险应急处置机制；强调要完善金融从业人员、金融机构、金融市场、金融运行、金融治理、金融监管、金融调控的制度体系，规范金融运行，等等。

资料来源：《求是》杂志编辑部．为全面建设社会主义现代化国家开好局起好步［J］．2023（4）.

讨论：如何防范和化解金融风险？

第三节 商业银行风险管理流程和风险管理策略

一、商业银行风险管理流程

案例导入：《某商业银行全面风险管理办法》之风险管理程序（选摘）

第四章 风险管理的基本程序

第十二条 风险识别和评估

（一）××银行应保证风险管理体系的有效运行。

（二）××银行各部门应根据风险识别程序和方法，对经营管理中面临的各类风险，包括信用风险、市场风险、流动性风险、声誉风险、操作风险、合规风险等主要风险，进行主动的识别，分析风险来源，确定风险的影响范围。

（三）××银行合规与风险管理部门应当组织各部门全面系统持续地收集与实现控制目标相关的各类风险信息，确定关注重点和优先控制的风险。

（四）××银行应根据风险分析的结果，结合风险承受度，权衡风险与收益，确定风险应对策略。

（五）××银行应逐步建立整体风险评估的工作模式和各类风险评估模块的联系机制，优化改进对信用风险、市场风险、操作风险、流动性风险等主要风险的评估体系。

第十三条 风险计量

（一）××银行应当通过对风险进行量化估计，掌握自身的风险状况，判断本行对这些风险的承受能力，在此基础上选取恰当风险控制措施，以达到有效控制风险的目的。

（二）××银行应建立适合本行业务特点的信用风险评级方法，完善资产风险分类制度。逐步采用违约概率、违约损失率等计量方法管理信用风险。

第十四条 风险监测

（一）××银行应当对信用风险、市场风险、操作风险、流动性风险等各类主要风险进行持续的监测。

（二）××银行应当通过各种监控技术，动态捕捉信用风险指标的异常变动，判断是否已达到引起关注的水平或已经超过临界值。

第十五条 风险报告

（一）××银行风险报告实行双线报告制度。合规与风险管理部门应向本行经营管理层和风险管理委员会报告。经营管理层应向本行董事会和上级行合规与风险管理部门及监管部门报告。

（二）××银行风险报告分为综合报告和专题报告两种。

1. 综合报告：辖内各类风险总体状况及变化趋势；分类风险状况及变化原因分析；风险应对策略及具体措施；加强风险管理的建议。

2. 专题报告：重大风险事项描述（事由、时间、状况等）；发展趋势及风险因素分析；已采取和拟采取的应对措施。

第十六条　风险控制

（一）××银行应根据自身的风险承受能力和风险性质，合理确定风险应对策略，对风险加以有效控制，实现预期的风险溢价，从而实现经风险调整后的收益最大化经营目标。

（二）××银行应针对自身特点选择灵活的风险缓释策略，创新风险缓释方式，逐步建立完善贷款风险评估与定价机制。

（三）××银行应综合运用风险预防、风险规避、风险分散、风险降低、风险转移、风险补偿和风险承受等风险应对策略，实现对风险的有效控制。

案例分析：

1. 商业银行结合流程银行建设，加快建立与其业务性质、资产规模和复杂程度相适应的全面风险管理体系。（1）合理设置风险管控架构。（2）建立特色风险管理政策。银行应建立与发展规划、资本实力、经营目标和管理能力相适应的风险管理政策。（3）构建适宜的风险管理机制。

2. 案例中的银行根据监管部门指引和办法，制定了全面风险管理办法，详细制定了风险管理流程，提高风险管理效率和有效性。从该办法中可以看到，商业银行风险管理流程包括风险识别、风险评估、风险控制、风险报告与监控等环节。

内容讲解：

一个完整的商业银行风险管理流程包括风险管理目标与政策的制定、风险识别、风险评估、风险控制、风险监控、风险报告等环节。

制定风险管理目标与政策是风险管理流程的起点。只有先明确目标，管理者才能确定哪些因素可能影响目标的实现，才能对来自内外部的各种风险进行有效识别和评估。同样，只有先制定政策，管理者才能确定在风险管理过程中哪些行为是被允许的，哪些是被禁止的，才能对已识别出来的风险采取有效的应对与控制措施。风险管理目标与政策制定更多是体现在战略层面上，在金融机构的风险偏好、风险容忍度、整体风险状况、现有的及潜在可获得的资本规模等限制性条件下完成。风险识别、风险评估、风险控制、风险报告与监控等具体环节是对风险管理目标与政策的细化和执行。

（一）风险识别

风险识别就是在各种风险发生之前，对风险的类型及其产生的原因进行分析判断，以便对风险进行估算和控制。风险识别是风险管理的第一阶段，是对风险的定性分析，也是整个风险管理的基础。

风险识别的方法很多，常用的有以下几种。

1. 故障树法。故障树法是利用图解的形式将大的故障分解成各种小的故障，通过故障的分解，找出引起风险的原因。由于这种方法分解后的图形呈树状，因而人们形象地称它为故障树分析法，如图1-1所示。

故障树分析法具有简单、明了、能比较迅速地发现存在的问题、使用领域广泛等优点。在对商业银行风险进行识别时，故障树分析法也是一种十分有效的方法。比如，在

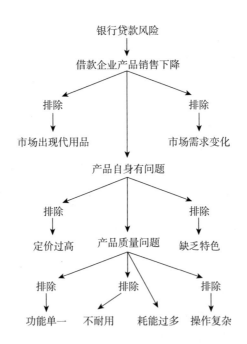

图 1 - 1　故障树分析法图例

贷款风险识别中，它将银行面临的主要贷款风险分解成若干较小的风险，也可以将产生贷款风险的原因进行层层分解，排除无关因素，从而准确地找到对银行贷款真正产生影响的风险和原因。图 1 - 1 所示的是用故障树分析法对贷款风险进行识别的过程。图例说明，银行贷款风险是由于借款企业的产品与同类产品相比耗能过多导致产品销售困难而引起的。

2. 专家预测法。专家预测法是以专家为索取信息的对象，组织各种领域的专家应用专业方面的知识，通过直接对过去和现在发生的问题进行综合的分析，从中找出规律，对发展前景作出判断。这种方法最大的优点是，在缺乏足够的统计数据和原始资料的情况下，可以对预测对象的未来状况作出有效的推测。

专家预测法可分为个人经验法、群体预测法、德尔菲法和主观概率法等四种。

（1）个人经验法，是指依靠在某个领域有专长和经验的专家对预测对象的未来发展趋势与状况作出分析判断。这种方法的优点是简捷明快、综合性强，特别适用于突发情况下的预测。但这种方法由于仅依靠个人的分析和判断进行预测，会受到知识面、知识深度和占有资料有限的影响，易产生偏颇。因此这种方法要与其他方法综合应用，才会得出正确的判断结论。

（2）群体预测法，是指以会议的形式，邀请有关专家群体共同研讨，先就银行征询的问题各抒己见，相互启发，最后集思广益，就其风险取得一致的正确的判断结论。

（3）德尔菲法，又称函询调查法。将其用于商业银行风险的识别，主要是针对原因较复杂、影响较大而又无法用分析的方法加以识别的风险。其基本的程序是：首先，由银行制定出风险调查方案，确定调查内容；其次，聘请若干专家对风险项目进行独立分析，并提出各自的判断结论；最后，将各个专家的回复整理后，再将不同的意见反馈给他们，让他们第二次提意见回复，在此基础上得出基本一致的判断结论。这种方法克服了专家开会讨论时附和权威或争论时碍于情面不好发表自己真实意见的弊端，有利于充分发挥其各自的独立思考作用，互不干扰，综合各家之长，相互补充。其缺点是对分歧较大的问题难以取得较为一致的结论，主观色彩较浓。

（4）主观概率法，是指银行先将所要分析的风险和必要的背景材料函寄给专家，让他们根据自己的经验和估计，提出预测结果及数值并回复银行，银行收到答复后，根据概率论的基本原理，求出专家主观概率的平均值作为判断结论。这种方法是对事件发生的各种可能性的概率加以主观判定，其综合分析和预测效果较好，可以作为对德尔菲法缺陷的一种弥补。

3. 流程图分析法。流程图分析法是通过建立流程图来系统分析、识别风险的潜在因素的方法。它主要用于对资金运用方面的风险识别与分析，通过对企业再生产过程的各个环节逐项进行分析，从中发现问题，找出可能产生的风险及其根源。

一般企业的生产经营过程如图 1 - 2 所示。

图 1 - 2　生产经营过程流程

在图 1 - 2 所揭示的企业生产经营过程的每一个阶段都存在着潜在的风险因素。如在采购阶段，原材料在运输过程中会遇到交通中断等问题，进而使风险的可能性转化为现实性；在产品加工生产阶段，机器故障、停电、停水等因素可能使产品生产无法正常进行，从而形成风险，组织管理不当也可能造成浪费；在成品入库待销过程中，失窃、火灾或其他人为因素可能导致产品消失、损坏，使产品价值无法实现等。总之，不论在哪一环节上存在风险因素，都会引起生产经营过程的中断，使投入企业的资金无法安全收回。

4. 监测—诊断法。监测—诊断法是指银行通过对客户经营情况的观测、记录和分析，及时发现风险信号，而后对银行面临的风险进行正确诊断的一种风险识别方法。

在实际工作中，该方法常用于贷款风险的识别。对银行贷款的贷后检查、监督并建立预警信号系统是银行对贷款在使用过程中的风险进行监测的主要手段，也是银行及时诊断和防止贷款风险损失的重要措施。银行通过对贷款发放后借贷人经营状况的监测，可以及时发现贷款风险的预警信号，以便尽快采取补救措施，减少贷款风险损失。

（二）风险评估

商业银行风险评估就是在识别银行的某种业务活动可能面临什么类型的风险之后，应用一定的方法估计和测定发生风险的概率与损失大小及其对银行产生影响的程度。它是风险管理的第二阶段，是整个风险管理中关键的一环。因为在很多情况下，风险管理的失败并不是由于未能正确地识别风险，也不是由于业务处理的方法不对，而往往是由于对风险控制的方法不当，而这又往往是由于对风险的评估错误造成的。只有对风险的估算准确，才能为正确采取风险控制和处理的方法打下基础。

总体来说，对金融风险的评估主要有两种方法，即定性评估和定量评估。定量评估通常借助于数理分析技术，运用建模的方法对风险的大小进行数量化的描述。随着数理技术的发展，这种方法在风险管理中得到了越来越广泛的应用。然而，当定量评估需要的数据实际上无法获得或分析这些数据的成本太高时，定性方法往往发挥着关键的作用。常见的风险评估主要有以下几种方法。

1. 主观判断法。通过专家和管理者的主观判断来度量风险的大小，通常适用于没有确定性规律和统计规律的风险。例如，早期的商业银行就是依靠信贷专家的专业技术、主观判断和对某些关键因素的权衡来评判借款人的违约风险的。确定主观概率时也常用到这一方法。主观判断法可以充分利用专家的知识、经验和技能，具有较强的灵活性。但由于其过度强调主观的作用，受人为因素影响较大，且缺乏标准的、统一的度量框架，因而单纯地依赖这种方法本身就意味着风险。随着定量分析技术的推广与应用，主观判断法越来越多地成为其他度量方法的辅助手段。

2. 评分或评级法。首先选取若干关键性指标构建一个风险评价体系，然后据此对风险管理对象进行考核，给出分值或等级分类。这种方法的综合性强，应用面也非常广，如度量操作风险的平衡计分卡、度量市场风险的证券评级、度量信用风险的 Z 计分模型、贷款五级分类和信用评级等。

3. 统计估值法。利用统计得来的历史资料来估计金融风险的大小，不仅可以估计风险发生的概率，还可以估计出风险变动的幅度，即方差和标准差。估计的方法主要采用点估计和区间估计。用这种方法度量出来的金融风险是否准确，关键取决于历史资料的数量和质量。

4. 数理统计法。在历史资料较少或不易取得的情况下，可以通过建立数学模型的方法来度量风险，如蒙特卡罗模型、极值模型等。

5. 模拟法。近年来，模拟法在金融风险评估中得到了较好的应用。这种方法要求风险管理人员围绕需要评估的风险来设定一个或多个假设情境，然后根据风险因子在这些情境中的变化情况来估算出风险损失的大小。常用的模拟法有蒙特卡罗模拟法、历史模拟法、情景分析、压力测试等。

6. 假设检验法。对求知参数的数值提出假设，然后利用样本提供的信息来检验所提出的假设是否合理。它与统计估值法一样，主要适用于统计规律稳定、历史资料齐全的风险估计。

（三）风险控制

在商业风险识别和度量的基础上，风险管理者要选择合适的风险管理策略和工具，对其所面临的风险进行处理，将风险水平控制在可承受的范围之内。

商业银行风险控制就是对风险识别和风险评估之后测出的风险进行处理与控制的过程，它包括防患于未然的控制，也包括风险发生之时和之后进行的控制。风险控制既是商业银行风险管理的重要内容，也是商业银行内部控制的核心内容。

（四）风险的报告与监控

1. 商业银行风险报告。风险报告是将风险信息传递到内、外部门和机构，使其了解银行风险及其管理状况的重要工具。可靠的风险报告可以为管理层提供全面、及时和精确的风险信息，为风险管理决策提供必要的支持；可靠的风险报告也是投资人和监管者对金融机构的要求，他们据此可以了解和掌握金融机构的风险及其管理状况，进而作出相应的反应。

（1）风险报告的职责。保证对全面风险管理重要性和相关性的清醒认识；传递金融机构的风险偏好和风险容忍度；实施并支持一致的风险语言；使员工在业务部门、流程和职能单元之间分享风险信息；告诉员工在实施和支持全面风险管理各部门中的角色和职责；利用内部数据和外部事件、活动、状况的信息，为风险管理目标的实施提供支持；保障风险管理信息及时、准确地向上级或者同级的风险管理部门、外部监管部门、投资者报告。

（2）风险报告的路径。良好的风险报告路径应采取纵向报送与横向传送相结合的矩阵式结构，即下级机构相关部门在向上级部门对口报告风险报告的同时，也必须向同级的风险管理部门传送风险报告。

（3）风险报告的主要内容。风险报告是商业银行风险管理的重要组成部分，它是了解商业银行风险的窗口。风险报告的关键在于将风险信息及时准确地报告给需要信息的人。不同的需求者对风险报告的要求各不相同。按风险报告的需求对象不同，通常可将风险报告分为内部报告和外部报告。外部风险报告的内容相对固定，主要包括提供监管数据、反映管理情况、提出风险管理的措施建议等。而内部风险报告的内容复杂得多，一般来说，对于机构的前台、中台、后台以及更高的管理层，它们需要的信息是不同的。对于董事会和高级管理层而言，它们需要高层次的宏观信息，如全面的总体评估、最大风险来源及可能损失、趋势报告等。对前台而言，它们需要微观的细节，如某个头寸的风险状况、风险分解、热点报告、最佳套期保值报告等，通常采用实时或日报。

2. 商业银行风险的监控。银行风险具有瞬变性和不可准确预见性，即便我们能够对某一风险进行度量并采取有针对性的控制措施，但随着日常经营的持续进行，该风险可能会相应地增大或变小，还可能会出现新的风险，这些可能出现的变化会进一步导致早先采取的控制措施失效。因此，对银行风险进行监控是非常重要的一环。

从内容上看，风险监控主要包括两个层面：一是跟踪已识别风险的发展变化情况，包括整个考察期内风险的产生条件和导致后果的变化，评估风险减缓计划的需求状况；二是根据风险的变化情况及时调整风险控制计划，对已发生的风险及其产生的遗留风险和新增风险及时识别、分析，并采取适当的控制措施等。

风险的监控应该贯穿于风险管理的全过程。在实践中，建立风险预警系统是监测风险的一种重要手段。所谓风险预警系统，是指通过设置并观察一些极具敏感性的风险指标的变化，从而对商业银行可能面临的风险进行预测预报的风险分析系统。一般来说，所选定的风险指标必须具备两个基本的特征：一是必须具有高度的敏感性，即风险因子一旦发生变化，能够在指标值上迅速地反映出来；二是必须具有高度的前瞻性，即一旦指标值趋于恶化，往往就意味着损失可能发生或将要发生，属于损失发生的先兆性指标，而非结果性指标。

二、商业银行风险管理策略

案例导入： 贷款集中度超标案例：国家金融监督管理总局网站 2023 年 8 月 1 日发布行政处罚信息，因贷款集中度超比例、违规核销不良贷款等，山西某农商银行、村镇银行被处罚。2024 年 4 月 26 日某县农村信用合作联社因集团客户授信集中度超比例被处罚。

2020 年 12 月 31 日，中国人民银行、中国银行保险监督管理委员会发布《关于建立银行业金融机构房地产贷款集中度管理制度的通知》，自 2021 年 1 月 1 日起实施。该通知根据银行业金融机构资产规模及机构类型，分档对房地产贷款集中度进行管理，并综合考虑银行业金融机构的规模发展、房地产系统性金融风险表现等因素，适时调整适用机构覆盖范围、分档设置、管理要求和相关指标的统计口径。

案例分析：

商业银行杠杆率高，涉及广大人民群众的利益，风险负外部性强，《中华人民共和国商业银行法》要求商业银行审慎经营，将安全性放在第一位。根据投资组合理论，资产分散能降低风险。如果贷款过于集中于某一个行业、地区、客户或贷款类型的话，就会产生贷款集中的风险。如某一商业银行如果将贷款过于集中于房地产抵押、房地产开发贷款、房地产按揭贷款等与房地产相关的行业贷款，一旦房地产价格下跌，就会导致该商业银行产生不可预料损失，从而影响存款人的利益。监管部门对商业银行风险管理制定了很多指引和办法，要求商业银行依法合规治理风险。商业银行风险管理中需运用恰当的风险管理策略，满足商业银行风险审慎性管理要求。风险分散策略在商业银行贷款集中度管理中运用较多，如对贷款集中度管理，2018 年 4 月中国银保监会专门制定《商业银行大额风险暴露管理办法》，要求：（1）商业银行对非同业单一客户的贷款余额不得超过资本净额的 10%，对非同业单一客户的风险暴露不得超过一级资本净额的 15%。非同业单一客户包括主权实体、中央银行、公共部门实体、企事业法人、自然人、匿名客户等。匿名客户是指在无法识别资产管理产品或资产证券化产品基础资产的情况下设置的虚拟交易对手。（2）商业银行对一组非同业关联客户的风险暴露不得超过一级资本净额的 20%。非同业关联客户包括非同业集团客户、经济依存客户。（3）商业银行对同业单一客户或集团客户的风险暴露不得超过一级资本净额的 25%。（4）全球系统重要性银行对另一家全球系统重要性银行的风险暴露不得超过一级资本净额的 15%。（5）商业银行对单一合格中央交易对手清算风险暴露不受该办法规定的大额风险暴露监管要求约束，非清算风险暴露不得超过一级资本净额的 25%。（6）商业银行对单一不合格中央交易对手清算风险暴露、非清算风险暴露均不得超过一级资本净额的 25%。风险暴露是指商业银行对单一客户或一组关联客户的信用风险暴露，包括银行账簿和交易账簿内各类信用风险暴露。

内容讲解：

一般来说，商业银行主要通过以下几种方式来控制风险。

（一）风险规避

风险规避是指在风险发生之前，风险管理者发现从事某种经营活动可能带来风险损失，因而有意识地采取回避措施，主动放弃或拒绝承担风险。

风险规避是一种相对保守而且比较简单的风险控制手段，选择规避风险是风险管理者抉择的结果。但是，在现代经济社会中一味地规避风险，反映管理者保守思维；从经济成本的角度讲，放弃了可能取得的风险收益。所以，风险管理者应当认真地权衡收益与风险，对极不安全或者得不偿失的风险采取规避态度。一般而言，这种方法主要适用于以下情形：

(1) 风险承担与回报不对称，即某业务可能预期收益较低，而面临的风险却比较大；

(2) 承担的风险太大，超过了金融机构的承受能力；

(3) 风险过于复杂，超过了金融机构现有的管理能力；

(4) 管理风险的成本过高；

(5) 蕴含此类风险的业务不是金融机构的主要业务。

(二) 风险分散

风险分散的理论基础源于马科维茨的资产组合理论。根据该理论，组合的风险不仅取决于单个资产的风险，还取决于这些资产间的相关性。组合中各资产彼此间相关系数小于1，组合的风险小于单个资产风险的加总。组合中的资产数目越多，或彼此间的相关系数越小，则组合的风险分散效应就会越显著。

因此，金融机构可以通过持有不相关或负相关的资产（负债）组合，并使组合的资产（负债）种类多样化，达到在总体上降低风险的目的。值得一提的是，资产分散的方法在降低风险的同时，并不影响组合的总收益，组合的总收益率仍然等于单个资产收益率的加权平均。如果不考虑交易成本的存在，风险分散可谓是金融风险管理领域的一道"免费的午餐"。

商业银行风险分散方法主要包括五个方面：(1) 资产种类分散，是指银行将资产分散在各类贷款和各种证券上；(2) 行业分散，是指银行将资金投资于若干行业而不是某一个行业；(3) 地区分散，是指银行将资金既投资于经济发达地区，又投资于经济正在发展的地区和经济落后、急需开发的地区，或者把资金投资于全国乃至全球各地不同的地区；(4) 客户分散，是指银行进行资产选择时，应将资金投向不同规模、不同行业、不同地区的客户上；(5) 资产质量分散，是指银行在发放贷款和购买证券时应将资金分散于不同质量的贷款与证券上，从而既获得低质量资产的高收益，又取得低收益资产的高质量，保证银行实现收益最大化和风险最小化。

(三) 风险转移

风险转移是一种事前的风险管理措施，是指在风险发生之前，通过各种交易活动，把可能发生的风险转移给其他人承担，避免自己承担风险损失。

风险转移与风险规避相比，是一种更积极的风险控制方法。因为这种方法并不消灭风险源，只是改变风险承担的主体。而且不仅风险全部转移出去了，原风险主体不再承担任何风险导致的损失，还有可能保留风险带来的部分收益。当然，风险转移是需要成本的，特别是风险的转移实际上是一种交易，是一种风险的买卖。因而，转让人要支付给受让人一定的补偿，或是直接抑或间接提高受信者融资的成本，有时还要付给中间交易者一定的费用，交易的结果是风险的转移与被转移双方都获得自己满意的风险—收益状态。

风险转移的方式主要有以下几种。一是保证。当客户的信誉程度比较低时，应当要求客户寻找保证人对其担保，由保证人对其债务承担保证责任。这样，就可以把客户的信用风险转移给保证人。二是保险。保险作为一种风险转移方式，投保人支付一定保险费，承保人承担被保险人的风险。三是转让。转让即风险主体将有风险的资产转让给他人，从而所附带的风险也被转移，达到风险控制的目的。特别是对于金融资产，转让是一种经常被使用的风险转移方式。例如，将手中所持证券在其价格下跌之前卖出、将在国际银团中的贷款出售、未到期票据贴现等，这些都是资产转让的具体方式。四是期权等交易。利用期权交易转移风险是目前广泛使用的风险管理方式。需要注意的是，期权虽然有极大的风险防范作用，但只能转移风险，而不能消除风险，因为它们也是普遍性的投机工具，本身包含着巨大的风险。五是指数化。指数化基本上是一种针对市场风险的风险转移方式，是指利用市场中的经济变量的指数来调整价格，进而调整利益分配的一种方式。它的种类也很多，比较典型的是指数化利率。它是根据物价上涨率来调整利率变化的方向和幅度，以此给融资交易的一方以补偿，借以降低其通货膨胀风险。六是抵押和质押，即要求融资交易的一方提供不动产、动产或是权利凭证作为保证资金安全的抵押标的，一旦出现风险，另一方在需要时即可通过变卖抵押标的来收回资金。

（四）风险对冲

金融机构还可以通过进行某种特定的金融交易来对冲其面临的某种金融风险。如果两项交易的收益彼此呈负相关，当其中一项交易亏损时，另一项交易将获利，从而实现盈亏相抵，这就是对冲的基本原理。对冲也称套期保值，最典型的对冲方式就是金融机构通过在远期或期货市场上建立与现货市场相关的头寸，来冲抵现货市场价格波动风险。例如，在现货市场上处于多头地位，就在期货市场上做空；反之，在现货市场上处于空头地位，就在期货市场上做多。这样，无论未来价格如何变动，都可以达到套期保值的目的。

可见，金融衍生工具不仅是一种风险转移的手段，同时也是对冲风险的有效工具，不断创新的金融衍生工具为对冲提供了巨大的发展空间。如今，对冲风险已不仅仅停留在利率、汇率、股价、商品价格等市场风险管理领域中，在信用风险、操作风险等领域也展现出新的活力。

（五）风险留存

风险留存是指金融机构直接承担风险并以自己的财产来弥补损失。金融机构选择这一方法来处置风险并不一定意味着它无力管理风险而只能被动地承担，事实上这也是金融机构在对未来的损失和机会成本等变动因素进行综合考虑后，出于经济可行目的而主动承担风险的一种策略。针对风险留存，金融机构并不是一味地被动接受，通常会在损失尚未真正发生之前采取一定的防范措施以增强自身的抵御能力，如预提风险准备金、扩充资本金等。

（六）风险补偿

风险补偿主要是指事前对风险承担的价格补偿。风险是有价值的，承担风险就要获得回报，转移或降低风险也同样需要付出成本，因此，商业银行对需要承担的风险可以采取在交易价格上附加风险溢价，获得承担风险的价格补偿。

 练习题

1. 商业银行的风险偏好是什么？请说明原因。
2. 请举例说明商业银行风险特征在业务中的表现。
3. 简述巴塞尔银行监管委员会对商业银行风险的分类。
4. 国别风险的主要类型有哪些？
5. 简述商业银行风险管理流程。
6. 简述商业银行风险管理策略。

第二章
商业银行风险与合规管理组织架构

SHANGYE YINHANG FENGXIAN
YU HEGUI GUANLI ZUZHI JIAGOU

 学习目标

【知识目标】

◆ 掌握商业银行风险与合规管理组织架构体系的构成、风险与合规部门的职责。

◆ 掌握商业银行金融风险文化与合规文化的培育措施、建设要求。

【能力目标】

◆ 能从不同业务角度了解商业银行风险与合规部门的主要工作与分工。

◆ 能加强学生自己的风险与合规意识，认同全面风险文化与合规文化。

【思政目标】

◆ 坚持商业银行审慎的风险与合规文化，坚持牢牢守住不发生系统性金融风险底线的风险思维和合规文化思维。

◆ 树立守土有责思维，牢牢记住自己的岗位职责，为开展业务打下合规基础。

◆ 树立风险文化与合规文化思维，在职业生涯中实现可持续发展。

第一节　商业银行风险与合规管理组织体系

一、商业银行风险管理组织

案例导入：某商业银行股份有限公司全面风险管理体系（节选）

本公司全面风险管理是指，董事会、高级管理层和全体员工各自履行相应职责，有效控制涵盖全行各个业务层次的全部风险，进而为各项目标的实现提供合理保障的过程。本公司按照"分工明确、责任清晰、相互制衡、运行高效"的原则，围绕全面风险管理内涵，搭建了风险管理组织架构，包括以董事会及其下设风险管理和关联交易控制委员会为核心的决策组织系统，在高级管理层领导下的以风险管理部为主、各条线共同参与的中后台执行组织系统，以及以监事会、内审部门为核心，共同参与的监督、评价、信息反馈组织系统。

本集团董事会承担全面风险管理的最终责任，负责建立本集团的风险文化，制定整体风险管理战略，监督高级管理层开展全面风险管理，并审议全面风险管理报告。本集团高级管理层根据董事会制定的风险管理战略，制定并推动执行相应的风险管理政策、制度和程序。本集团由风险管理部牵头、零售金融总部、公司金融总部、金融市场总部等业务经营部门，以及法律合规部、计划财务部、运营管理部等其他风险管理支持保障部门共同构成本集团风险管理的主要职能部门，具体执行本集团各项风险管理的政策和制度。本集团的内审部门则负责对本集团的风险管理和控制环境进行定期检查与评估全面风险管理的充分性和有效性。

本公司全面风险管理制度包括《全面风险管理基本政策》《信用风险管理基本政策》《市场风险管理基本政策》《流动性风险管理基本政策》《流动性风险管理办法》《操作风险管理办法》《压力测试管理办法》《市场风险应急预案》《流动性风险、市场业务风险、理财业务风险限额政策》《反洗钱和反恐怖融资管理办法》《反洗钱风险自评估办法》等。

本公司从事风险管理的目标是在风险和收益之间取得适当的平衡，确保在合理的风险水平下安全、稳健地经营。

案例分析：

（一）该商业银行建立了良好的公司治理结构与风险治理体系，按照《巴塞尔协议》《中华人民共和国商业银行法》《中国银监会关于印发银行业金融机构全面风险管理指引的通知》《中国银监会关于银行业风险防控工作的指导意见》等要求建立全面风险管理制度，并对全面风险管理体系进行自我评估，健全自我约束机制。明确董事会、监事会、高级管理层、业务部门、风险管理部门和内审部门在风险管理中的职责分工，建立多层次、相互衔接、有效制衡的运行机制。

（二）该商业银行建立了良好的风险合规制度，使风险管理有规可循、有据可依，在合规制度框架范围内运营，保障审慎性风险管理策略的实现。

内容讲解：

银行业金融机构应当建立全面风险管理体系，采取定性和定量相结合的方法，识别、计量、评估、监测、报告、控制或缓释所承担的各类风险。商业银行的风险管理理念、战略、政策、程序等都必须通过一定的载体才得以实施，风险管理的效果与机构内部的组织架构具有高度的关联性。合理的机构设置和清晰的职能界定不仅有助于明确风险管理者的权力和责任，形成有效的风险治理机制，还有助于在机构内部的各组成部分之间围绕风险管理进行持续的沟通，营造出良好的风险管理环境。反之，不合理的风险管理组织架构往往会导致金融机构的风险管理政策和程序失败。

（一）全面风险管理原则与要素

1. 银行业金融机构全面风险管理应当遵循以下基本原则。

（1）匹配性原则。全面风险管理体系应当与风险状况和系统重要性等相适应，并根据环境变化进行调整。

（2）全覆盖原则。全面风险管理应当覆盖各个业务条线，包括本外币、表内外、境内外业务；覆盖所有分支机构、附属机构，部门、岗位和人员；覆盖所有风险种类和不同风险之间的相互影响；贯穿决策、执行和监督全部管理环节。

（3）独立性原则。银行业金融机构应当建立独立的全面风险管理组织架构，赋予风险管理条线足够的授权、人力资源及其他资源配置，建立科学合理的报告渠道，与业务条线之间形成相互制衡的运行机制。

（4）有效性原则。银行业金融机构应当将全面风险管理的结果应用于经营管理，根据风险状况、市场和宏观经济情况评估资本和流动性的充足性，有效抵御所承担的总体风险和各类风险。

2. 全面风险管理体系要素。银行业金融机构全面风险管理体系应当包括但不限于以下要素：

（1）风险治理架构；

（2）风险管理策略、风险偏好和风险限额；

（3）风险管理政策和程序；

（4）管理信息系统和数据质量控制机制；

（5）内部控制和审计体系。

（二）风险治理架构

银行业金融机构应当建立组织架构健全、职责边界清晰的风险治理架构，明确董事会、监事会、高级管理层、业务部门、风险管理部门和内审部门在风险管理中的职责分工，建立多层次、相互衔接、有效制衡的运行机制。

1. 董事会。银行业金融机构董事会承担全面风险管理的最终责任，履行以下职责：

（1）建立风险文化；

（2）制定风险管理策略；

（3）设定风险偏好和确保风险限额的设立；

（4）审批重大风险管理政策和程序；

（5）监督高级管理层开展全面风险管理；

（6）审议全面风险管理报告；

（7）审批全面风险和各类重要风险的信息披露；

（8）聘任风险总监（首席风险官）或其他高级管理人员，牵头负责全面风险管理；

（9）其他与风险管理有关的职责。

董事会可以授权其下设的风险管理委员会履行其全面风险管理的部分职责。银行业金融机构应当建立风险管理委员会与董事会下设的战略委员会、审计委员会、提名委员会等其他专门委员会的沟通机制，确保信息充分共享并能够支持风险管理相关决策。

2. 风险管理委员会。为了更好地落实日常的风险管理工作，金融机构通常设立专门的风险管理委员会。风险管理委员会一般在董事会下设立。风险管理委员会一般由专业人士组成，不仅包括专业的风险管理人士，还包括专业的法律人士、会计人士等。风险管理委员会主要负责监督公司高级管理层关于信用风险、流动性风险、市场风险、操作风险、合规风险、战略风险和声誉风险等风险的控制情况，对公司风险政策、管理状况及风险承受能力进行定期评估，提出完善公司风险管理和内部控制的意见。

某商业银行风险管理委员会具体的职责权限如下：

（1）协助董事会并督导高级管理层建立完善全面风险管理体系，拟订、审查公司各类风险相关的制度、管理政策、策略和程序，向董事会提出建议；

（2）研究拟订公司风险偏好及风险限额；

（3）监督高级管理层开展全面风险管理，确保风险管理政策、策略、风险偏好和风险限额得到有效落实；

（4）听取高级管理层的各类风险管理报告及内控合规报告，监控关键风险指标；

（5）评估公司的风险承受能力、风险水平、风险管理状况，向董事会报告；

（6）接受日常关联交易备案，并实施监督管理；

（7）日常呆账核销工作的监督管理；

（8）组织指导案件风险防控工作；

（9）根据监管部门的要求，审查、监督相关风险管理工作；

（10）董事会授权的其他风险管理职责。

3. 监事会。银行业金融机构监事会承担全面风险管理的监督责任，负责监督检查董事会和高级管理层在风险管理方面的履职尽责情况并督促整改。相关监督检查情况应当纳入监事会工作报告。

4. 高级管理层。银行业金融机构高级管理层承担全面风险管理的实施责任，执行董事会的决议，履行以下职责：

（1）建立适应全面风险管理的经营管理架构，明确全面风险管理职能部门、业务部门以及其他部门在风险管理中的职责分工，建立部门之间相互协调、有效制衡的运行机制；

（2）制定清晰的执行和问责机制，确保风险管理策略、风险偏好和风险限额得到充分传达和有效实施；

（3）根据董事会设定的风险偏好，制定风险限额，包括但不限于行业、区域、客户、产品等维度；

（4）制定风险管理政策和程序，定期评估，必要时予以调整；

（5）评估全面风险和各类重要风险管理状况并向董事会报告；

（6）建立完备的管理信息系统和数据质量控制机制；

（7）对突破风险偏好、风险限额以及违反风险管理政策和程序的情况进行监督，根据董事会的授权进行处理；

（8）风险管理的其他职责。

规模较大或业务复杂的银行业金融机构应当设立风险总监（首席风险官）。董事会应当将风险总监（首席风险官）纳入高级管理人员。风险总监（首席风险官）或其他牵头负责全面风险管理的高级管理人员应当保持充分的独立性，独立于操作和经营条线，可以直接向董事会报告全面风险管理情况。调整风险总监（首席风险官）应当事先得到董事会批准，并公开披露。银行业金融机构应当向银行业监督管理机构报告调整风险总监（首席风险官）的原因。

5. 风险管理部门。银行业金融机构应当确定业务条线承担风险管理的直接责任；风险管理条线承担制定政策和流程，监测和管理风险的责任；内审部门承担业务部门和风险管理部门履职情况的审计责任。在金融机构中，风险管理部门是负责风险管理具体实施的专门性组织，是风险管理组织体系的核心环节。银行业金融机构应当赋予全面风险管理职能部门和各类风险管理部门充足的资源、独立性、授权，保证其能够及时获得风险管理所需的数据和信息，满足履行风险管理职责的需要。

银行业金融机构应当设立或者指定部门负责全面风险管理，牵头履行全面风险的日常管理职责，包括但不限于以下职责：

（1）实施全面风险管理体系建设；

（2）牵头协调识别、计量、评估、监测、控制或缓释全面风险和各类重要风险，及时向高级管理人员报告；

（3）持续监控风险管理策略、风险偏好、风险限额及风险管理政策和程序的执行情况，对突破风险偏好、风险限额以及违反风险管理政策和程序的情况及时预警、报告并提出处理建议；

（4）组织开展风险评估，及时发现风险隐患和管理漏洞，持续提高风险管理的有效性。

6. 其他部门。

（1）内部审计部门。内部审计作为一项独立、客观、公正的约束与评价机制，在强化金融风险管理的过程中发挥着重要作用。内部审计可以在风险识别、评估、监测和控制等主要阶段来审核风险管理能力与效果。

（2）其他职能部门和业务单位。其他职能部门和业务单位应接受风险管理职能部门对风险管理工作的组织、协调、指导和监督，履行执行风险管理基本流程；研究提出本部门或业务单位重大决策、重大风险、重大事件和重要业务流程的判断标准或判断机制；研究提出本部门或业务单位的重大决策风险评估报告；做好本部门或业务单位建立风险管理信息系统工作；做好培育风险管理文化的有关工作；建立健全本部门或业务单位的风险管理内部控制系统等工作。

二、商业银行合规管理组织

（一）合规管理部门

根据自2025年3月1日起施行的《金融机构合规管理办法》，合规管理部门是指金融机构设立的、牵头承担合规管理职责的内设部门。金融机构设置多个职责不相冲突的部门共同承担合规管理职责的，应当明确合规管理职责的牵头部门。当前商业银行合规部门的组织方式，各银行之间存在着重大差异。在规模较大的银行，合规人员可能位于各营运业务线，有些银行可能还设有集团合规官和当地合规官。在规模较小的银行，合规部门的职员可能被放在一个部门。目前，绝大多数商业银行都按照监管部门的要求成立了专职的合规部门，或者将合规职能与风险管理职能合并成立风险合规部门。《金融机构合规管理办法》明确了业务部门承担主体责任、合规管理部门承担管理责任、内部审计部门承担监督责任。要求业务部门主动做好日常合规管控，管好业务的同时也要管好合规；合规管理部门牵头推进各项合规管理工作，提供有力的合规支持；内部审计部门强化对机构经营管理合规性的审计监督。相关部门各司其职、协调配合，有机统筹，有效衔接，形成合规管理合力。

（二）合规风险管理体系

合规管理是金融领域深入贯彻习近平法治思想、落实全面依法治国战略部署的必然要求，是金融机构稳健经营、高质量发展的关键要素，是健全公司治理结构、提高防范化解重大风险能力的迫切需要。根据《金融机构合规管理办法》，金融机构要建立横向到边、纵向到底的合规管理体系，将合规基因注入金融机构发展决策和业务经营的全过程、全领域，实现从"被动监管遵循"向"主动合规治理"的转变。金融机构要提高依法合规经营能力，将合规管理有机融入公司治理体系、运营管理架构和业务流程，这就要求合规必须从高层做起，高位推进合规管理体系有效运行。金融机构应当制定合规管理制度，按照"分级管理、逐级负责"的要求，完善合规管理组织架构，明确合规管理责任，深化合规文化建设，建立健全合规管理体系。合规风险管理体系包括合规政策、合规管理部门的组织结构和资源、合规风险管理计划、合规风险识别和管理流程、基本要素、合规培训与教育制度等基本要素。

（三）商业银行合规管理架构

1. 合规管理的原则

（1）依法合规。严格执行法律法规和各项监管规定，将依法合规经营作为金融机构一切活动必须坚守的底线和红线。

（2）全面覆盖。将合规要求贯穿决策、执行、监督、反馈等全流程，覆盖各领域、各环节，落实到各部门、各机构、各岗位以及全体员工。

（3）权责清晰。明确合规管理框架，落实业务及职能部门的主体责任、合规管理部门的管理责任和内部审计部门的监督责任，做到有机统筹、有效衔接。

（4）务实高效。持续完善与本机构金融业务和人员规模相匹配的合规管理体系，加强对重点领域、关键人员和重要业务的管理，充分运用数字化、智能化等手段，不断提升合规管理效能。

2. 合规管理的架构

（1）董事会。金融机构的董事会负责确定合规管理目标，对合规管理的有效性承担最终责任。金融机构的董事会履行下列合规管理职责：①审议批准合规管理基本制度；②决定合规管理部门的设置；③决定聘任、解聘首席合规官，建立与首席合规官的直接沟通机制；④决定解聘对发生重大违法违规行为、重大合规风险负有主要责任或者领导责任的高级管理人员；⑤评估合规管理有效性和合规文化建设水平，督促解决合规管理和合规文化建设中存在的重大问题；⑥其他合规管理职责。

董事会可以下设合规委员会或者由董事会下设的其他专门委员会履行合规管理相关职责。

（2）高级管理层。金融机构的高级管理人员负责落实合规管理目标，对主管或者分管领域业务合规性承担领导责任。金融机构的高级管理人员履行下列合规管理职责：①落实合规管理部门设置和职能要求，配备充足、适当的合规管理人员，并为其履行职责提供充分的人力、物力、财力、技术支持和保障；②组织推动主管或者分管领域的合规管理制度建设、合规审查、合规自查与检查、合规风险监测与管控、合规事件处理等工作；③发现重大违法违规行为或者重大合规风险及时报告、整改，督促落实责任追究；④其他合规管理职责。

（3）机构主要负责人。金融机构各部门主要负责人、各分支机构和纳入并表管理的各层级金融子公司主要负责人负责落实本部门、本级机构的合规管理目标，对本部门、本级机构合规管理承担首要责任。

（4）首席合规官。金融机构应当在机构总部设立首席合规官，首席合规官是高级管理人员，接受机构董事长和行长（总经理）直接领导，向董事会负责。金融机构原则上应当在省级分支机构或者一级分支机构设立合规官，合规官是本级机构高级管理人员，接受本级机构行长（总经理）直接领导。金融机构的首席合规官及合规官应当取得国家金融监督管理总局或者其派出机构的任职资格许可，合规管理办法另有规定的除外。首席合规官可以由金融机构的高级管理人员、省级分支机构或者一级分支机构的高级管理人员兼任。

首席合规官及合规官不得负责管理金融机构的前台业务、财务、资金运用、内部审计等可能与合规管理存在职责冲突的部门。金融机构行长（总经理）兼任首席合规官、省级分支机构或者一级分支机构行长（总经理）兼任合规官的除外。

首席合规官对本机构及其员工的合规管理负专门领导责任，履行下列合规管理职责：①负责本机构的合规管理工作，组织推动合规管理体系建设，监督合规管理部门和合规岗位的履职情况，组织推动合规规范在机构内严格执行与有效落实；②组织推动合规管理的制度建设、合规审查、合规检查与评价、重大合规事件处理、合规考核、问题整改及队伍建设等，确保合规管理工作有序运转；③按照要求定期向监管机构汇报；

④其他合规管理职责。

（5）合规管理部门。金融机构的合规管理部门牵头负责合规管理工作，承担合规的管理责任，组织、协调、推动各部门和下属各机构开展合规管理。监管部门鼓励金融机构对合规管理部门实行垂直管理。对合规管理部门实行垂直管理的金融机构，其下属各机构合规管理部门向上一级合规管理部门负责，接受上一级合规管理部门管理。鼓励首席合规官统筹合规管理人员选聘、业务指导、工作汇报、考核管理、合规官提名等事项。

合规管理部门履行下列职责：①拟订机构的合规管理基本制度和年度合规管理计划，组织协调机构各部门和下属各机构拟订合规管理相关制度，并推动贯彻落实；②为机构经营管理活动、新产品和新业务的开发等事项提供法律合规支持，审查机构重要内部规范，及时提出制订或者修订建议；③牵头组织实施合规审查、合规检查、评估评价、合规风险监测与合规事件处理，推进合规规范得到严格执行；④组织或者参与实施合规考核，组织或者参与对违反合规规范主体的问责，保持与监管机构的日常合规工作联系；⑤组织培育合规文化，开展合规培训，组织刑事犯罪预防教育，向员工提供合规咨询，推动全体员工遵守行为合规准则；⑥董事会确定的其他职责。

合规岗位的具体职责，由金融机构参照前款规定确定。

（6）业务部门与审计部门。金融机构的各业务及职能部门、下属各机构承担合规的主体责任，负责本条线本领域合规规范的严格执行与有效落实，积极配合合规管理部门的工作。

金融机构内部审计部门承担合规的监督责任，对机构经营管理的合规性进行审计，并与合规管理部门建立有效的信息交流机制。

金融机构应当将各部门、下属各机构的合规管理纳入统一体系，强化对各部门合规岗位、下属各机构合规管理部门的指导与监督，明确各部门、下属各机构向机构总部报告的合规管理事项，对下属各机构经营管理和员工履职行为的合规性进行检查，督导各部门、下属各机构合规管理工作符合合规规范。

（7）金融机构员工。金融机构全体员工应当遵守与其履职行为有关的合规规范，积极识别、控制其履职行为的合规风险，主动配合金融机构和监管机构开展合规管理，并对其履职行为的合规性承担责任。

（四）合规管理保障

金融机构应当为首席合规官及合规官、合规管理部门履职提供充分保障，赋予相关人员和部门提出否定意见的权利。金融机构的股东、董事和高级管理人员不得违反规定的职责和程序，干涉首席合规官或者合规官依法合规开展工作。金融机构的董事、高级管理人员、各部门和下属各机构及其员工应当支持和配合首席合规官及合规官、合规管理部门及合规管理人员的工作，不得以任何理由限制、阻挠首席合规官及合规官、合规管理部门及合规管理人员履行职责。金融机构应当保障首席合规官及合规官、合规管理部门及人员履行职责所需的知情权和调查权。首席合规官及合规官有权根据履行职责需要，参加或者列席有关会议，查阅和复制有关文件、资料。金融机构召开董事会会议、经营决策会议等重要会议的，应当提前通知首席合规官。

金融机构应当保证合规官报告的独立性，实行双线汇报，以向首席合规官汇报为主，并向本级机构行长（总经理）汇报。

金融机构的合规管理部门和合规岗位应当独立于前台业务、财务、资金运用、内部审计部门等可能与合规管理存在职责冲突的部门或者岗位。合规管理部门和合规岗位不得承担与合规管理相冲突的其他职责。

（五）合规风险管理的核心工作

1. 强化银行业从业人员积极培养良好的职业操守。

2. 明确银行必须制定合规政策以及配套的合规手册和员工行为准则等合规指南，引导全体员工有效管理合规风险。

3. 明确核定合规问责制的两个重要环节，一个是对合规责任进行认定，另一个则是对违规责任人进行应有的处理。

4. 明确建立诚信举报机制和相应有效的举报保护制度。

5. 强化正向激励机制建设，在考核机制中真正体现内控合规优先，彻底改变过去只重视业务发展而忽视合规风险管理的习惯做法，尽快建立经风险调整后的薪酬激励机制。

6. 强调要为合规工作提供适当的资源，特别强调领导层要重视配备合适的合规工作人员，同时对合规工作的职能要进行细化和明确，以建立有效的风险管理三道防线。

7. 强化合规风险的垂直管理，明确上级合规部门对下级合规部门/岗位负责人和同级业务部门/业务条线/经营单位"合规风险管理窗口"负责人的直接管理与考核，促使整个银行合规政策的有效传导。

 【拓展栏目——思政园地】

《习近平关于金融工作论述摘编》出版发行

2024年3月，中共中央党史和文献研究院编辑的《习近平关于金融工作论述摘编》一书由中央文献出版社出版，在全国发行。

金融是国民经济的血脉，关系中国式现代化建设全局。党的十八大以来，以习近平同志为核心的党中央从战略全局出发，加强对金融工作的全面领导和统筹谋划，推动金融事业发展取得新的重大成就，积极探索新时代金融发展规律，不断加深对中国特色社会主义金融本质的认识，不断推进金融实践创新、理论创新、制度创新，逐步走出一条中国特色金融发展之路。习近平同志对金融事业发展的重大理论和实践问题作出一系列重要论述，立意高远，内涵丰富，思想深刻，把我们党对金融工作本质规律和发展道路的认识提升到了新高度，是马克思主义政治经济学关于金融问题的重要创新成果，构成习近平经济思想的金融篇，对于新时代新征程坚定不移走中国特色金融发展之路，推进金融高质量发展、加快建设金融强国，为以中国式现代化全面推进强国建设、民族复兴伟业提供强有力的金融支撑，具有十分重要的意义。

《习近平关于金融工作论述摘编》分 10 个专题，共计 324 段论述，摘自习近平同志 2012 年 11 月至 2024 年 2 月期间的报告、讲话、说明、演讲等 120 多篇重要文献。其中部分论述是第一次公开发表。

资料来源：《习近平关于金融工作论述摘编》出版发行［EB/OL］．［2024 - 03 - 24］．https：//www. gov. cn/yaowen/liebiao/202403/content_6941209. htm.

讨论：请查找《习近平关于金融工作论述摘编》关于风险的论述。

第二节　商业银行风险文化与合规文化

一、商业银行风险文化

案例导入：某银行 2024 年第三季度业绩报告显示，该银行总资产规模再次突破新高，达到 30 676.66 亿元，营业收入为 507.53 亿元，净利润为 207.07 亿元，不良贷款率维持在 0.76%，拨贷比为 3.08%，拨备覆盖率为 404.80%，风险抵补能力继续保持较好水平，稳健风控能力再获认可。

资产质量能如此稳健，主要有两大原因。首先，该银行是一家极其重视风险文化的城商行，该银行坚持"经营银行就是经营风险""控制风险就是减少成本"的风险理念。其次，科技驱动、数字化风控也成为该银行巩固风险抵御能力的重要力量，该银行持续完善全面风险管理体系，不断提高风险管理的智能化、数字化水平。

该银行董事长表示，公司秉持敬畏市场、敬畏风险的理念，坚守审慎经营的风险管理文化，确保守住银行经营的风险底线。这种风险文化让该银行搭建了较为严格的风控体系，以底线思维进行风险管理。

案例分析：

银行业金融机构应当推行稳健的风险文化，形成与本机构相适应的风险管理理念、价值准则、职业操守，建立培训、传达和监督机制，推动全体工作人员理解和执行。

一个战略清晰、目标明确、职责到位的现代银行风险管理体系与培育一种以促进业务发展为根本的增值型风险管理文化是密不可分的，只有把先进的风险管理文化贯穿到银行发展战略、根植于整个银行的运营行为之中，并内化为员工的职业态度和工作习惯，才能构筑起抵御风险的坚强防线，实现银行稳健经营和可持续发展。

案例中的银行良好的风险文化和风险思维，让其在不良贷款控制方面领先于商业银行，提高了银行的竞争力和盈利能力。

内容讲解：

文化是企业管理的最高境界。企业文化作为一种管理工具，在现代企业经营发展中扮演着越来越重要的角色，中外优秀的成功企业都有其卓越的文化。企业文化已经从一般元素过渡到管理工具，到竞争武器，再到战略资源。

（一）风险管理文化的内涵

风险管理文化是银行在长期的发展过程中形成的，全体成员统一于风险管理方向上的某种思想观念、价值标准、道德规范和行为方式的集合。风险管理文化由知识、制度、精神三个层面组成，以精神层面为核心、知识层面为基础、制度层面为保障。风险管理文化的精神层面主要是指风险管理的基本理念，知识层面主要是指风险管理的技术方法，制度层面主要是指风险管理的制度规定。风险管理文化从精神层面到制度层面逐步具体化。

商业银行风险管理文化是以商业银行企业文化为背景，贯穿以人为本的经营理念，在经营管理和风险管理过程中逐步形成并为广大员工认同和自觉遵守的风险管理理念、风险价值观念和风险管理行为规范。优良的风险管理文化不仅可以将风险管理责任渗透到各个业务部门和各个业务环节中，还能将风险管理理念内化为员工的职业素养与日常工作习惯，最大限度地发挥员工在风险控制方面的积极性、主动性，更好地全面防控风险。

健康的风险管理文化既要坚持统一性与差别性，又要坚持独立性与服务性。统一性是指风险管理活动应在统一的风险理念指导下进行，差别性是指基于业务多样化和客户需求复杂性而寻求的管理手段与制度的灵活性。风险管理的独立性，就是要有独立的机构、人员，以独立的视角，对业务发展中存在的风险进行客观识别、度量和控制，独立性是风险控制制约性的关键。风险管理的根本目的决定了风险管理同时应具有服务性，风险管理要服务于业务发展，服务于稳定获取收益。只有坚持统一性与差别性、独立性与服务性，风险管理才能实现其管理价值，促进经营价值最大化。

健康的风险管理文化以企业整体文化为背景，以经营价值最大化为目标，贯穿以人为本的经营理念，有机地融合先进的风险管理技术和科学的风险管理手段，始终面向不断变化的市场、客户，在与市场的不断博弈中完善政策及制度，与时俱进地指导银行的风险管理实践，是科学、完整、高效、可控的全面风险管理体系的灵魂。先进的风险管理文化既是对传统风险管理的升华和创新，又是对现代银行风险管理的借鉴和消化，通过培育风险管理文化，可大幅度提升银行的风险管理水平。

（二）先进的风险管理理念

商业银行根据各自的发展战略和管理目标，学习、借鉴先进的风险管理理念，并将其融会贯通到自身风险文化建设中。先进的风险管理理念主要包括以下内容。

1. 风险管理是商业银行的核心竞争力，是创造资本增值和股东回报的重要手段。这是一个重要的理念突破，商业银行不再是传统上仅仅经营货币的金融机构，而是经营风险的特殊企业。在这一理念指导下，商业银行的管理目标、发展战略以及经营模式都将发生变化，主要体现在从粗放型、冒进型、盲目追求市场份额的初级阶段，走向精细化、审慎型、注重风险收益管理的高级阶段，切实保障商业银行的可持续发展。

2. 风险管理的目标不是消除风险，而是通过主动的风险管理过程实现风险与收益的平衡。在银行经营管理中，风险问题无所不在。银行经营管理的每一个过程和环节，都伴随着对风险的控制和管理，银行的每一项业务都是伴随着对风险的评判以及控制展开的。在发放贷款时，银行对企业的资信评估、项目评估、产品的市场评估，甚至贷款发放程序的制定，以及贷后管理，都是围绕着对风险的控制和管理这一主题来进行的。仅一笔贷款发放，所面对的风险就有好几种。甚至在吸收存款、开展中间业务、增设网点时，银行也不得不将风险的因素考虑进去。透过银行经营管理的表象，撇开那些物质属性的遮蔽，所能抽象出来的本质就是风险，银行正是通过承担并有效管理风险来获取盈利的。

3. 风险管理战略应该纳入商业银行整体战略之中，并服务于业务发展战略。风险管理必须与业务计划和业务策略有机结合，所有业务单位和职能部门都承受风险并获得风险带来的收益，因此必须承担相应的风险管理责任。前台业务部门、风险管理部门以及其他支持保障部门均属于商业银行全面风险管理的范畴。

4. 商业银行应该充分了解所有风险，建立和完善风险控制机制，对于不了解或无把握控制风险的业务，应该采取审慎的态度。虽然风险管理的目标是提高承担风险所带来的收益，但商业银行应当严格控制风险水平，避免承担可能危害正常运营的风险。当面对两种或两种以上的情况需要作出抉择时，商业银行应选择风险较低的情况。

（三）风险管理文化的培育

1. 加强管理层的驱动作用。先进的风险管理文化必须体现在风险管理战略的制定中，有机融合于信用风险、市场风险和操作风险的具体管理方法与运营机制之中，才能使风险管理的基础进一步牢靠，风险管理的效果进一步提高，才能促进商业银行各项业务健康快速发展。要实现这一点，银行高级管理层的重视是前提，要发挥风险管理文化建设上的驱动作用，通过持续不断的理念宣传和自身实践的示范效应，将先进的风险管理文化体现在商业银行可持续发展的风险管理战略中，通过对全行各类风险实施管理流程的整合建立科学完整的风险管理模式，用基于过程的内控体系重塑风险管理技术水平。

2. 全员的风险教育和培训。培育先进的风险管理文化，就是要使风险管理成为风险管理人员、业务部门人员的共同理念和自觉意识。先进的风险管理文化将银行的管理目标建立在全行员工的共识之上，促使员工迈向共同的愿景，把风险管理的责任扩散到每一个部门和每一个业务环节，并通过组织持续性学习将其内化为员工的职业态度和工作习惯，最大限度地发挥员工在风险管理方面的积极性、主动性和创造性。人是创造文化的主体，又是传承文化的载体。风险管理文化的培育要以人为中心，着眼于员工的思维方式和心理状态，动员全体员工参与风险管理，明确风险管理职责，从而在整个银行业务流程中创造出良好的风险管理氛围。

3. 创建学习型组织。要培育先进的风险管理文化，先要引导整个银行成为学习型组织。银行业是一个知识和信息密集型行业，银行之间的竞争越来越表现为员工素质的竞争，而员工的高素质在很大程度上取决于其学习能力。在新的银行业竞争背景下，银行业竞争的实质是学习能力的竞争，竞争优势来自比竞争对手学习得更快的能力。以学习来塑造组织变革能力的本质，就是将组织建成一个不断地自我更新、自我创造和外界变化相互推动引导的组织。因此，打造学习型银行，鼓励员工不断学习，更新风险管理知识，提升风险收益的平衡判断能力，是银行在市场竞争中站稳脚跟并赢得竞争的重要保证。商业银行应把打造学习型银行作为一项战略性项目，建立一种持续学习的理念和机制，在行内形成一种浓厚的团队学习氛围，并激励员工把学习能力转化为创造能力，从而实现员工和银行共同发展的目标。

4. 建立激励和约束机制。合理的激励和约束机制是培育商业银行风险文化的重要保证。这要求商业银行风险文化建设应当与薪酬制度、人事制度相结合，通过设计科学的激励与约束机制，来增强各级管理人员特别是高级管理人员的风险意识，防止盲目扩张、片面追求业绩、忽视风险等行为发生，进而形成健康的风险文化氛围。

二、商业银行合规文化

案例导入：某商业银行合规文化建设

为有效保障稳健经营、防范金融风险，某商业银行结合自身实际，积极探索合规管理的新模式和新方法，提升员工合规意识，激发合规管理动能，多措并举推进合规文化建设。

一、注重宣传引导，营造良好合规氛围。该行纪检监察部门组织合规文化宣讲小组，赴辖内各支行与一线员工开展面对面访谈，自上而下宣讲监管政策、自下而上收集管理痛点，培育合规理念，守牢合规底线；通过集中学、自身学、考试学等方式，促进全体干部员工学思践悟，提升全体员工参加规章制度学习的自觉性、主动性和针对性，切实提高制度执行力；通过合规警示教育手册、观看警示教育片，以各类警示案例，教育身边人，强化全员合规经营底线思维，树立"内控促发展、合规创价值"理念。

二、加强学习教育，规范日常操作行为。狠抓员工学习教育，在做好法律法规、规章制度学习的同时，加强对监管规定和行内制度的学习贯彻，促进全员熟练掌握岗位履职相关法律法规、监管要求和制度规定。将合规文化渗透到业务经营管理、决策各个环节，形成对违规行为的高度敏感，提高员工执行制度自觉性，切实做到合规决策、合规管理、合规操作。

三、强化监督检查，提升监督检查质效。持续加强风险预警系统和事后监督系统数据运用，提升问题发现的前瞻性。改进检查工作方法，运用常规检查、专项突击检查、非现场核查等检查方式，提高监督检查质效。对检查发现的问题，确保整改到位，问责精准，形成长效机制。

案例分析：

合规文化作为企业文化的核心内容，在商业银行合规经营中发挥着重要作用，是商业银行可持续发展的保障。良好的合规文化解决的是人的自觉性和价值取向问题，是开展合规建设工作的前提和基础。商业银行在激烈的市场竞争中保持合规经营的底线思维，是银行稳定健康发展的保证。

内容讲解：

合规经营始终是商业银行存在和发展的前提，是银行金融机构稳健经营的关键所在，只有合规经营才能使金融风险始终处于可承受和控制的范围之内。因此，合规文化应成为金融文化的核心构成要素，商业银行合规文化是商业银行企业文化与合规经营管理实践相结合的产物。银行金融机构应当深化合规文化建设，确立合规从高层做起、全员主动合规、合规创造价值等理念，营造不敢违规、不能违规、不想违规的合规文化氛围，促进金融机构自身合规与外部监管有效互动。

（一）合规文化的概念和内涵

1. 合规文化的概念。合规文化是指银行等金融机构为避免遭受法律制裁、监管处罚、重大财务损失或声誉损失，自上而下建立起一种普遍意识、道德标准和价值取向，以从精神方面确保其各项经营管理活动始终符合法律法规、自律组织约定以及内部规章的要求。

2. 合规文化的内涵。合规文化的内涵包括诚实、守信、正直等职业道德与行为操守，合规人人有责、合规从高层做起、主动合规、合规创造价值、内部合规与外部监管有效互动等理念和行为准则，以及银行对社会负责、银行对员工负责、员工对银行负责、员工对其他员工负责等价值观念取向。

（1）合规应从高层做起。银行良好的道德风气的形成，关键在于董事会和高级管理层有效履行诚信责任，不仅要求其在银行内部设定鼓励合规的基调，积极倡导并推行诚信正直的道德准则和价值观念，努力培育银行全体员工的合规意识，而且其还应率先垂范、以身作则地加以实施，做到身体力行和言行一致，将积极主动践行合规作为其义不容辞的责任，带动和影响员工自觉遵守各项制度。当企业文化强调诚信与正直的准则并由董事会和高级管理层作出表率时，合规才最为有效。管理者合规是构成商业银行合规文化的基因及实现人人合规的首要前提。

（2）人人合规。合规是商业银行所有员工的共同责任，而不只是合规部门或者合规人员的事情，合规工作与商业银行的各个流程、各个工作环节和每位员工都息息相关。只有让合规的意识渗透到每位员工的血液中，才能形成大众性的合规文化。只有合规成为每一个银行员工的行为准则，成为各级各岗位员工每日的自觉行为，人人都自觉有效履行合规职责，才能共同保证法律、规则和标准及其精神得到遵循和贯彻落实，银行合规风险管理才会有效。

（3）主动合规。银行应主动发现、主动暴露合规风险隐患或问题，主动改进相应的业务政策、行为手册和操作程序，主动避免任何类似违规事件的发生和主动纠正已发生的违规事件。同时，银行还应主动对相关责任人采取必要的惩戒措施。对于主动报告问题或隐患的，银行可视情况减轻处罚，甚至免责，乃至给予奖励。目前商业银行普遍出台了大量的规章制度和实施严格的经济处罚机制，在一定程度上遏制了部分风险案件的产生，但这主要是被动性的合规要求。只有树立主动合规的意识并形成文化才能有效控制风险案件。

（4）合规创造价值。虽然合规风险管理本身并不直接为银行增加利润，但却能通过系列的合规活动增加盈利空间和机会，避免业务活动受到限制，为银行创造价值。一方面，合规的形成过程本身就是对业务和管理的流程的整合优化，从而给银行带来直接的经济效益；另一方面，银行密切关注和跟踪法律法规、监管规定和市场规则的最新发展，争取必要的话语权，有利于争取到银行发展业务创新的外部政策环境等。此外，合规管理与成本控制、资本回报等银行经营的核心要素具有正相关关系，有利于银行加强成本与风险控制，提高资本回报。良好的合规文化还有助于提高银行品牌文化，增加银行无形资产。

（二）合规文化的功能

在市场竞争日益激烈、产品服务差异化趋弱的背景下，合规文化作为一种特殊的优势资源，在银行经营管理实践中的作用不断凸显出来。具体来说，合规文化具有四方面的基本功能。

1. 导向功能。合规文化能对银行整体和全体员工的价值及行为取向起到引导作用，减少个人行为与组织目标的偏离，增强员工对组织的认同感，降低达成共识的成本。

2. 约束功能。合规文化对银行员工的思想、心理和行为具有约束与规范作用，且这种作用不是制度式的硬约束，而是一种软约束，这种约束产生于整个银行的合规文化氛围、群体行为准则和道德规范。

3. 激励功能。合规文化一旦被员工共同认可后，它就成为一种亲和力，从各种方面把所有员工聚合起来，从而产生一种巨大的向心力和凝聚力，会使他们从内心产生一种高昂情绪和奋发进取精神。

4. 声誉功能。银行在公众心目中的品牌形象，是一个由产品服务为主的硬件和以企业文化为主的软件所组成的复合体。优秀的企业合规文化对于提升银行的品牌形象将发挥巨大的作用。合规文化的传播将帮助银行树立良好的公众形象，提升其社会知名度和美誉度，从而扩大市场空间。

（三）合规文化建设

1. 合规文化建设的具体要求

（1）完善组织体系。按照银行监管部门的要求，各家商业银行要科学配置合规管理资源，建立和完善与经营范围、业务规模相适应的合规风险管理组织架构，从合规部门设置、岗位安排、职责权限、工作流程、管理措施、报告路线、监督评价等各方面完善合规管理的制度性安排。董事会下设风险管理委员会、审计委员会或专门的合规管理委员会，协助董事会对经营活动的合规性负责；要把合规建设作为"一把手"工程来抓，董事长及高级管理层要带头倡导合规文化，认真践行合规职责，做好合规表率。监事会监督合规管理职责的履行情况。同时，商业银行应设置独立的合规部门，配备专职合规人员，承担合规管理工作。

（2）重塑制度流程。根据风险管理流程的需要，各机构应按照业务条线制定并完善相应的管理制度、流程规范或操作指南，使之成为指导合规操作的标准。为保障合规要求的执行落实，要着力建设与完善合规绩效考核、违规问责和诚信报告办法，以及重大违规报告、合规政策报备、合规风险管理评估、合规管理联动等制度。

（3）强化教育培训。商业银行要组织实施针对不同对象、不同层次的合规教育培训和考核。组织员工学习国家经济政策、法律法规、监管要求和内部管理规章制度、流程规范，学习本岗位应知应会的专业知识、技术技能，开展思想道德、职业操守、案例警示教育。重视做好对新进员工、新上任员工、高风险部门和关键岗位人员以及合规专业人员的教育培训，切实提高全员的遵纪守法、职业操守意识，提高全员的政策贯彻、制度执行和专业知识、业务操作水平。合规教育培训结束后，合规风险管理部门应组织对参训人员进行检测考核，以确保培训效果。

（4）严格合规自检。商业银行要组织所有部门、经营单位及网点和所有岗位员工开展全面合规自检、违规自查、风险排查，以消除制度缺失、执行偏差、监督缺位，深入查找公司治理、内部控制、行为规范等各方面存在的问题，针对发现的问题，分门别类地制订详细整改方案，强化合规管理措施，确保整改纠正和问责到位。同时，商业银行要鼓励员工检举违纪违法的人和事，提供案件线索，共同推动合规文化建设工作的深入开展。

2. 合规文化的建设

（1）要建立和完善合格的"规"。让员工业务有规可循，有效的业务合规制度是银行构建全面合规风险管理体系和有效内部控制机制的基础和核心，是合规文化形成的基础。银行自身的公司治理、企业文化、组织结构、发展战略、人力资源、目标市场需求和竞争环境、业务复杂程度、绩效考核和激励机制等因素必须与市场竞争的客观需要相匹配，并且应随着上述因素的不断变化而动态地调整和保持。如果这个"规"本身不充分、不系统或者没有得到及时修订，就会使银行在客观上处于违规的境地。因此，商业银行必须建立合规管理制度，为合规管理提供制度保障，使合规工作有据可依。

（2）要创建科学的合规管理机制。要确保一个"规"在建立好后能够被大家持续地遵守，并且保证这个"规"自身还能够被及时加以修改和完善，必须有一套机制作保证。要切实建立合规风险管理机制，就必须从涉及银行整体的企业文化、组织机构扁平化、流程管理、岗责体系、绩效管理等方面入手，梳理、整合和优化银行的规章制度，建立专业化的合规风险管理队伍，确立清晰的报告路线和问责制、举报制等，真正在银行日常经营管理活动中体现合规风险管理在风险管理乃至整个银行管理工作中的核心地位和作用。

（3）要将合规文化理念渗透到业务条线和基层岗位员工之中去。要实现银行经营目标就必须在合规价值观念和合规文化的培育上有统一的合规要求与员工行为规范。加强合规文化的教育要从上至下树立合规意识，以管理人员的合规理念感染和引导员工的合规行为。把合规管理要求结合到各业务条线的操作流程中，实现流程控制、外部检查、员工自律三者的有机结合，尽量减少各类不应有的合规风险和操作风险。

（4）要用依法合规文化构筑预防案件的防线。全国金融系统发生的案件表明，银行违规员工的共性就是缺乏法律法规知识、缺乏对违法犯罪后果的足够认识。因此，要用依法合规文化构筑预防案件的防线，培育员工树立合规意识。一是合规办事意识，坚决剔除凭感觉办事、凭经验办事、凭习惯办事的陋习；二是责任意识，应本着对事业负责、对同志负责、对自己负责的态度，认真执行规章制度，处理业务要认真审核各项要素；三是监督意识，员工互相之间不能盲目信任，干部和员工之间的信任必须建立在遵章守纪、按章办事的基础上，在处理问题的时候一定要形成自觉监督的意识，养成相互监督的习惯，这样才能使自己少犯错误，才能监督别人不犯错误；四是保密意识，要做好银行内部发展的保密工作，更要做好为客户保密的工作。

（5）合规文化建设必须以人为本。人是各种社会实践的主体。合规文化的形成与员工的文化层次、职业道德修养、品行有着直接的联系。一是建立"人人有责"的合规文化。合规文化建设应强调人人有责，即每个人都是风险的责任人，每个部门或岗位都会有风险发生，作为银行的员工，每个人都有责任和义务在自己的岗位上与部门内有效防范合规风险。员工应将合规文化建设与日常的工作和业务有机结合起来，将合规文化意识渗透到自己的工作中。二是建立激励惩罚制度。合规的"规"要在实践中得以贯彻执行，必须通过有效的激励机制，对合规工作做得好或对举报、抵制违规有贡献者给予保护、表扬或奖励；对存在或隐瞒违规问题、造成不良后果者，要按照规定给予处罚，追究责任。

3. 不同层面的合规文化建设

（1）建设物质层面的合规文化。建设合规文化的物质载体。商业银行必须创造良好的物质基础和经营环境，满足外部客户和内部员工的合理需求。一要加快产品创新与服务创新，整合内部管理资源，优化业务操作流程，满足客户日益增长的金融服务需求；二要积极优化内部各种制度，建立良好的激励约束机制，建设良好的工作环境，为员工的日常工作和职业生涯发展提供良好平台；三要领导带头、中层示范、员工执行，积极搭建具有自身特色的符合合规内涵的合规制度与流程的执行机制；四要积极宣传本机构的品牌形象，通过广播、报纸、电视、屏幕播放和网络等形式宣传本机构的企业文化，积极参与各种社会活动，正确履行社会责任；五要在机构内显著位置张贴合规文化公告，让客户和广大员工了解本机构的合规文化建设，并给予实施监督或举报违规事件。

展现合规文化建设的经济价值。商业银行要认真总结合规工作的进展情况及其在经营管理过程中的作用。如通过检测和统计，评价合规文化建设直接避免的经济损失、间接带来的收益等，提高员工对合规文化建设的认同感和归属感。

建立健全合规管理组织机制。通过股份制改造、流程银行建设等重大变革，进一步完善内部组织体系，明确董事会、监事会和高级管理层在合规文化建设中的职责，建立有效的内部监督约束机制。同时，要积极搭建专业的合规与风险管理部门，并保证充足的资源使其履行合规管理和全面风险管理职能。通过在各个业务条线和经营单位设立相应的合规岗，与全面风险管理相结合，形成横向覆盖到各专业，纵向延伸到基层网点的合规及风险控制体系。

（2）建设行为层面的合规文化。规范各层级的合规行为。银行的合规文化源自其领导层的行为示范，领导层要通过有效的推行与传播，努力转变员工的思想观念和行为模式，促进员工对全面合规的认知感、认同感和责任感。

推行全过程的合规管理。一个高效的合规文化主要特征是员工对本机构所适用的法律、监管规定、规则以及适用于自身业务活动的行为准则的掌握和对违规的高度敏感，它要求合规意识贯穿在所有员工的行为中，成为一种自觉和必然的行为准则。

建立畅通的信息沟通机制。积极构建畅通的内部信息沟通机制，尤其是诚信举报和风险报告等的路线以及报告路线所涉及各方的责任界定必须清晰，接受报告各方的责任也要明确。同时，向本机构各利益相关方发布有关信息，自觉接受外部监督。

高度重视员工思想和行为的管理。坚持从严治理，逐级进行严格的考核、严格的监督，对苗头性、倾向性的问题及时研究解决，对违规违纪行为要果断进行处理。要加强对员工的关注，各级管理者要经常与员工谈心和交流，多渠道掌握员工的思想动态。要对员工进行经常性的排查，对员工的思想和行为真正做到心中有数，对有问题的员工，要及时落实帮教责任，进行跟踪管理。要建立所有人员个人重大事项报告制度和行为排查奖励制度，使员工行为排查制度化、精细化。此外，还要通过召开员工家属座谈会等方式，取得员工家属的配合，协助做好员工行为管理。

建立有效的绩效考核机制和问责制。绩效考核方面过分注重眼前利益，往往会造成基层经营单位不惜以违规换取经营业务的短期行为。故在绩效考核体系中要树立科学的绩效观和考核观，对关系机构长期、稳健和安全运行的绩效指标赋予绝对优势权重，将合规考核指标设为重要指标，对经营单位和员工的违规行为实行一票否决制。建立完善问责机制，使得员工意识到违规必究、违规必惩。

（3）建设制度层面的合规文化。完善机构内部合规制度体系建设。合规管理制度主要是指有关合规部门管理合规风险的规范性制度，包括基础制度、事务管理制度、合规手册和合规风险管理标准等。基础制度主要包括合规绩效考核制度、合规问责制度和诚信举报制度；事务管理制度包括合规培训制度、合规审核制度、合规风险识别与评估制度、合规检查制度、员工基本合规要求制度及兼职和专职合规经理管理制度等；合规手册是以业务为中心，以流程为导向，以岗位为节点，以风控为重点，标示重要环节的风险表现，明确流程的操作岗位和风险控制岗位，使操作流程、关键环节和风险控制相互对应，简单清晰；合规风险管理标准是明确合规风险管理应实现什么目标，如何评价合规风险管理的实施效果的制度。合规基础制度是事前铺垫，合规事务管理制度是执行保障，合规手册是操作流程，合规风险管理标准是事后评价，四者相辅相成，构成完整的合规制度体系。

制度建设应充分体现流程控制。商业银行的合规和风险管理部门要发动各业务条线和各部门共同对业务流程及管理流程进行梳理、优化或再造，积极朝规范的流程化管理模式过渡，实现员工标准化作业。进一步明确新制度、新产品的出台必须经过必要的测试、论证和合规部门的会签过程，树立制度的权威。做到出台一项业务或服务，就有对应的管理制度、对应的业务流程和管理流程，以真正实现各项业务的全流程控制，在提高运营效率与效果的同时，努力实现对各项风险事项的有效监控。

保证制度制定的科学性。在制度体系的规划层面，要明确划分层次，明确确定各项制度的适用范围和执行效力高低顺序，并要保持制度的一致性，合规部门要对各项制度的出台进行统一和规范管理，防止政出多门前后重复，让制度执行者无所适从。在制度制定过程层面，要针对各个环节和阶段，建立全过程管理，形成固有的流程和权限。在制度效果的反馈层面，要完善信息收集和传导反馈机制，针对使用效果进行综合评价，为制度的修订收集信息。在制度的完善层面，要有周期性评审、梳理、清理和修订制度，适应不断变化的内外部环境，保证制度持续有效。

（4）建设精神层面的合规文化。做好普及工作，深植合规理念。员工既是合规文化建设的主体，又是合规文化的实践者和创造者，没有广大员工的积极参与，就不可能建设好优良的合规文化，更谈不上让员工自觉遵纪守法。合规理念分为四种：一是合规创造价值的理念，二是合规人人有责，三是全员主动合规的理念，四是合规要不断创新的理念。

引导员工深度认同合规文化。积极引导员工逐步建立职业经理人、职业管理人员、称职员工的价值观，将对机构负责、对股东负责、对自己及家庭负责等理念融入日常经营管理活动中，使每一位员工清楚地认识到自身都是防范操作风险及合规风险的第一责任人，其行为的合规与否将直接决定风险控制的成效。

形成求质求细作风。综观商业银行爆发的大案要案，绝大部分都是日积月累的结果。客观上操作风险是难免的，但是，依靠员工的敬业精神和专业态度，风险事件及案件发生的概率和造成的损失是可以降低的，这种敬业精神和专业态度就体现在工作质量上，而细节是其灵魂。因此，必须从职业道德、文化知识、业务技能和现代人格塑造等方面全面提高员工素质，培养员工良好的职业操守，引导员工养成扎实的工作作风，使合规管理涵盖业务经营的全部流程和环节。

合规培训要体现人本管理。要通过组织开发持续有效的合规风险培训和教育项目，积极打造和创建学习型组织与知识型员工，将商业银行所使用的法律、规则和准则、合规政策、合规意识和合规职责等字面要求及精神实质，贯穿于业务政策、行为手册和操作程序中。要按照全员参与的原则，开展教育和培训，培训要注重系统性、针对性、专业性、实用性和多样性。特别要以能力建设为核心，以培训各级、各类、各层次人才为主线，开展多层次、多渠道、多形式的员工培训，真正形成一级抓一级、一级带一级、一级促一级，层层抓落实的工作格局。要通过大量的案例宣传和有计划的培训，形成管理靠制度、办事讲规矩、决策依程序的观念和机制。

 【拓展栏目——思政园地】

全面加强金融监管，有效防范化解金融风险

防范化解金融风险特别是防止发生系统性金融风险，是金融工作的根本性任务。习近平总书记强调，要坚持把防控风险作为金融工作的永恒主题，增强忧患意识，做好风险防控，增强金融体系韧性。《习近平关于金融工作论述摘编》第五专题，充分反映了习近平总书记对防范化解金融风险的深谋远虑和系统谋划。

防范化解金融风险是实现高质量发展必须跨越的重大关口。金融风险隐蔽性、突发性、传染性特别强，处理不善还会引发社会风险、政治风险等。维护金融安全，是关系我国经济社会发展全局的一件带有战略性、根本性的大事。党的十八大以来，习近平总书记反复强调要把防控金融风险放到更加重要的位置，牢牢守住不发生系统性风险的底线，采取一系列措施加强金融监管，防范和化解金融风险，维护金融安全和稳定，把住了发展大势。习近平总书记指出，防范化解金融风险，事关国家安全、发展全局、人民财产安全，是实现高质量发展必须跨越的重大关口，是一场输不起的战役。要从政治大局出发，抓紧制定战略规划，坚决打好这场攻坚战。必须坚持统筹发展和安全，增强机遇意识和风险意识，增强同风险赛跑的意识，坚持底线思维，坚持问题导向，在全面做

好金融工作基础上，着力深化金融改革，加强金融监管，科学防范风险，强化安全能力建设，注重堵漏洞、强弱项，下好先手棋、打好主动仗，不断提高金融业竞争能力、抗风险能力、可持续发展能力，确保社会主义现代化事业顺利推进。习近平总书记强调，金融既有管理和分散风险的功能，又自带风险基因。防范化解金融风险，要抓住人、钱、制度三个关键，做到"管住人、看住钱、扎牢制度防火墙"。"管住人"，就是要管住金融机构、金融监管部门主要负责人和高中级管理人员，加强对他们的教育监督管理，加强金融领域反腐败力度。"看住钱"，就是要运用现代科技手段和支付结算机制，实时动态监管线上线下、国际国内的资金流向流量，使所有资金流动都置于金融监管机构的监督视野之内。"扎牢制度防火墙"，就是要完善金融从业人员、金融机构、金融市场、金融运行、金融治理、金融监管、金融调控的制度体系，规范金融运行。

　　持续有效防范化解金融风险特别是系统性风险。我国金融体量和复杂程度今非昔比，风险的系统性关联性大大增强。一旦发生系统性风险，现代化进程往往就被迟滞甚至中断。习近平总书记指出，防范化解系统性风险是防控风险的重中之重。要持续有效防范化解重点领域风险，坚持系统观念，坚持标本兼治，统筹化解房地产、地方债务、中小金融机构等风险，保持财政金融稳健运行，坚决守住不发生系统性风险的底线。习近平总书记强调，防范化解金融风险，要坚持"稳定大局、统筹协调、分类施策、精准拆弹"方针，把握好三个关系。一是权和责的关系。要坚持金融事权在中央的基本原则，明确中央和地方职责分工，健全权责一致、激励约束相容的风险处置责任机制。二是快和稳的关系。当局部领域或个体机构金融风险极速爆发、损失持续扩大时，必须优先快速灭火；对于区域性风险，特别是长时间积累的问题，在稳定大局的前提下把握时度效，扎实稳妥化解；重中之重是防范系统性风险，措施要及时，力度要够大，坚决惩治违法犯罪和腐败行为，严防道德风险。三是防和灭的关系。要主动防火，治未病、抓前端，对风险早识别、早预警、早暴露、早处置。要健全具有硬约束的金融风险早期纠正机制，落实金融机构主体责任、金融管理部门监管责任和地方政府属地责任；要透过现象看本质，将金融乱象、金融泛化阻断在萌芽状态，决不任其野蛮生长；对非法金融活动要群防群治，及时发现认定，果断出手，打早打小，斩草除根。

　　资料来源：中共中央党史和文献研究院．以金融高质量发展助力强国建设、民族复兴伟业——学习《习近平关于金融工作论述摘编》［N］．2024－04－15（05）．

　　讨论：作为青年学生，如何理解走中国特色金融发展之路？

 练习题

　　1. 简述商业银行风险与合规管理组织架构体系的构成，请以一家商业银行为例说明。

　　2. 简述风险与合规部门的职责，请查找一家商业银行风险合规部门职责。

　　3. 如何进行商业银行金融风险文化与合规文化培育？请查找相关案例。

　　4. 讨论商业银行员工风险意识与合规意识的重要性。

第三章
商业银行资本管理

SHANGYE YINHANG ZIBEN
GUANLI

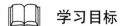 学习目标

【知识目标】

◆ 掌握商业银行资本定义、资本管理指标和标准、资本监管要求。

◆ 掌握宏观审慎评估体系指标构成。

【能力目标】

◆ 能理解资本管理在银行风险管理中的重要性，并初步判断资本是否符合监管标准。

◆ 能判断某商业银行宏观审慎评估考核结果和考核奖惩。

【思政目标】

◆ 坚持商业银行资本满足风险管理要求，牢牢守住不发生系统性金融风险的底线。

◆ 树立银行的高杠杆经营也不能无限扩展的思维。

第一节　商业银行资本概念

一、资本的概念

案例导入： 中国工商银行资本管理摘要

本行实施集团化的资本管理机制，以资本为对象和工具进行计划、计量、配置、应用与营运等管理活动。本行资本管理的目标是：保持合理的资本充足率水平，持续满足资本监管法规和政策要求；不断巩固和提升资本基础，支持业务增长和战略规划的实施；建立以经济资本为核心的价值管理体系，强化资本约束和激励机制，提高资本配置效率；创新和拓展资本补充渠道，提升资本质量，优化资本结构。本行资本管理范围涵盖全集团各类经营单位，资本管理内容包括资本充足率管理、经济资本管理、资本投资和融资管理等。

2023年，本行建立健全资本精益化管理，不断完善资本的科学筹集、高效配置、精准计量、长效约束、常态优化管理机制，持续提升资本使用效率；合理开展资本补充，优化资本结构，降低资本成本，为本行服务实体经济奠定坚实的资本基础。本行积极应对资本新规落地，确保监管规则平稳切换，资本充足率平稳运行。全年各项资本指标良好，资本充足率保持在稳健合理水平。

2023年末，根据《商业银行资本管理办法（试行）》计算的核心一级资本充足率为13.72%，一级资本充足率为15.17%，资本充足率为19.10%，均满足监管要求。

2024年第一季度末，核心一级资本充足率为13.78%，一级资本充足率为15.18%，资本充足率为19.21%，均满足监管要求。

表 3-1　　　　　　　中国工商银行 2024 年第一季度资本情况

日期：2024 年 3 月 31 日

可用资本（数额，百万元）		
1	核心一级资本净额	3 492 517
2	一级资本净额	3 847 493
3	资本净额	4 868 344
风险加权资产（数额，百万元）		
4	风险加权资产合计	25 347 956
4a	风险加权资产合计（应用资本底线前）	25 347 956
资本充足率（%）		
5	核心一级资本充足率	13.78
5a	核心一级资本充足率（应用资本底线前）	13.78
6	一级资本充足率	15.18
6a	一级资本充足率（应用资本底线前）	15.18
7	资本充足率	19.21

数据来源：中国工商银行 2024 年第一季度第三支柱信息。

资料来源：中国工商银行 2023 年年报、中国工商银行 2024 年第一季度报告（A 股）。

案例分析：

资本是商业银行存在的前提和发展的基础，是风险管理的重要内容。商业银行资本必须要满足监管的要求，能够充分吸收商业银行损失，保障存款人安全。商业银行是吸收存款、发放贷款，高杠杆率经营的企业，必须要有符合监管条件的资本，否则一旦发生风险，负外部性极高。资本约束是银行监管的核心，银行业要有良好的资本管理，否则也会影响业务的开展。

内容讲解：

（一）银行资本的定义

为加强商业银行资本监管，维护银行体系安全、稳健运行，保护存款人利益，2023年10月国家金融监督管理总局发布《商业银行资本管理办法》，自2024年1月1日起施行。银行资本是指银行资本所有者为经营银行获取利润所投入的自有资本和通过各种途径集中到银行的货币资本。银行资本大体可分为账面资本、经济资本、监管资本。

1. 账面资本。账面资本又称会计资本，是直接反映在资产负债表上的银行资本；是指银行资产负债表中资产减去负债后的余额，即所有者权益。我国商业银行的账面资本由实收资本、资本公积、盈余公积和未分配利润等构成。账面资本反映银行实际拥有的资本水平，与银行面对的实际风险无关联。

2. 经济资本。经济资本是银行抵御非预期风险的资本。经济资本是描述在一定的置信度水平（如99%）下，为了应对未来一定期限内资产的非预期损失而应该持有或需要的资本金。其不是银行实实在在拥有的资本。经济资本本质上是一个风险概念，因而又称为风险资本。从银行审慎、稳健经营的角度而言，银行持有的资本数量应大于经济资本。商业银行资本应抵御其所面临的风险，包括个体风险和系统性风险。

3. 监管资本。监管资本是银行监管机构对各商业银行实施监管的资本要求，通常用于计算资本充足率。监管资本涉及两个层次的概念：一是银行实际持有的符合监管规定的合格资本；二是银行按照监管要求应当持有的最低资本量或最低资本要求。合格资本是指按照监管规定，银行根据自身情况计算得出的资本数量。最低资本要求则是监管规定的，用于覆盖银行面临主要风险损失所必须持有的资本数量。

在资本功能方面，账面资本与监管资本具有交叉，可以用于吸收损失。从数量角度而言，账面资本经过一定的调整，可以得到符合监管要求的合格资本，合格资本的数额应大于最低监管资本要求；银行要稳健、审慎经营，持有的账面资本还应大于经济资本。从银行管理角度来看，相对于监管资本，经济资本更好地反映了银行的风险状况和资本需求，对银行风险变动具有更高的敏感性，目前已经成为先进银行广泛应用的管理工具。

（二）银行资本的作用

1. 资本为商业银行提供融资。资本是一种资金来源。一家银行需要有资金来支付其在土地、房屋和设备资本投资等方面的初始成本。银行需要有资金来支持自身发展，维持正常经营和使经营手段现代化。另外资本还用来支持重大的结构调整，如收购和兼并。因此，银行资本既为银行日常运营提供资金，又为贷款和其他投资提供资金。

2. 吸收和消化损失。资本是承担吸收损失的第一资金来源，商业银行一旦破产，首先消耗的是银行资本，因此，资本是保护债权人、使债权人免遭损失的"缓冲器"。

3. 限制商业银行过度业务扩张和风险承担。银行要满足最低资本要求，资本充足率要达到监管要求，因此资本要求约束了商业银行盲目扩张，过度承担风险。

4. 维持市场信心。商业银行充足的资本可以增强公众对银行的信心，消除债权人对银行损失吸收能力的质疑，从而使得商业银行能够得到公众的存款。

5. 为商业银行进行管理，尤其是进行风险管理提供了最根本的驱动力。资本约束使得商业银行必须进行先进的风险管理，降低资产的风险水平，否则商业银行一定的资本就不能支持商业银行的资产增长需要。

（三）银行资本的构成

商业银行发行的资本工具应符合《商业银行资本管理办法》附件规定的合格标准。

1. 核心一级资本。核心一级资本包括：（1）实收资本或普通股；（2）资本公积；（3）盈余公积；（4）一般风险准备；（5）未分配利润；（6）累计其他综合收益；（7）少数股东资本可计入部分。

2. 其他一级资本。其他一级资本包括：（1）其他一级资本工具及其溢价；（2）少数股东资本可计入部分。

3. 二级资本。

（1）二级资本工具及其溢价。商业银行发行的二级资本工具在距到期日前最后5年，可计入二级资本的金额，应按100%、80%、60%、40%、20%的比例逐年减计。

（2）超额贷款损失准备。①商业银行采用权重法计量信用风险加权资产的，超额贷款损失准备可计入二级资本，但不得超过信用风险加权资产的1.25%。前面所称的超额贷款损失准备是指商业银行实际计提的贷款损失准备超过最低要求的部分。损失准备最低要求由国家金融监督管理总局另行规定。②商业银行采用内部评级法计量信用风险加权资产的，超额贷款损失准备可计入二级资本，但不得超过信用风险加权资产的0.6%。这里所称超额贷款损失准备是指商业银行实际计提的贷款损失准备超过预期损失的部分。

4. 少数股东资本可计入部分。

5. 资本扣除项。计算资本充足率时，商业银行应当从核心一级资本中全额扣除以下项目：

（1）商誉。

（2）其他无形资产（土地使用权除外）。

（3）由经营亏损引起的净递延税资产。

（4）贷款损失准备缺口。

①商业银行采用权重法计量信用风险加权资产的，贷款损失准备缺口是指商业银行实际计提的贷款损失准备低于贷款损失准备最低要求的部分。②商业银行采用内部评级法计量信用风险加权资产的，贷款损失准备缺口是指商业银行实际计提的贷款损失准备低于预期损失的部分。

（5）资产证券化销售利得。

（6）确定受益类的养老金资产净额。

（7）直接或间接持有本银行的股票。

（8）对资产负债表中未按公允价值计量的项目进行套期形成的现金流储备：若为正值，应予以扣除；若为负值，应予以加回。

（9）商业银行自身信用风险变化导致其负债公允价值变化带来的未实现损益。

（10）审慎估值调整。

6. 其他扣除项。商业银行之间通过协议相互持有的各级资本工具，或银行业监督管理部门认定为虚增资本的各级资本投资，应从相应监管资本中对应扣除。商业银行直接或间接持有本银行发行的其他一级资本工具和二级资本工具，应从相应的监管资本中对应扣除。对应扣除是指从商业银行自身相应层级资本中扣除。商业银行某一级资本净额小于应扣除数额的，缺口部分应从更高一级的资本净额中扣除。商业银行对未并表金融机构的小额少数资本投资，合计超出本银行核心一级资本净额10%的部分，应从各级监管资本中对应扣除。小额少数资本投资是指商业银行对金融机构各级资本投资（包括直接和间接投资）之和，占该被投资金融机构实收资本（普通股加普通股溢价）10%（不含）以下，且不符合《商业银行资本管理办法》规定的资本投资。

商业银行对未并表金融机构的大额少数资本投资中，核心一级资本投资合计超出本行核心一级资本净额10%的部分应从本银行核心一级资本中扣除，其他一级资本投资和二级资本投资应从相应层级资本中全额扣除。

还有其他一些扣除项。

二、资本监管

案例导入：国家金融监督管理总局披露的数据显示，2024年第一季度末，商业银行资本充足率为15.43%，一级资本充足率为12.35%，核心一级资本充足率为10.77%。分机构类型来看，城商行、农商行的资本充足率显著低于大型商业银行。2024年第一季度末，大型商业银行、股份制商业银行、城商行、农商行的资本充足率分别为18.31%、13.53%、12.46%、12.70%。2024年以来，超过10家城商行、农商行、村镇银行的定向募股方案获批，引发市场关注。谈及募集资金用途，多家银行表示，将有效补充核心一级资本，提高资本充足率，增强营运能力和抗风险能力。据福建某银行披露，2024年第一季度末，该行资本充足率为11.64%，一级资本充足率为9.64%，核心一级资本充足率为7.80%。国家金融监督管理总局福建监管局批复显示，同意该银行定向募股方案，同时要求该行加强股权管理，进一步完善股权结构，严格控制股东关联交易，完善公司治理与内控机制，防范和化解金融风险。商业银行资本补充的方式主要有两种：一是依靠"利润转增"的内源性渠道；二是外源性渠道，包括IPO、配股、定向增发、可转债、优先股、二级资本债和永续债、政府专项债等。

案例分析：

商业银行资本充足率应当满足监管要求，如果不满足，则可能导致监管的处罚和商业银行声誉下降，导致商业银行发生挤兑等恶性群体事件。资本监管是银行运营最有效约束机制，充足的资本是银行信用的保证，也是银行融资关键因素。

内容讲解：

中国银行业监督管理部门坚持国际标准与国内国情相结合，研究建立了银行资本监管体系，前后出台了大量的资本管理文件，主要是 2024 年 1 月 1 日起施行的《商业银行资本管理办法》及其附件等。

（一）资本充足率的计算

1. 资本充足率，是指商业银行持有的符合《商业银行资本管理办法》规定的资本净额与风险加权资产之间的比率。

$$资本充足率 =（总资本 - 对应资本扣除项）/风险加权资产 \times 100\%$$

2. 一级资本充足率，是指商业银行持有的符合《商业银行资本管理办法》规定的一级资本净额与风险加权资产之间的比率。

$$一级资本充足率 =（一级资本 - 对应资本扣除项）/风险加权资产 \times 100\%$$

3. 核心一级资本充足率，是指商业银行持有的符合《商业银行资本管理办法》规定的核心一级资本净额与风险加权资产之间的比率。

$$核心一级资本充足率 =（核心一级资本 - 对应资本扣除项）/风险加权资产 \times 100\%$$

其中，商业银行总资本包括一级资本和二级资本。其中，一级资本包括核心一级资本和其他一级资本。风险加权资产包括信用风险加权资产、市场风险加权资产和操作风险加权资产。

4. 杠杆率，是指商业银行持有的、符合《商业银行资本管理办法》规定的一级资本净额与调整后表内外资产余额之间的比率。

$$杠杆率 =（一级资本 - 一级资本扣除项）/调整后表内外资产余额 \times 100\%$$

（二）资本充足率和杠杆率监管要求

1. 分层次管理。商业银行应按照《商业银行资本管理办法》规定的机构档次划分标准，适用差异化的资本监管要求。其中，第一档和第二档商业银行应满足《商业银行资本管理办法》各章节和相应附件的监管规定，第三档商业银行应满足《商业银行资本管理办法》附件 23 的监管规定。

（1）第一档商业银行是指符合以下任一条件的商业银行：①并表口径调整后表内外资产余额 5 000 亿元人民币（含）以上；②境外债权债务余额 300 亿元人民币（含）以上且占并表口径调整后表内外资产余额的 10%（含）以上。

（2）第二档商业银行是指符合以下任一条件的商业银行：①并表口径调整后表内外资产余额 100 亿元人民币（含）以上，且不符合第一档商业银行条件；②并表口径调整后表内外资产余额小于 100 亿元人民币但境外债权债务余额大于 0。

（3）第三档商业银行是指并表口径调整后表内外资产余额小于 100 亿元人民币且境外债权债务余额为 0 的商业银行。

调整后表内外资产余额 = 调整后表内资产余额（不包括表内衍生工具和证券融资交易）＋衍生工具资产余额＋证券融资交易资产余额＋调整后表外项目余额 - 一级资本扣除项。从调整后表内外资产余额中扣减的一级资本扣除项不包括商业银行因自身信用风险变化导致其负债公允价值变化带来的未实现损益。调整后表内外资产余额按照《商业银行资本管理办法》附件 19 规定的方法计算。

境外债权债务，是指银行境外债权和境外债务之和。其中，境外债权是指银行持有的对其他国家或地区政府、中央银行、公共部门实体、金融机构、非金融机构和个人的直接境外债权扣除转移回境内的风险敞口之后的最终境外债权；境外债务是指银行对其他国家或地区政府、中央银行、公共部门实体、金融机构、非金融机构和个人的债务。

国家金融监督管理总局有权根据银行业整体情况适时调整上述机构档次划分标准。国家金融监督管理总局及其派出机构有权根据单家银行经营管理和风险水平等情况，结合监管判断调整其所属的机构档次。

2. 商业银行资本充足率监管要求。商业银行资本充足率监管要求包括最低资本要求、储备资本和逆周期资本要求、系统重要性银行附加资本要求以及第二支柱资本要求。

商业银行各级资本充足率不得低于如下最低要求：

（1）核心一级资本充足率不得低于 5%。

（2）一级资本充足率不得低于 6%。

（3）资本充足率不得低于 8%。

商业银行应在最低资本要求的基础上计提储备资本。储备资本要求为风险加权资产的 2.5%，由核心一级资本来满足。国家金融监督管理总局有权根据宏观经济金融形势、银行业整体风险状况以及单家银行经营管理和风险水平等情况，对储备资本要求进行调整。

特定情况下，商业银行应在最低资本要求和储备资本要求之上计提逆周期资本。逆周期资本的计提与运用规则由中国人民银行会同国家金融监督管理总局另行规定。

除最低资本要求、储备资本和逆周期资本要求外，系统重要性银行还应当计提附加资本。国内系统重要性银行的认定标准及其附加资本要求由中国人民银行会同国家金融监督管理总局另行规定。若商业银行同时被认定为国内系统重要性银行和全球系统重要性银行，附加资本要求不叠加，采用二者孰高原则确定。

3. 商业银行杠杆率监管要求。除上述资本充足率监管要求外，商业银行还应当满足杠杆率监管要求。

商业银行的杠杆率不得低于 4%。系统重要性银行在满足上述最低杠杆率要求的基础上，还应满足附加杠杆率要求。国内系统重要性银行的附加杠杆率要求由中国人民银行会同国家金融监督管理总局另行规定。

4. 监管措施。资本充足率监督检查是国家金融监督管理总局审慎风险监管体系的重要组成部分。国家金融监督管理总局根据宏观经济运行、产业政策和信贷风险变化，识别银行业重大突出风险，对相关资产组合提出特定资本要求。国家金融监督管理总局及其派出机构对商业银行实施资本充足率监督检查，督促银行确保资本能够充分覆盖所面临的各类风险。

银行业监督管理部门有权对资本充足率未达到监管要求的商业银行采取监管措施，

督促其提高资本充足水平。根据资本充足状况，银行业监督管理部门将商业银行分为四类，并分别采取不同的监管措施。

（1）第一类商业银行：资本充足率、一级资本充足率和核心一级资本充足率均达到《商业银行资本管理办法》规定的各级资本要求。对第一类商业银行，银行业监督管理部门支持其稳健发展业务。为防止其资本充足率水平快速下降，银行业监督管理部门可以采取下列部分或全部预警监管措施：要求商业银行加强对资本充足率水平下降原因的分析及预测；要求商业银行制订切实可行的资本充足率管理计划；要求商业银行提高风险控制能力。

（2）第二类商业银行：资本充足率、一级资本充足率和核心一级资本充足率未达到第二支柱资本要求，但均不低于其他各级资本要求。对第二类商业银行，除采取对第一类银行规定的监管措施外，银行业监督管理部门还可以采取下列部分或全部监管措施：与商业银行董事会、高级管理层进行审慎性会谈；下发监管意见书，监管意见书内容包括商业银行资本管理存在的问题、拟采取的纠正措施和限期达标意见等；要求商业银行制定切实可行的资本补充计划和限期达标计划；增加对商业银行资本充足的监督检查频率；要求商业银行对特定风险领域采取风险缓释措施。

（3）第三类商业银行：资本充足率、一级资本充足率和核心一级资本充足率均不低于最低资本要求，但未达到其他各级资本要求。对第三类商业银行，除可采取对第二类银行的监管措施外，银行业监督管理部门还可以采取下列部分或全部监管措施：限制商业银行分配红利和其他收入；限制商业银行向董事、高级管理人员实施任何形式的激励；限制商业银行进行股权投资或回购资本工具；限制商业银行重要资本性支出；要求商业银行控制风险资产增长。

对于资本充足率、一级资本充足率和核心一级资本充足率均满足最低资本要求，但不满足储备资本要求的商业银行，其利润留存比例不得低于表3－2所示标准。

表3－2　　　　　　　　　　商业银行利润留存比例最低标准

核心一级资本充足率区间	最低利润留存比例要求（占可分配利润的百分比）
5%～5.625%（含）	100%
5.625%～6.25%（含）	80%
6.25%～6.875%（含）	60%
6.875%～7.5%（含）	40%

（4）第四类商业银行：资本充足率、一级资本充足率和核心一级资本充足率任意一项未达到最低资本要求。对第四类商业银行，除采取对第三类银行规定的监管措施外，银行业监督管理部门还可以采取以下部分或全部监管措施：要求商业银行大幅降低风险资产的规模；责令商业银行停办一切高风险资产业务；限制或禁止商业银行增设新机构、开办新业务；强制要求商业银行对二级资本工具进行减记或转为普通股；责令商业银行调整董事、高级管理人员或限制其权利；依法对商业银行实行接管或者促成机构重组，直至予以撤销。在处置此类商业银行时，银行业监督管理部门还将综合考虑外部因

素，采取其他必要措施。

（5）杠杆率未达标商业银行的监管措施。对于杠杆率未达到最低监管要求的商业银行，国家金融监督管理总局及其派出机构应采取以下部分或全部监管措施：要求商业银行限期补充一级资本；要求商业银行控制表内外资产规模。

对于逾期未改正，或者其行为严重危及商业银行稳健运行、损害存款人和其他客户的合法权益的，国家金融监督管理总局及其派出机构应根据《中华人民共和国银行业监督管理法》的规定，区别情形，采取以下部分或全部措施：责令暂停部分业务、停止批准开办新业务；限制分配红利和其他收入；停止批准增设分支机构；责令控股股东转让股权或者限制有关股东的权利；责令调整董事、高级管理人员或者限制其权利；法律规定的其他措施。

（三）资本补充策略

商业银行要提高资本充足率，主要有两个途径：一是增加资本，二是降低总的风险加权资产。

1. 增加资本措施。一级资本的来源包括发行普通股、提高留存利润等方式。留存利润是银行增加核心资本的重要方式，相对于发行股票来说，其成本要低得多。但一方面，这依赖于银行具有较高的利润率；另一方面，提高留存利润增加核心资本，是一个长期不断积累的过程，不可能在短期内起到立竿见影的效果。一家银行如果核心资本与监管当局的要求相去甚远，就必须采用发行普通股或非累积优先股的形式来筹集资本，虽然这种方式对银行来说成本很高。

商业银行主要通过发行可转换债券、次级债券，多计提拨备等方式增加二级资本。多计提拨备会影响利润留存，发行债券必须满足监管规定的合格二级资本工具标准。

2. 降低风险加权资产措施。降低风险加权资产总量，包括降低信用风险、市场风险、操作风险。主要有两种措施，一是缩小规模，二是调整结构。在降低风险加权总资产方面，虽然缩小资产总规模能起到立竿见影的效果，但这种做法会影响到商业银行的盈利能力，同时，银行股东或社会公众也往往将银行资产的增长速度作为判断银行发展状况的重要指标之一，资产总规模的缩减可能使股东或社会公众怀疑银行出现了严重的问题，甚至已经陷入财务困境。因此，商业银行主要通过减少风险权重较高的资产、增加风险权重较低的资产降低风险加权总资产，具体如下：贷款出售或贷款证券化，即将已经发放的贷款卖出去；收回贷款，用于购买高质量的债券（如国债）；尽量少发放高风险的贷款等。风险管理水平高的银行可积极建立资本计量高级方法体系，提高风险管理水平，在获得监管当局核准情况下，采用资本计量的高级方法计量资本要求。

 【拓展栏目——思政园地】

深化金融供给侧结构性改革

供给侧结构性改革是经济工作的主线，也是金融工作的主线。习近平总书记指出，合理健康的金融结构是金融持续健康发展并有效为实体经济服务的前提。要深化金融供给侧结构性改革，理顺间接融资与直接融资、股权融资与债权融资的关系，优化金融体系结构，完善金融基础设施，提高金融服务质量和效率。要坚持质量优先，引导金融业发展同经济社会发展相协调。要以金融体系结构调整优化为重点，优化融资结构和金融机构体系、市场体系、产品体系，为实体经济发展提供更高质量、更有效率的金融服务。习近平总书记强调，要优化融资结构，加快建设安全、规范、透明、开放、有活力、有韧性的资本市场。要完善机构定位，坚持大中小相结合，促进金融市场公平竞争，形成合理的金融体系。要加快推进银行体系改革，深化国有商业银行改革，支持国有大型金融机构做优做强，遵循市场规律，提升综合服务水平，当好服务实体经济的主力军和维护金融稳定的压舱石。对中小金融机构要严格准入标准和监管要求，推动兼并重组，实现中小金融机构减量提质，立足当地开展特色化经营。要深化农村信用社改革，多渠道补充中小银行资本金，推动农村金融机构回归本源。要推进政策性金融机构改革，聚焦服务国家战略，强化政策性金融机构职能定位。要促进金融机构专业化，突出并做优主业。要疏通货币政策传导机制，增加制造业中长期融资，更好缓解民营和中小微企业融资难融资贵问题。

资料来源：中共中央党史和文献研究院. 以金融高质量发展助力强国建设、民族复兴伟业——学习《习近平关于金融工作论述摘编》[N]. 人民日报，2024 – 04 – 15（05）.

讨论：如何多渠道补充中小银行资本金？

第二节 商业银行宏观审慎评估体系

一、商业银行宏观审慎评估体系

案例导入：2023 年中国人民银行三门峡市中心支行围绕稳增长目标任务，以宏观审慎评估（Macro Prudential Assessment，MPA）工作为"小切口"，在制度建设、集中决策、培训督导、精准施策上下功夫，将窗口指导、货币政策工具和宏观审慎评估有机结合，引导金融机构保持信贷合理增长、节奏平稳，扎实做好服务实体经济高质量发展的大文章。

该行于 2023 年 5 月初印发了《关于成立宏观审慎评估委员会的通知》，明确了工作职责和工作流程，确保评估依规开展；起草《三门峡市地方法人金融机构宏观审慎评估实施细则》，细化评分标准，将重点信贷政策落实情况、货币政策工具使用情况、经营风险状况等作为结构性参数和容忍度调整的重要参考，进一步发挥宏观审慎评估的逆周期调节作用。对 MPA 工作主管领导和业务经办人员进行"面对面"政策宣讲，对经常数据出错或政策理解存在偏差的金融机构进行重点辅导，不断提高宏观审慎评估政策知晓度和工作配合度。将正式反馈结果一对一通知到各参评机构的部门负责人或业务经办人，并根据资本和杠杆情况、资产负债情况等七部分考核内容逐一对机构进行评分指导，引导机构提高稳健经营意识，按照政策导向支持实体经济，积极改善评估指标。2022 年以来，累计对指标下降明显的参评机构下发《信贷业务提示函》6 份，开展现场约谈一次，督促相关机构及时整改。推动商业银行将资金用于实体企业，有助于金融降杠杆和防范金融风险的扩散。

金融机构 MPA 考核被定为 C 档，将会受到多方面约束：（1）适用 0.7~0.9 倍的法定准备金利率；（2）上年三个季度（含）以上 MPA 评级均在 C 级，则无法享受定向降准政策；（3）提高 C 档金融机构常备借贷便利（SLF）利率，约束其金融债发行等。

资料来源：叶松. 小切口撬动大信贷——人行三门峡市中支用好宏观审慎评估强化逆周期调节［N］. 金融时报，2023－07－21.

案例分析：

中国人民银行的职责是在国务院领导下，制定和执行货币政策，防范和化解金融风险，维护金融稳定。货币政策的目标是保持货币币值的稳定，并以此促进经济增长。要实现目标，除了运用存款准备金、公开市场操作、再贷款与再贴现这些传统的货币政策工具外，现在又多了常备借贷便利、中期借贷便利等工具，来调节基础货币投放，从而实现货币政策目标。自 2016 年起，中国人民银行对银行业的监管体系升级为"宏观审慎评估"，其目标是从狭义信贷转为对广义信贷的宏观审慎管理，通过一套评估指标，构建以逆周期调整为核心，根据系统重要性程度不同实施差别考核的宏观审慎评估体系，实现引导金融机构广义信贷合理增长，防范系统性金融风险。

内容讲解：

（一）商业银行宏观审慎评估体系的定义

2016 年开始，中国人民银行将 2011 年以来实施的差别准备金动态调整和合意贷款管理机制调整为宏观审慎评估体系，以全面有效地管理金融部门多元复杂的资产端，加强货币政策的逆周期调整作用，进一步完善宏观审慎政策框架，防范系统性风险，保障金融体系的稳定性。宏观审慎政策的目标是防范系统性金融风险，尤其是防止系统性金融风险顺周期累积以及跨机构、跨行业、跨市场和跨境传染，提高金融体系韧性和稳健性，降低金融危机发生的可能性和破坏性，促进金融体系的整体健康与稳定。

（二）商业银行宏观审慎评估体系考核背景

商业银行宏观审慎评估体系考核体系的建立主要原因有以下四个方面。

第一，央行的货币政策工具体系随着利率市场化进程也逐步变化，原有的主要货币政策工具已经让位于市场化工具，准备金利率、公开市场利率等市场化工具运用得更加频繁，货币政策工具进入重构阶段。

第二，在商业银行表外业务扩张的情况下，以合意贷款为主的信贷政策逐步丧失约束意义，传统的信贷指标进行扩展是现实需要，这也凸显了建立 MPA 指标体系的重要。

第三，维护银行间合理竞争秩序、公平竞争环境，例如将银行的利率定价情况纳入 MPA 指标体系，可以提升银行之间的差异化定价能力、约束恶意定价行为。

第四，通过 MPA 框架将防范金融风险与疏通货币政策传导通道相结合，可以实现有效货币政策的职能。

二、商业银行宏观审慎评估体系的实施

（一）MPA 评估的对象

MPA 评估的对象包括商业银行、村镇银行、外资银行、财务公司、金融租赁公司、汽车金融公司、信托投资公司，主要针对银行。

（二）MPA 评估对象的分类

MPA 评估的对象分为全国性系统重要性机构（N-SIFIs）、区域性系统重要性机构（R-SIFIs）和普通机构（CFIs），三者在指标的达标标准上面有少许差异，对系统重要性机构的评估更为严格一点。

（三）MPA 评估的主管单位

MPA 由中国人民银行宏观审慎评估委员会负责实施与解释。全国性系统重要性机构由全国性宏观审慎评估委员会进行评估，区域性系统重要性机构和普通机构由各省级宏观审慎评估委员会进行评估。

（四）MPA 评估的周期

每季度评估一次，通常在季度末的后一个月内完成。中国人民银行对相关指标按月监测，发现异常及时预警，必要时进行窗口指导。

（五）MPA 评估的指标

评估指标包括资本与杠杆情况、资产负债情况、流动性、定价行为、资产质量、跨境融资风险、信贷政策执行等七大方面 14 个。根据宏观调控需要，中国人民银行可对指标构成、权重和相关参数、评分方法等进行调整。

在七大考核方面中，资本充足率和杠杆率是其首要指标，其中用以考核银行风险程度的资本充足率占据重要地位。流动性考核要求相对刚性，对市场流动性造成一定的压力。资产质量方面分为不良贷款率和拨备覆盖率，指标要求相对非刚性，允许中间过渡，压力不大。定价行为、外债风险和信贷政策执行三个方面影响相对较小。上述七大类指标分值均为 100 分，优秀分为 90 分，达标线为 60 分。

表 3-3 　　　　　　　　　　　　　MPA 指标体系

考核	MPA 指标体系
资本与杠杆情况	资本充足率、杠杆率、总损失吸收能力（暂不纳入）
资产负债情况	广义信贷、委托信贷、同业负债
流动性	流动性覆盖率、净稳定资金比例、遵守准备金制度情况
定价行为	利率定价
资产质量	不良贷款率、拨备覆盖率
跨境融资风险	外债风险加权余额
信贷政策执行	信贷执行情况、中央银行资金运用情况

（六）MPA 评估的结果

1. 评估结果。MPA 评估的结果分为 A、B、C 三档。

A 档机构：指七大方面均超过 90 分，计为优秀。执行最优档激励，如相关业务的优

先权、支农支小再贷款、再贴现、金融市场准入及各类金融债券发行审批、金融创新产品等。

B 档机构：指除 A 档、C 档以外的机构，执行正常档激励。

C 档机构：资本与杠杆情况、定价行为中任意一项不达标；或资产负债情况、流动性、资产质量、外债风险、信贷政策中任意两项及以上不达标，达标线均为 60 分。给予 C 档机构适当约束，取消或者暂停中期借贷便利一级交易商资格，提高常备借贷便利利率，控制金融市场准入及各类金融债券发行。

2. 不同档机构的差别准备金利率。针对 MPA 评估结果，设置差别准备金利率，进一步增加准备金利率的实施灵活性。具体为，在法定准备金利率 ±30% 以内，分三类情况实施差别准备金利率。

第一，正常情况下在法定准备金利率 ±10% 以内，对 A 档机构实施奖励性利率，即法定准备金利率 ×1.1；对 B 档机构继续保持法定准备金利率；对 C 档机构实施约束性利率，即法定准备金利率 ×0.9。

第二，增加宏观调控力度时，在法定准备金利率 ±20% 以内，对 A 档机构实施奖励性利率，即法定准备金利率 ×1.2；对 B 档机构继续保持法定准备金利率；对 C 档机构实施约束性利率，即法定准备金利率 ×0.8。

第三，较极端情况下，在法定准备金利率 ±30% 以内，对 A 档机构实施奖励性利率，即法定准备金利率 ×1.3；对 B 档机构继续保持法定准备金利率；对 C 档机构实施约束性利率，即法定准备金利率 ×0.7。

（七）MPA 评估的豁免

考虑到新设机构缺乏评估所需历史数据，往往初期发展较快，原则上开业三年内可暂不纳入 MPA，由其参照宏观审慎评估体系加强自我约束，并辅之以必要指导。

 【拓展栏目——思政园地】

强化宏观审慎管理　提高系统性金融风险防范能力

党的十八大以来，习近平总书记对金融事业发展的重大理论和实践问题作出了一系列重要论述，为我们坚定不移走中国特色金融发展之路，推进金融高质量发展提供了根本遵循。中国人民银行宏观审慎管理局党支部坚持以习近平新时代中国特色社会主义思想为指导，认真学习贯彻《习近平关于金融工作论述摘编》，不断强化宏观审慎管理，加快建设以货币政策体系和宏观审慎政策体系为核心的现代中央银行制度，为防范系统性金融风险、增强金融服务实体经济能力提供坚实支撑。

一、构建宏观审慎政策框架，以"双支柱"支撑现代中央银行币值稳定和金融稳定"双目标"

党中央高度重视宏观审慎管理工作。党的十九大作出"健全货币政策与宏观审慎政策双支柱调控框架"的重要部署。习近平总书记在省部级主要领导干部推动金融高质量发展专题研讨班开班式上明确指出，金融强国应"拥有强大的中央银行，有能力做好货币政策调控和宏观审慎管理、及时有效防范化解系统性风险"。深入贯彻落实党中央决策部署，做好宏观审慎管理工作，必须坚持党中央对金融工作的集中统一领导、站稳人民立场，把防控风险作为金融工作的永恒主题。

二、研究制定宏观审慎政策

为深入贯彻落实党中央决策部署，中国人民银行坚持问题导向，发布《宏观审慎政策指引（试行）》，明确开展宏观审慎管理的总体思路、原则及框架，围绕重点领域制定宏观审慎政策。

三、继续加强宏观审慎管理

党和国家机构改革强调中国人民银行宏观管理的职能定位。中国人民银行将坚持以习近平新时代中国特色社会主义思想为指导，按照明确范围、强基补短、多点并进的思路，进一步加强宏观审慎管理。一是持续建立健全宏观审慎政策，逐步拓展宏观审慎政策覆盖领域。完善宏观审慎政策治理机制，推动宏观审慎政策与货币政策、微观监管政策等的协调配合。从系统性金融风险的顺周期累积以及跨机构、跨部门、跨市场、跨境传染两大来源着手，强化系统性金融风险监测。结合我国国情并借鉴国际经验，丰富宏观审慎政策工具箱。在以银行业金融机构为宏观审慎重点管理对象的基础上，逐步将主要金融活动、金融市场、金融基础设施和非银金融机构纳入宏观审慎管理。二是开展逆周期宏观审慎管理。强化对广义信贷增速的监测和宏观审慎管理，促进货币信贷平稳增长。根据跨境资本流动波动的风险传染渠道，运用好各项宏观审慎管理工具，维护外汇市场及跨境资本流动总体平稳。结合房地产市场供求关系的新变化、人民群众对优质住房的新期待，完善房地产金融宏观审慎管理，推动加快构建房地产发展新模式，促进房地产高质量发展。三是提升重点机构和领域的稳健性。围绕提升损失吸收能力和风险应对水平，不断夯实系统重要性金融机构附加监管。加强互联网金融的宏观审慎管理，持续监测跨市场跨行业创新业务，把握好防范风险与促进创新的平衡。

资料来源：中国人民银行宏观审慎管理局党支部．强化宏观审慎管理　提高系统性金融风险防范能力［EB/OL］．http：//www.pbc.gov.cn/redianzhuanti/118742/5358368/5374517/index.html.

讨论：商业银行宏观审慎评估体系如何维护金融安全，防范化解重大金融风险？

 练习题

1. 简要说明商业银行资本构成和资本监管要求，并查找一家商业银行的资本数据，分析是否符合监管要求。

2. 论述商业银行补充资本的重要作用。

3. 简要说明商业银行资本充足率计算公式。

4. 简述宏观审慎评估体系指标构成。

第四章
信用风险管理

XINYONG FENGXIAN GUANLI

 学习目标

【知识目标】

◆ 掌握信用风险定义、分类与计量参数定义。

◆ 掌握信用风险管控手段。

◆ 掌握银行不良贷款处置方法。

【能力目标】

◆ 能分析具体业务信用风险管控手段。

◆ 能分析商业银行某一具体不良贷款处置方法。

【思政目标】

◆ 坚持诚信文化，在具体业务过程中做到诚实守信。

◆ 树立信用意识，打造良好的信用记录。

◆ 培养风险意识，坚持客观识别风险。

第一节　商业银行信用风险管理

一、信用风险的概念

案例导入：2020 年 1 月 14 日，A 银行与 B 公司签订最高额抵押合同一份，约定：A 银行为抵押权人，B 公司为抵押人；B 公司自愿以其坐落于杭州市某房地产为 C 公司自 2020 年 1 月 14 日起至 2023 年 1 月 13 日止在 A 银行处的借款提供抵押担保。2020 年 1 月 21 日，双方办理了抵押登记手续。2022 年 2 月 22 日，A 银行与 C 公司签订综合授信合同一份，约定：A 银行为贷款人，C 公司为借款人；贷款人授予借款人借款额度 2 000 万元，额度期限自 2022 年 2 月 22 日起至 2023 年 1 月 13 日止。

2022 年 2 月 22 日，A 银行与 D 公司、陈某签订最高额担保合同，约定：A 银行为债权人，D 公司、陈某为保证人；D 公司、陈某自愿为 A 银行与 C 公司签订的综合授信合同项下的借款提供最高额保证担保，保证方式为连带责任保证，保证范围为借款本金、利息、罚息、复利、债权人为实现债权而支出的费用等；保证的最高债权本金为 2 000 万元；保证期间为主债务履行期限届满之日起 3 年。

2022 年 2 月 22 日，A 银行与 C 公司签订流动资金贷款借款合同，约定：A 银行为贷款人，C 公司为借款人；借款金额 2 000 万元，借款期限自 2022 年 2 月 22 日起至 2023 年 1 月 13 日止；借款利率为年利率 5.655%，还款方式为按月付息，到期还本，每月 20 日为结息日。双方同时约定，本合同项下的担保发生不利于贷款人债权的变化，借款人未能按贷款人要求另行提供所需要的担保的，贷款人可以宣布贷款提前到期。上述合同签订后，A 银行于 2022 年 2 月 24 日向 C 公司发放贷款 2 000 万元。2023 年 1 月 4 日，A 银行与 C 公司、B 公司签订《借款展期协议》，约定将本金 1 990 万元的借款期限展期至 2023 年 12 月 1 日，借款利率由 5.655% 变更为 5.66%。后 C 公司只支付至 2023 年 6 月 20 日的利息，此后未再按合同约定支付利息，但已归还本金 109 979.34 元。

另查明，保证人陈某于 2023 年 4 月 23 日死亡。A 银行于 2023 年 6 月 12 日向 C 公司、B 公司发出提前到期通知书，宣布贷款提前到期。

法院判决：C 公司归还借款本金，并支付利息、罚息、复利、律师代理费；A 银行对抵押物享有优先受偿权；保证人对债务承担连带清偿责任。如未按判决指定的期限履行给付金钱的义务，应加倍支付迟延履行期间的债务利息。

资料来源：中国裁判文书网。

案例分析：

商业银行贷款面临较多的风险因素，其中最为常见是客户违约风险。客户违约风险也是商业银行发生损失的主要风险。发生违约时，债权人或银行必将因为未能得到预期的收益而承担财务上的损失。商业银行如何衡量并防范客户信用风险成了一项重要课题。

内容讲解:

（一）信用风险定义

商业银行面临的主要风险是信用风险，即借款人或交易对手不能按照事先达成的协议履行义务的可能性。现代意义上的信用风险不仅包含违约风险，还包括当债务人或交易对手的信用状况和履约能力不足即信用质量下降时，市场上相关资产价格会随之降低的风险。

（二）信用风险分类

按照风险能否分散，信用风险可以分为系统性信用风险和非系统性信用风险。系统性信用风险是指对各种金融工具都产生影响的信用风险，不能够通过分散策略相互抵消或削弱。非系统性信用风险是指和特定对象相关的信用风险，可以采取分散的策略进行控制。

按照风险发生的形式，信用风险可以分为结算前风险和结算风险。结算前风险是指交易对手在合约规定的结算日之前违约带来的风险。结算风险是一种特殊的信用风险，是指交易双方在结算过程中一方支付了合同资金但另一方发生违约的风险。

按照风险暴露特征和引起风险的主体不同，信用风险可以分为主权信用风险暴露、金融机构信用风险暴露、公司信用风险暴露、零售信用风险暴露、股权信用风险暴露、其他风险暴露六大类。主权信用风险暴露、金融机构信用风险暴露、公司信用风险暴露统称为非零售信用风险暴露。

（三）信用风险计量参数

商业银行通过计量不同的风险参数，可以从不同维度来反映银行承担的信用风险水平，常用的风险参数包括违约概率、违约损失率、违约风险暴露、有效期限、预期损失和非预期损失等。

1. 违约概率（PD）。在商业银行信用风险管理中，违约概率是指借款人在未来一定时期内不能按合同要求偿还银行贷款本息或履行相关义务的可能性。违约概率是计算贷款预期损失、贷款定价以及信贷组合管理的基础。

违约概率是实施内部评级法的商业银行需要准确估计的重要风险要素，无论商业银行是采用初级内部评级法还是高级内部评级法，都必须按照监管要求估计违约概率。违约概率的估计包括两个层面：一是单一借款人的违约概率，二是某一信用等级所有借款人的违约概率。《巴塞尔协议Ⅱ》要求实施内部评级法的商业银行估计其各信用等级借款人所对应的违约概率，常用方法有历史违约经验、统计模型和外部评级映射三种。

2. 违约损失率（LGD）。违约损失率是指债务人一旦违约将给债权人造成的资产损失的比例，即损失的严重程度。违约损失率也是银行业监管体系中的一个重要参数。违约损失率是针对交易项目的各笔贷款而言的，它与关键的交易特征有关，是与贷款的信用保障挂钩的，如是否有抵押品。银行同一客户可能有多笔贷款，每笔贷款的违约损失率因其信用保障措施的不同而有所不同。违约损失率数值的计算建立在对贷款评级的基础上，通过分析各信用级别贷款的历史违约损失情况获得。

3. 违约风险暴露（EAD）。违约风险暴露是指债务人违约时预期表内项目和表外项目的风险暴露总额，包括已使用的授信余额、应收未收利息、未使用授信额度的预期提取数量以及可能发生的相关费用等。

4. 有效期限（M）。有效期限即某一风险暴露的剩余经济到期日。

5. 预期损失。预期损失是商业银行预期在特定时期内资产可能遭受的平均损失。预期损失是比较确定的，实际发生的损失一般围绕平均值波动。因此在管理上，可以把平均损失值看成是相对确定的，以准备金的形式计入商业银行经营成本，可通过定价转移在产品价格中得到补偿。现代商业银行将预期损失视为风险成本，作为总成本的一部分。

$$预期损失 = 违约概率 \times 违约损失率 \times 违约风险暴露$$

6. 非预期损失。非预期损失是商业银行一定条件下最大损失值超过平均损失值的部分。

（四）信用风险加权资产的计量

信用风险加权资产等于信用风险暴露与风险权重的乘积，综合反映了银行信贷资产的风险水平。《商业银行资本管理办法》规定，商业银行可以采用权重法或内部评级法计量信用风险加权资产。商业银行采用内部评级法计量信用风险加权资产的，应符合《商业银行资本管理办法》的规定，并经国家金融监督管理总局或其派出机构验收通过。内部评级法未覆盖的风险暴露应采用权重法计量信用风险加权资产。未经国家金融监督管理总局或其派出机构认可，商业银行不得变更信用风险加权资产计量方法。

1. 权重法。权重法下信用风险加权资产为银行账簿表内资产信用风险加权资产与表外项目信用风险加权资产之和。商业银行计量各类表内资产的风险加权资产，应首先从资产账面价值中扣除相应的减值准备，然后乘以风险权重。商业银行计量各类表外项目的风险加权资产，应将表外项目名义金额乘以信用转换系数得到等值的表内资产，再按表内资产的处理方式计量风险加权资产。

在权重法下，表内资产划分为 19 个类型，根据每一个资产类别的性质及风险大小，分别赋予不同的权重，有 0、20%、25%、30%、10%、50%、75%、100%、150%、250%、400%、1 250%等不同档次。

权重法下，银行的表外资产划分为 8 个类别，针对不同类别分别规定了 10%、20%、40%、50%、100%等不同的信用转换系数。例如，等同于贷款的授信业务转换系数为 100%，与贸易直接相关的短期或有项目转换系数为 20%。

2. 内部评级法。

（1）内部评级法的概念。内部评级法是指商业银行通过构建自己的内部评级体系，估计各类信用风险暴露的违约概率、违约损失率、违约风险暴露及期限等风险参数，并按照统一的函数关系计算信用风险加权资产的方法。内部评级法的基本思想是由于借款人可能出现违约，银行必须根据已经掌握的定性和定量信息对信用损失进行评估，并将这种评估与资本充足率挂钩。这实质上是现代银行信用风险管理基本要求的体现。

内部评级法分为初级内部评级法和高级内部评级法。二者的区别在于，初级内部评级法下，银行自行估计违约概率，但要根据监管部门提供的规则计算违约损失率、违约风险暴露和期限。高级内部评级法下，银行可自行估计违约概率、违约损失率、违约风险暴露和期限。对于零售信用风险暴露，不区分初级法和高级法，即银行都要自行估计违约概率、违约损失率、违约风险暴露和期限。

商业银行申请采用内部评级法计量信用风险加权资产的，提交申请时内部评级法资产覆盖率应不低于50%。内部评级法资产覆盖率按以下公式确定：

内部评级法资产覆盖率＝按内部评级法计量的风险加权资产／（按内部评级法计量的风险加权资产＋按权重法计量的内部评级法未覆盖信用风险暴露的风险加权资产）×100%

（2）银行账簿信用风险暴露分类。商业银行应对银行账簿信用风险暴露进行分类，并至少分为以下六类：主权风险暴露、金融机构风险暴露、公司风险暴露、零售风险暴露、股权风险暴露、其他风险暴露。

主权风险暴露、金融机构风险暴露和公司风险暴露统称为非零售风险暴露。

（3）商业银行应按照以下方法确定违约概率：

①主权风险暴露的违约概率为商业银行内部估计的1年期违约概率。

②公司和金融机构风险暴露的违约概率为商业银行内部估计的1年期违约概率与0.05%中的较大值。

由主权提供合格保证担保覆盖的风险暴露部分，违约概率不受0.05%底线约束。

③零售风险暴露的违约概率为商业银行内部估计的1年期违约概率与0.05%中的较大值，其中一般循环零售风险暴露的违约概率为商业银行内部估计的1年期违约概率与0.1%中的较大值。

④对于提供合格保证或信用衍生工具的风险暴露，商业银行可以使用保证人或信用保护提供方的违约概率替代债务人的违约概率。

（4）商业银行应按照以下方法确定违约损失率：

①商业银行采用初级内部评级法，主权和金融机构风险暴露中没有合格抵质押品的高级债权和次级债权的违约损失率分别为45%和75%，公司风险暴露中没有合格抵质押品的高级债权和次级债权的违约损失率分别为40%和75%。对于提供合格抵质押品的高级债权和从属于净额结算主协议的回购交易，商业银行可以根据风险缓释效应调整违约损失率。

②商业银行采用高级内部评级法，应使用内部估计的单笔非零售风险暴露的违约损失率。

③商业银行应使用内部估计的零售资产池的违约损失率。

（5）商业银行应按照以下方法确定违约风险暴露：

违约风险暴露应不考虑减值准备的影响。表内资产的违约风险暴露应不小于以下两项之和：违约风险暴露被完全核销后，银行监管资本下降的数量；各项减值准备的数量。

如果商业银行估计的违约风险暴露超过以上两项之和，超过部分可视为折扣。风险加权资产的计量不受该折扣的影响，但比较预期损失和损失准备时，可将该折扣计入损失准备。

①商业银行采用初级内部评级法，应按风险暴露名义金额计量表内资产的违约风险暴露，但可以考虑合格净额结算的风险缓释效应。

②商业银行采用高级内部评级法，应使用内部估计的非零售违约风险暴露。

③商业银行应使用内部估计的零售违约风险暴露。

（6）商业银行应按照以下方法确定有效期限：

①商业银行采用初级内部评级法，非零售风险暴露的有效期限为2.5年。回购类交易的有效期限为0.5年。

②商业银行采用高级内部评级法，有效期限为内部估计的有效期限与1年中的较大值，但最大不超过5年。中小企业风险暴露的有效期限可以采用2.5年。

（7）计算信用风险暴露的风险加权资产（RWA）：

$$RWA = K \times 12.5 \times EAD$$

其中，K是信用风险暴露的资本要求，EAD是违约风险敞口。

二、信用风险的管控手段

案例导入：某商业银行信用风险管理

信用风险是指因借款人或交易对手未按照约定履行义务从而使银行业务发生损失的风险。本行信用风险主要来源包括贷款、资金业务（含存放同业、拆放同业、买入返售、企业债券和金融债券投资等）、应收款项、表外信用业务（含担保、承诺、金融衍生品交易等）。本行严格遵循信用风险管理相关监管要求，在董事会和高级管理层的领导下，贯彻执行既定的战略目标，实行独立、集中、垂直的信用风险管理模式。董事会对信用风险管理有效性承担最终责任。高级管理层负责执行董事会批准的信用风险管理战略、总体政策及体系。高级管理层下设的信用风险管理委员会是本行信用风险管理的审议决策机构，负责审议信用风险管理的重大、重要事项，并按照信用风险管理委员会章程开展工作。各级信贷与投资管理部门负责本级的信用风险牵头管理工作，各业务部门按照职能分工执行本业务领域的信用风险管理政策和标准。

按照贷款风险分类的监管要求，本行实行贷款质量五级分类管理，根据预计贷款本息收回的可能性把贷款划分为正常、关注、次级、可疑和损失五类。为实行信贷资产质量精细化管理，提高风险管理水平，本行对公司类贷款实施十二级内部分类体系。本行对个人信贷资产质量实施五级分类管理，综合考虑借款人的违约月数、预期损失率、信用状况、担保情况等定性和定量因素，确定贷款质量分类结果。持续优化投融资运营机制，"入口关"完善客户准入管理，"闸口关"从组合、集中度等维度重构存续期管理体系，"出口关"突出不良资产处置环节合规风险治理，全方位赋能"三道口、七彩池"智能信贷风控体系建设。

全面推进信用风险管理数字化转型，探索大数据、人工智能等先进技术的多场景应用，推进多维度、可视化的风险监测预警体系建设，投产投融资运营管理平台、零售信贷智能风控平台等多个数字化项目，提高系统对管理决策的智慧辅助能力。

资料来源：中国工商银行股份有限公司 2023 年度报告［EB/OL］. http://v.icbc.com.cn/userfiles/resources/icbcltd/download/2024/Announce20230327 - 9. pdf.

案例分析：

该商业银行明确各岗位、各层级的信用风险管控责任，对信贷资产质量实施五级分类管理，对公司类贷款实施十二级内部分类体系。完善客户准入管理，重构存续期管理体系，突出不良资产处置环节合规风险治理，全方位赋能智能信贷风控体系建设。

内容讲解：

常用的信用风险控制手段包括明确信贷准入和退出政策、限额管理、风险缓释、风险定价等。

（一）信贷准入和退出

1. 信贷准入。信贷准入是指银行通过制定信贷政策，明确银行愿意为客户开办某项信贷业务或产品的最低要求。

2. 信贷退出。信贷退出是指银行在对存量信贷资产进行风险收益评估的基础上，收回超出其风险容忍度的贷款，以达到降低风险总量、优化信贷结构的目的。

（二）限额管理

限额是指银行根据自身风险偏好、风险承担能力和风险管理策略，对银行承担的风险设定的上限，防止银行过度承担风险。

（三）风险缓释

1. 抵质押品。抵质押品的风险缓释作用体现在客户发生违约时，银行可以通过处置抵押物提高回收金额，降低违约损失率。

2. 保证。保证的缓释作用体现在客户违约时，由保证人代为偿还全部或者部分债务，提高回收率。

3. 信用衍生工具。信用衍生工具是用来分散和转移信用风险的各种工具与技术的统称，比较常见的信用衍生工具有信用违约互换、总收益互换、信用联系票据和信用利差期权等。

4. 净额结算。净额结算是指参与交易的机构以交易参与方为单位，对其买入和卖出交易的余额进行轧差，以轧差得到的净额组织交易参与方进行交割的制度。净额结算的缓释作用主要体现为降低违约风险暴露。

（四）风险定价

银行需要通过风险定价加以覆盖，并计提相应的风险准备金，以便在实际遭受损失时进行抵补。例如，在贷款定价中，对信用等级高的客户，可以给予优惠利率；而对信用等级低的客户，则需要提高利率水平。

第二节　商业银行贷款信用风险管理

一、贷款流程

案例导入：某银行调查注重"三品三表"　快速解决小企业融资难问题

小微企业融资具有"两高两低"特点，即服务成本高、劳动强度高，户均贷款低、人均产效低。这就决定了银行做小微业务需要"经得起诱惑、耐得住寂寞"，小微金融服务也成为行业内的世界性难题。

在对小微客户进行授信决策时，"三品三表""两有一无"是某银行解决小企业融资难问题的关键。"三品"指"人品、产品、押品",是评估客户的主要维度和内容;"三表"指"水表、电表、海关报表",是交叉检验的主要手段。经过多年实践,更多可交叉验证企业经营情况的软信息均属于广义"三品三表"范畴。"两有一无"即有劳动意愿、有劳动能力、无不良嗜好,只要具备这些条件,客户就有机会从该银行获得贷款,从而大大降低了小微金融服务的门槛。

该银行推动模式模型化,加大金融科技建设应用,将"三品三表""两有一无"等关键指标量化,有效融合传统经验与现代技术。实践证明,符合以上标准,能够有效筛选掉高风险客户,实现商业模式的可持续发展。

案例分析:

实地调查是贷前调查中最重要、最直接的调查方式。客户经理应本着眼观六路、耳听八方的态度,凭着敏锐的观察力和判断力,对实地看到和听到的事情加以记录、分析和判断。调查谈话时要有技巧,包括控制谈话主题,居于交谈的主动立场,引导谈话者步入你想了解的内容。平时多积累社会知识,使谈话内容丰富和轻松。要善于察言观色,旁敲侧击,避免单刀直入引起对方的怀疑和警觉。要注意疑点,对于对方顾左右而言他、不愿正面回答的问题,应另行专门深入调查。

一是客户经理应通过接触企业不同层次的人员了解情况。对于高层管理人员,要重点了解企业经营管理决策方面的问题。对于基层干部,他们对所掌管的业务最为清楚,言语较为真实可信,可通过他们了解生产者销售情况,再向高管人员去证实。对于普通员工,最好提出和他们有切身利益关系的问题,如薪水变化、福利条件、加班情况、休假等,从而证实企业的经营情况。

二要注意收集资料。对于能证实客户资信能力、贷款用途、还款能力的各种资料,都应该加以收集。对于企业高管人员及家人财产的变化动向,也应留意。

三要注意核实情况。可以通过工厂用水量、用电量的变化,核实企业的开工量;通过租用运输车辆的记录,了解销售发货的情况;通过检查仓库,了解产品是否有积压的现象;通过银行对账单,了解销售回款情况。

内容讲解:

信用风险既存在于传统的贷款、债券投资等表内业务中,也存在于信用担保、贷款承诺及衍生品交易等表外业务中。对大多数商业银行而言,贷款是最大、最明显的信用风险来源。贷款业务是我国商业银行的主要业务,当前我国的金融风险主要体现在商业银行的巨额不良贷款上。每笔贷款都要经历贷前调查、贷款审查、贷款审批、贷款发放、贷后管理、贷款回收阶段。贷款风险存在于业务的全过程,信贷客户经理不可能天天有时间盯着每笔贷款的情况看,只有对每个阶段的特点充分认识,对重要环节加以掌握和管理,才能事半功倍,在有效防范风险的同时做好贷款业务。

(一)贷前调查

客户经理贷前调查要以实地调查为主、书面调查为辅。通过调查借款人基本情况、借款人财务状况、非财务状况等方面,准确分析借款人的风险。通过借款用途、借款还款来源、借款担保条件、还款意愿等调查借款保障。

（二）贷中审查

信用审查部门是银行授信业务的风险控制中心，是保障银行资产安全的重要关口。信用审查人员通过认真仔细的分析和严格全面的审查，为各级有权审批人员提供决策依据。信用审查工作遵循"客观公正、合规审查、独立审贷、承担责任"的原则。

统一的审查内容至少应该包括八个方面：借款人的基本情况、借款用途和还款来源、借款条件、担保条件、信用状况、综合效益、贷款风险、审查结论和建议等。

审查借款人的基本情况。主要从借款人行业地位、成立时间长短、股东关系结构、经营规模大小、财务状况好坏等方面，识别和筛选法律法规和银行政策不可接受的借款人。

审查借款用途和还款来源。有时候借款人资信没问题，但贷款用途会有问题。用途必须合法合规，资金所用的项目应能经营成功，还款来源应说得清楚。

审查借款条件。最主要包括金额多少、期限长短、利率水平等，这些都应通过计算来加以确定。如果认为金额太多、期限太长、利率过低等，应予以纠正。

审查担保条件。落实担保条件的意义在于，如果借款人第一还款来源出现问题，银行可转向担保取得第二还款来源。因此，信用审查人员应像审查借款人一样，审查担保所有的方面。

审查信用状况。借款历年的还款记录是判断借款人资信好坏的重要依据。还款记录应包括偿还他行记录和本行记录两方面。对其他银行贷款的偿还记录，可从中国人民银行的企业征信系统中查到。对本行贷款的偿还记录，则可在本行的信贷管理信息系统中查到。

审查综合效益。银行不仅要发放安全性较高的贷款，更应将贷款优先发放给能为银行带来综合效益的借款人。在安全的前提下，能给银行带来相当数量的存款、资金结算、国际业务的客户，应优先予以资金支持。

审查贷款风险。这是信用审查人员最主要的工作。审查人员不仅要分析出有多少风险点，还应该分析出这些风险发生的可能性。

审查结论和建议。信用审查人员最后要给出自己的审查结论，并提出同意、有条件同意或不同意的建议，供有权审批人决定。

（三）贷后检查

贷款发放前对贷款情况进行细致的调查和严格的审批，可以避免一定的风险。但在贷款合同的执行过程中，还可能出现许多不可预见因素和难以预料的事件，对贷款形成风险，因此贷后管理也非常重要。这就需要靠严格的制度、客户经理的责任心和积累的经验来处理。尤其是对那些金额大、期限长的贷款，更应加强贷后管理工作。

贷后管理阶段是指从贷款发放之日到贷款结清之日的管理。贷后管理工作主要可分为风险监控管理和日常信贷管理两大类。风险监控管理包括贷后的定期和不定期检查、贷款到期前安排及逾期管理、风险监管与预警、不良信贷资产管理等。日常信贷管理包括对贷款情况的检查、计算利息并通知借款人、督促贷款本金和利息的安全回收、资料的收集和整理、对提前还款的处理、对贷款申请展期的处理、对贷款违约的处理、结清贷款时的有关事宜等。

二、贷款质量分类

案例导入： 原银保监会宁波监管局公布的行政处罚信息公开表显示，浙江 C 商业银行宁波分行因贷款风险分类不准确、贷款资金被挪用、违反房地产行业政策、违规转嫁经营成本、通过不正当方式吸收存款、员工行为管理不到位、非现场监管统计数据与事实不符，被处罚款 260 万元。同时，原银保监会宁波监管局责令该行对相关直接责任人给予纪律处分。

案例分析：

商业银行对贷款分类就是对不同贷款潜在风险进行分类管理，是银行精细化管理、防范风险、稳健经营的基础。针对不同风险贷款分配内部管理资源、分类处置，有助于提升内部经营效率。同时，银行贷款风险分类有助于提升审计、监管效率，防范潜在局部系统性风险。如果分类不准确，部分银行潜在风险不轻，不利于银行风控，影响稳健经营，也不利于国内审慎监管和风险防范。监管部门强化商业银行风险管理主体责任，对银行不良贷款认定标准趋严，部分银行因贷款分类不准确，并不符合规范稳健经营原则。

内容讲解：

贷款风险分类是指商业银行按照风险程度将贷款划分为不同档次的过程，其实质是判断债务人及时足额偿还贷款本息的可能性以及贷款预计损失程度。商业银行应根据贷款风险分类管理要求和分类标准，定期对每笔贷款进行分类，并及时根据其风险变化情况调整分类结果，准确反映贷款质量状况。商业银行对贷款进行分类，应考虑的主要因素包括借款人的还款能力、借款人的还款记录、借款人的还款意愿、贷款项目的盈利能力、贷款的担保、贷款偿还的法律责任、银行的信贷管理状况。对贷款进行分类时，要以评估借款人的还款能力为核心，把借款人的正常营业收入作为贷款的主要还款来源，贷款的担保作为次要还款来源。

贷款质量受到多种因素的影响，因此，会随着经济环境、客户偿债能力和偿还意愿的不同而动态变动。商业银行应至少每季度对全部金融资产进行一次风险分类。对于债务人财务状况或影响债务偿还的因素发生重大变化的贷款，应及时调整风险分类。

（一）贷款分类标准演进

贷款四级分类分为正常类、逾期类、呆滞类和呆账类，其中后三类属于不良资产。四级分类分级的标准是按照逾期的时间进行分级，但这不足以作为信贷风险的评估标准，因为逾期时间短的不一定风险低，而逾期时间长的也不一定风险就高于逾期时间短的，贷款风险还涉及很多其他的因素。

自 2002 年 1 月 1 日起，我国银行业全面推行贷款风险分类的五级分类制度，分为正常类、关注类、次级类、可疑类和损失类，其中后三类为不良资产。贷款风险分类法是指银行的信贷分析和管理人员综合能获得的全部信息并应用最佳判断，根据贷款的风险程度对贷款质量作出评价和判断。这种分类法考虑的因素增加了，多了很多需要客户经理判断的因素。在同一个分类制度下，人为的因素多了，造成各个银行的分类标准有着许多的不同。

经过多年的实践，国内很多银行开始实施内部的十二级分类或者十级分类，主要是细分了正常贷款的级别，比如中国银行实行的 44221 的十三级分类，工商银行、建设银行、农业银行实行的 43221 的十二级分类等。[①]

不管是五级分类，还是十二级分类或十级分类，其基本思想都是根据贷款的风险程度来进行分类。贷款风险分类的目的有三个：一是揭示贷款的实际价值和风险程度，真实、全面、动态地反映贷款的质量；二是发现信贷管理过程中存在的问题，加强信贷管理；三是为判断贷款损失准备金是否充足提供依据。

为促进商业银行准确评估信用风险，真实反映金融资产质量，银行业监管部门制定了《商业银行金融资产风险分类办法》，自 2023 年 7 月 1 日起施行，要求商业银行对表内承担信用风险的金融资产进行风险分类，包括但不限于贷款、债券和其他投资、同业资产、应收款项等。表外项目中承担信用风险的，应按照表内资产相关要求开展风险分类。

（二）贷款分类标准

商业银行对非零售资产开展风险分类时，应加强对债务人第一还款来源的分析，以评估债务人履约能力为中心，重点考察债务人的财务状况、偿付意愿、偿付记录，并考虑金融资产的逾期天数、担保情况等因素。对企业集团成员债务被分为不良并不必然导致其他成员也被分为不良的，商业银行应及时启动评估程序，审慎评估该成员对其他成员的影响，并根据评估结果决定是否调整其他成员债权的风险分类。对非零售债务人在本行的债权超过 10% 被分为不良的，商业银行对该债务人在本行的所有债权均应归为不良。经国务院金融管理部门认可的增信方式除外。

商业银行对零售资产开展风险分类时，在审慎评估债务人履约能力和偿付意愿基础上，可根据单笔资产的交易特征、担保情况、损失程度等因素进行逐笔分类。零售资产包括个人贷款、信用卡贷款以及小微企业债权等。其中，个人贷款、信用卡贷款、小微企业贷款可采取脱期法进行分类。

五级分类的定义如下：

1. 正常类：债务人能够履行合同，没有客观证据表明本金、利息或收益不能按时足额偿付。

2. 关注类：虽然存在一些可能对履行合同产生不利影响的因素，但债务人目前有能力偿付本金、利息或收益。

3. 次级类：债务人无法足额偿付本金、利息或收益，或金融资产已经发生信用减值。

4. 可疑类：债务人已经无法足额偿付本金、利息或收益，金融资产已发生显著信用减值。

5. 损失类：在采取所有可能的措施后，只能收回极少部分金融资产，或损失全部金融资产。

具体分类标准见本教材商业银行经营管理合规实务部分。

---

① 44221 十三级分类指的是正常一级、正常二级、正常三级、正常四级、关注一级、关注二级、关注三级、关注四级、次级一级、次级二级、可疑一级、可疑二级和损失级。43221 十二级分类指的是正常一级、正常二级、正常三级、正常四级、关注一级、关注二级、关注三级、次级一级、次级二级、可疑一级、可疑二级和损失级。

（三）贷款风险的抵补

银行面临的风险损失可划分为预期损失、非预期损失与极端损失三种类型。从理论上来说，银行需要计提拨备来抵补预期损失，需要通过持有的资本覆盖非预期损失。

商业银行承担风险和损失的资产应开展减值测试，范围具体包括发放贷款和垫款、以摊余成本计量的金融资产、以公允价值计量且其变动计入其他综合收益的金融资产、长期股权投资、存放同业、拆出资金、抵债资产、其他应收款项等；对不承担风险的委托贷款、购买的国债等资产，不计提准备金。

银行应当按照谨慎会计原则，合理估计贷款可能发生的损失，及时、足额地计提贷款损失准备。根据中国人民银行制定的《银行贷款损失准备计提指引》，我国商业银行可以计提以下三种贷款损失准备。

1. 一般准备。一般准备是根据全部贷款余额的一定比例计提的用于弥补尚未识别的可能性损失的准备。银行应按季计提一般准备，一般准备的年末余额应不低于年末贷款余额的1%。一般准备是按照贷款组合余额的既定比例计提的，它针对的是贷款组合的不确定损失。

2. 专项准备。专项准备是指对贷款进行风险分类后，按每笔贷款损失的程度计提的用于弥补专项损失的准备。专项准备是按照贷款的内在损失程度计提的，它反映的是评估日贷款账面价值与实际评估价值的差额，或者说反映的是评估日贷款组合的内在损失。

3. 特种准备。特种准备是指针对某一国家、地区、行业或某一类贷款风险计提的准备。特种准备由银行根据不同类别（如国别、行业等）贷款的特殊风险情况、风险损失概率及历史经验，自行确定按季计提比例。很明显，特种准备金是针对贷款集中风险的。

2018年2月银监会印发了《关于调整商业银行贷款损失准备监管要求的通知》，拨备覆盖率监管要求由150%调整为120%～150%，贷款拨备率监管要求由2.5%调整为1.5%～2.5%。

三、不良贷款转化

问题资产主要通过督促企业整改、积极催收、更换借款人、签订重组协议等方式向良性正常贷款转化。

（一）督促企业整改

如果在贷款期间就已发现预警信号，如借款人经常超限额透支、存货积压、应收账款金额增大及周期延长等，银行应立即加强与借款企业的联系，并针对不同的预警信号采取不同的管理措施。如对经常超限额透支的客户，可以先电话后书面的形式通知客户，希望客户不再发生违约透支行为，否则银行将退回客户的支票，或采取严厉的惩罚措施；对存货积压的客户，银行可建议客户根据存货积压原因，或拓展、疏通销售渠道，或调整、改进产品的品种结构、性能，或提高产品的质量；对应收账款异常的客户，银行应建议或提醒客户调整赊销策略，积极催收货款。总之，当银行发现预警信号时，应立即采取相应的措施，提醒并督促企业调整经营策略，改善财务状况，绝不能因为贷款尚未到期或借款人尚能支付利息而掉以轻心。因为当贷款真正逾期或企业无法支付利息时，挽回银行信贷资产损失的难度将更大。

（二）积极催收

当借款人未按时支付利息，或未能根据借贷合同规定的日期还款时，银行应立即通过电话与借款人联系并催收。倘若借款人回避，或既不还本付息，也不与银行联系，银行应向借款人发出措辞严厉的信函或电传，敦促借款人尽快还本付息。如借款人仍未还本付息，或以种种借口拖延不付，银行就应派人上门催收，或约见借款企业的主要负责人，商谈落实贷款的还本付息事宜。

（三）更换借款人

更换借款人即银行要求借款人将债务（或贷款）转让给条件较好的第三方，或者直接由第三方向银行申请贷款并用于归还原借款人的问题贷款。第三方可以是借款人的关联企业，或准备收购或兼并借款人的第三方，或风险投资基金、政府、其他银行或债权人等。

在实际操作过程中，在更换第三方作为新的债务人时，银行最好采用第三方直接向银行申请贷款，然后用银行贷款归还原借款人所借款项的方式。在这种方式下，银行与原借款人之间的债权债务关系完全解除，银行成为第三方的债权人。如果采用在银行与原借款人签订的借款合同项下转让债务的方式，银行与原借款人、第三方，原借款人与第三方均应签订有关的转让协议。另外，在实际操作过程中，更换借款人还可能存在一些变异的情况，如只更换借款人而不更换保证人或担保品，或不更换借款人而只更换保证人或担保品等。

（四）签订重组协议

只有那些一时资金周转不灵，经短期调整后现金流入量增多，或筹措到新资金的借款人，能够在银行催收利息或贷款后的一定期限内偿还债务。然而，大部分现金流量恶化的借款人既不可能在短期内改变现金流量的状况，又不容易从别的金融机构获得新的融资，因为所有金融机构都不愿向现金流量恶化、资信状况不佳的企业发放贷款。此时，借贷双方可以协商签订处理协议，对贷款进行重组。

1. 贷款展期。因特殊原因客户到期无力偿还贷款时，可申请办理贷款展期，并按以下程序办理贷款展期手续。

（1）客户提交书面展期申请：客户应在贷款到期前向经营行提交贷款展期申请书，原贷款的保证人、抵押人或质押人应在贷款展期申请书上签署同意展期的意见并签章。

（2）贷款展期的调查、审查和审批：经营行客户部门应对客户贷款展期的原因、金额、期限、还款措施和还款资金来源进行调查，写出书面调查报告送信贷管理部门审查，行长审批。

（3）签订贷款展期协议：贷款展期被批准后，经营行客户部门与客户、担保人（保证人、抵押人或质押人）签订贷款展期协议书，并由有权签字人签章。

（4）贷款展期账务处理：经营行客户部门填制贷款展期凭证并签章后送会计部门办理贷款展期账务处理。

（5）录入信贷管理系统：经营行客户部门在贷款展期当日将贷款展期信息录入信贷管理系统。

2. 追加新贷款。在借款人提出要求增加新贷款时，银行应重新审核当初企业在申请原贷款时提交的贷款申请报告、项目评估报告，以及信贷员或审批小组的评估报告，查明贷款不能按时还本付息或贷款缺额（贷款额不能满足项目的资金需求）的真正原因。若是由于申请及审批时不可预见的情况变化导致资金不足，而项目或产品本身具有较好的经济效益或市场潜力，只要追加一部分贷款就能使项目上马或产品投产，并在一定时间内能收回全部（原贷放的及追加的）贷款的本金和利息，银行可根据自身信贷资金额度的实际情况，在允许的范围内，考虑给予追加新贷款。

出现以下情况之一者，银行一般不能给予追加新贷款：（1）贷款被挤占挪用；（2）贷款项目或产品属重复建设，市场同类产品已经出现供大于求的现象；（3）借款企业经营管理混乱，效率低下；（4）借款企业亏损严重；（5）原贷款已展期，或已追加过新贷款，但借款人财务状况仍无明显改善，不能按时还本付息；（6）借款企业属于产业结构调整中需压缩、调整、归并或近期可能发生被兼并、被收购的企业；（7）银行自身资金情况不允许，或违反银行信贷政策；（8）违反中央银行或有关管理部门的规定。总之，追加新贷款是为了在不违反有关政策规定的前提下减少银行债权的损失，或增加银行的收益，倘若与这一目的相违背，银行一般不考虑追加新贷款。

3. 追加担保，确保担保权益。银行如果在贷后检查中发现借款人提供的抵押品或质押物的抵押权益尚未落实，或担保品的价值由于市场价格的波动或市场滞销而降低，由此造成抵押值不充分，就应要求借款人落实抵押权益或追加担保品。另外，如果由于借款人的财务状况恶化，或由于贷款展期贷款风险增大，或追加新贷款，银行也可要求借款人追加担保品，以保障贷款资金的安全。对于追加的担保品，银行也应根据有关规定，办妥鉴定、公证、登记等手续，落实抵押权益。

对由第三者提供担保的保证贷款，如果借款人未按时还本付息，就应由保证人为其承担还本付息的责任。倘若保证人的担保资格或担保能力发生不利变化，其自身的财务状况恶化；或由于借款人要求贷款展期贷款风险增大或由于贷款逾期，银行加收罚息而导致借款人的债务负担加重，而原保证人又不同意增加保证额度，银行应要求借款人追加真正具有经济实力的保证人。

4. 参与借款企业的管理。对于不能按期还本付息的借款者，尤其是那些经营管理混乱、计划决策屡屡失误、管理班子涣散、领导能力薄弱的企业，银行可要求参与借款企业的管理，帮助其提高经营管理水平。比如要求允许银行高管人员参加企业的董事会或高级管理层；参与企业重大决策的制定；要求借款者精减人员，压缩成本开支；等等。银行参与管理的目的，是帮助企业改变原来管理混乱的状况，制定正确的经营决策，实行科学有序的管理，提高企业的营运效率和获利能力，从而改善企业的财务状况，帮助银行收回贷款。

四、不良贷款清收

案例导入1：A银行招聘零售与财富管理部客户营运中心——贷款业务电话催收岗

的岗位职责

1. 负责对分配的贷后账户进行管理，对违约客户及时进行电话告知；
2. 了解客户情况，登记客户信息和还款信息；
3. 建立管理台账及时跟进并更新信息；
4. 协助进行过程管理和账户数据的分析与总结，并总结提供风险策略的优化建议；
5. 协助建立相关规章制度和流程规范。

案例导入 2：B 银行招聘远程催收岗

（一）工作职责

1. 以专业规范的程序协助公司处理信用卡逾期账款或不良贷款；
2. 运用电话、短信、信函等方式与不同风险程度的客户进行沟通谈判，引导客户按照正确缴费方式及时还款；
3. 针对不同违约客户，一户一策制订有针对性的解决方案与还款计划，不断提升催收质量和效果，完成不良资产清收工作；
4. 熟练运用各种话术解答客户提出的借款、还款有关的各类疑问；
5. 配合财务部门进行账务处理；
6. 通过总结分析，发现和解决业务问题，不断优化自己的工作方法和工作技能，保证业绩指标的达成。

（二）任职资格

1. 大专及以上学历；
2. 有信用卡、普惠类贷款、分期付款后续处理，电话营销、客户服务等相关经验者优先。

案例分析：

商业银行不良贷款已经成为严重影响商业银行经营安全的因素，如果放任不管，可能会影响广大存款人的存款安全，从而影响广大人民群众利益，甚至导致地方经济倒退，金融生态恶化。当前商业银行利差空间受到挤压，如何向不良贷款要利润，降低不良贷款率，成为提高商业银行利润的重要因素。商业银行如何合规催收，成功收回不良贷款，提升清收效果已经成为信贷管理重要内容。

内容讲解：

若银行预计问题贷款向良性正常贷款转化有困难，应及时进行贷款清收，其主要措施有以下几种。

（一）行政清收

行政清收主要是信贷营销人员通过正常的行政手段做好催收工作。当借款合同中列明的违约事件发生时，银行应立即以书面形式正式通知借款人，告知其已发生违约行为，责成其限期采取有效措施加以纠正，并应同时书面通知贷款保证人。发出违约通知书后，信贷营销人员应密切注意借款人的反应，了解其是否采取了补救办法，主动上门催收，监督其纠正。同时，信贷营销人员应向本行信贷营销部门的领导汇报，研究催收对策，采取防范措施，确保贷款收回。

（二）依法清收

依法清收是指商业银行依靠法律手段做好清收工作。

1. 主动扣款。依据借款合同，主动将借款人在本行开立的存款账户中所有的款项归还贷款。

2. 实现第二还款来源。根据借款保证合同，向借款保证人追索，要求其承担连带责任，在规定的期限内履行其义务，偿还合同项下借款人到期应偿付的贷款本息和费用或其所保证的金额。

依据抵押或质押合同的规定处置抵押品或质押品，处置应按照合同中规定的程序和方式进行。处置的进程和结果应通知借款人。处置所得的款项，应用于归还拖欠的贷款本息，剩余部分退还借款人。如款项不足以抵偿拖欠的贷款本息，应继续向借款人追索。只要贷款未全部还清，仍应对其计息（含处置期间）。

3. 依法起诉。提起诉讼，通过法律程序处置相关财产作为还款来源。

4. 破产清偿。即企业破产后按法律规定进行债权登记和资产清理，并按程序清偿贷款。但破产后贷款清偿所得的一般只是原有贷款额的一部分。为此，催收中要密切注意客户有无破产迹象，力争在其破产前要求偿还贷款。

 【拓展栏目——思政园地】

坚定不移走中国特色金融发展之路　推动我国金融高质量发展

习近平指出，推动金融高质量发展、建设金融强国，要坚持法治和德治相结合，积极培育中国特色金融文化，做到：诚实守信，不逾越底线；以义取利，不唯利是图；稳健审慎，不急功近利；守正创新，不脱实向虚；依法合规，不胡作非为。

习近平最后强调，各级领导干部要增强金融思维和金融工作能力，坚持经济和金融一盘棋思想，认真落实中央金融工作会议的各项决策部署，统筹推进经济和金融高质量发展，为以中国式现代化全面推进强国建设、民族复兴伟业作出新的更大贡献。

资料来源：习近平在省部级主要领导干部推动金融高质量发展专题研讨班开班式上发表重要讲话（节选）［EB/OL］.（2024-01-16）. http：//www. news. cn/politics/20240116/d74760137b8a46c6a2508fd7d1ee16a8/c. html.

讨论：如何将中国特色金融文化贯彻到商业银行信贷业务中？

 练习题

1. 什么是信用风险？请查找案例说明。

2. 请解释信用风险常用的参数意义。

3. 如何防范商业银行信用风险？

4. 商业银行信贷业务如何进行贷前调查？

5. 商业银行对公信贷资产如何进行资产质量分类？

6. 商业银行对不良贷款如何处置？

第五章
市场风险管理

SHICHANG FENGXIAN GUANLI

 学习目标

【知识目标】

◆ 掌握市场风险分类、市场风险管理方法。

◆ 掌握利率风险、汇率风险具体管理措施。

【能力目标】

◆ 能从业务角度分析市场风险，并提出风险管理措施。

【思政目标】

◆ 树立正确的市场风险思维，坚持审慎性风险管理理念。

◆ 树立"市场有风险、入市需谨慎"基本理念。

第一节　商业银行市场风险

一、市场风险的概念

案例导入： 原油宝是指某银行面向个人客户发行的挂钩境内外原油期货合约的交易产品，美国原油对应的基准标的为"WTI原油期货合约"，英国原油对应的基准标的为"布伦特原油期货合约"。该银行作为做市商提供报价并进行风险管理。个人客户在银行开立相应综合保证金账户，签订协议，并存入足额保证金后，实现做多与做空双向选择的原油交易工具。

2020年4月20日晚间，美国WTI原油期货5月合约上演史诗级崩盘，收盘价格为−37.63美元/桶。原油宝在当晚22:00暂停交易后，从22:00直至5:00WTI原油期货收盘时，银行没有对客户的保证金低于20%甚至亏损部分进行任何强制平仓操作。在这次原油价格暴跌之中，"原油宝"产品的投资者资金遭"血洗"，甚至出现"穿仓"——保证金赔光的同时还需要向银行"倒贴"资金。

针对该银行"原油宝"产品风险事件相关违法违规行为，中国银保监会依法从严处罚，主要包括：一是产品管理不规范，包括保证金相关合同条款不清晰、产品后评价工作不独立、未对产品开展压力测试相关工作等；二是风险管理不审慎，包括市场风险限额设置存在缺陷、市场风险限额调整和超限操作不规范、交易系统功能存在缺陷未按要求及时整改等；三是内控管理不健全，包括绩效考核和激励机制不合理、消费者权益保护履职不足、全行内控合规检查未涵盖全球市场部对私产品销售管理等；四是销售管理不合规，包括个别客户年龄不满足准入要求、部分宣传销售文本内容存在夸大或者片面宣传、采取赠送实物等方式销售产品等。

中国银保监会以事实为依据，以法律为准绳，对该银行及其分支机构合计罚款5 050万元；对该银行全球市场部两任总经理均给予警告并处罚款50万元，对全球市场部相关副总经理及资深交易员等两人均给予警告并处罚款40万元。

资料来源：中国银保监会依法查处中国银行"原油宝"产品风险事件 [EB/OL]．（2020 - 12 - 05）．https：//www.cbirc.gov.cn/cn/view/pages/ItemDetail.html？docId = 947272．

案例分析：

中国的金融开放正在不断扩大，可以预计的是，进入中国金融市场的各类具有丰富专业知识和经验的机构将会越来越多。而这也意味着我国的金融市场将会更进一步与国际金融市场融合，这期间各种风险与问题将会层出不穷。投资要注意各类风险，设计好产品，做好风险防范措施，做好内控。在原油宝风险控制上，产品设计存在的问题在于没有考虑到极端情况的出现，且未提前充分告知客户交易风险。因此，对于投资尤其是商业银行的投资，需要克服人性贪婪的弱点。

内容讲解：

（一）市场风险的定义

市场风险是指由于基础资产市场价格的不利变动或者急剧波动而导致衍生工具价格或者价值变动的风险。基础资产的市场价格变动包括市场利率、汇率、股票、债券、商品行情的变动。我国商业银行风险管理的重点长久以来都是以信用风险为核心的，市场风险则由于利率、汇率等市场波动因素的长期管制而被相对忽视。随着国际金融市场在经历一系列危机后对市场风险监管和控制的逐渐加强，以及我国金融体制市场化及开放程度的加大，借鉴巴塞尔协议、重视市场风险的控制、提升商业银行全面风险管理水平已经成为监管部门及银行自身关注的焦点。

（二）商业银行市场风险管理

商业银行市场风险管理是指通过实施一系列的政策和措施来控制市场风险以消除或减少其对银行不利影响的行为过程。具体地说，商业银行市场风险管理是指商业银行用于管理、监测、控制市场风险的一整套政策和程序，其目的是通过识别、分析、计量、监测和控制银行所面临的市场风险，实现银行承担的市场风险规模与结构的优化以及风险与回报的平衡。市场风险管理是使商业银行在风险最低的前提下，追求收益最大化；或在收益一定的前提下，追求风险最小化。它也是一种机制，通过这种机制可以发现、评估主要的市场风险，然后制定、实施相应的对策，使市场风险被控制在银行所能接受的范围之内。

根据风险管理主体的不同，商业银行市场风险管理可以分为内部管理和外部管理。商业银行市场风险内部管理的直接承担者是商业银行，其对自身面临的各种市场风险进行管理。商业银行是市场风险管理的主体，其在开展各项业务的过程中，必然面临各种各样的市场风险，为了保证在安全运营的前提下使盈利目标得以顺利实现，银行必须对其在经营活动中面临的市场风险进行全面控制和管理，并且需要营造一个良好的企业内部风险管理文化。商业银行市场风险外部管理的主体包括行业自律管理和政府监管，其管理主体不参与市场交易，而是对金融市场的参与者的风险行为进行约束和限制。商业银行风险管理的行业自律是指银行业组织对其成员的风险进行管理；而政府监管是指官方监管机构站在国家的角度，以维护金融稳定为目的，对商业银行进行监控和管理，具有全面性、强制性和权威性。

（三）市场风险与其他风险的关系

商业银行市场风险与商业银行面临的其他种类的风险有着非常密切的联系，比如，交易市场中交易对手发生信用风险，就会引起市场的波动。在我国，政策风险直接就会影响到市场的变化等。所以，商业银行实施市场风险管理，应适当考虑市场风险与其他风险种类，如信用风险、流动性风险、操作风险、法律风险、声誉风险等的相关性，并协调市场风险管理与其他种类风险管理的政策和程序。

二、市场风险分类

案例导入： 贷款市场报价利率（LPR）由各报价行按公开市场操作利率（主要指中期借贷便利利率）加点形成的方式报价，由全国银行间同业拆借中心计算得出，为银行贷款提供定价参考。目前，LPR 包括 1 年期和 5 年期以上两个品种。LPR 报价行目前包括 18 家银行，每月 20 日（遇节假日顺延）9 时前，各报价行以 0.05 个百分点为步长，向全国银行间同业拆借中心提交报价，全国银行间同业拆借中心按去掉最高和最低报价后算术平均，并向 0.05% 的整数倍就近取整计算得出 LPR，公众可在全国银行间同业拆借中心和中国人民银行网站查询。

在 LPR 形成机制改革前，我国存在贷款基准利率和市场利率并存的"利率双轨"问题。完善 LPR 形成机制，可促进贷款利率"两轨合一轨"，最终起到通过市场化改革方式降低贷款实际利率的效果。中国人民银行关于存量贷款定价基准转换为 LPR 的公告发布 1 年后，存量贷款定价基准转换已完成。中国人民银行数据显示，在已转换的所有贷款中，存量个人房贷累计转换 6 429.7 万户，规模达 28.3 万亿元，转换比例高达 98.8%，其中 94% 转换为参考 LPR 定价。

案例分析：

利率是资金的价格，是重要的宏观经济变量。让资金能更多配置在实体经济领域，减少中小微企业等实体经济主体的融资成本是 LPR 改革的根本目的。存贷息差是商业银行的主要盈利手段。在 LPR 改革之前，银行间存在以贷款基准利率的一定倍数（如 0.9 倍）框定贷款利率隐性下限的现象。隐性贷款利率下限的存在，导致贷款利率易升难降，使银行在利率下行阶段无法将货币政策有效传递至实体经济。而改革后，由于 LPR 由 18 家不同类型的银行以市场化形式报价，报价结果难以精准预测，单家银行也就因此难以设定最低贷款利率隐性下限。

LPR 报价使得商业银行贷款利率随着市场报价而波动，贷款的市场风险因此而加大。商业银行必须采取市场风险管控措施，防范市场风险。

内容讲解：

（一）利率风险

利率风险通常是指利率变化使商业银行的实际收益与预期收益或实际成本与预期成本发生背离，使其实际收益低于预期收益，或实际成本高于预期成本，从而使商业银行遭受损失的可能性。利率变动的影响体现在：利率的波动会给商业银行的经营管理带来巨大的风险；利率发生波动时，不可避免地会影响到商业银行的利润水平；市场利率变动后，银行的资产和负债的市场价值也必然发生变动，从而影响商业银行的资产净值的市场价值；利率变动会严重影响商业银行的盈利水平、管理方式及创新发展能力。

按照《商业银行市场风险管理指引》，利率风险按照来源的不同，可以分为重新定价风险、收益率曲线风险、基准风险和期权性风险。

1. 重新定价风险。重新定价风险也称为期限错配风险，是最主要和最常见的利率风险形式，来源于银行资产、负债和表外业务到期期限（就固定利率而言）或重新定价期限（就浮动利率而言）所存在的差异。这种重新定价的不对称性使银行的收益或内在经济价值会随着利率的变动而变化。对于我国商业银行来说，所面临的主要利率变化有两种表现形式：一是存贷款基准利率的调整变化给银行带来的风险，二是金融交易市场上利率变化给银行带来的风险。这里必须注意，存贷款基准利率的变动并不一定会导致银行的利率风险。因为如果一家银行存款和贷款的类型、数量与期限完全一致，则基准利率的变动对银行存款和贷款的影响也将完全相同，银行存贷利差收益就不会受影响，此时，基准利率风险是不存在的。从这里可以看出，银行资产负债结构的不一致是产生基准利率风险的重要因素。一般情况下，银行资产负债结构很难做到完全匹配，所以基准利率的变动一般都会给银行带来潜在的利率风险。例如，如果银行以短期存款作为长期固定利率贷款的融资来源，当利率上升时，贷款的利息收入是固定的，但存款的利息支出却会随着利率的上升而增加，从而使银行的未来收益减少和经济价值降低。

比如，一家银行从某一客户那里吸收存期 1 年、年利率 5% 的存款，用于贷给另一家客户期限 2 年、年利率 6% 的贷款。根据正常的收益率曲线可知，该借短贷长的银行在第一年可获得 1%（6% –5%）的利息率，而第二年的利息收益，则随 1 年期存款到期后的再融资利率是否存在而呈不确定的情况：如果新的存款成本仍维持 5%，则第二年将依旧有 1 个百分点的利润率；但是，当新的存款成本上升至 7% 时，银行第二年将会有 1 个百分点的利息损失。因此，当银行的重新举债成本高于资产报酬率时，就会面临再融资风险。

还有一种情况是，一些银行往往用固定利率负债业务来支持浮动利率资产业务，这种业务处理方式可能使银行随着承担再投资风险的波动，而导致利率边际收益（利息收入率与利息支出率的差额）的经常变动。假如这家商业银行吸收年利率为 5% 的 2 年期存款，用于支持年利率为 6% 的 1 年期贷款，当该贷款于 1 年后到期时，贷款基准利率已经调整至 4%，则该银行将面临 1 年后的再贷款风险。

2. 收益率曲线风险。收益率曲线是指由不同期限但具有相同风险、流动性和税收的收益率链接而形成的曲线，用于描述收益率和到期期限之间的关系。例如，市场上 10 年期国债的收益率曲线基本反映了该市场中金融产品的到期期限和到期无风险收益率之间的关系。正常情况下，金融产品的到期期限越长，到期收益率越高。但重新定价的不对称性也会使收益率曲线的斜率、形态发生变化，即收益率曲线的非平行移动，对银行的收益或内在经济价值产生不利影响，从而形成收益率曲线风险，也称利率期限结构变化风险。按照美国等成熟市场的经验，一般在加息周期到来前和加息周期初期收益率曲线会变得陡峭，而在加息周期中后期收益率曲线会变得扁平。当收益率曲线变化时，内在收益率曲线决定的债券价格将会发生变化。如果收益率曲线变平，长期债券和短期债券之间的利率价差会变窄，债券价格会因此改变。如果债券是一个 3 年期短期债券，在 3 年期收益率降低时，债券价格会上涨。如果收益率曲线变陡，长期债券和短期债券之间的利率价差会扩大。因此，相对于短期债券，长期债券的价格会降低。收益率曲线是随着债券风险溢价和未来利率的预期而变化的。

3. 基准风险。基准风险也称为利率定价基础风险，是另一种重要的利率风险来源。在利息收入和利息支出所依据的基准利率变动不一致的情况下，虽然资产、负债和表外业务的重新定价特征相似，但因其现金流和收益的利差发生了变化，也会对银行的收益或内在经济价值产生不利影响。例如，一家银行可能用 1 年期存款作为 1 年期贷款的融资来源，贷款按照美国国库券利率每月重新定价一次，而存款则按照伦敦同业拆借市场利率每月重新定价一次。虽然用 1 年期的存款为来源发放 1 年期的贷款，由于利率敏感性负债与利率敏感性资产的重新定价期限完全相同而不存在重新定价风险，但因为其基准利率的变化可能不完全相关，变化不同步，仍然会使该银行面临因基准利率的利差发生变化而带来的基准风险。

4. 期权性风险。期权性风险是一种越来越重要的利率风险，来源于银行资产、负债和表外业务中所隐含的期权。一般而言，期权赋予其持有者买入、卖出或以某种方式改变某一金融工具或金融合同的现金流量的权利，而非义务。期权可以是单独的金融工具，如场内（交易所）交易期权和场外期权合同，也可以隐含于其他的标准化金融工具之中，如债券或存款的提前兑付、贷款的提前偿还等选择性条款。一般而言，期权和期权性条款都是在对买方有利而对卖方不利时执行，因此，此类期权性工具因具有不对称的支付特征而会给卖方带来风险。比如，若利率变动对存款人或借款人有利，存款人就可能选择重新安排存款，借款人可能选择重新安排贷款，从而对银行产生不利影响。如今，越来越多的期权品种因具有较高的杠杆效应，还会进一步增大期权头寸可能会对银行财务状况产生的不利影响。

根据我国有关的利率政策，客户可以根据意愿决定是否提前提取定期储蓄存款，而商业银行对此只能被动应付；对于贷款，虽然有规范性协议不能随意提前还款或收回，但在实际中，一些优质客户往往在利率下调时要求提前还款，再以新的、较低的利率贷款，否则，这些优质客户可能会到其他银行开立账户。这实际上造成了利率选择权的非一致性。

（二）汇率风险

汇率风险是指汇率的不利变动导致银行业务发生损失的风险。根据产生的原因，汇率风险可以分为外汇交易风险和外汇结构性风险两类。黄金被纳入汇率风险范畴。商业银行汇率风险主要是由于汇率波动的时间差、地区差以及币种和期限结构不匹配等因素造成的。汇率波动带来的风险分为交易风险、折算风险和经济风险三种类型。

1. 交易风险。交易风险是指银行在对客户外汇买卖业务或在以外币进行贷款、投资以及随之进行的外汇兑换活动中，因汇率变动可能遭受的损失。比如，银行开展代客购汇业务，如果在得到客户订单与交割期间汇率发生异常变动，就可能给银行造成损失；银行的外汇存款和外汇贷款的币种头寸不匹配时，银行的汇率风险就会增加；外币存款期限与外币资金运用的期限不匹配也会导致汇率风险上升；银行在日常经营管理中需要保留一定量的未平盘头寸，也承担了汇率风险。交易风险主要发生在以下几种场合：（1）商品劳务进口和出口交易中的风险；（2）资本输入和输出的风险；（3）外汇银行所持有的外汇头寸的风险。

由于外汇交易形式不同，交易风险也不同，主要有以下三种情形。

一是外币资金借贷风险。商业银行与客户之间需要进行外币资金的借贷，外币资金的借入或贷出致使银行外币资金的清偿存在一定的时滞。因此，商业银行作为债务人而言，如果外币汇率在清偿日内上涨，债务人就会蒙受多付本币或其他外币的经济损失；商业银行作为债权人而言，如果外币汇率在清偿日内下跌，债权人就会蒙受少收本币或其他外币的经济损失。

例：某商业银行向一家客户提供了一笔金额为 100 万美元的贷款，年利率为 10%，期限为 1 年，到期还本付息总额为 110 万美元。美元兑人民币的即期汇率在贷出日为 1:6.06，到清偿日下跌到 1:6.00。该商业银行根据具体需要如果要兑出 110 万美元，根据贷出日的即期汇率测算，可以兑换 666.6 万元人民币，而根据清偿日的即期汇率进行实际兑换，则只能兑换 660 万元人民币，从而该商业银行蒙受了 6.6 万元人民币的经济损失。

二是外汇买卖交易风险。商业银行在外汇买卖过程中会存在外汇的空头头寸或多头头寸，对于空头外汇头寸汇率在外汇头寸轧平日内如果上涨，银行在轧平空头时就会蒙受多付本币的损失；对于多头外汇头寸其汇率在外汇头寸轧平日内如果下跌，银行在轧平多头时就会蒙受少收本币的损失。

例：某商业银行在某年的 6 月 1 日，在某外汇市场上按美元兑欧元的 6 个月远期汇率 1:0.9 买入 500 万美元的远期外汇，并同时卖出 300 万美元的 6 个月远期外汇，从而出现 200 万美元的 6 个月远期外汇头寸多头。按照该多头计算，该商业银行要抛出多头的 200 万美元的 6 个月远期外汇，到期交割时可以收入 180 万欧元。不料，当该商业银行要实际抛出多头的 200 万美元的 6 个月远期外汇时，美元兑欧元的 6 个月远期汇率下跌到 1:0.85，则该商业银行按此汇率将多头的 200 万美元的 6 个月远期外汇抛出，到期交割时实际仅能收到 170 万欧元，从而蒙受少收 10 万欧元的经济损失。

三是外汇衍生品买卖的交易风险。商业银行在从事外币期货或外币期权买卖时，需要进行本币与外币之间的相互兑换，若外币汇率在外币期货或外币期权的建仓日至平仓日内有上涨或下跌，商业银行就将会蒙受多付本币或少收本币的经济损失。

2. 折算风险。折算风险是指汇率变动而引起商业银行资产负债表某些外汇项目金额变动的风险，这是一种存量风险。一般来说，各个国家都要求商业银行以本国货币为单位编制汇总财务、会计报表，而不能在报表中使用几种不同的货币单位。对于商业银行来说，当一笔外汇资金入账时和会计核算时的汇率有变化，银行就有可能产生账面损失。入账时的汇率与会计折算时的汇率不同，就会改变商业银行资产和负债价值以及净资产、净收益与现金流量，使商业银行产生会计折算风险。

例如，由于受到人民币汇率波动的影响，银行的外汇资本金折算成人民币资本数额也会发生变动。如果人民币出现较大幅度升值，则商业银行的总资本金数额可能会发生较大缩水，这无疑会对商业银行的资本充足率水平和经营绩效产生不利影响。

3. 经济风险。经济风险是指汇率非预期变动引起商业银行未来现金流量变化的可能性，它将直接影响商业银行整体价值的变动。汇率变动可能引起利率、价格、进出口、市场总需求等经济情况的变化，这些又将直接或间接地对银行的资产负债规模、结构、结售汇、国际结算业务量等产生影响。如本币汇率上升时，国内出口下降，收汇减少；进口增长，对外付汇增加；外资外债流入减少，对外投资则可能扩大。从本质上说，经济风险代表了企业未来竞争力的可能变化。具体地，汇率的变动通过对生产成本、销售价格以及产销数量的影响，使企业最终收益发生变化。因此，经济风险对企业经营业绩的影响要比交易风险和折算风险大得多，这种影响是长期的，而另外两种对企业的影响只是一次性的。

（三）股票价格风险

股票价格风险是指商业银行持有的股票价格发生不利变动而给商业银行带来损失的风险。

（四）商品价格风险

商品价格风险是指商业银行所持有的各类商品的价格发生不利变动而给商业银行带来损失的风险。这里的商品包括在二级市场交易的某些实物产品，如农产品、矿产品（包括石油）和金属（不包括黄金）等。

三、市场风险计量

（一）利率敏感性缺口分析

利率敏感性缺口分析用于衡量银行净利息收入对市场利率的敏感程度。由于大多数商业银行的利润主要来自利差，即利息总收入与利息总支出之间的差额，而利息收入与利息支出都会受到利率变动的影响，因此利率的变动就会影响商业银行的净利差收入。

在商业银行的利率风险管理实践中，利率风险主要来自商业银行资产和负债对利率的敏感性的不同。一般将在较短时限内到期或需要重新确定利率的资产和负债分别称为利率敏感性资产和利率敏感性负债。如果利率敏感性资产和利率敏感性负债总额相等，那么利率变动不会影响到商业银行的净利差收入。但在实际商业银行经营中，利率敏感性资产和利率敏感性负债通常在数量上是有差异的，这个数量差异被称为缺口，即利率敏感性缺口。

利率敏感性缺口 = 利率敏感性资产 – 利率敏感性负债

如果一家商业银行在某个时期利率敏感性资产大于利率敏感性负债，则这家商业银行的利率敏感性缺口被称为正缺口；如果一家商业银行在某个时期利率敏感性负债大于利率敏感性资产，则这家商业银行的利率敏感性缺口被称为负缺口。

如果商业银行的利率敏感性缺口为正值，则当市场利率上升时，利息收入的上升会大于利息支出的上升，商业银行净利息收入就会增加；当市场利率下降时，利息收入的下降会大于利息支出的下降，商业银行的净利息收入就会减少。如果商业银行的利率敏感性缺口为负值，则当市场利率上升时，利息收入的增长会小于利息支出的增长，商业银行净利息收入就会减少；当市场利率下降时，利息收入的减少会小于利息支出的减少，商业银行净利息收入就会增加。如果商业银行的利率敏感性缺口为零，则不论市场利率如何变化，利息收入和支出的变动会相互抵消，商业银行的净利息收入不会受到利率变动的影响。

（二）持续期缺口管理

持续期也称久期，主要应用于债券投资分析。久期计算是以未来时间发生的现金流，按照收益率折现成现值，再用每笔现值乘以现在距离该笔现金流发生时间点的时间年限，然后进行求和，以这个总和除以债券价格得到的数值就是久期。概括来说，就是债券各期现金流支付所需时间的加权平均值。持续期是以现金流量的相对现值为权数，计算出资产或负债中每次现金流量距到期日的加权平均时间。同时持续期也是单项资产负债或资产负债组合的利率敏感度，即利率弹性。

（三）风险价值

风险价值（Value at Risk，VaR）方法目前已被西方商业银行、企业和金融监管机构广泛应用于金融风险管理之中。这一方法以概率论为基础，运用现代统计方法，摒除了主观判断的任意性，不仅能衡量利率变动给银行资产组合价值带来的损失，而且可以同时测量汇率、股票价格和商品价格波动造成的投资组合损失，并将银行全部资产组合风险概括为一个数值（VaR），简单明了地表示市场风险的大小。

VaR方法的含义为：在正常的市场环境下，在给定的持有期间和置信水平内，测度某一投资组合可能发生的最大损失的方法，是用一种日常应用于其他领域的标准统计技术来估计金融风险的方法。

（四）外汇敞口分析

银行承担的外汇风险主要是外汇交易买卖风险。银行在外汇市场上进行外汇买卖，一种是代客进行外汇买卖，充当中介，赚取买卖价差和手续费收入；另一种是银行的自行外汇买卖。无论是出于何种目的进行买卖，银行在某种货币上的买进和卖出很可能出现金额和期限的不匹配，持有该种货币的多头或空头头寸。这种敞口头寸，就是受险部分，会受到汇率波动的影响。

原则上，银行应当每天轧平所有的缺口头寸，避免不必要的外汇风险，保证赚取无风险的买卖价差收入。但是银行每日的外汇交易非常频繁，买卖的货币种类和期限非常多，轧平所有头寸不但要承担大量的交易成本，在现实中也是不可能的。因此，在银行的经营管理实务中，通常的做法是限定风险的大小，把风险控制在可承受的范围之内。常用的限额管理包括缺口头寸限额、盈亏限额等。这些管理方法都是建立在相应的风险评估方式的基础之上的。缺口限额管理是其中最简单的一种方法。为了管理外汇敞口头寸，银行建立了外汇交易记录表，按照每种货币合约到期日记录每笔交易的外汇流量，这些头寸按币种和期限列示。如果在每一个到期日，所有货币的外汇交易记录表上买卖金额正好相等，不管汇率发生什么变化，银行没有任何资金损失，不存在汇率风险。如果某一种货币的交易记录表中存在金额或者期限的不匹配，银行就承担了外汇风险。为了控制敞口头寸的汇率风险，银行要制定对应每种货币各个时期的敞口限额，当敞口超过限额时，交易员必须在外汇市场上将多余的头寸对冲掉。

（五）敏感性分析与情景分析

敏感性分析是指在保持其他条件不变的前提下，研究单个市场风险要素（利率、汇率、股票价格和商品价格）的变化可能会对金融工具或资产组合的收益或经济价值产生的影响。

（六）压力测试

银行不仅应采用各种市场风险计量方法对其在一般市场情况下所承受的市场风险进行分析，还应当通过压力测试来估算突发的小概率事件等极端不利情况可能对其造成的潜在损失，评估银行在极端不利情况下的亏损承受能力。

第二节　商业银行市场风险管理

一、市场风险管理流程

案例导入：当地时间 2024 年 5 月 22 日，英国金融行为监管局（FCA）和英国央行旗下的审慎监管局（PRA）各披露一则罚单，均剑指花旗集团交易系统和控制缺陷，对其处以总计约 6 165 万英镑的罚款。

英国监管部门对花旗集团进行处罚，均源于一起"乌龙指"事件。2022 年 5 月 2 日，据 FCA 官方声明，花旗集团在伦敦的一名交易员原本打算出售价值 5 800 万美元的股票，但在输入指令时犯了一个输入错误，导致创建了价值 4 440 亿美元的一篮子股票。花旗集团虽然阻止了其中 2 550 亿美元的交易，但遗憾的是，未能成功拦截其余 1 890 亿美元的交易。在交易员意识到错误并取消指令之前，欧洲各交易所共抛售了约 14 亿美元的股票。欧洲股市随即经历惊魂一幕：瑞典 OMX 斯德哥尔摩 30 指数盘中突然快速杀跌，在短短五分钟内跌幅扩大至 8%。突发跳水更是波及了从巴黎到华沙的各大交易所，一片混乱间，欧洲主要股指一度下跌 3%，欧洲股市的市值一度蒸发 3 000 亿欧元，折合人民币约 2.36 万亿元。

英国金融行为监管局和审慎监管局迅速介入，最终发现花旗集团的交易控制存在严重缺陷，包括"缺乏某些预防性硬措施"和"其他控制措施的不当校准"，未能及时发现并阻止错误交易的发生。最终，英国金融行为监管局对花旗集团处以约 2 777 万英镑的罚款，而英国审慎监管局则对其处以 3 388 万英镑的罚款。

花旗集团在声明中表示："我们对两年前发生的这起由个人错误引起的问题感到遗憾，该问题在几分钟内被发现并得到纠正。我们已迅速采取措施加强我们的系统和控制，并持续致力于确保完全遵守法规。"

资料来源：陈佳怡. 惊魂"乌龙指"！罚超 5 亿元［N］. 上海证券报，2024 - 05 - 23.

案例分析：

花旗银行交易员输入指令时犯了输入错误看起来是一个偶然性事件，但实质上反映了银行交易系统和控制存在缺陷。针对这类"乌龙指"事件，商业银行必须采取有效预防性措施控制交易错误风险，主要从流程与权限维度防范。

因此，商业银行必须建立良好的市场风险管理体系和管理流程，防止发生"黑天鹅"事件。

内容讲解：

（一）商业银行市场风险管理体系

1. 商业银行市场风险管理体系内容。商业银行应建立与银行的业务性质、规模和复杂程度相适应的、完善的、可靠的市场风险管理体系。市场风险管理体系包括董事会和高级管理层的有效监控；完善的市场风险管理政策和程序；完善的市场风险识别、计量、监测和控制程序；完善的内部控制和独立的外部审计；适当的市场风险资本分配机制。

2. 商业银行市场风险管理组织架构。

（1）董事会与高级管理层。商业银行的董事会承担对市场风险管理实施监控的最终责任，确保商业银行有效地识别、计量、监测和控制各项业务所承担的各类市场风险。董事会负责审批市场风险管理的战略、政策和程序，确定银行可以承受的市场风险水平，督促高级管理层采取必要的措施识别、计量、监测和控制市场风险，并定期获得关于市场风险性质和水平的报告，监控和评价市场风险管理的全面性、有效性以及高级管理层在市场风险管理方面的履职情况。董事会可以授权其下设的专门委员会履行以上部分职能，获得授权的委员会应当定期向董事会提交有关报告。商业银行的高级管理层负责制定、定期审查和监督执行市场风险管理的政策、程序以及具体的操作规程，及时了解市场风险水平及其管理状况，并确保银行具备足够的人力、物力以及恰当的组织结构、管理信息系统和技术水平来有效地识别、计量、监测和控制各项业务所承担的各类市场风险。商业银行的董事会和高级管理层应当对银行与市场风险有关的业务、所承担的各类市场风险以及相应的风险识别、计量和控制方法有足够的了解。商业银行的监事会应当监督董事会和高级管理层在市场风险管理方面的履职情况。

（2）市场风险管理部门与业务部门。业务复杂程度和市场风险水平较高的商业银行应当建立专门的市场风险管理部门负责市场风险管理工作。负责市场风险管理的部门应当职责明确，与承担风险的业务经营部门保持相对独立，向董事会和高级管理层提供独立的市场风险报告，并且具备履行市场风险管理职责所需要的人力、物力资源。负责市场风险管理部门的工作人员应当具备相关的专业知识和技能，并充分了解银行与市场风险有关的业务、所承担的各类市场风险以及相应的风险识别、计量、控制方法和技术。商业银行负责市场风险管理的部门应当拟定市场风险管理政策和程序，提交高级管理层和董事会审查批准；识别、计量和监测市场风险；监测相关业务经营部门和分支机构对市场风险限额的遵守情况，报告超限额情况；设计、实施事后检验和压力测试；识别、评估新产品、新业务中所包含的市场风险，审核相应的操作和风险管理程序；及时向董事会和高级管理层提供独立的市场风险报告等。商业银行承担市场风险的业务经营部门应当充分了解并在业务决策中充分考虑所从事业务中包含的各类市场风险，以实现经风险调整的收益率的最大化。业务经营部门应当对市场风险所带来的损失承担责任。

（二）商业银行市场风险管理流程

1. 市场风险识别。商业银行应当对每项业务和产品中的市场风险因素进行分解与分析，及时、准确地识别所有交易和非交易业务中市场风险的类别与性质。针对我国商业银行开展业务的实际情况，不允许商业银行经营与股票、商品期货等相关的业务，所以我国的商业银行目前面临的市场风险主要是利率和汇率风险。

2. 市场风险计量。商业银行应当根据银行的业务性质、规模和复杂程度，对银行账户和交易账户中不同类别的市场风险选择适当的、普遍接受的计量方法，基于合理的假设前提和参数，计量承担的所有市场风险。商业银行应当尽可能准确计算可以量化的市场风险和评估难以量化的市场风险。

商业银行可以采取不同的方法或模型计量银行账户和交易账户中不同类别的市场风险。市场风险的计量方式包括缺口分析、久期分析、外汇敞口分析、敏感性分析、情景分析和运用内部模型计算风险价值等。商业银行应当充分认识到市场风险不同计量方法的优势和局限性，并采用压力测试等其他分析手段进行补充。

3. 市场风险控制。

（1）限额管理。商业银行应当对市场风险实施限额管理，制定对各类和各级限额的内部审批程序与操作规程，根据业务性质、规模、复杂程度和风险承受能力设定、定期审查和更新限额。市场风险限额包括交易限额、风险限额及止损限额等，并可按地区、业务经营部门、资产组合、金融工具和风险类别进行分解。

交易限额是指对总交易头寸或净交易头寸设定的限额。总头寸限额对特定交易工具的多头头寸或空头头寸给予限制，净头寸限额对多头头寸和空头头寸相抵后的净额加以限制。在实践中，商业银行通常将这两种交易限额结合使用。风险限额是指对按照一定的计量方法所计量的市场风险设定的限额，如对内部模型计量的风险价值设定的限额和对期权性头寸设定的限额等，其中期权性头寸限额是指对反映期权价值的敏感性参数设定的限额。止损限额即允许的最大损失额。通常，当某项头寸的累计损失达到或接近止损限额时，商业银行就必须对该头寸进行对冲交易或将其变现。典型的止损限额具有追溯力，即止损限额适用于一日、一周或一个月内等一段时间内的累计损失。

（2）限额的监测信息系统。商业银行应当根据不同限额控制风险的不同作用及其局限性，建立不同类型和不同层次的限额相互补充的合理限额体系，有效控制市场风险。商业银行应当确保不同市场风险限额之间的一致性，并协调市场风险限额管理与流动性风险限额等其他风险类别的限额管理。商业银行应当为市场风险的计量、监测和控制建立完备、可靠的管理信息系统，并采取相应措施确保数据的准确、可靠、及时和安全。管理信息系统应当能够支持市场风险的计量及其所实施的事后检验和压力测试，并能监测市场风险限额的遵守情况和提供市场风险报告的有关内容。商业银行应当建立相应的对账程序确保不同部门和产品业务数据的一致性与完整性，并确保向市场风险计量系统输入准确的价格和业务数据。商业银行应当根据需要对管理信息系统及时进行改进和更新。

（3）市场风险应急处理方案。商业银行应当对市场风险有重大影响的情形制定应急处理方案，包括采取对冲、减少风险暴露等措施降低市场风险水平，以及建立针对自然灾害、银行系统故障和其他突发事件的应急处理或者备用系统、程序和措施，以减少银行可能发生的损失和银行声誉可能受到的损害。商业银行应当将压力测试的结果作为制定市场风险应急处理方案的重要依据，并定期对应急处理方案进行审查和测试，不断更新和完善应急处理方案。

4. 市场风险报告。有关市场风险情况的报告应当定期、及时向董事会、高级管理层和其他管理人员提供。不同层次和种类的报告应当遵循规定的发送范围、程序和频率。报告应当包括如下全部或部分内容：按业务、部门、地区和风险类别分别统计的市场风险头寸；按业务、部门、地区和风险类别分别计量的市场风险水平；对市场风险头寸和市场风险水平的结构分析；盈亏情况；市场风险识别、计量、监测和控制方法及程序的变更情况；市场风险管理政策和程序的遵守情况；市场风险限额的遵守情况，包括对超限额情况的处理；事后检验和压力测试情况；内部和外部审计情况；市场风险资本分配情况；对改进市场风险管理政策、程序以及市场风险应急方案的建议；市场风险管理的其他情况。

向董事会提交的市场风险报告通常包括银行的总体市场风险头寸、风险水平、盈亏状况以及对市场风险限额和市场风险管理的其他政策与程序的遵守情况等内容。向高级管理层和其他管理人员提交的市场风险报告通常包括按地区、业务经营部门、资产组合、金融工具和风险类别分解后的详细信息，并具有更高的报告频率。

二、市场风险管理措施

案例导入：某商业银行市场风险管理

市场风险是指市场状况变化对资产和负债的价值或者对净收入产生不利影响的风险。该银行市场风险管理是指识别、计量、监测和控制市场风险的全过程，旨在建立和完善市场风险管理体系，确定限额管理指标和市场风险报告，控制和防范市场风险。

某银行明确了市场风险组织架构体系。董事会及其下设风险管理和关联交易控制委员会负责承担对市场风险管理实施监控的最终责任；高级管理层负责制定、审查和监督执行市场风险管理的政策及体系；风险管理部负责市场风险的牵头管理工作，各业务条线按部门职责履行相应的市场风险管理职能。

报告期内，某银行采取多项举措以提升市场风险管控水平。一是结合监管分层预警的要求，制定市场业务及理财业务风险限额政策，对外汇衍生业务设立风险指标，纳入统一监测范围，形成了本外币一体化市场业务风控机制。二是加强交易账户跟踪频率，实现每日估值。三是推进债券借贷、外币债、衍生等业务开展，拓展市场风险管理工具，促进本外币业务一体化发展，加强宏观及市场研究，综合运用多种交易策略，提升市场风险管理能力。截至报告期末，本集团一年以内利率敏感性正缺口为284.25亿元，较上年末下降39.87亿元，利率风险暴露减少。

案例分析：该银行建立了良好的市场风险管理体系，采取各种有效市场风险管理措施，降低了市场风险暴露，从而将市场风险控制在可接受范围之内。

内容讲解：

（一）利率风险控制

利率风险的控制有两个层面：一个是综合利率风险控制，另一个是单一业务活动利率风险控制。

1. 综合利率风险控制。所谓综合利率风险控制，是指通过对资产与负债的共同控制与调节，来实现对商业银行整体的利率风险进行控制的管理活动。其主要采取的就是缺口管理。

缺口管理就是在对利率的变动趋势进行把握的基础上，通过有意识地保持某种缺口状态，来使商业银行的利差最大化，或者使净利差保持基本稳定。其基本的做法是根据利率变动趋势来改变缺口的状态及其大小。如果预测到未来的利率将上升，就决定保持正缺口，即一方面通过增加利率敏感性资产，或者减少利率敏感性负债，或是两者相结合共同使用。另一方面，则尽可能地减少固定利率资产，增加固定利率负债；同时，注意延长盈利性资产的期限，相应缩短负债的期限，以图重新进行利率定价。采取这样两种办法来扩大缺口，最终将使银行的净利息收入最大。如果预测到利率将下降，则决定在未来维持负缺口状态，并采取与利率上升时相反的资产负债结构调节措施，最终将会使商业银行的资金成本下降，净利息收入增加。如果对未来利率的预测难以把握，或者未来的利率变动频繁，起伏不定，则决定固守零缺口状态，使利率敏感性资产和负债、利率非敏感性资产和负债在数量与期限上尽可能保持一致，做了这样的一些调整，则无论市场利率如何变动，商业银行最终都将获得基本稳定不变的净利息收入。

2. 单一业务活动利率风险控制。单一业务活动利率风险控制有两种基本的控制类型，一种是直接控制，另一种是间接控制。

（1）单一业务活动利率风险直接控制。单一业务活动利率风险直接控制，就是商业银行在对利率的变化趋势比较有把握的情况下，通过直接的利率定价措施来控制利率风险。单一业务活动利率风险直接控制实际上就是通过恰当的利率确定来规避利率风险，并试图获取利率变动的好处。其基本的原则是：当预测未来的利率会上升时，在贷款业务中，尽可能地以浮动利率方式来对贷款进行定价，在投资业务中也尽可能选取浮动收益的证券作为购买对象，这样的定价，将使银行在利率上升中资产收益随之增加，而负债成本支出则保持基本不变；而在负债业务中，则注意扩大固定利率存款的增长，缩小或控制浮动利率存款的规模。当预测未来的利率会下降时，就采取与上相反的定价策略。

（2）单一业务活动利率风险间接控制。单一业务活动利率风险间接控制，就是在某一方面或某一笔业务活动之中或者之后，采取一定的附加性措施，来控制利率风险对银行损益的影响。其本质就是利用衍生金融工具对银行的利率风险头寸进行套期保值交易。常用的这类金融工具有远期利率协议、利率期货、利率期权、利率互换等。

①远期利率协议。远期利率协议是一种在场外交易的利率远期合同，规定在将来某一特定时期，由交易的一方按照规定的货币、金额、期限、利率等条件向另一方支付利息。远期利率协议通过预先固定远期利率水平的方式来防范利率波动，在利率风险管理中有着广泛的应用。通过买进远期利率协议，借款人可以规避因利率上升而导致成本增加的风险；通过卖出远期利率协议，投资人可以规避因利率下降而导致收益减少的风险。

②利率期货。利率期货是金融期货的一种。金融期货交易是一种合约行为，根据合约，合约的一方同意在将来的某一天以事先确定的价格，将一定数量的基础金融工具出售给缔结合约的另一方或者从另一方将其买进。金融期货交易实际上就是以合约的方式锁定金融交易价格，以期避免价格变动对合约方造成损失。金融期货交易具有如下明显特征：一是期货合约均在交易所进行，交易双方不直接接触，而是各自跟交易所的清算部或专门的清算公司进行结算。二是期货合约的买者或卖者可在交割期之前采取对冲交易来结束其期货头寸，而无须进行最后的实际交易。这相当于买者可把原来买进的期货

卖掉，卖者可以把原来卖出的期货买回，这就克服了远期交易流动性差的问题。三是期货交易是每天进行结算的，而不是到期一次性进行的，买卖双方在交易之前都必须在经纪公司开立专门的保证金账户。利率期货就是以利率作为期货合约标的的金融期货合约。

利率期货之所以能用来控制利率风险，是因为金融期货的价格走向和利率变动的方向相反，通过在期货市场上买卖金融期货合约，银行能够避免利率变动的损失。比如，当市场利率上升时，原有贷款和债券的价格就会下跌，这使得基于这些金融工具的价格也发生下跌。因此，如果银行要避免利率上升的风险，可以卖出金融期货。同样，如果银行要避免利率下跌的风险，可以考虑买入金融期货。银行在利用金融期货控制风险时，一般必须要有相应的现货头寸，才能在应该买入或卖出时自如应对。

③利率期权。期权是一种能够在未来时间内以特定价格买进或卖出一定数量的某种特定商品的权利，利率期权则是以各种利率相关性商品或利率期货合约为标的物的期权交易形式。利率期权为银行提供了另一种控制利率风险的工具。其主要优点是，如果期权所有人认为执行该项交易对他自己有利，可以履行，否则可放弃。当然，由于购买期权需要付费，只有存在相当大的有利的价格波动，银行才能获得利益。

由于利率买入期权是在未来一定时间内以确定价格买卖某种证券的权利，当利率上升、证券的价格下降时，卖出期权的拥有者变得有利可图，而买入期权的拥有者将会放弃此权利；如果利率下降、证券的市场价格上升，则买入期权的拥有者或以确定的价格买入期权规定的金融资产，或者卖掉买入期权获利了结，而卖出期权将不会被执行。所以银行既可以通过购买买入期权或卖出期权来控制利率风险，也可以以出售买入期权或卖出期权的方式来获取期权费用，以此来弥补可能发生的利率风险损失。

④利率互换。利率互换是一种合约，合约双方承诺在一定期限内进行款项支付的交换。利率互换可以通过将浮动利率转换为固定利率，或者将固定利率转换为浮动利率，来改变金融工具的利率风险可能的承担者，或者实现不同利率风险与收益的对冲。利率互换一般只涉及利息的支付，而对本金或名义支付额不产生影响。实质上，合约双方一般进行净额支付，即只支付两种利率的差额。利率互换一般需要中介人的参与。中介人可以是商业银行、投资银行或其他金融机构。为此，互换的双方要支付一定比例的佣金给中介人。

利率互换对利率风险的控制，实际上是通过互换来改变资金缺口或持续期缺口而实现的。比如，A银行有浮动利率的短期资产和固定利率的长期负债，而B银行有固定利率的长期资产和浮动利率的短期负债，那么，A银行将面临利率下跌可能产生的风险损失，B银行则可能遇到利率上升带来的风险威胁，而这两家银行对于未来利率的走势均没有把握。于是，通过订立合约，双方进行对等金额和期限的固定利率与浮动利率互换交易，则各自就会出现利率敏感性缺口基本匹配的格局，可能出现的利率风险也就被控制住了。当然，这种互换交易也可以在银行和企业之间进行。

（二）外汇风险控制

商业银行在从事国际业务活动过程中，产生和存在外汇风险暴露在所难免。外汇和外汇风险暴露并不可怕，它也不等于就会给商业银行带来损失。只要商业银行利用有效的措施进行控制，就可以避免或淡化风险损失。这一工作无疑是商业银行外汇风险管理的核心，也是风险管理的最终落脚点。总体来讲，要有效地进行外汇风险控制，必须从两个层面着手：一是加强制度性建设，实施基础性的控制措施；二是在此基础上，针对具体的业务活动采取具体的控制措施。

1. 控制汇率风险的基础性措施。基础性措施就是通过制定有关的规章、制度来规范商业银行的国际业务活动及其风险管理行为，控制外汇和外汇风险暴露程度，使可能发生和存在的外汇风险及风险损失控制在银行自身可以承受的限度内。

2. 控制汇率风险的具体做法。具体的控制措施有很多，在不同类型的业务中应采用不同的措施，即便是在同一种业务中，在不同的时期、不同的情况之下采用和适用的措施也不同。比如，选择有利的计价结算货币，在订立交易合同时在合同条款中加列保值条款，进行现汇交易、借款与投资、远期外汇交易、货币期货交易、货币期权交易、货币和利率互换交易等措施。

对于汇率风险，商业银行应该充分发挥其中介作用，利用衍生工具为自己和其他经济主体提供规避风险的产品与服务。开办衍生产品交易业务对我国商业银行意义重大，它不仅为商业银行的外汇资产和负债提供了规避风险的管理工具与手段，更重要的是为中资银行转变增长方式、扩大中间业务收入提供了新的业务增长点。目前我国商业银行对此项业务的认识水平和运用能力较弱，因此，要加强培养金融衍生产品交易业务的经营管理能力，提高防范和控制金融衍生产品风险的水平和能力，应对人民币汇率改革进程中的汇率风险。面对汇率风险，商业银行应该切实转变传统的思维定式，积极打造新的盈利空间，针对不同的客户需求，适时推出新的外汇理财产品，有效规避和控制汇率风险。在浮动汇率时代，我国商业银行必须改变传统体制下的思路，以市场化的方式来应对汇率的变化。商业银行要积极创造外汇理财新市场，如充分发挥人民币外汇交易做市商的优势，利用海外机构网络，加速银行的国际化进程。在积极引导客户增强对人民币汇率机制认识的基础上，加快业务创新，为客户提供相应的避险、保值、高附加值的产品与服务。积极开发风险管理的产品、风险对冲的产品以及投资产品，综合运用利率、汇率等价值互动的机理，分别对进出口企业采取不同的定价政策。加强对汇率风险管理的研究和实践，密切关注汇率走势，有效控制汇率风险敞口，尽量规避汇率价格波动造成的汇率风险。

【拓展栏目——思政园地】

党章修正案为什么将发挥市场在资源配置中的基础性作用
修改为发挥市场在资源配置中的决定性作用，更好发挥政府作用？

党的十九大党章修正案在总纲部分中国共产党领导人民发展社会主义市场经济自然段，将"发挥市场在资源配置中的基础性作用"修改为"发挥市场在资源配置中的决定性作用，更好发挥政府作用"。这样的修改，有利于在全党全社会树立好政府和市场关系的正确观念，有利于转变经济发展方式，有利于转变政府职能，有利于抑制消极腐败现象。

第一，对政府和市场的关系，我们党一直在根据实践拓展和认识深化寻找新的科学定位。党的十五大指出"使市场在国家宏观调控下对资源配置起基础性作用"；党的十六大指出"在更大程度上发挥市场在资源配置中的基础性作用"；党的十七大指出"从制度上更好发挥市场在资源配置中的基础性作用"；党的十八大指出"更大程度更广范围发挥市场在资源配置中的基础性作用"。党的十八届三中全会全面总结改革开放以来的历程和经验，明确指出"使市场在资源配置中起决定性作用和更好发挥政府作用"。

第二，发挥市场在资源配置中的决定性作用，是市场经济的本质要求，是全面深化改革坚定决心的体现。市场决定资源配置是市场经济的一般规律，市场经济本质上就是市场决定资源配置的经济。所谓"决定性作用"，是指市场在所有社会生产领域的资源配置中处于主体地位，对于生产、流通、消费等各环节的商品价格拥有直接决定权。市场决定资源配置的机制，主要包括价格机制、供求机制、竞争机制以及激励和约束机制。

第三，市场在资源配置中起决定性作用，并不是起全部作用，政府作用同样不可或缺。社会主义市场经济体制比资本主义自由主义的市场经济体制更有优势，就在于社会主义市场经济兼顾了效率和公平。兼顾效率和公平，一个很重要原因就是政府在参与资源配置过程中的作用更加积极全面。在社会主义市场经济条件下，政府不仅仅是充当"守夜人"的角色，科学的宏观调控、有效的政府治理，是发挥社会主义市场经济体制优势的内在要求。市场化改革越深化，社会主义市场经济体制越完善，越要发挥好政府在保持宏观经济稳定、加强和优化公共服务、保障公平竞争、加强市场监管、维护市场秩序、推动可持续发展、促进共同富裕、弥补市场失灵等方面的职责和作用。

总之，要讲辩证法、两点论，把市场这只"看不见的手"和政府这只"看得见的手"都用好，找准市场功能和政府行为的最佳结合点，切实把市场和政府的优势都充分发挥出来，更好地体现社会主义市场经济体制的特色和优势，努力形成市场作用和政府作用有机统一、相互补充、相互协调、相互促进的格局。

资料来源：共产党员网．https：//news. 12371. cn/2018/02/14/ARTI1518560322356268. shtml。

讨论：发挥市场在资源配置中的决定性作用，市场主体如何防范市场风险？

 练习题

1. 市场风险有哪些？请举例。
2. 简述市场风险管理方法。
3. 简述利率风险防范工具。
4. 简述汇率风险具体管理措施。

第六章
流动性风险管理

LIUDONGXING FENGXIAN
GUANLI

 学习目标

【知识目标】

◆ 掌握流动性风险的表现、成因、预警信号。

◆ 掌握流动性风险衡量指标、控制措施。

【能力目标】

◆ 能分析流动性风险产生的具体原因。

◆ 能对具体银行流动性风险提出防范措施。

【思政目标】

◆ 坚持可持续稳定经营是商业银行生存的保障。

◆ 树立保持资产一定流动性的思维,在职业生涯中实现可持续发展。

第一节　商业银行流动性风险

一、流动性风险的概念

案例导入：为巩固和增强经济回升向好态势，中国人民银行决定：自 2024 年 2 月 5 日起，下调金融机构存款准备金率 0.5 个百分点（不含已执行 5% 存款准备金率的金融机构），本次下调后，金融机构加权平均存款准备金率约为 7.0%；自 2024 年 1 月 25 日起，分别下调支农再贷款、支小再贷款和再贴现利率各 0.25 个百分点。

中国人民银行将全面贯彻中央经济工作会议和中央金融工作会议精神，认真落实党中央、国务院决策部署，灵活适度、精准有效实施稳健的货币政策，加大宏观调控力度，强化逆周期和跨周期调节，保持流动性合理充裕，促进社会融资规模、货币供应量同经济增长和价格水平预期目标相匹配，保持人民币汇率在合理均衡水平上的基本稳定，持续推动经济实现质的有效提升和量的合理增长。

资料来源：中国人民银行网站，http://www.pbc.gov.cn/goutongjiaoliu/113456/113469/5217425/index.html。

案例分析：

存款准备金是指金融机构为保证客户提取存款和资金清算需要而准备的资金，金融机构按规定向中央银行缴纳的存款准备金占其存款总额的比例就是存款准备金率。中央银行通过调整存款准备金率，影响金融机构的信贷资金供应能力，从而间接调控货币供应量。降低存款准备金率是补充银行体系中长期流动性的一个有效工具。此次存款准备金率下调 0.5 个百分点，将向市场提供长期流动性约 1 万亿元。此次降准有助于改善预期、提振市场信心，同时提前应对 2024 年春节前居民资金需求和春节后政府债发行对流动性的消耗。通过结构性工具进行定向降息更能起到稳定银行息差、维持银行合理利润、提升服务实体经济能力的作用。

内容讲解：

历次金融危机的教训表明，银行倒闭风险大多是以流动性枯竭的形式表现出来的，尤其是 2007 年始于美国次贷市场进而蔓延波及全球的金融危机。这场金融危机对全球金融市场和宏观经济产生了重大影响，众多商业银行的倒闭触发了剧烈的市场波动和恐慌，进而引发了人们对流动性风险的忧虑。银行流动性风险再次成为了全球关注的焦点，巴塞尔委员会于 2010 年 9 月对流动性监管原则进行了重大修订。流动性是银行得以持续经营的生命线，而保证提供充足的流动性是商业银行资产负债管理的目标之一，为实现这一目标，商业银行必须进行全面、准确的流动性分析，根据流动性分析结果，制定有效的流动性管理策略。为加强商业银行流动性风险管理，维护银行体系安全稳健运行，我国自 2018 年 7 月 1 日起施行《商业银行流动性风险管理办法》，商业银行应当按照该办法建立健全流动性风险管理体系，对法人和集团层面、各附属机构、各分支机构、各业务条线的流动性风险进行有效识别、计量、监测和控制，确保其流动性需求能够及时以合理成本得到满足。

（一）流动性风险的定义

流动性风险，是指商业银行无法以合理成本及时获得充足资金，用于偿付到期债务、履行其他支付义务和满足正常业务开展的其他资金需求的风险。

（二）流动性风险的成因

流动性风险包括资产流动性风险和负债流动性风险。

资产流动性风险是指资产到期不能如期足额收回，进而无法满足到期负债的偿还和新的合理贷款及其他融资需要，从而给商业银行带来损失的风险。

负债流动性风险是指商业银行过去筹集的资金特别是存款资金，由于内外因素的变化而发生不规则波动，对其产生冲击并引发相关损失的风险。商业银行筹资能力的变化可能影响原有的筹融资安排，迫使商业银行被动地进行资产负债调整，造成流动性风险损失。这种情况可能迫使银行提前进入清算，使得账面上的潜在损失转化为实际损失，甚至导致银行破产。

流动性被视为商业银行的生命线，不仅直接决定着单个商业银行的安危存亡，对整个国家乃至全球经济的稳定都至关重要。当银行的流动性面临不确定性时，便产生了流动性风险。巴塞尔银行监管委员会对流动性风险的定义是：银行无力为负债的减少或资产的增加提供融资，无法以合理的成本迅速增加负债或变现资产获得足够的资金来弥补流动性缺口，最终影响其经营盈利水平。

1. 流动性风险的内部成因

一是资产负债期限搭配失当导致流动性偏低。资产负债的期限搭配适当是加强比例管理的基本要求。一般而言，偿还期较短的负债适合作为期限较短资产的资金来源，期限较长的资产一般对应偿还期较长的负债。商业银行一般应遵循长存长贷、短存短贷的原则，如果该原则被严重破坏，大量短期负债被用作长期资产的来源，那么该行资产负债的流动性水平就偏低，容易引发支付危机。比如吸收来 3 个月期存款，银行可能会发放 1 年期贷款。那存款到期，银行怎么办？银行可以用之前放贷到期的资金偿还投资者，或者是去借钱还给投资者。这种"借短炒长"的模式运行起来难度就是短期资金一定要跟上，不能出现流动性缺口。银行必须保证每个月都能借到钱还上个月借的钱的本金，不然就会产生兑付风险。当然这种资金并不是一一对应的，而是一个"资金池"的概念。对于银行来说，这种期限错配可以带来可观的利润。一旦银行流动性管理出问题，借不到钱，资金链就会出现问题。

二是超负荷经营导致贷款比率过高。在我国现行的银行经营模式中，贷款是资产的最主要部分。少数商业银行由于历史上过度追求贷款规模，超负荷经营，超过实际资金能力发放贷款，其中相当一部分质量不佳，难以正常运转。贷款的资金来源主要是存款，存贷比越高，商业银行应对客户提存的能力就越低，流动性风险就越大。

三是对客户的需求估计与准备不足加剧了流动性问题。商业银行应以满足客户的金融需求为己任，在提供存、贷、汇等金融服务中获取利益及服务收入。虽然客户的需求是多种多样与分散的，但在看似孤立的、偶然的客户行为中，却有着一定的规律。商业银行经营管理人员必须细心寻找客户行为的内在规律，并做好应对准备。某些商业银行，或者是人员素质偏低，或者是经验不足，或者是重视不够，对客户行为的周期性、季节性缺乏应有的认识，加上未做好应有的流动性准备，导致客户的提款要求难以及时满足，客户的贷款申请难以迅速批准，客户利益受损最终将使商业银行在竞争中处于不利境地。

四是资产质量恶化破坏了资金的正常周转。商业银行的贷款、投资等资金运用，虽然能使商业银行获取利差收入或利润，但运用不当也会出现贷款逾期、沉淀或投资不能实现预期收益的情形，甚至出现损失。尽管商业银行计提各种风险准备金，但不良资产的出现仍然会影响商业银行资金的周转使用，削弱资产负债的流动性。

五是信誉不佳导致资金筹措难度加大。商业银行凭借自身良好的信誉赢得客户的信赖，从而不断扩大负债、资产业务。近年来，我国有个别村镇银行、农村商业银行等金融机构，违规经营，资产质量差，支付困难，商业信誉丧失，客户取款多于存款，即使"以新还旧"也难以为继。为了应付一些突发性的支付，商业银行理论上可通过同业拆借获取短期流动性，能否拆入资金相当程度上取决于商业银行自身的信誉，信誉不佳的银行机构，即使以高息也难以筹集所需的资金，流动性每况愈下。

2. 流动性风险的外部成因

第一，央行货币政策。中央银行的货币政策与商业银行的流动风险之间有着密切联系。如中央银行采取紧缩的货币政策，商业银行向中央银行借款受到控制，由于整个社会货币数量和信用总量的减少，资金呈紧张趋势，存款数量减少，挤兑的可能性增加，贷款需求增高，同时商业银行无法筹集到足够资金满足客户需求，从而造成流动性风险。

第二，金融市场发育程度。由于金融市场包括存款市场、贷款市场、票据贴现市场、证券市场等，其发育程度直接关系商业银行资产的变现能力和主动取得负债的能力，从而影响商业银行流动性风险的大小。

第三，互联网金融分流银行存款。互联网金融是指依托云支付、云计算、社交网络以及搜索引擎等互联网工具，实现资金融通、支付和信息中介等业务的一种新兴金融。与互联网金融挂钩的货币基金，其功能和体验已越来越接近于银行存款，且货币基金普遍实现了 T+0 功能，在流动性上基本与活期存款相当，未来银行活期存款将面临越来越大的分流压力。在企业活期存款增长放缓和互联网金融的影响下，银行的活期存款占比确实处于下降状态，而互联网金融等对活期存款的影响会越来越大。

第四，客户信用风险。如客户经营不善或有意欺诈等事件的发生往往会打乱商业银行资金的运用计划，引发流动性危机。

第五，对利率变动的敏感性。当市场利率上升时，某些客户会将存款提现转为其他报酬更高的产品，某些贷款客户可能推迟新贷款的申请或加速使用利率较低的信用额度，所以利率的变动对客户存款需求和贷款需求都会产生影响，以致严重影响到银行的流动性头寸。

二、流动性风险的表现

随着经济环境、宏观政策及金融创新、客户行为的变化，我国商业银行经营中仍然存在着较大的流动性隐患，主要表现在以下几个方面。

1. 流动性缺口客观存在。从商业银行近年来经营的实际情况看，流动性供给无法充分满足流动性需求，商业银行客观上已经存在一定程度的流动性缺口，尤其是金融理财产品的飞速发展给商业银行存款带来较大的冲击，商业银行流动性压力越来越大。

2. 商业银行的杠杆率较高。近年来，由于各商业银行资本金增长速度低于资产的增长速度，资本杠杆率越来越高，自有资金抵御流动性风险的能力有所下降。

3. 资产形式单一，变现能力较差。按照现代商业银行资产负债管理的标准衡量，合理的资产形式及其结构应该是多元化的。目前商业银行普遍存在着资产形式单一的问题，资产的大部分被贷款所占据。贷款受合同期限等因素的影响，流动性较差，其在资产结构中的高占比，必然影响整个资产的流动性。

4. 信贷资产质量低，资金沉淀现象严重。目前信贷资产质量低已成为影响我国商业银行，尤其是国有商业银行流动性的主要因素，不良贷款形成的风险成为流动性风险最重要的组成部分。不良贷款占比较高，使得占全部资产较大比重的信贷资产缺乏流动性，从而影响了资产的总体流动性。

5. 流动性负债比例上升，潜在风险加大。目前各商业银行流动性负债比例呈不断上升的趋势，加大了各商业银行流动性管理的难度和潜在的流动性风险。

6. 商业银行高成本融资。商业银行为了应对流动性风险，以较高成本到市场上融资，出现同业拆借利率快速上涨的现象。

三、流动性风险监管指标

流动性风险监管指标包括流动性覆盖率、净稳定资金比例、流动性比例、流动性匹配率和优质流动性资产充足率。资产规模不小于 2 000 亿元人民币的商业银行应当持续达到流动性覆盖率、净稳定资金比例、流动性比例和流动性匹配率的最低监管标准。资产规模小于 2 000 亿元人民币的商业银行应当持续达到优质流动性资产充足率、流动性比例和流动性匹配率的最低监管标准。

1. 流动性覆盖率。流动性覆盖率监管指标旨在确保商业银行具有充足的合格优质流动性资产，能够在规定的流动性压力情景下，通过变现这些资产满足未来至少 30 天的流动性需求。

流动性覆盖率的计算公式为

$$流动性覆盖率 = 合格优质流动性资产 \div 未来 30 天现金净流出量$$

流动性覆盖率的最低监管标准为不低于 100%。除特殊情形外，流动性覆盖率应当不低于最低监管标准。

2. 净稳定资金比例。净稳定资金比例监管指标旨在确保商业银行具有充足的稳定资金来源，以满足各类资产和表外风险敞口对稳定资金的需求。

净稳定资金比例的计算公式为

$$净稳定资金比例 = 可用的稳定资金 \div 所需的稳定资金$$

净稳定资金比例的最低监管标准为不低于100%。

3. 流动性比例。流动性比例的计算公式为

$$流动性比例 = 流动性资产余额 \div 流动性负债余额$$

流动性比例的最低监管标准为不低于25%。

4. 流动性匹配率。流动性匹配率监管指标衡量商业银行主要资产与负债的期限配置结构，旨在引导商业银行合理配置长期稳定负债、高流动性或短期资产，避免过度依赖短期资金支持长期业务发展，提高流动性风险抵御能力。

流动性匹配率的计算公式为

$$流动性匹配率 = 加权资金来源 \div 加权资金运用$$

流动性匹配率的最低监管标准为不低于100%。

5. 优质流动性资产充足率。优质流动性资产充足率监管指标旨在确保商业银行保持充足的、无变现障碍的优质流动性资产，在压力情况下，银行可通过变现这些资产来满足未来30天内的流动性需求。

优质流动性资产充足率的计算公式为

$$优质流动性资产充足率 = 优质流动性资产 \div 短期现金净流出$$

优质流动性资产充足率的最低监管标准为不低于100%。除特殊的情形外，优质流动性资产充足率应当不低于最低监管标准。

【拓展栏目——思政园地】

2023年中央经济工作会议于2023年12月11日至12日在北京举行。中共中央总书记、国家主席、中央军委主席习近平发表重要讲话，全面总结2023年经济工作，深刻分析当前经济形势，系统部署2024年经济工作。

会议强调，做好2024年经济工作，要以习近平新时代中国特色社会主义思想为指导，全面贯彻落实党的二十大和二十届二中全会精神，坚持稳中求进工作总基调，完整、准确、全面贯彻新发展理念，加快构建新发展格局，着力推动高质量发展，全面深化改革开放，推动高水平科技自立自强，加大宏观调控力度，统筹扩大内需和深化供给侧结构性改革，统筹新型城镇化和乡村全面振兴，统筹高质量发展和高水平安全，切实增强经济活力、防范化解风险、改善社会预期，巩固和增强经济回升向好态势，持续推动经济实现质的有效提升和量的合理增长，增进民生福祉，保持社会稳定，以中国式现代化全面推进强国建设、民族复兴伟业。

会议要求，2024年要坚持稳中求进、以进促稳、先立后破，多出有利于稳预期、稳增长、稳就业的政策，在转方式、调结构、提质量、增效益上积极进取，不断巩固稳中向好的基础。要强化宏观政策逆周期和跨周期调节，继续实施积极的财政政策和稳健的货币政策，加强政策工具创新和协调配合。

积极的财政政策要适度加力、提质增效。要用好财政政策空间，提高资金效益和政策效果。优化财政支出结构，强化国家重大战略任务财力保障。合理扩大地方政府专项

债券用作资本金范围。落实好结构性减税降费政策，重点支持科技创新和制造业发展。严格转移支付资金监管，严肃财经纪律。增强财政可持续性，兜牢基层"三保"底线。严控一般性支出。党政机关要习惯过紧日子。

稳健的货币政策要灵活适度、精准有效。保持流动性合理充裕，社会融资规模、货币供应量同经济增长和价格水平预期目标相匹配。发挥好货币政策工具总量和结构双重功能，盘活存量、提升效能，引导金融机构加大对科技创新、绿色转型、普惠小微、数字经济等方面的支持力度。促进社会综合融资成本稳中有降。保持人民币汇率在合理均衡水平上的基本稳定。

要增强宏观政策取向一致性。加强财政、货币、就业、产业、区域、科技、环保等政策协调配合，把非经济性政策纳入宏观政策取向一致性评估，强化政策统筹，确保同向发力、形成合力。加强经济宣传和舆论引导，唱响中国经济光明论。

资料来源：新华社，http://www.news.cn/politics/leaders/2023-12/12/c_1130023297.htm。

讨论：货币政策如何保持流动性合理充裕？

第二节　商业银行流动性风险管理

一、商业银行流动性风险管理体系

案例导入：某商业银行流动性风险管理

流动性风险，是指商业银行无法以合理成本及时获得充足资金，用于偿付到期债务、履行其他支付义务和满足正常业务开展的其他资金需求的风险。资产和负债的金额或期限的不匹配，均可能产生该项风险。本银行流动性风险管理的目标是，通过对流动性风险实施有效的识别、计量、监控和报告，确保本银行在正常经营条件及压力状态下，能及时满足资产、负债及表外业务引发的流动性需求和履行对外支付义务，有效平衡资金的效益性和安全性。

本银行流动性风险管理体系与本银行总体发展战略和整体风险管理体系相一致，由董事会及其专门委员会、监事会、高级管理层及其下设的资产负债管理委员会、总行职能部门和分支行五个层次组成。总行职能部门为计划财务部、风险管理部、金融市场总部、内审部、信息科技部、公司金融总部和零售金融总部。

报告期内，本银行持续加强流动性风险管控，未发生流动性风险事件，为业务运营创造了良好的资金环境。一是根据监管部门分层预警监管指标、市场变化情况及本银行业务发展状况，明确流动性风险限额政策。二是加强流动性风险的日常监测，严格执行流动性指标的实时监测、月度报告机制，加强对同业资产负债缺口和优质流动性资产储备的监测分析，增强了流动性管理的精细化水平。三是完善流动性应急管理，做好流动性风险压力测试工作。根据测试结果对资产负债结构和期限配置进行优化，完善流动性风险应急演练方案，联合村镇银行开展应急演练，提高集团层面应对流动性危机的处置能力。四是加强资金头寸管理，拓展流动性补充渠道。提高大额资金预报效率，合理确定清算备付金额度，积极开展债券借贷、外币回购等业务，建立快速、多方位的融资渠道。报告期末，本银行各项流动性指标均高于监管要求，存贷款比例合理，备付金充足。

本集团还通过流动性缺口分析来评估流动性风险状况，截至报告期末本集团流动性充裕，整体流动性安全。

案例分析：

该商业银行流动性风险管理报告说明良好的流动性风险管理是银行发展的保障，为银行业务良性运行提供良好的资金环境。当商业银行在压力状况下流动性覆盖率、优质流动性资产充足率低于最低监管标准时，银行业监督管理机构应当考虑当前和未来国内外经济金融状况，分析影响单家银行和金融市场整体流动性的因素，根据商业银行流动性覆盖率、优质流动性资产充足率降至最低监管标准以下的原因、严重程度、持续时间和频率等采取相应措施。

内容讲解：

商业银行应当在法人和集团层面建立与其业务规模、性质和复杂程度相适应的流动性风险管理体系。

（一）流动性风险管理体系基本要素

1. 有效的流动性风险管理治理结构；

2. 完善的流动性风险管理策略、政策和程序；

3. 有效的流动性风险识别、计量、监测和控制；

4. 完备的管理信息系统。

（二）流动性风险管理治理结构

商业银行应当建立有效的流动性风险管理治理结构，明确董事会及其专门委员会、监事会（监事）、高级管理层以及相关部门在流动性风险管理中的职责和报告路线，建立适当的考核和问责机制。

1. 商业银行董事会应当承担流动性风险管理的最终责任，履行以下职责：

（1）审核批准流动性风险偏好、流动性风险管理策略、重要的政策和程序，流动性风险偏好应当至少每年审议一次；

（2）监督高级管理层对流动性风险实施有效管理和控制；

（3）持续关注流动性风险状况，定期获得流动性风险报告，及时了解流动性风险水平、管理状况及其重大变化；

（4）审批流动性风险信息披露内容，确保披露信息的真实性和准确性；

（5）其他有关职责。

董事会可以授权其下设的专门委员会履行部分职责。

2. 商业银行高级管理层应当履行以下职责：

（1）制定、定期评估并监督执行流动性风险偏好、流动性风险管理策略、政策和程序；

（2）确定流动性风险管理组织架构，明确各部门职责分工，确保商业银行具有足够的资源，独立、有效地开展流动性风险管理工作；

（3）确保流动性风险偏好、流动性风险管理策略、政策和程序在商业银行内部得到有效沟通和传达；

（4）建立完备的管理信息系统，支持流动性风险的识别、计量、监测和控制；

（5）充分了解和定期评估流动性风险水平及管理状况，及时了解流动性风险的重大变化，并向董事会定期报告；

（6）其他有关职责。

3. 商业银行应当指定专门部门负责流动性风险管理，其流动性风险管理职能应当与业务经营职能保持相对独立，并且具备履行流动性风险管理职能所需要的人力、物力资源。

商业银行负责流动性风险管理的部门应当具备以下职能：

（1）拟定流动性风险管理策略、政策和程序，提交高级管理层和董事会审核批准；

（2）识别、计量和监测流动性风险，包括持续监控优质流动性资产状况，监测流动性风险限额遵守情况并及时报告超限额情况，组织开展流动性风险压力测试，组织流动性风险应急计划的测试和评估；

（3）识别、评估新产品、新业务和新机构中所包含的流动性风险，审核相关操作和风险管理程序；

（4）定期提交独立的流动性风险报告，及时向高级管理层和董事会报告流动性风险水平、管理状况及其重大变化；

（5）拟定流动性风险信息披露内容，提交高级管理层和董事会审批；

（6）其他有关职责。

4. 商业银行应当将流动性风险管理纳入内部审计范畴，定期审查和评价流动性风险管理的充分性和有效性。

内部审计应当涵盖流动性风险管理的所有环节，包括但不限于：

（1）流动性风险管理治理结构、策略、政策和程序能否确保有效识别、计量、监测和控制流动性风险；

（2）流动性风险管理政策和程序是否得到有效执行；

（3）现金流分析和压力测试的各项假设条件是否合理；

（4）流动性风险限额管理是否有效；

（5）流动性风险管理信息系统是否完备；

（6）流动性风险报告是否准确、及时、全面。

二、流动性风险管理策略、政策和程序

（一）流动性风险管理程序

商业银行应当根据经营战略、业务特点、财务实力、融资能力、总体风险偏好及市场影响力等因素确定流动性风险偏好。商业银行的流动性风险偏好应当明确其在正常和压力情景下愿意并能够承受的流动性风险水平。商业银行应当根据流动性风险偏好制定书面的流动性风险管理策略、政策和程序。流动性风险管理策略、政策和程序应当涵盖表内外各项业务以及境内外所有可能对流动性风险产生重大影响的业务部门、分支机构和附属机构，并包括正常和压力情景下的流动性风险管理。商业银行的流动性风险管理策略应当明确流动性风险管理的总体目标、管理模式以及主要政策和程序。

流动性风险管理政策和程序包括但不限于：

1. 流动性风险识别、计量和监测，包括现金流测算和分析；

2. 流动性风险限额管理；

3. 融资管理；

4. 日间流动性风险管理；

5. 压力测试；

6. 应急计划；

7. 优质流动性资产管理；

8. 跨机构、跨境以及重要币种的流动性风险管理；

9. 对影响流动性风险的潜在因素以及其他类别风险对流动性风险的影响进行持续监测和分析。

（二）流动性风险管理策略

1. 设立预警机制。商业银行应当根据业务规模、性质、复杂程度及风险状况，监测可能引发流动性风险的特定情景或事件，采用适当的预警指标，前瞻性地分析其对流动性风险的影响。可参考的情景或事件包括但不限于：

（1）资产快速增长，负债波动性显著上升；

（2）资产或负债集中度上升；

（3）负债平均期限下降；

（4）批发或零售存款大量流失；

（5）批发或零售融资成本上升；

（6）难以继续获得长期或短期融资；

（7）期限或货币错配程度加剧；

（8）多次接近内部限额或监管标准；

（9）表外业务、复杂产品和交易对流动性的需求增加；

（10）银行资产质量、盈利水平和总体财务状况恶化；

（11）交易对手要求追加额外抵（质）押品或拒绝进行新交易；

（12）代理行降低或取消授信额度；

（13）信用评级下调；

（14）股票价格下跌；

（15）出现重大声誉风险事件。

2. 限额管理。商业银行应当对流动性风险实施限额管理，根据自身业务规模、性质、复杂程度、流动性风险偏好和外部市场发展变化情况，设定流动性风险限额。流动性风险限额包括但不限于现金流缺口限额、负债集中度限额、集团内部交易和融资限额。商业银行应当制定流动性风险限额管理的政策和程序，建立流动性风险限额设定、调整的授权制度、审批流程和超限额审批程序，至少每年对流动性风险限额进行一次评估，必要时进行调整。商业银行应当对流动性风险限额遵守情况进行监控，超限额情况应当及时报告。对未经批准的超限额情况应当按照限额管理的政策和程序进行处理。对超限额情况的处理应当保留书面记录。

3. 提高融资来源的多元化和稳定程度。商业银行应当建立并完善融资策略，提高融资来源的多元化和稳定程度。

商业银行的融资管理应当符合以下要求：

（1）分析正常和压力情景下未来不同时间段的融资需求和来源；

（2）加强负债品种、期限、交易对手、币种、融资抵（质）押品和融资市场等的集中度管理，适当设置集中度限额，对于同业批发融资，应按总量和主要期限分别设定限额；

（3）加强融资渠道管理，积极维护与主要融资交易对手的关系，保持在市场上的适当活跃程度，并定期评估市场融资和资产变现能力；

（4）密切监测主要金融市场的交易量和价格等变动情况，评估市场流动性对商业银行融资能力的影响。

商业银行应当加强融资抵（质）押品管理，确保其能够满足正常和压力情景下日间和不同期限融资交易的抵（质）押品需求，并且能够及时履行向相关交易对手返售抵（质）押品的义务。商业银行应当区分有变现障碍资产和无变现障碍资产。对可以用作抵（质）押品的无变现障碍资产的种类、数量、币种、所处地域和机构、托管账户，以及中央银行或金融市场对其接受程度进行监测分析，定期评估其资产价值及融资能力，并充分考虑其在融资中的操作性要求和时间要求。商业银行应当在考虑抵（质）押品的融资能力、价格敏感度、压力情景下的折扣率等因素的基础上提高抵（质）押品的多元化程度。

4. 日间流动性风险管理。商业银行应当加强日间流动性风险管理，确保具有充足的日间流动性头寸和相关融资安排，及时满足正常和压力情景下的日间支付需求。

商业银行的日间流动性风险管理应该符合以下要求：

（1）有效计量每日的预期现金流入总量和流出总量，日间各个时点现金流入和流出的规模、缺口等；

（2）及时监测业务行为变化，以及账面资金、日间信用额度、可用押品等可用资金变化等对日间流动性头寸的影响；

（3）具有充足的日间融资安排来满足日间支付需求，必要时可通过管理和使用押品来获取日间流动性；

（4）具有根据日间情况合理管控资金流出时点的能力；

（5）充分考虑非预期冲击对日间流动性的影响。

5. 流动性风险压力测试。商业银行应当建立流动性风险压力测试制度，分析承受短期和中长期压力情景的流动性风险控制能力。

流动性风险压力测试应当符合以下要求：

（1）合理审慎设定并定期审核压力情景，充分考虑影响商业银行自身的特定冲击、影响整个市场的系统性冲击和两者相结合的情景，以及轻度、中度、严重等不同压力程度；

（2）合理审慎设定在压力情景下商业银行满足流动性需求并可持续经营的最短期限，在影响整个市场的系统性冲击情景下该期限应当不少于30天；

（3）充分考虑各类风险与流动性风险的内在关联性和市场流动性对商业银行流动性风险的影响；

（4）定期在法人和集团层面实施压力测试，当存在流动性转移限制等情况时，应当对有关分支机构或附属机构单独实施压力测试；

（5）压力测试频率应当与商业银行的规模、风险水平及市场影响力相适应，常规压力测试应当至少每季度进行一次，出现市场剧烈波动等情况时，应当提高压力测试频率；

（6）在可能情况下，应当参考以往出现的影响银行或市场的流动性冲击，对压力测试结果实施事后检验，压力测试结果和事后检验应当有书面记录；

（7）在确定流动性风险偏好、流动性风险管理策略、政策和程序，以及制定业务发展和财务计划时，应当充分考虑压力测试结果，必要时应当根据压力测试结果对上述内容进行调整。

董事会和高级管理层应当对压力测试的情景设定、程序和结果进行审核，不断完善流动性风险压力测试，充分发挥其在流动性风险管理中的作用。

6. 应急计划。商业银行应当根据其业务规模、性质、复杂程度、风险水平、组织架构及市场影响力，充分考虑压力测试结果，制订有效的流动性风险应急计划，确保其可以应对紧急情况下的流动性需求。商业银行应当至少每年对应急计划进行一次测试和评估，必要时进行修订。

流动性风险应急计划应当符合以下要求：

（1）设定触发应急计划的各种情景；

（2）列明应急资金来源，合理估计可能的筹资规模和所需时间，充分考虑跨境、跨机构的流动性转移限制，确保应急资金来源的可靠性和充分性；

（3）规定应急程序和措施，至少包括资产方应急措施、负债方应急措施、加强内外部沟通和其他减少因信息不对称而给商业银行带来不利影响的措施；

（4）明确董事会、高级管理层及各部门实施应急程序和措施的权限与职责；

（5）区分法人和集团层面应急计划，并视需要针对重要币种和境外主要业务区域制订专门的应急计划，对于存在流动性转移限制的分支机构或附属机构，应当制订专门的应急计划。

商业银行应当审慎评估信用风险、市场风险、操作风险和声誉风险等其他类别风险对流动性风险的影响。

【拓展栏目——思政园地】

坚持金融服务实体经济的根本宗旨，有力有效支持高质量发展和实体经济稳定增长

习近平总书记指出："千招万招，管不住货币都是无用之招。"中国人民银行制定和执行货币政策，必须平衡好短期与长期、稳增长与防风险、内部均衡与外部均衡的关系，始终保持稳健性，管好货币总闸门，为稳定物价、促进经济增长、扩大就业、维护国际收支平衡营造良好的货币金融环境，守护好老百姓的钱袋子。

更加注重跨周期和逆周期调节，保持货币信贷总量和社会融资规模合理增长。综合运用多种货币政策工具，保持流动性合理充裕，引导金融机构增强信贷增长的稳定性和可持续性，满足实体经济有效融资需求，促进经济稳定增长。积极盘活被低效占用的金融资源，提高资金使用效率。目前，我国银行体系贷款余额超过200万亿元，社会融资规模余额超过300万亿元；近年来，我国每年贷款新增20万亿元左右，社会融资规模新增30多万亿元。盘活存量贷款、提升存量贷款使用效率、优化新增贷款投向，这三个方面对支撑经济增长的意义本质上是相同的。

加强与财政、监管等政策的协调配合，持续加大对重大战略、重点领域和薄弱环节的支持力度。服务高质量发展首要任务，继续用好支农支小再贷款、再贴现和普惠小微贷款支持工具，延续实施碳减排支持工具、支持企业技术进步专项再贷款、普惠养老专项再贷款等，支持科技创新、民营小微、先进制造、绿色发展、普惠养老等领域健康发展，做好科技金融、绿色金融、普惠金融、养老金融、数字金融五篇大文章。

资料来源：潘功胜. 加快现代中央银行制度建设 构建中国特色现代金融体系（深入学习贯彻习近平新时代中国特色社会主义思想）[N]. 人民日报，2023 - 12 - 04（09）.

讨论：中国人民银行支持流动性合理充裕的工具有哪些？

 练习题

1. 请查找商业银行流动性风险案例，并分析产生流动性风险的原因。
2. 讨论如何防范商业银行流动性风险。
3. 讨论商业银行流动性风险的表现。

第七章
操作风险管理

CAOZUO FENGXIAN GUANLI

 学习目标

【知识目标】
◆ 掌握操作风险的分类和成因。
◆ 掌握操作风险管理措施。

【能力目标】
◆ 能从不同业务角度分析操作风险。
◆ 能加强操作风险意识，注意防范操作风险。

【思政目标】
◆ 坚持合规操作意识，减少操作风险发生。
◆ 树立遵守操作规程权威，在职业生涯中实现可持续发展。

第一节　商业银行操作风险

一、操作风险的概念

案例导入： 2024 年以来，已有多名银行从业人员被监管部门处以"禁止从事银行业"的处罚。被禁业的人员中，既有行长等高管，也有客户经理、信贷经理等。被禁业人员的违法违规事由，各不相同，基层人员主要是违反从业人员禁止行为，包括违法违规发放贷款、挪用客户资金、对借款人资金使用情况不追踪落实、未按规定办理柜面业务、贷前调查不尽职、私刻印章以本行名义与客户签订理财销售协议等。高管除了禁止行为外，还对内控管理不到位、员工从事违法活动问题负有直接责任。

中国裁判文书网发布的张某违法发放贷款一审刑事判决书披露，多人通过 A 公司向某银行申请贷记卡专项商户分期购车贷款业务，该公司经理提供伪造购车协议、首付款收据、机动车登记证书、购车发票等贷款材料，办理汽车分期贷款。

张某在办理汽车分期贷款过程中，未严格履行贷款业务审查职责，未严格核查身份证与本人的一致性、购车行为是否真实发生、借款人的借款用途是否真实准确，对购车协议、首付款收据等贷款申请材料的真实性未进行严格调查，在贷款发放后未严格收集、核实客户车务手续资料，未按规定办理车辆抵押登记手续，未对贷款资金流向进行必要的追踪调查，致使银行发放贷款共计 758 万元。后有两名借款人逾期未偿还贷款，共给银行造成直接经济损失 75 万余元。经民警电话通知，张某于次日到公安机关投案。庭审期间，张某自愿退赔银行损失 75 万元。

法院认为，被告人张某作为银行工作人员，违反国家规定发放贷款，其行为构成违法发放贷款罪，且属于数额特别巨大，依法应予惩处。根据犯罪的事实、性质、对社会的危害性及悔罪表现，对其适用缓刑不致危害社会。根据相关法律规定，法院一审判决张某犯违法发放贷款罪，判处有期徒刑 3 年，缓刑 5 年，并处罚金人民币 3 万元。

案例分析：

银行从业人员被监管部门处以"禁止从事银行业"的处罚，说明监管部门对银行从业人员的违法违规行为监管趋于严格。商业银行从业人员的违法违规行为不仅给机构带来经济上的巨额损失，也给机构带来声誉上的重大不良影响。银行员工的欺诈行为属于典型的员工因素导致的操作风险。商业银行应当加强操作风险管理，采取有效措施，构筑风险防范的防线，深化整治市场乱象，严肃查处各类违法违规行为，坚决打好防范化解重大金融风险攻坚战。

内容讲解：

（一）操作风险的定义

操作风险自商业银行诞生伊始就伴随其左右，是一种古老的风险。但很长时间以来，商业银行却忽视了对操作风险的防范和管理。最近几年，随着操作风险的频繁发生和损失数额的不断上升，商业银行才开始重视对操作风险的管理。巴塞尔银行监管委员会根据英国银行家协会、国际掉期和衍生品交易协会、风险管理协会及普华永道咨询公司的意见，将操作风险定义为：操作风险是指不完善或有问题的内部操作过程、人员、系统或外部事件而导致的直接或间接损失的风险。

为加强商业银行的操作风险管理，推动商业银行进一步完善公司治理结构，提升风险管理能力，国家金融监督管理总局制定《银行保险机构操作风险管理办法》，自2024年7月1日起施行。该办法所称操作风险是指内部程序、员工、信息科技系统存在问题以及外部事件造成损失的风险，包括法律风险，但不包括战略风险和声誉风险。

（二）操作风险事件

操作风险事件是指由操作风险引发，导致银行机构发生实际或者预计损失的事件。运营韧性是指在发生重大风险和外部事件时，银行机构具备的持续提供关键业务和服务的能力。例如，在发生大规模网络攻击、大规模传染病、自然灾害等事件时，银行机构通过运营韧性管理机制，能够持续向客户提供存取款、转账、理赔等关键服务。

（三）法律风险

法律风险包括但不限于下列风险：（1）商业银行签订的合同因违反法律或行政法规可能被依法撤销或者确认无效；（2）商业银行因违约、侵权或者其他事由被提起诉讼或者申请仲裁，依法可能承担赔偿责任；（3）商业银行的业务、管理活动违反法律、法规或者监管规定，依法可能承担刑事责任或者行政责任。

（四）操作风险等级

操作风险等级由银行机构自行划分。例如，通常可划分为三个等级：发生可能性（频率）低、影响（损失）程度低的，风险等级为低；发生可能性（频率）高、影响（损失）程度低的，风险等级为中；发生可能性（频率）低、影响（损失）程度高或者发生可能性（频率）高、影响（损失）程度高的，风险等级为高。

二、操作风险的分类

案例导入：2019年11月，某客户去当地一家银行取款20万元，准备去交购房首付款。办完手续后客户提着20万元现金离开银行，不久后客户收到了一条短信，点开一看，发现卡里余额竟然还有40多万元。客户账户本来只有贰拾万零几千元的存款，取款后卡里应该不到1万元，而现在余额变成了40多万元。再看银行回单，原来是银行员工把取款操作为存款，闹出乌龙。

案例分析：

本案的发生是因为银行员工的操作失误，虽然最终没有给银行造成损失，但是也给银行带来了不良影响，其声誉也受到了损害。当然，对柜台授权操作人员监督、管理不到位，也是本案发生的重要原因之一。因此，银行在计算某一操作风险事件给银行造成的损失时，不仅要考虑银行因此受到的直接损失，还要考虑因声誉下降等因素而给银行造成的间接损失。

内容讲解：

根据操作风险的定义，商业银行的操作风险可以按人员因素、流程因素、系统因素和外部事件四大类别分类。

（一）人员因素引起的操作风险

人员因素引起的操作风险是指，银行内部员工的行为不当（包括无意行为和故意行为）、人员流失或关系到员工利益的事件发生从而给银行带来损失的情况。人员因素涵盖了所有与银行内部人员有关的事件引起的操作风险，具体包括操作失误、违法行为、违反用工法、越权行为、关键人员流失和劳动力中断六种情况。

1. 员工操作失误。这种操作风险是由员工业务操作过程中的非主观失误造成的，如数字输入错误、忘记复核等。由银行员工操作失误引起的操作风险一般具有损失小（当然不排除特殊情况）、发生频率高、难以预测和非员工故意行为的特征，因而更加难以防范。

2. 员工违法行为。银行内部员工所具有的信息、身份优势为其进行违法活动提供了可能，而且由于银行员工的"内部人"身份，银行员工内部作案更加难以防范。由银行员工违法行为导致的操作风险包括挪用客户资金、欺诈（内部员工欺诈和内外勾结欺诈）、蓄意破坏银行声誉、洗钱、偷窃银行财产（实物财产和知识产权）等。从我国的情况来看，商业银行员工违法行为导致的操作风险主要集中于内部人作案和内外勾结作案两种。

银行员工违法行为导致的操作风险通常是由于银行内部管理、监督上存在漏洞造成的。为防范此类操作风险，银行应在加强内控建设和强化管理上下功夫。

（1）加强内控建设，尤其要做到有章可循，有章必循，违规必纠，执规必严。

（2）完善监督检查机制，重点是交叉检查和关键点检查。所谓交叉检查是指部门与部门之间、岗位与岗位之间对各项手续、文件进行交叉检查。所谓关键点检查是指对以下四个关键点进行检查：关键人（基层行政部门的负责人、要害岗位从业人员）、关键部门（贷款审批、财务开支、人事安排、办事处柜台、金库守卫等）、关键物件（现金、密钥、印章、重要空白凭证）、关键工作五环节（交接手续、审批程序、电脑操作口令、存取手续和票据清算环节等）。

（3）加强与银行员工的沟通和交流，掌握员工的思想动态，尽早发现其不良企图和作案动机，将他们的犯罪行为扼杀在萌芽状态。一些案件显示，银行员工作案往往有某些前兆，比如参与赌博、赌球、炒股等。因而对关键岗位人员工作8小时之外的社会交往、投资情况进行适当监测是防范操作风险的有效手段。

3. 违反用工法。员工劳动合同的签订和解除应符合《中华人民共和国劳动法》《中华人民共和国劳动合同法》等相关规定，相关的内部规章制度的制定和员工的安排使用也应依法合规，并及时传达给员工。在商业银行人力资源管理的实际操作中，违反相关法规或者没有按照规定的程序直接解除劳动合同的做法，可能引起劳动合同纠纷，从而给银行造成一定的损失。违反用工法导致操作风险的情况包括非法终止合同、歧视政策或差别待遇、虐待员工、违反健康与安全规定等。

违法用工、员工合同纠纷等违反用工法的情况往往会在银行内部及社会上造成恶劣影响，不仅使当事人不满，而且会影响到在岗人员的工作积极性和工作态度，以及银行自身的声誉，从而给银行带来不可估量的损失。因此，商业银行必须高度重视。

（1）要严格执行《中华人民共和国劳动法》《中华人民共和国劳动合同法》及相关劳动法规，银行内部相关规章制度的制定必须严格依法合规，并在员工中做好宣传学习工作，保证满足每个员工的知情权。

（2）要树立"人性化"用工的理念，在用工过程中要坚决避免出现歧视性政策。尤其是在性别歧视方面，更应引起注意。

（3）对于涉及内部员工违规的事件，要在充分调查、弄清事实的基础上，给出合理适当的解决方案。

4. 员工越权行为。员工越权行为导致的操作风险是指员工滥用职权，对客户交易进行误导或者支配超出其权限的资金额度，或者从事未经授权的交易等，致使银行发生损失的风险。员工越权行为具体包括滥用授权、超过限额、超越交易规则、超越岗位职责等。

5. 关键人员流失。由于关键人员掌握大量技术和关键信息，他们的流失将给银行带来不可估量的损失，比如交易员、高级客户经理等。这类事件对银行的影响通常要经过一段时间以后才能体现出来，且难以量化。

6. 劳动力中断。劳动力中断是指罢工等劳工行动造成的银行因人员不足而无法正常运转的情况。虽然电子科技的飞速发展已使得银行摆脱了原来人工操作为主的方式，但银行仍呈现出明显的劳动密集特征，特别是一些关键技术、岗位、信息必须有合适的人来运作，而不是机器。

（二）流程因素引起的操作风险

流程因素引起的操作风险是指商业银行业务流程设计不合理或流程执行不严格而造成损失的风险。流程因素分为业务流程设计不合理和流程执行不严格，后者又可以分为实际操作中遗漏或忽略流程、增加不必要的步骤两种情况。

1. 流程设计不合理。业务流程设计不合理不仅影响银行的经营效率，流程中的漏洞还有可能被不法分子利用，从而给银行造成损失。

2. 流程执行不严格。流程执行不严格导致的操作风险主要包括在业务执行过程中缩减步骤和随意加插不必要的人员或程序两种情况。对于流程执行不严格导致的操作风险，防范的关键就在于严格落实各项规章制度，严格执行各项业务流程，既要消除那种忽略某个业务流程的做法，又要避免那种随意添加业务流程的行为。商业银行要建立起强有力的监督检查制度防范此类操作风险。

（三）系统因素引起的操作风险

银行业是一个高度依赖电子化系统的行业，系统的良好运转是保证银行正常运营与发展的基本条件，因此系统因素给银行带来的风险不容忽视。系统因素引起操作风险的情况可以分为系统失灵或瘫痪、系统本身的漏洞以及客户信息安全性。

银行系统的稳定不仅关系到银行的正常运营，而且关系到储户利益的维护。因此，对于那些可能导致系统失灵的情况，如系统升级、系统瘫痪等，要建立应急应对措施。商业银行在日常过程中要对重要数据进行备份，制订应急预案。此外，提高系统维护、监控人员的技术水平，也是防范此类问题的有效措施。

（四）外部事件引起的操作风险

银行的经营都是处于一定的政治、社会、经济环境中，经营环境的变化、外部突发事件都会影响到银行的经营活动，甚至产生损失。外部事件引起银行损失的范围非常广泛，包括外部欺诈/盗窃、外部经营环境的不利变化、外部突发事件和经营场所的安全性。

1. 外部欺诈/盗窃。外部人员的蓄意欺诈行为是给银行造成损失最大、发生次数最多的操作风险之一。外部人员精心设计的骗局和陷阱常常令商业银行防不胜防。

外部欺诈具有不易预测的特点，银行只有通过转变思想、转换机制、内部练功、提高素质、加强内部控制来积极防范和化解风险。

（1）银行在日常的经营管理中要树立风险意识，时刻提高警惕，从思想上重视可能发生的风险。

（2）提高银行业务操作（如贷款）人员的专业技能，增强识假辨假能力，不让犯罪分子有机可乘，杜绝风险的发生。

（3）严格按照操作程序开展业务。一方面要求信贷人员切实遵守银行的业务操作程序；另一方面要加强内部监督，防范信贷人员的道德风险。

（4）外部人员作案不仅包括欺诈，还包括抢劫、盗窃等犯罪事件，银行必须加强安全保障措施，才能防患于未然。

2. 外部经营环境变化。外部经营环境变化引起的操作风险是指银行监管法规、政策或者银行的合作者、相关资源供应商的突然改变使银行经营受到影响，并发生损失的风险。由于银行业在金融系统中的独特作用，各国银行监管机构都制定了严格的监管法律规章，监管法规或政策的变化可能使银行的经营不能连续进行，甚至发生损失。典型的如金融混业经营与分业经营的变化。

商业银行与经济运行具有高度相关性，并呈现出明显的"顺周期"特征。经济上升期，银行会加速业务开展，从而促使经济更快上升；经济衰退期，银行会收紧贷款业务，导致经济进一步衰退。在此情况下，出台宏观调控政策在熨平经济周期的同时，将对商业银行产生直接影响。因此，商业银行必须加强对宏观经济形势、行业运行态势的分析研究，以便准确预期政府的政策取向，防范风险。

3. 外部突发事件。外部突发事件可能导致银行经营的突然中断，并因此引起损失。这类突发事件包括自然灾害、外部人员的犯罪行为（与上面的诈骗不同，这里强调没有预谋的突发性犯罪行为，如恐怖袭击、美国"9·11事件"等都造成了极大的社会经济损失）。

由于具有不可预测性，外部突发事件极有可能对商业银行的正常运营产生重大影响，因此商业银行在日常的经营活动中应建立应急准备，以保持业务经营的连续性。

（1）保持对突发事件的敏感性。突发事件常常具有不可预测性，但对相关事宜常抓不懈，可以切断意外事件发生的根源。如加强日常经营安全防卫工作可以减少抢劫、偷窃等事件的发生。

（2）建立切实可行的应急方案。制定应急措施，关键部门如银行的数据中心和交易中心进行人员、数据、业务备份，保证银行经营活动的正常运转。

（3）在事件发生后，商业银行整个系统要严格贯彻执行各项措施、步骤，保证应急方案真正发挥效用，从而降低损失。

4. 经营场所的安全性。经营场所的安全性包括银行设施出现故障给客户或银行员工造成身体伤害或财产损失、银行经营场所的一些设备老化引发火灾等事故、自然灾害导致经营场所出现意外等内容。银行有义务对经营场所内客户的人身和财产安全负责。

第二节　商业银行操作风险管理

一、操作风险管理体系

案例导入： 某商业银行操作风险管理报告

操作风险是指由不完善或有问题的内部程序、员工和信息科技系统，以及外部事件所造成损失的风险。本银行主要面临的操作风险分为内部风险和外部风险。内部风险主要包括由人员的因素引起的风险、由程序及操作流程的不恰当引起的风险以及由 IT 系统故障引起的风险等。外部风险主要包括外部突发事件引起的风险。

该银行构建了与经营战略相适应的操作风险管理组织架构。在公司治理层面，由董事会、监事会、高级管理层组成操作风险管理的领导、监督机构；在职能管理层面，由法律合规部、风险管理部、内审部、其他业务条线以及各分支机构共同组成操作风险管理的"三道防线"。

报告期内，该银行为加强操作风险管理，主要采取了以下措施：一是完善风险管理机制，明确新冠疫情期间各项特殊业务操作流程，让一线人员在执行操作时有据可依；二是全面铺开检查辅导，通过现场和非现场检查有机结合的方式，有序开展各类检查辅导工作，多维度把控运营条线操作风险；三是加强操作风险审计，优化调整实时巡审方案，丰富调查手段，围绕网点信贷操作管理、消费者权益保护等重点业务领域和风险高发领域进行重点审计，提升员工操作合规性和风险防范能力。

案例分析：

银行是高杠杆经营的企业，没有规矩，不成方圆。金融是国之重器，是国民经济的血脉。必须要求所有从业者讲规矩、有纪律、知敬畏、守底线。防范操作风险的关键是强化内控制度建设和执行力度，必须要从培育内控文化入手，通过采取加强操作风险教育、完善内控制度、加强内控执行的检查和建立严格的奖惩机制等主要措施，达到有效防范操作风险目的。

内容讲解：

（一）操作风险管理的基本原则和责任

操作风险管理是全面风险管理体系的重要组成部分，目标是有效防范操作风险，降低损失，提升对内外部事件冲击的应对能力，为业务稳健运营提供保障。规模较大的银行机构应当基于良好的治理架构，加强操作风险管理，做好与业务连续性、外包风险管理、网络安全、数据安全、突发事件应对、恢复与处置计划等体系机制的有机衔接，提升运营韧性，具备在发生重大风险和外部事件时持续提供关键业务和服务的能力。

1. 操作风险管理应当遵循的基本原则。

（1）审慎性原则。操作风险管理应当坚持风险为本的理念，充分重视风险苗头和潜在隐患，有效识别影响风险管理的不利因素，配置充足资源，及时采取措施，提升前瞻性。

（2）全面性原则。操作风险管理应当覆盖各业务条线、各分支机构，覆盖所有部门、岗位、员工和产品，贯穿决策、执行和监督全部过程，充分考量其他内外部风险的相关性和传染性。

（3）匹配性原则。操作风险管理应当体现多层次、差异化的要求，管理体系、管理资源应当与机构发展战略、经营规模、复杂性和风险状况相适应，并根据情况变化及时调整。

（4）有效性原则。机构应当以风险偏好为导向，有效识别、评估、计量、控制、缓释、监测、报告所面临的操作风险，将操作风险控制在可承受范围之内。

2. 董事会操作风险管理职责。商业银行董事会应将操作风险作为商业银行面对的一项主要风险，并承担监控操作风险管理有效性的最终责任。主要职责包括：

（1）审批操作风险管理基本制度，确保与战略目标一致；

（2）审批操作风险偏好及其传导机制，将操作风险控制在可承受范围之内；

（3）审批高级管理层有关操作风险管理职责、权限、报告等机制，确保操作风险管理体系的有效性；

（4）每年至少审议一次高级管理层提交的操作风险管理报告，充分了解、评估操作风险管理总体情况以及高级管理层工作；

（5）确保高级管理层建立必要的识别、评估、计量、控制、缓释、监测、报告操作风险的机制；

（6）确保操作风险管理体系接受内部审计部门的有效审查与监督；

（7）审批操作风险信息披露相关制度；

（8）确保建立与操作风险管理要求匹配的风险文化；

（9）其他相关职责。

3. 高级管理层操作风险管理职责。商业银行的高级管理层应当承担操作风险管理的实施责任。主要职责包括：

（1）制定操作风险管理基本制度和管理办法；

（2）明确界定各部门、各级机构的操作风险管理职责和报告要求，督促各部门、各级机构履行操作风险管理职责，确保操作风险管理体系正常运行；

（3）设置操作风险偏好及其传导机制，督促各部门、各级机构执行操作风险管理制度、风险偏好并定期审查，及时处理突破风险偏好以及其他违反操作风险管理要求的情况；

（4）全面掌握操作风险管理总体状况，特别是重大操作风险事件；

（5）每年至少向董事会提交一次操作风险管理报告，并报送监事（会）；

（6）为操作风险管理配备充足财务、人力和信息科技系统等资源；

（7）完善操作风险管理体系，有效应对操作风险事件；

（8）制定操作风险管理考核评价与奖惩机制；

（9）其他相关职责。

4. 操作风险管理的三道防线。银行机构应当建立操作风险管理的三道防线，三道防线之间及各防线内部应当建立完善的风险数据和信息共享机制。第一道防线包括各级业务和管理部门，是操作风险的直接承担者和管理者，负责各自领域内的操作风险管理工作。第二道防线包括各级负责操作风险管理和计量的牵头部门，指导、监督第一道防线的操作风险管理工作。第三道防线包括各级内部审计部门，对第一、二道防线履职情况及有效性进行监督评价。

第一道防线部门主要职责包括：指定专人负责操作风险管理工作，投入充足资源；按照风险管理评估方法，识别、评估自身操作风险；建立控制、缓释措施，定期评估措施的有效性；持续监测风险，确保符合操作风险偏好；定期报送操作风险管理报告，及时报告重大操作风险事件；制定业务流程和制度时充分体现操作风险管理和内部控制的要求；其他相关职责。

第二道防线部门应当保持独立性，持续提升操作风险管理的一致性和有效性。主要职责包括：在一级分行（省级分公司）及以上设立操作风险管理专岗或指定专人，为其配备充足的资源；跟踪操作风险管理监管政策规定并组织落实；拟定操作风险管理基本制度、管理办法，制定操作风险识别、评估、计量、监测、报告的方法和具体规定；指导、协助第一道防线识别、评估、监测、控制、缓释和报告操作风险，并定期开展监督；每年至少向高级管理层提交一次操作风险管理报告；负责操作风险资本计量；开展操作风险管理培训；其他相关职责。国家金融监督管理总局或其派出机构按照监管职责归属，可以豁免规模较小的银行机构在一级分行（省级分公司）设立操作风险管理专岗或专人的要求。

法律、合规、信息科技、数据管理、消费者权益保护、安全保卫、财务会计、人力资源、精算等部门在承担本部门操作风险管理职责的同时，应当在职责范围内为其他部门操作风险管理提供充足资源和支持。

内部审计部门应当至少每三年开展一次操作风险管理专项审计，覆盖第一道防线、第二道防线操作风险管理情况，审计评价操作风险管理体系运行情况，并向董事会报告。内部审计部门在开展其他审计项目时，应当充分关注操作风险管理情况。

（二）操作风险管理基本要求

1. 操作风险管理基本制度。操作风险管理基本制度应当与机构业务性质、规模、复杂程度和风险特征相适应，至少包括以下内容：操作风险定义；操作风险管理组织架构、权限和责任；操作风险识别、评估、计量、监测、控制、缓释程序；操作风险报告机制，包括报告主体、责任、路径、频率、时限等。银行机构应当在操作风险管理基本制度制定或者修订后 15 个工作日内，按照监管职责归属报送国家金融监督管理总局或其派出机构。

2. 操作风险管理信息系统。银行机构需要建立具备操作风险管理功能的管理信息系统，主要功能包括：记录和存储损失相关数据和操作风险事件信息；支持操作风险和控制措施的自评估；支持关键风险指标监测；支持操作风险资本计量；提供操作风险报告相关内容。

二、操作风险管理措施

银行机构应当根据操作风险偏好，识别内外部固有风险，评估控制、缓释措施的有效性，分析剩余风险发生的可能性和影响程度，划定操作风险等级，确定接受、降低、转移、规避等应对策略，有效分配管理资源。

银行机构应当结合风险识别、评估结果，实施控制、缓释措施，将操作风险控制在风险偏好内。银行机构应当根据风险等级，对业务、产品、流程以及相关管理活动的风险采取控制、缓释措施，持续监督执行情况，建立良好的内部控制环境。银行机构通过购买保险、业务外包等措施缓释操作风险的，应当确保缓释措施实质有效。

（一）操作风险类监测指标

操作风险类监测指标可以包括案件风险率和操作风险损失率。国家金融监督管理总局及其派出机构可以视情形决定，是否确定对特定机构的操作风险类监测指标。

1. 指标计算公式。

案件风险率＝业内案件涉案金额/年初总资产和年末总资产的平均数×100%

国家金融监督管理总局对于稽查检查和案件管理制度另有规定的，则从其规定。

操作风险损失率＝操作风险损失事件的损失金额总和/近三年平均营业收入×100%

2. 案件风险率。案件风险率应当保持在监测目标值的合理区间。监测目标值公式为

$$St = Ss + \varepsilon$$

其中，St 为案件风险率监测目标值；Ss 为案件风险率基准值，由监管部门根据同类型机构一定期间的案件风险率、特定机构一定期间的案件风险率，并具体选取时间范围、赋值适当权重后确定；ε 为案件风险率调整值，由监管部门裁量确定，主要影响因素包括公司治理和激励约束机制、反洗钱监管情况、风险事件演变情况、内部管理和控制情况、境外机构合规风险事件情况等。

3. 操作风险损失率。操作风险损失率应当保持在监测目标值的合理区间。监测目标值公式为

$$Lt = Ls + \varepsilon$$

其中，Lt 为操作风险损失率监测目标值；Ls 为操作风险损失率基准值，监管部门根据同类型机构一定期间的操作风险损失率、特定机构一定期间的实际操作风险损失率，并具体选取时间范围、赋值适当权重后确定；ε 为操作风险损失率调整值，由监管部门裁量确定，主要影响因素包括操作风险内部管理和控制情况、操作风险损失事件数据管理情况、相关事件数量和金额变化情况、经济金融周期因素等。

（二）操作风险管理的基础工具

1. 操作风险损失数据库。操作风险损失数据库是指按统一的操作风险分类标准，收

集汇总相应操作风险事件信息。操作风险损失数据库应当结合管理需要，收集一定金额以上的操作风险事件信息，收集范围应当至少包括内部损失事件，必要时可收集几近损失事件和外部损失事件。

内部损失事件是指形成实际或者预计财务损失的操作风险事件，包括通过保险及其他手段收回部分或者全部损失的操作风险事件，以及与信用风险、市场风险等其他风险相关的操作风险事件。

几近损失事件是指事件已发生，但未造成实际或者预计的财务损失。例如，银行机构因过错造成客户损失，有可能被索赔，但因及时采取补救措施弥补了客户损失，客户谅解并未进行索赔。

外部损失事件是指业内其他金融机构出现的大额监管处罚、案件等操作风险事件。

2. 操作风险自评估。操作风险自评估是指，识别业务、产品及管理活动中的固有操作风险，分析控制措施有效性，确定剩余操作风险，确定操作风险等级。

3. 关键风险指标。关键风险指标是指依据操作风险识别、评估结果，设定相应指标，全面反映机构的操作风险敞口、控制措施有效性及风险变化趋势等情况，并应当具有一定前瞻性。例如，从人员、系统、外部事件等维度制定业内案件数量、业外案件涉案金额等作为关键风险指标并设定阈值。

（三）操作风险管理选择运用的工具

1. 事件管理。事件管理是指对新发生的、对管理有较大影响的操作风险事件进行分析，识别风险成因、评估控制缺陷，并制订控制优化方案，防止类似事件再次发生。例如，发生操作风险事件后，要求第一道防线开展事件调查分析，查清业务或者管理存在的问题并进行整改。

2. 控制监测和保证框架。控制监测和保证框架是指对操作风险自评估等工具识别的关键控制措施进行持续分析、动态优化，确保关键控制措施的有效性。例如，利用控制监测和保证框架对关键控制措施进行评估、重检、持续监测和验证。

3. 情景分析。情景分析是指对假设情景进行识别、分析和计量。情景可以包括发生可能性（频率）低、影响程度（损失）高的事件。

情景分析的基本假设可以引用操作风险损失数据库、操作风险自评估、关键风险指标、控制监测和保证框架等工具获取的数据信息。运用情景分析可发现潜在风险事件的影响和风险管理的效果，并可对其他风险工具进行完善。

情景分析可以与恢复和处置计划结合，用于测试运营韧性。例如，假设银行机构发生数据中心无法运行也无法恢复、必须由异地灾备中心接替的情景，具体运用专家判断评估可能造成的损失和影响，制定业务恢复的优先顺序和恢复时间等目标，分析需要配置的资源保障。

4. 基准比较分析。基准比较分析，一方面是指将内外部监督检查结果、同业操作风险状况与本机构的操作风险识别、评估结果进行比对，对于偏离度较大的，需重启操作风险识别、评估工作；另一方面是指操作风险管理工具之间互相验证，例如，将操作风险损失数据与操作风险自评估结果进行比较，确定管理工具是否有效运行。

5. 保险。商业银行可购买保险以及与第三方签订合同，并将其作为缓释操作风险的一种方法，但不应因此忽视控制措施的重要作用。购买保险等方式缓释操作风险的商业银行，应当制定相关的书面政策和程序。

（四）商业银行操作风险管理内部控制手段

内部控制措施至少包括：明确部门间职责分工，避免利益冲突；密切监测风险偏好及其传导机制的执行情况；加强各类业务授权和信息系统权限管理；建立重要财产的记录和保管、定期盘点、账实核对等日常管理与定期检查机制；加强不相容岗位管理，有效隔离重要业务部门和关键岗位，建立履职回避以及关键岗位轮岗、强制休假、离岗审计制度；加强员工行为管理，重点关注关键岗位员工行为；对交易和账户进行定期对账；建立内部员工揭发检举的奖励和保护机制；配置适当的员工并进行有效培训；建立操作风险管理的激励约束机制；其他内部控制措施。

（五）业务连续性管理

银行机构应当制定与其业务规模和复杂性相适应的业务连续性计划，有效应对导致业务中断的突发事件，最大限度地减少业务中断影响。银行机构应当定期开展业务连续性应急预案演练评估，验证应急预案及备用资源的可用性，提高员工应急意识及处置能力，测试关键服务供应商的持续运营能力，确保业务连续性计划满足业务恢复目标，有效应对内外部威胁及风险。

（六）网络安全、数据安全、外包管理

银行机构应当制定网络安全管理制度，履行网络安全保护义务，执行网络安全等级保护制度要求，采取必要的管理和技术措施，监测、防御、处置网络安全风险和威胁，有效应对网络安全事件，保障网络安全、稳定运行，防范网络违法犯罪活动。

银行机构应当制定数据安全管理制度，对数据进行分类分级管理，采取保护措施，保护数据免遭篡改、破坏、泄露、丢失或者被非法获取、非法利用，重点加强个人信息保护，规范数据处理活动，依法合理利用数据。

银行机构应当制定与业务外包有关的风险管理制度，确保有严谨的业务外包合同和服务协议，明确各方责任义务，加强对外包方的监督管理。

（七）操作风险的报告制度

银行机构应当建立操作风险内部定期报告机制。第一道防线应当向上级对口管理部门和本级操作风险管理部门报告，各级操作风险管理部门汇总本级及所辖机构的情况向上级操作风险管理部门报告。银行机构应当建立重大操作风险事件报告机制，及时向董事会、高级管理层、监事（会）和其他内部部门报告重大操作风险事件。

银行机构应当在每年4月底前按照监管职责归属向国家金融监督管理总局或其派出机构报送前一年度操作风险管理情况。

（八）操作风险资本管理

银行机构应当按照国家金融监督管理总局关于资本监管的要求，对承担的操作风险计提充足资本。

【拓展栏目——思政园地】

2023年中央金融工作会议介绍（节选）

2023年10月30日至31日，中央金融工作会议在北京举行。中共中央总书记、国家主席、中央军委主席习近平出席会议并发表重要讲话。

会议强调，金融是国民经济的血脉，是国家核心竞争力的重要组成部分，要加快建设金融强国，全面加强金融监管，完善金融体制，优化金融服务，防范化解风险，坚定不移走中国特色金融发展之路，推动我国金融高质量发展，为以中国式现代化全面推进强国建设、民族复兴伟业提供有力支撑。

会议强调，要全面加强金融监管，有效防范化解金融风险。切实提高金融监管有效性，依法将所有金融活动全部纳入监管，全面强化机构监管、行为监管、功能监管、穿透式监管、持续监管，消除监管空白和盲区，严格执法、敢于亮剑，严厉打击非法金融活动。及时处置中小金融机构风险。防范化解金融风险，要把握好权和责的关系，健全权责一致、激励约束相容的风险处置责任机制；把握好快和稳的关系，在稳定大局的前提下把握时度效，扎实稳妥化解风险，坚决惩治违法犯罪和腐败行为，严防道德风险；对风险早识别、早预警、早暴露、早处置，健全具有硬约束的金融风险早期纠正机制。

资料来源：新华网，http：//www. news. cn/politics/leaders/2023 – 10/31/c_1129951150. htm.

讨论：如何防范银行操作风险中的人员风险？

练习题

1. 请查找商业银行操作风险案例，分析该案例发生的原因。
2. 讨论如何防范员工知识技能匮乏导致的操作风险。
3. 讨论操作风险管理的基础工具有哪些。
4. 讨论操作风险管理选择运用的工具有哪些。

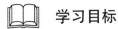 **学习目标**

【知识目标】

◆ 掌握银行柜面人民币管理基本合规规定。

◆ 掌握外汇管理基本合规规定、基本理念。

【能力目标】

◆ 能正确处理银行柜面人民币管理纠纷。

◆ 能正确处理外汇管理纠纷。

【思政目标】

◆ 树立爱护人民币意识，坚持依规办理业务思维。

◆ 树立国家利益至上原则，打击外汇犯罪行为。

◆ 树立以人为本服务、维护客户合法权益思维。

第一节　人民币合规管理

一、假币收缴合规管理

案例导入1：2023年8月，高女士带着自家做生意收来的百元纸币到某银行办理活期存款业务，银行柜员像往常一样将收进来的钱过点钞机，将无法通过点钞机的钱单独拣出来查看，发现这是一张2005年版别的假币，左下角的光变百元很明显是闪粉撒上去的。随后银行柜员连忙叫来主管一同确认，在双人核实之后告知客户，表示要将其收缴。客户立即询问这张假币是哪一沓钱里的，并且要求银行柜员将假币递出去给她看看。银行主管向其解释，银行收到假币是不允许再归还顾客的，需要第一时间收缴。客户情绪比较激动，表示自己家是开店的，做点小生意挣点钱可不容易，可不能说收就收啊。网点工作人员对高女士的遭遇表示同情，银行柜员及主管隔着玻璃从纸张、水印等各个方面为客户比对了防伪特征，告诉客户如何辨别真假币。后续银行柜员及主管按规定办理了假币收缴手续，将凭证交给客户，并提醒客户若是对该张假币有异议，可以向中国人民银行提出鉴定申请。

资料来源：谭仟傲. 工行镇江句容黄梅支行假币收缴有温度　真诚服务获理解［EB/OL］. https：//www.jsw.com.cn/2023/0925/1816187.shtml.

案例分析：

在本案例中，银行柜员依据假币收缴、鉴定管理相关规定收缴假币，向客户说明假币特征，并告知客户的权利。中国人民银行如果接到类似案件的投诉、举报、行政复议，经查实确实违反人民币管理相关规定，是要进行行政处罚的。

案例导入2：2023年2月，中国人民银行福州中心支行网站公布，某县农村信用合作联社因自助存取款设备对外付出残损人民币；未按规定程序收缴假币；未按月解缴假币；部分现金从业人员判断和挑剔假币专业能力不足等违规行为被人民银行福州中心支行警告，并处罚款。

案例分析：

本案例中，商业银行因未遵守人民币管理规定，被中国人民银行分支机构依法行政处罚。商业银行在经营活动中，货币是主要经营业务，应当熟知相关货币管理规则。

内容讲解：

人民币由中国人民银行统一印制、发行并管理，是中华人民共和国的法定货币。人民币是商业银行的经营对象，较多业务涉及人民币，因此人民币合规管理是商业银行工作人员必须了解的，特别是人民币假币的收缴、人民币残缺币的兑换、人民币的发行等。

（一）假币定义

《中华人民共和国中国人民银行法》规定，人民币由中国人民银行统一印制、发行。禁止伪造、变造人民币。禁止出售、购买伪造、变造的人民币。禁止运输、持有、使用伪造、变造的人民币。禁止故意毁损人民币。禁止在宣传品、出版物或者其他商品上非法使用人民币图样。任何单位和个人不得印制、发售代币票券，以代替人民币在市场上流通。《中华人民共和国人民币管理条例》规定，禁止伪造、变造人民币。禁止出售、购买伪造、变造的人民币。禁止走私、运输、持有、使用伪造、变造的人民币。

《中国人民银行货币鉴别及假币收缴、鉴定管理办法》规定，货币是指人民币和外币。人民币是指中国人民银行依法发行的货币，包括纸币和硬币。外币是指在中华人民共和国境内可存取、兑换的其他国家（地区）流通中的法定货币。假币是指不由国家（地区）货币当局发行，仿照货币外观或者理化特性，足以使公众误辨并可能行使货币职能的媒介。假币包括伪造币和变造币。伪造币是指仿照真币的图案、形状、色彩等，采用各种手段制作的假币。变造币是指在真币的基础上，利用挖补、揭层、涂改、拼凑、移位、重印等多种方法制作，改变真币原形态的假币。

（二）假币合规收缴

1. 假币收缴的法律依据。为规范货币鉴别及假币收缴、鉴定行为，保护货币持有人的合法权益，根据《中华人民共和国中国人民银行法》、《中华人民共和国商业银行法》、《全国人民代表大会常务委员会关于惩治破坏金融秩序犯罪的决定》和《中华人民共和国人民币管理条例》，中国人民银行制定《中国人民银行货币鉴别及假币收缴、鉴定管理办法》，该办法自2020年4月1日起施行。

2. 鉴别、收缴、鉴定、误收、误付法律定义。

鉴别是指金融机构在办理存取款、货币兑换等业务过程中，对货币真伪进行判断的行为。

收缴是指金融机构在办理存取款、货币兑换等业务过程中，对发现的假币通过法定程序强制扣留的行为。

鉴定是指在被收缴人对被收缴假币的真伪判断存在异议的情况下，鉴定单位根据被收缴人或者收缴假币的金融机构（以下简称收缴单位）提出的申请，对被收缴假币的真伪进行裁定的行为。

误收是指金融机构在办理存取款、货币兑换等业务过程中，将假币作为真币收入的行为。

误付是指金融机构在办理存取款、货币兑换等业务过程中，将假币付出给客户的行为。

3. 货币鉴别。金融机构办理存取款、货币兑换等业务时，应当准确鉴别货币真伪，防止误收及误付。金融机构在履行货币鉴别义务时，应当采取以下措施：

（1）确保在用现金机具的鉴别能力符合国家和行业标准；

（2）按照中国人民银行有关规定，负责组织开展机构内反假货币知识与技能培训，对办理货币收付、清分业务人员的反假货币水平进行评估，确保其具备判断和挑剔假币的专业能力；

（3）按照中国人民银行有关规定，采集、存储人民币和主要外币冠字号码。

　　金融机构与客户发生假币纠纷的，若相应存取款、货币兑换等业务的记录在中国人民银行规定的记录保存期限内，金融机构应当提供相关记录。金融机构误付假币，由误付的金融机构对客户等值赔付。若发生负面舆情，金融机构应当妥善处理并消除不良影响。金融机构向中国人民银行分支机构解缴的回笼款中夹杂假币的，中国人民银行分支机构予以没收，向解缴单位开具《假人民币没收收据》，并要求其补足等额人民币回笼款。金融机构确认误收或者误付假币的，应当在 3 个工作日内向当地中国人民银行分支机构报告，并在上述期限内将假币实物解缴至当地中国人民银行分支机构。金融机构所在地没有中国人民银行分支机构的，由该金融机构向其所在地上一级中国人民银行分支机构报告及解缴假币。

　　4. 假币收缴。

　　（1）收缴主体。金融机构在办理存取款、货币兑换等业务时发现假币的，应当予以收缴。

　　（2）收缴程序。金融机构柜面发现假币后，应当由 2 名以上业务人员当面予以收缴，被收缴人不能接触假币。对假人民币纸币，应当当面加盖"假币"字样的戳记；对假外币纸币及各种假硬币，应当当面以统一格式的专用袋加封，封口处加盖"假币"字样戳记，并在专用袋上标明币种、券别、面额、张（枚）数、冠字号码（如有）、收缴人、复核人名章等细项。收缴单位向被收缴人出具按照中国人民银行统一规范制作的《假币收缴凭证》，加盖收缴单位业务公章，并告知被收缴人如对被收缴的货币真伪判断有异议，可以向鉴定单位申请鉴定。

　　假币收缴应当在监控下实施，监控记录保存期限不得少于 3 个月。

　　（3）报告义务。金融机构在收缴假币过程中有下列情形之一的，应当立即报告当地中国人民银行分支机构和公安机关：

　　①一次性发现假币 5 张（枚）以上与当地中国人民银行分支机构和公安机关发文另有规定的两者较小者；

　　②利用新的造假手段制造假币的；

　　③获得制造、贩卖、运输、持有或者使用假币线索的；

　　④被收缴人不配合金融机构收缴行为的；

　　⑤中国人民银行规定的其他情形。

　　（4）假币收缴登记解缴。金融机构应当对收缴的假币实物进行单独管理，并建立假币收缴代保管登记制度，账实分管，确保账实相符。金融机构应当将收缴的假币每月全额解缴到当地中国人民银行分支机构，不得自行处理。金融机构所在地没有中国人民银行分支机构的，由其所在地上一级中国人民银行分支机构确定假币解缴单位。

　　（5）收缴异议处理。被收缴人对被收缴货币的真伪有异议的，可以自收缴之日起 3 个工作日内，持《假币收缴凭证》直接或者通过收缴单位向当地鉴定单位提出书面鉴定申请。中国人民银行和中国人民银行授权的国有独资商业银行的业务机构应当无偿提供鉴定人民币真伪的服务。鉴定单位应当即时回复能否受理鉴定申请，不得无故拒绝。鉴定单位应当无偿提供鉴定服务，鉴定后应当出具按照中国人民银行统一规范制作的

《货币真伪鉴定书》，并加盖货币鉴定专用章和鉴定人名章。鉴定单位鉴定时，应当至少有 2 名具备货币真伪鉴定能力的专业人员参与，并作出鉴定结论。鉴定单位应当自受理鉴定之日起 15 个工作日内完成鉴定并出具《货币真伪鉴定书》。因情况复杂不能在规定期限内完成的，可以延长至 30 个工作日，但应当以书面形式向收缴单位或者被收缴人说明原因。被收缴人对中国人民银行及其分支机构授权的鉴定机构作出的鉴定结果有异议，可以在收到《货币真伪鉴定书》之日起 60 日内向鉴定机构所在地的中国人民银行分支机构申请再鉴定。被收缴人对中国人民银行分支机构作出的鉴定结果有异议，可以在收到《货币真伪鉴定书》之日起 60 日内向中国人民银行分支机构的上一级机构申请再鉴定。伪造、变造的人民币由中国人民银行统一销毁。

对盖有"假币"字样戳记的人民币纸币，经鉴定为真币的，由鉴定单位交收缴单位按照面额兑换完整券退还被收缴人，并收回《假币收缴凭证》，盖有"假币"戳记的人民币按不宜流通人民币处理；经鉴定为假币的，由鉴定单位予以没收，并向收缴单位和被收缴人开具《货币真伪鉴定书》和《假人民币没收收据》。对收缴的外币纸币和各种硬币，经鉴定为真币的，由鉴定单位交收缴单位退还被收缴人，并收回《假币收缴凭证》；经鉴定为假币的，由鉴定单位将假币退回收缴单位依法收缴，并向收缴单位和被收缴人出具《货币真伪鉴定书》。

被收缴人对收缴单位作出的有关收缴具体行政行为有异议，可以在收到《假币收缴凭证》之日起 60 日内向直接监管该金融机构的中国人民银行分支机构申请行政复议，或者依法提起行政诉讼。

（三）法律责任

1. 依据《中华人民共和国人民币管理条例》处罚情形。《中华人民共和国人民币管理条例》第四十四条规定，办理人民币存取款业务的金融机构、中国人民银行授权的国有独资商业银行的业务机构违反有关规定的，由中国人民银行给予警告，并处 1 000 元以上 5 万元以下的罚款，对直接负责的主管人员和其他直接责任人员，依法给予纪律处分。

金融机构开展货币鉴别和假币收缴，中国人民银行及其分支机构授权的鉴定机构开展假币鉴定业务，有下列行为之一，但尚未构成犯罪，涉及假人民币的，按照《中华人民共和国人民币管理条例》第四十四条的规定予以处罚；涉及假外币的，处以 1 000 元以上 3 万元以下的罚款。

（1）在用现金机具鉴别能力不符合国家和行业标准的；

（2）未按规定组织开展机构内反假货币知识与技能培训，未按规定对办理货币收付、清分业务人员的反假货币水平进行评估，或者办理货币收付、清分业务人员不具备判断和挑剔假币专业能力的；

（3）未按规定采集、存储人民币和主要外币冠字号码的；

（4）未按规定建立货币鉴别及假币收缴、鉴定内部管理制度和操作规范的；

（5）发生假币误付行为的；

（6）与客户发生假币纠纷，在记录保存期限内，金融机构未能提供相应存取款、货币兑换等业务记录的；

（7）发现假币而不收缴的；

（8）未按规定收缴假币的；

（9）未按规定将假币解缴中国人民银行分支机构的；

（10）应当向公安机关报告而不报告的；

（11）无故拒绝受理收缴单位或者被收缴人提出的货币真伪鉴定申请的；

（12）未按规定鉴定货币真伪的；

（13）不当保管、截留或者私自处理假币，或者使已收缴、没收的假币重新流入市场的。

2. 依据《中华人民共和国中国人民银行法》处罚情形。《中华人民共和国中国人民银行法》第四十六条规定，金融机构以及其他单位和个人行为违反有关规定，有关法律、行政法规有处罚规定的，依照其规定给予处罚。有关法律、行政法规未作处罚规定的，由中国人民银行区别不同情形给予警告，没收违法所得，违法所得50万元以上的，并处违法所得1倍以上5倍以下罚款；没有违法所得或者违法所得不足50万元的，处50万元以上200万元以下罚款。对负有直接责任的董事、高级管理人员和其他直接责任人员给予警告，处5万元以上50万元以下罚款；构成犯罪的，依法追究刑事责任。

金融机构开展货币鉴别和假币收缴，中国人民银行及其分支机构授权的鉴定机构开展假币鉴定业务，有下列行为之一，但尚未构成犯罪，涉及假人民币的，按照《中华人民共和国中国人民银行法》第四十六条的规定予以处罚；涉及假外币的，处以1 000元以上3万元以下的罚款。

（1）发生假币误收行为的；

（2）误付假币，未对客户等值赔付，或者对负面舆情处置不力造成不良影响的；

（3）误收、误付假币，应当向中国人民银行分支机构报告而不报告的；

（4）违反本办法第十六条规定，应当向中国人民银行分支机构报告而不报告的；

（5）向中国人民银行分支机构解缴的回笼款中夹杂假币的；

（6）未按本办法规定对现金机具、人员培训、冠字号码以及假币收缴鉴定业务等进行数据管理，并报送中国人民银行或其分支机构的；

（7）未公示鉴定机构授权证书或者鉴定业务范围的。

3. 拒绝、阻挠、逃避行为的处罚。拒绝、阻挠、逃避中国人民银行及其分支机构检查，或者谎报、隐匿、销毁相关证据材料的，有关法律、行政法规有处罚规定的，依照其规定给予处罚；有关法律、行政法规未作处罚规定的，由中国人民银行及其分支机构予以警告，并处5 000元以上3万元以下的罚款。

4. 刑事处罚规定。

（1）伪造货币的，处3年以上10年以下有期徒刑，并处5万元以上50万元以下罚金；有下列情形之一的，处10年以上有期徒刑或者无期徒刑，并处罚金或者没收财产：伪造货币集团的首要分子；伪造货币数额特别巨大的；有其他特别严重情节的。

（2）出售、购买伪造的货币或者明知是伪造的货币而运输，数额较大的，处 3 年以下有期徒刑或者拘役，并处 2 万元以上 20 万元以下罚金；数额巨大的，处 3 年以上 10 年以下有期徒刑，并处 5 万元以上 50 万元以下罚金；数额特别巨大的，处 10 年以上有期徒刑或者无期徒刑，并处 5 万元以上 50 万元以下罚金或者没收财产。

银行或者其他金融机构的工作人员购买伪造的货币或者利用职务上的便利，以伪造的货币换取货币的，处 3 年以上 10 年以下有期徒刑，并处 2 万元以上 20 万元以下罚金；数额巨大或者有其他严重情节的，处 10 年以上有期徒刑或者无期徒刑，并处 2 万元以上 20 万元以下罚金或者没收财产；情节较轻的，处 3 年以下有期徒刑或者拘役，并处或者单处 1 万元以上 10 万元以下罚金。

伪造货币并出售或者运输伪造的货币的，依照《中华人民共和国刑法》第一百七十条的规定定罪从重处罚。

（3）明知是伪造的货币而持有、使用，数额较大的，处 3 年以下有期徒刑或者拘役，并处或者单处 1 万元以上 10 万元以下罚金；数额巨大的，处 3 年以上 10 年以下有期徒刑，并处 2 万元以上 20 万元以下罚金；数额特别巨大的，处 10 年以上有期徒刑，并处 5 万元以上 50 万元以下罚金或者没收财产。

（4）变造货币，数额较大的，处 3 年以下有期徒刑或者拘役，并处或者单处 1 万元以上 10 万元以下罚金；数额巨大的，处 3 年以上 10 年以下有期徒刑，并处 2 万元以上 20 万元以下罚金。

【拓展栏目——思政园地】

习近平在省部级主要领导干部推动金融高质量发展
专题研讨班开班式上发表重要讲话（节选）

习近平强调，金融强国应当基于强大的经济基础，具有领先世界的经济实力、科技实力和综合国力，同时具备一系列关键核心金融要素，即拥有强大的货币、强大的中央银行、强大的金融机构、强大的国际金融中心、强大的金融监管、强大的金融人才队伍。建设金融强国需要长期努力，久久为功。必须加快构建中国特色现代金融体系，建立健全科学稳健的金融调控体系、结构合理的金融市场体系、分工协作的金融机构体系、完备有效的金融监管体系、多样化专业性的金融产品和服务体系、自主可控安全高效的金融基础设施体系。

资料来源：新华网，http：//www.news.cn/politics/20240116/d74760137b8a46c6a2508fd7d1ee16a8/c.html.

二、残缺人民币的兑换

案例导入：王伯家中因电线老化起火房屋被烧，一同被烧的还有其积攒多年的"养老钱" 3 万元现金。据王伯介绍，钱被烧得黑乎乎的，部分看不出来钱样，救火时又被水泡了，手一碰容易碎成渣，当时真不知道该怎么办。后来一位邻居告诉他，可以到银行试试。王伯便拿着被烧的钱找到当地某银行，没想到工作人员的回复是："能鉴别兑换！"特殊残损币兑换工作技术难度高、耗时费力，该行 4 位工作人员牺牲午休时间，耐心细致地对残存币进行分拣，进行全面、仔细的专业技术鉴定，最终认定可兑换金额 2 万多元，最大限度地减少老人的损失。

资料来源：南方 + 客户端，https：//baijiahao. baidu. com/s？id = 1800399590106610993&wfr = spider& for = pc.

案例分析：

残缺、污损人民币是指票面撕裂、损缺，或因自然磨损、侵蚀，外观、质地受损，颜色变化，图案不清晰，防伪特征受损，不宜再继续流通使用的人民币。在生活中，人民币会因为各种原因受到毁损和污损，流通过程中因为残缺污损可能会被拒收。中国人民银行为维护人民币信誉，保护国家财产安全和人民币持有人的合法权益，确保人民币正常流通，中国人民银行根据《中华人民共和国中国人民银行法》和《中华人民共和国人民币管理条例》制定了《中国人民银行残缺污损人民币兑换办法》。凡办理人民币存取款业务的金融机构都应无偿为公众兑换残缺、污损人民币，不得拒绝兑换。残缺、污损人民币兑换是指金融机构将持有人持有的残缺、污损人民币按法定标准、法定程序兑换成完整券的业务。

内容讲解：

（一）金融机构兑换残缺、污损人民币的依据

目前，金融机构兑换残缺、污损人民币的依据主要有《中华人民共和国人民币管理条例》《中国人民银行残缺污损人民币兑换办法》。《中华人民共和国人民币管理条例》规定，办理人民币存取款业务的金融机构应当按照中国人民银行的规定，无偿为公众兑换残缺、污损的人民币，挑剔残缺、污损的人民币，并将其交存当地中国人民银行。中国人民银行不得将残缺、污损的人民币支付给金融机构，金融机构不得将残缺、污损的人民币对外支付。停止流通的人民币和残缺、污损的人民币，由中国人民银行负责回收、销毁。《中国人民银行残缺污损人民币兑换办法》规定了具体兑换标准和兑换程序。

（二）金融机构兑换残缺、污损人民币的合规操作

1. 金融机构的义务。金融机构应按照《中国人民银行残缺污损人民币兑换办法》及有关规定严格执行残缺人民币兑换，临柜人员上岗前应进行残缺、污损人民币兑换业务知识培训，确保兑换标准的正确把握。金融机构办理人民币存取款业务的各级营业机构都应无偿为公众兑换残缺、污损人民币。

2. 金融机构兑换残缺、污损人民币的合规流程

（1）应向残缺、污损人民币持有人说明认定的兑换结果。残缺、污损人民币兑换分"全额"和"半额"两种情况：①能辨别面额，票面剩余 3/4（含 3/4）以上，其图案、文字能按原样连接的残缺、污损人民币，金融机构应向持有人按原面额全额兑换。②能辨别面额，票面剩余 1/2（含 1/2）至 3/4 以下，其图案、文字能按原样连接的残缺、污损人民币，金融机构应向持有人按原面额的一半兑换。纸币呈正十字形缺少四分之一

的，按原面额的一半兑换。③兑付额不足一分的，不予兑换；五分按半额兑换的，兑付二分。

（2）残缺、污损人民币持有人同意金融机构认定结果的，对兑换的残缺、污损人民币纸币，金融机构应当面将带有本行行名的"全额"或"半额"戳记加盖在票面上；对兑换的残缺、污损人民币硬币，金融机构应当面使用专用袋密封保管，并在袋外封签上加盖"兑换"戳记。

（3）残缺、污损人民币持有人对金融机构认定的兑换结果有异议的，经持有人要求，金融机构应出具认定证明并退回该残缺、污损人民币。

持有人可凭认定证明到中国人民银行分支机构申请鉴定，中国人民银行应自申请日起5个工作日内作出鉴定并出具鉴定书。持有人可持中国人民银行的鉴定书及可兑换的残缺、污损人民币到金融机构进行兑换。

（4）金融机构应按照中国人民银行的有关规定，将兑换的残缺、污损人民币交存当地中国人民银行分支机构。不予兑换的残缺、污损人民币，应退回原持有人。

（三）金融机构兑换残缺、污损人民币注意事项

1. 鉴别真伪。金融机构在办理残缺、污损人民币兑换业务时，应分别采用人工和仪器手段鉴别真伪，在此基础上辨清面额、点清张数。

2. 告知义务。金融机构在办理残缺、污损人民币兑换业务时，应向持有人告知兑换标准、认定的兑换结果及其享有的对认定结果表示异议和申请鉴定的权利。

3. 报告义务。金融机构在办理残缺、污损人民币兑换业务中发现故意毁损人民币行为情节严重的，要及时报告公安机关和中国人民银行。

（四）金融机构违规兑换残缺、污损人民币的法律责任

金融机构违反《中国人民银行残缺污损人民币兑换办法》相关规定的，由中国人民银行依据《中华人民共和国人民币管理条例》予以处罚。金融机构违反规定的，由中国人民银行给予警告，并处1 000元以上5 000元以下的罚款；对直接负责的主管人员和其他直接责任人员，依法给予纪律处分。

三、人民币图样使用合规管理

案例导入： 中国人民银行天津分行行政处罚信息公示表显示，天津市宝坻区某西点经营部非法使用人民币图样被没收违法所得336元，并罚款500元。经营部主营糕点、生日蛋糕，此次被处罚正是制作人民币图样生日蛋糕导致。

案例分析：

为进一步规范人民币图样使用行为，维护人民币信誉和流通秩序，根据《中华人民共和国中国人民银行法》和《中华人民共和国人民币管理条例》等法律法规，中国人民银行制定发布了《人民币图样使用管理办法》，自2019年11月15日起施行。人民币图样使用涉及人民币权威和信用，必须要严格依据《人民币图样使用管理办法》使用管理。

内容讲解：

（一）人民币图样使用定义

人民币图样是指中国人民银行发行的货币的完整图案或者局部图案。使用人民币图

样是指通过各种形式在宣传品、出版物或者其他商品上使用放大、缩小和同样大小人民币图样的行为。

（二）人民币图样使用合规管理

1. 基本规定。禁止在祭祀用品、生活用品、票券上使用人民币图样。在中华人民共和国境内依法设立的法人、其他组织及自然人以弘扬民族优秀文化和反映国内外科学文化成果、宣传爱护人民币和人民币防伪知识、展示人民币设计艺术、促进钱币文化健康发展为目的，可以申请使用人民币图样。使用人民币图样实行属地管理、一事一批。中国人民银行是使用人民币图样的审批机构。中国人民银行当地分支机构是使用人民币图样申请的受理机构。

2. 使用人民币图样应当遵守下列规定：

（1）单面使用。

（2）不损害人民币形象、不损害国家利益和社会公共利益。

（3）不使公众误认为是人民币。

（4）保证人民币图样中人物头像、国徽的原有比例，不变形、失真、破坏或者被替换。

（5）使用人民币图样，须在图样中部明显位置标注清晰可辨的"图样"字样。"图样"字样的长度、宽度分别不低于图样长度、宽度的1/3。以下情形除外：

①使用人民币硬币图样；

②使用人民币纸币图样单面面积小于原大小的50%；

③在有形载体上使用各边长放大和缩小比例超过原边长50%的人民币纸币图样；

④在数字载体上使用分辨率小于28像素/厘米（72dpi）的人民币纸币图样。

（6）使用人民币图样制作商品时，不得使用"中国人民银行"行名和货币单位。

 【拓展栏目——思政园地】

中国人民银行福州中心支行收到群众投诉，称其在高新区某商户消费时，收银员拒收现金，只接受微信和支付宝付款。经调查，该商户既不是互联网无人销售模式，也具备收取现金条件，却拒绝到店群众使用现金支付餐费，属于拒收人民币现金行为。根据相关规定，中国人民银行对该商户拒收现金的行为给予警告，并罚款1 000元。

中华人民共和国的法定货币是人民币。以人民币支付中华人民共和国境内的一切公共的和私人的债务，任何单位和个人不得拒收。人民币是国家经济主权的象征，是国家信用的体现，爱护人民币、维护人民币的正常流通秩序是每个公民应尽的责任和义务。拒收或者采取歧视性措施排斥现金，损害人民币的法定地位，也损害了消费者对支付方式的选择权；任何单位和个人存在拒收或者采取歧视性措施排斥现金的，将依法被处罚。

讨论：如何维护人民币法定地位？

第二节　外汇合规管理

一、外汇管理一般规定

案例导入：国家外汇管理局加强外汇市场监管，严厉打击通过地下钱庄非法买卖外汇行为，维护外汇市场健康良性秩序。根据《中华人民共和国政府信息公开条例》等相关规定，将部分违规典型案例通报如下。

案例 1：2019 年 6 月，山东某投资有限公司通过地下钱庄非法买卖外汇 6 笔，金额合计 267.8 万美元。该行为违反《结汇、售汇及付汇管理规定》第三十二条，构成非法买卖外汇行为。根据《中华人民共和国外汇管理条例》第四十五条，处以罚款 227.8 万元人民币。处罚信息纳入中国人民银行征信系统。

案例 2：2015 年 4 月至 2016 年 5 月，某银行分行在办理内保外贷签约及履约付汇业务时，未尽审核责任，未按规定对贷款资金用途、预计还款资金来源、担保履约可能性及相关交易背景进行尽职审核和调查。根据《中华人民共和国外汇管理条例》第四十七条，责令改正，处以罚没款 95.31 万元人民币。

案例 3：2016 年 1 月至 11 月，某银行分行违规为客户利用 303 名境内个人年度购汇额度办理分拆售付汇业务。该行上述行为违反《个人外汇管理办法》第七条。根据《中华人民共和国外汇管理条例》第四十七条，责令改正，处以罚没款 100 万元人民币。

案例 4：2016 年 5 月至 2017 年 6 月，广州某贸易有限公司使用虚假提单，虚构贸易背景对外付汇 9 285.8 万美元。该行为违反《中华人民共和国外汇管理条例》第十二条，构成逃汇行为。根据《中华人民共和国外汇管理条例》第三十九条，处以罚款 3 734 万元人民币。处罚信息纳入中国人民银行征信系统。

资料来源：国家外汇管理局网站。

案例分析：

《中华人民共和国外汇管理条例》在 2008 年 8 月 1 日国务院第 20 次常务会议修订通过。该条例要求办理外汇业务的金融机构应当对交易单证的真实性及其与外汇收支的一致性进行合理审查，同时规定外汇管理机关有权对此进行监督检查，以保证经常项目外汇收支具有真实、合法的交易基础。该条例还加强了对跨境资金流动的监测，要求金融机构通过外汇账户办理外汇业务，并依法向外汇管理机关报送客户的外汇收支及账户变动情况。为拓宽资本流出渠道预留政策空间，该条例增设了境内主体对境外证券投资和衍生产品交易、境内主体对外提供商业贷款等交易项目的管理原则。

如何对外汇业务进行合规管理成为商业银行重要的课题。

内容讲解：

（一）《中华人民共和国外汇管理条例》有关名词法律含义

1. 境内机构，是指中华人民共和国境内的国家机关、企业、事业单位、社会团体、部队等，外国驻华外交领事机构和国际组织驻华代表机构除外。

2. 境内个人，是指中国公民和在中华人民共和国境内连续居住满1年的外国人，外国驻华外交人员和国际组织驻华代表除外。

3. 经常项目，是指国际收支中涉及货物、服务、收益及经常转移的交易项目等。

4. 资本项目，是指国际收支中引起对外资产和负债水平发生变化的交易项目，包括资本转移、直接投资、证券投资、衍生产品及贷款等。

5. 外汇范围。外汇，是指下列以外币表示的可以用作国际清偿的支付手段和资产：

（1）外币现钞，包括纸币、铸币；

（2）外币支付凭证或者支付工具，包括票据、银行存款凭证、银行卡等；

（3）外币有价证券，包括债券、股票等；

（4）特别提款权；

（5）其他外汇资产。

（二）外汇管理原则

中华人民共和国境内机构、境内个人的外汇收支或者外汇经营活动，以及境外机构、境外个人在境内的外汇收支或者外汇经营活动，适用《中华人民共和国外汇管理条例》。

国家对经常性国际支付和转移不予限制，对资本项目外汇收支实行了严格管理的原则。经营外汇业务的金融机构应当按照国务院外汇管理部门的规定为客户开立外汇账户，并通过外汇账户办理外汇业务。经营外汇业务的金融机构应当依法向外汇管理机关报送客户的外汇收支及账户变动情况。中华人民共和国境内禁止外币流通，并不得以外币计价结算，但国家另有规定的除外。境内机构、境内个人的外汇收入可以调回境内或者存放境外；调回境内或者存放境外的条件、期限等，由国务院外汇管理部门根据国际收支状况和外汇管理的需要作出规定。

1. 经常性国际收支项目的外汇管理。经常项目外汇收支应当具有真实、合法的交易基础。经营结汇、售汇业务的金融机构应当按照国务院外汇管理部门的规定，对交易单证的真实性及其与外汇收支的一致性进行合理审查。外汇管理机关有权对此规定事项进行监督检查。经常项目外汇收入，可以按照国家有关规定保留或者卖给经营结汇、售汇业务的金融机构。经常项目外汇支出，应当按照国务院外汇管理部门关于付汇与购汇的管理规定，凭有效单证以自有外汇支付或者向经营结汇、售汇业务的金融机构购汇支付。携带、申报外币现钞出入境的限额，由国务院外汇管理部门规定。

2. 资本项目外汇管理。国家外汇管理局依法对资本项目外汇履行管理职责。

（1）投资管理。境外机构、境外个人在境内直接投资，经有关主管部门批准后，应当到外汇管理机关办理登记。境外机构、境外个人在境内从事有价证券或者衍生产品发行、交易，应当遵守国家关于市场准入的规定，并按照国务院外汇管理部门的规定办理登记。境内机构、境内个人向境外直接投资或者从事境外有价证券、衍生产品发行、交易，应当按照国务院外汇管理部门的规定办理登记。国家规定需要事先经有关主管部门批准或者备案的，应当在外汇登记前办理批准或者备案手续。

（2）外债登记制度。国家对外债实行规模管理。借用外债应当按照国家有关规定办理，并到外汇管理机关办理外债登记。国务院外汇管理部门负责全国的外债统计与监测，并定期公布外债情况。

（3）对外担保管理。提供对外担保，应当向外汇管理机关提出申请，由外汇管理机关根据申请人的资产负债等情况作出批准或者不批准的决定；国家规定其经营范围需经有关主管部门批准的，应当在向外汇管理机关提出申请前办理批准手续。申请人签订对外担保合同后，应当到外汇管理机关办理对外担保登记。经国务院批准为使用外国政府或者国际金融组织贷款进行转贷提供对外担保的，不适用前款规定。

（4）对外贷款管理。银行业金融机构在经批准的经营范围内可以直接向境外提供商业贷款。其他境内机构向境外提供商业贷款，应当向外汇管理机关提出申请，外汇管理机关根据申请人的资产负债等情况作出批准或者不批准的决定；国家规定其经营范围需经有关主管部门批准的，应当在向外汇管理机关提出申请前办理批准手续。

向境外提供商业贷款，应当按照国务院外汇管理部门的规定办理登记。

（5）资本项目外汇收入及其支出管理。资本项目外汇收入保留或者卖给经营结汇、售汇业务的金融机构，应当经外汇管理机关批准，但国家规定无须批准的除外。

资本项目外汇支出，应当按照国务院外汇管理部门关于付汇与购汇的管理规定，凭有效单证以自有外汇支付或者向经营结汇、售汇业务的金融机构购汇支付。国家规定应当经外汇管理机关批准的，应当在外汇支付前办理批准手续。

依法终止的外商投资企业，按照国家有关规定进行清算、纳税后，属于外方投资者所有的人民币，可以向经营结汇、售汇业务的金融机构购汇汇出。

资本项目外汇及结汇资金，应当按照有关主管部门及外汇管理机关批准的用途使用。外汇管理机关有权对资本项目外汇及结汇资金使用和账户变动情况进行监督检查。

（三）金融机构外汇业务管理

金融机构经营外汇业务实行特许制，金融机构经营或者终止经营结汇、售汇业务，应当经外汇管理机关批准；经营或者终止经营其他外汇业务，应当按照职责分工经外汇管理机关或者金融业监督管理机构批准。

外汇管理机关对金融机构外汇业务实行综合头寸管理，具体办法由国务院外汇管理部门制定。金融机构的资本金、利润以及因本外币资产不匹配需要进行人民币与外币间转换的，应当经外汇管理机关批准。

（四）人民币汇率和外汇市场

1. 人民币汇率实行以市场供求为基础的、有管理的浮动汇率制度。中国人民银行根据银行间外汇市场形成的价格，公布人民币对主要外币的汇率。外汇指定银行和经营外汇业务的其他金融机构，应当根据中国人民银行公布的汇率和规定的浮动范围，确定对客户的外汇买卖价格，办理外汇买卖业务。

2. 外汇市场交易应当遵循公开、公平、公正和诚实信用的原则。所谓"公开"，是指有关交易必要的市场信息公开。所谓"公平"，是指交易双方无论大小地位平等，交易的内容公平。所谓"公正"是交易的规则公正。

3. 外汇市场交易的币种和形式由国务院外汇管理部门规定和调整。

4. 经营结汇、售汇业务的金融机构和符合国务院外汇管理部门规定条件的其他机构，可以按照国务院外汇管理部门的规定在银行间外汇市场进行外汇交易。

5. 国务院外汇管理部门依法监督管理全国的外汇市场，可以根据外汇市场的变化和货币政策的要求，依法对外汇市场进行调节。

二、个人外汇管理一般规定

案例导入：我国境内居民个人对外交流日趋频繁，到国外学习、旅游、探亲及各类公务出国的人员不断增加，尤其是每年的六七月份更是个人出国购汇的高峰期。即将出国的人们都会忙着办理护照、签证等各种各样的事情，其中也不乏很多人为购买外汇而烦恼，如能否购汇，可以购买多少，如何办理，等等。

问题：出国留学人员如何到银行购汇？

案例分析：

为便利个人外汇收支，简化业务手续，规范外汇管理，根据《中华人民共和国外汇管理条例》和《结汇、售汇及付汇管理规定》等相关法规，中国人民银行制定《个人外汇管理办法》，自 2007 年 2 月 1 日起施行。目前个人可以凭本人有效身份证在银行办理年度便利化额度内的购汇和结汇，便利化额度为每人每年等值 5 万美元；若选择不占用年度便利化额度，还需提供留学相关材料，如护照、目的地签证、录取通知书、学校缴费清单、租房合同等。根据《国家外汇管理局关于进一步推进个人经常项目外汇业务便利化的通知》，境内个人留学期间在同一银行再次办理不占年度便利化额度的留学学费购付汇，银行可根据首次办理情况，免于审核重复性材料，购汇资金直接汇入原学校账户。

因此，出国留学需要的外汇，首先得依据外汇管理相关规定划分用途，再根据个人外汇管理相关规定向银行购买外汇，不得向黄牛或者地下钱庄购汇。

内容讲解：

（一）个人外汇管理基本原则

个人外汇业务按照交易主体区分境内与境外个人外汇业务，按照交易性质区分经常项目和资本项目个人外汇业务。按上述分类对个人外汇业务进行管理。经常项目项下的个人外汇业务按照可兑换原则管理，资本项目项下的个人外汇业务按照可兑换进程管理。个人经常项目外汇业务应具有真实、合法的交易背景。

个人应当按照相关规定办理有关外汇业务。银行、汇款机构及外币兑换机构（含代兑点）应当按照规定为个人办理外汇收付、结售汇及开立外汇账户等业务，对个人提交的有效身份证件及相关证明材料的真实性进行审核。银行应通过国家外汇管理局指定的管理信息系统办理个人购汇和结汇业务，真实、准确录入相关信息，并将办理个人业务的相关材料至少保存 5 年备查。

1. 具体经常项目外汇收入。经常项目是指国际收支中经常发生的交易项目。经常项目外汇收支包括贸易收支、劳务收支和单方面转移等。在实际工作中，我国习惯将劳务收支和单方面转移统称为非贸易外汇收支。

经常项目外汇收入具体包括：

（1）出口或先支后收转口货物及其他交易行为收入的外汇；

（2）境外贷款项下国际招标中标收入的外汇；

（3）海关监管下境内经营免税商品收入的外汇；

（4）交通运输（包括各种运输方式）及港口（包括海港、空港）、邮电（不包括国际汇兑款）、旅游、广告、咨询、展览、寄售、维修等行业及各类代理业务提供商品或服务收入的外汇；

（5）行政、司法机关收入的各项外汇规费和罚没款等；

（6）土地使用权、著作权、商标权、专利权、非专利技术、商誉等无形资产转让收入的外汇；

（7）对外索赔收入的外汇、退回的外汇保证金等；

（8）出租房地产和其他外汇资产收入的外汇；

（9）保险机构受理外汇保险所得外汇收入；

（10）取得经营外汇业务许可证的金融机构经营外汇业务的净收入；

（11）经营境外承包工程以及向境外提供劳务、技术合作和其他服务业务的公司，如对外勘测、设计、咨询、招标业务的公司，在上述业务项目进行过程中收到的业务往来外汇；

（12）经批准经营代理进口业务的外（工）贸公司，从事外轮代理、船务代理、国际货运代理、船舶燃料代理、商标代理、专利代理、版权代理、广告代理、船检、商检代理业务的机构代收待付的外汇；

（13）境内机构暂收待结或暂收待付项下的外汇，包括境外汇入的投标保证金、履约保证金，先收后支的转口贸易收汇，邮电部门办理国际汇兑业务的外汇汇兑款；

（14）一类旅行社收取的国外旅游机构预付的外汇；

（15）铁路部门办理境外保价运输业务收取的外汇和海关收取的外汇保证金、抵押金；

（16）经交通部批准，从事国际海洋运输业务的远洋运输公司，经批准从事国际货运的外运公司和租船公司在境内外经营业务所收入的外汇；

（17）捐赠协议规定用于境外支付的捐赠外汇；

（18）外国驻华使领馆、国际组织及其他境外法人驻华机构的外汇；

（19）居民个人及来华人员个人的外汇。

2. 经常项目外汇支出。

（1）贸易进口支付。

（2）进口项下的预付货款支付。

（3）出口项下的佣金（回扣）。

（4）进出口项下的运输费、保险费。

（5）进口项下的尾款。

（6）进出口项下的资料费、技术费、信息费等从属费用。

（7）从保税区购买商品以及购买国外入境展览展品的用汇。

（8）专利权、著作权、商标、计算机软件等无形资产的进口。

（9）出口项下对外退赔外汇。

（10）境外承包工程所需的投标保证金。

（11）民航、海运、铁道部门（机构）支付境外国际联运费、设备维修费、站场港口使用费、燃料供应费、保险费、非融资性租赁费及其他服务费用。

（12）民航、海运、铁道部门（机构）支付国际营运人员伙食、津贴补助。

（13）邮电部门支付国际邮政、电信业务费用。

（14）转口贸易项下先支后收发生的对外支付。

（15）偿还外债利息和外债转贷款利息。

（16）财政预算内的机关、事业单位和社会团体的非贸易非经营性用汇。

（17）在境外举办展览、招商、培训及拍摄影视片等用汇。

（18）对外宣传费、对外援助费、对外捐赠外汇、国际组织会费，以及参加国际会议的注册费、报名费。

（19）在境外设立代表处或办事机构的开办费和经费。

（20）国家教委国外考试协调中心支付境外的考试费。

（21）企业的出国费用。

（22）个人因私用汇，具体包括：

①出境探亲、会亲、定居、旅游和自费留学、朝觐的用汇；

②自费出境参加国际学术会议、作学术报告、被聘任教等，对方不提供旅途零用费的用汇；

③缴纳国际学术团体组织会员费的用汇；

④从境外邮购少量药品、医疗器具等特殊用汇的；

⑤出境定居后，因生病或其他事故的用汇；

⑥出境定居后，需将离休金、离职金、退休金、退职金、抚恤金、人民币存款利息、房产出租收入的租金及其他资产收益汇出境外的用汇；

⑦出境定居后，无工资收入的境内居民需换外汇的；

⑧未满十四周岁儿童出国定居的用汇。

（23）境内机构支付境外的股息。

（24）外商投资企业利润、红利的汇出。

（25）外商投资企业外籍员工的工资及其他合法收入汇出。

（26）驻华机构及来华人员的合法人民币收入汇出境外。

（27）驻华机构及来华人员由外国或者港澳等地区携入或者在中国境内购买的自用物品、设备、用具等，出售后所得合法人民币款项的汇出。

（二）居民个人年度总额内的外汇兑换管理

对个人结汇和境内个人购汇实行年度总额管理。年度总额分别为每人每年等值5万美元。国家外汇管理局可根据国际收支状况对年度总额进行调整。年度总额内的，凭本人有效身份证件在银行办理。

未满 18 周岁的学生，应由其监护人代办，监护人需提供两人有效身份证件及监护关系证明（包括出生证明、监护人为户主的户口簿、街道或居委会出具的监护证明等）。已满 18 周岁的，除本人办理，也可以由近亲属代办。代办人需携带两人有效身份证件、授权委托书，提供近亲属关系证明（包括户口簿、结婚证、出生证明、公安局开具的亲属关系证明等）。确实无法提供近亲属关系证明材料的，可以签署《近亲属关系承诺函》。根据《经常项目外汇业务指引（2020 年版）》第六十一条，能够代办个人外汇业务的近亲属包括配偶、父母、子女、兄弟姐妹、祖父母、外祖父母、孙子女、外孙子女。

银行实务操作中应当注意以下内容：

（1）居民个人凭真实身份证明购汇，不得超过年度总额，年度总额内外汇可以分次购买。

（2）年度总额不得跨公历年度使用，上一年度未使用或未用完的额度不得转入下一年度使用。

（3）居民个人所购外汇可以存入本人境内外汇账户，可以汇出境外，可以持汇票、旅行支票、信用卡等携出境外；个人提取外币现钞当日累计等值 1 万美元以下（含）的，可以在银行直接办理；超过上述金额的，凭本人身份证件、提钞用途材料向当地外汇局报备。银行凭外汇局出具的有关凭证为个人办理提钞业务。

（4）居民个人所购外汇存入本人外汇账户后，按照境内个人外汇账户管理规定执行。居民个人提取外币现钞并携带出境按照现行携带外币现钞出入境管理规定执行。

（5）居民个人购汇不受其户籍所在地地域的限制。

（6）真实身份证明是指由中华人民共和国境内相关管理部门出具的，在其使用有效期内、能表明居民个人真实身份的证明性文件，包括身份证、护照以及永久居留证等。

（三）境内个人超过年度总额购汇业务处理

1. 个人经常项目外汇收支管理。个人经常项目项下外汇收支分为经营性外汇收支和非经营性外汇收支。从事货物进出口的个人对外贸易经营者，在商务部门办理对外贸易经营权登记备案后，其贸易外汇资金的收支按照机构的外汇收支进行管理。个人进行工商登记或者办理其他执业手续后，可以凭有关单证办理委托具有对外贸易经营权的企业代理进出口项下及旅游购物、边境小额贸易等项下外汇资金收付、划转及结汇。

（1）个人经常项目项下经营性外汇收支按以下规定办理：

①个人对外贸易经营者办理对外贸易购付汇、收结汇应通过本人的外汇结算账户进行；其外汇收支、进出口核销、国际收支申报按机构管理。

个人对外贸易经营者是指依法办理工商登记或者其他执业手续，取得个人工商营业执照或者其他执业证明，并按照国务院商务主管部门的规定办理备案登记，取得对外贸易经营权，从事对外贸易经营活动的个人。

②个体工商户委托有对外贸易经营权的企业办理进口的，本人凭其与代理企业签订的进口代理合同或协议购汇，所购外汇通过本人的外汇结算账户直接划转至代理企业经常项目外汇账户。个体工商户委托有对外贸易经营权的企业办理出口的，可通过本人的外汇结算账户收汇、结汇。结汇凭与代理企业签订的出口代理合同或协议、代理企业的

出口货物报关单办理。代理企业将个体工商户名称、账号以及核销规定的其他材料向所在地外汇局报备后，可以将个体工商户的收账通知作为核销凭证。

（2）非经营性外汇收支。经常项目项下非经营性外汇是指除贸易外汇之外的其他经常项目外汇。境内个人经常项目项下非经营性购汇超过年度总额的，凭本人有效身份证件和有交易额的相关证明材料在银行办理。境内个人经常项目项下非经营性结汇超过年度总额的，凭本人有效身份证件及以下证明材料在银行办理：

①捐赠：经公证的捐赠协议或合同。捐赠须符合国家规定。

②赡家款：直系亲属关系证明或经公证的赡养关系证明、境外给付人相关收入证明，如银行存款证明、个人收入纳税凭证等。

③遗产继承收入：遗产继承法律文书或公证书。

④保险外汇收入：保险合同及保险经营机构的付款证明。投保外汇保险须符合国家规定。

⑤专有权利使用和特许收入：付款证明、协议或合同。

⑥法律、会计、咨询和公共关系服务收入：付款证明、协议或合同。

⑦职工报酬：雇佣合同及收入证明。

⑧境外投资收益：境外投资外汇登记证明文件、利润分配决议或红利支付书或其他收益证明。

⑨其他：相关证明及支付凭证。

2. 个人资本项目外汇收支管理。境内个人对外直接投资应按国家有关规定办理。所需外汇经所在地外汇局核准后可以购汇或以自有外汇汇出，并办理相应的境外投资外汇登记手续。境内个人及因经济利益关系在中国境内习惯性居住的境外个人，在境外设立或控制特殊目的公司并返程投资的，所涉外汇收支按《国家外汇管理局关于境内居民通过境外特殊目的公司融资及返程投资外汇管理有关问题的通知》等有关规定办理。

境内个人向境内经批准经营外汇保险业务的保险经营机构支付外汇保费，应持保险合同、保险经营机构付款通知书办理购付汇手续。境内个人作为保险受益人所获外汇保险项下赔偿或给付的保险金，可以存入本人外汇储蓄账户，也可以结汇。

移居境外的境内个人将其取得合法移民身份前境内财产对外转移以及外国公民依法继承境内遗产的对外转移，按《个人财产对外转移售付汇管理暂行办法》等有关规定办理。根据人民币资本项目可兑换的进程，逐步放开对境内个人向境外提供贷款、借用外债、提供对外担保以及直接参与境外商品期货和金融衍生产品交易的管理，具体办法另行制定。

（四）境外个人结汇管理

1. 境外个人年度总额内结汇。对境外个人结汇实行年度总额管理。年度总额内的，凭本人有效身份证件在银行办理。

2. 境外个人超过年度总额结汇。对境外个人结汇超过年度总额的，经常项目项下凭本人有效身份证件和有交易额的相关证明等材料在银行办理，资本项目项下按照有关规定办理。

（1）经常项目项下超年度总额结汇。经营性结汇按照境内个人办理，境外个人旅游购物贸易方式项下的结汇，凭本人有效身份证件及个人旅游购物报关单办理。

境外个人经常项目项下非经营性结汇超过年度总额的，凭本人有效身份证件及以下证明材料在银行办理：

①房租类支出：房屋管理部门登记的房屋租赁合同、发票或支付通知；

②生活消费类支出：合同或发票；

③就医、学习等支出：境内医院（学校）收费证明；

④其他：相关证明及支付凭证。

上述结汇单笔等值 5 万美元以上的，应将结汇所得人民币资金直接划转至交易对方的境内人民币账户。

（2）资本项目下超年度总额结汇。境外个人在境内直接投资，经国家外汇管理局核准，可以开立外国投资者专用外汇账户。账户内资金经国家外汇管理局核准可以结汇。直接投资项目获得国家主管部门批准后，境外个人可以将外国投资者专用外汇账户内的外汇资金划入外商投资企业资本金账户。

（五）境外个人购汇管理

境外个人在境内取得的经常项目项下合法人民币收入，可以凭本人有效身份证件及相关证明材料在银行办理购汇及汇出。境外个人未使用的境外汇入外汇，可以凭本人有效身份证件在银行办理原路汇回。境外个人将原兑换未使用完的人民币兑回外币现钞时，小额兑换凭本人有效身份证件在银行或外币兑换机构办理；超过规定金额的，可以凭原兑换水单在银行办理。具体管理如下：原兑换未用完的人民币兑回外汇，凭本人有效身份证件和原兑换水单办理，原兑换水单的兑回有效期为自兑换日起 24 个月；对于当日累计兑换不超过等值 500 美元（含）以及离境前在境内关外场所当日累计不超过等值 1 000 美元（含）的兑换，可凭本人有效身份证件办理。

（六）个人外汇投资合规管理

1. 境内个人对外直接投资符合有关规定的，经国家外汇管理局核准可以购汇或以自有外汇汇出，并应当办理境外投资外汇登记。境内个人及因经济利益关系在中国境内习惯性居住的境外个人，在境外设立或控制特殊目的公司并返程投资的，所涉外汇收支按《国家外汇管理局关于境内居民通过境外特殊目的公司融资及返程投资外汇管理有关问题的通知》等有关规定办理。

境内个人参与境外上市公司员工持股计划、认股期权计划等所涉外汇业务，应通过所属公司或境内代理机构统一向国家外汇管理局申请获准后办理。境内个人出售员工持股计划、认股期权计划等项下股票以及分红所得外汇收入，汇回所属公司或境内代理机构开立的境内专用外汇账户后，可以结汇，也可以划入员工个人的外汇储蓄账户。

2. 境内个人可以使用外汇或人民币，并通过银行、基金管理公司等合格境内机构投资者进行境外固定收益类、权益类等金融投资。

3. 境内个人向境内经批准经营外汇保险业务的保险经营机构支付外汇保费，应持保险合同、保险经营机构付款通知书办理购付汇手续。境内个人作为保险受益人所获外汇保险项下赔偿或给付的保险金，可以存入本人外汇储蓄账户，也可以结汇。

4. 境内个人在境外获得的合法资本项目收入经国家外汇管理局核准后可以结汇。

5. 境内个人对外捐赠和财产转移需购付汇的，应当符合有关规定并经国家外汇管理局核准。移居境外的境内个人将其取得合法移民身份前境内财产对外转移以及外国公民依法继承境内遗产的对外转移，按《个人财产对外转移售付汇管理暂行办法》等有关规定办理。

6. 境内个人向境外提供贷款、借用外债、提供对外担保和直接参与境外商品期货和金融衍生产品交易，应当符合有关规定并到国家外汇管理局办理相应登记手续。

7. 境外个人购买境内商品房，应当符合自用原则，其外汇资金的收支和汇兑应当符合相关外汇管理规定。境外个人在境内买卖商品房及通过股权转让等并购境内房地产企业所涉外汇管理，按《国家外汇管理局建设部关于规范房地产市场外汇管理有关问题的通知》等有关规定办理。境外个人出售境内商品房所得人民币，经国家外汇管理局核准可以购汇汇出。

8. 除国家另有规定外，境外个人不得购买境内权益类和固定收益类等金融产品。境外个人可按相关规定投资境内 B 股；投资其他境内发行和流通的各类金融产品，应通过合格境外机构投资者办理。

9. 境外个人在境内的外汇存款应纳入存款金融机构短期外债余额管理。

10. 境外个人对境内机构提供贷款或担保，应当符合外债管理的有关规定。

根据人民币资本项目可兑换的进程，逐步放开对境内个人向境外提供贷款、借用外债、提供对外担保以及直接参与境外商品期货和金融衍生产品交易的管理，具体办法另行制定。

三、企业外汇管理一般规定

案例导入：国家外汇管理局加强外汇市场监管，依法严厉查处各类外汇违法违规流出和流入行为，打击虚假、欺骗性交易行为，维护外汇市场稳健运行，切实打好防范化解金融风险攻坚战。国家外汇管理局通报了多个企业因虚构转口贸易背景，使用其他公司已经提货的海运提单或者虚假提单对外付汇。如 2015 年 1 月至 2016 年 1 月，天津滨海某物流有限公司虚构转口贸易背景，使用其他公司已经提货的海运提单，对外付汇 4 651.8 万美元。该行为构成逃汇行为，严重扰乱外汇市场秩序，处以罚款 1 105 万元人民币。

除了在资金汇出方面存在违规行为之外，部分企业在汇入方面也同样存在违规行为。如 2015 年 6 月，某科技发展有限公司虚构出口贸易背景，以"预收货款"名义汇入 200 万美元，构成外汇违规汇入行为，处以罚款 20 万元人民币。

案例分析：

经常项目外汇收支应当具有真实、合法的交易基础。经营结汇、售汇业务的金融机构应当按照国务院外汇管理部门的规定，对交易单证的真实性及其与外汇收支的一致性进行合理审查。外汇管理机关有权对前款规定事项进行监督检查。经常项目外汇支出，应当按照国务院外汇管理部门关于付汇与购汇的管理规定，凭有效单证以自有外汇支付或者向经营结汇、售汇业务的金融机构购汇支付。

案例中企业汇出外汇或者汇入外汇，将资金包装成经常项目，重复使用单证或者票据，违反了《中华人民共和国外汇管理条例》对外汇的管理规定。

内容讲解：

（一）企业经常性国际支付外汇管理

1. 基本原则

国家对经常性国际支付和转移不予限制。国家实行国际收支统计申报制度。国务院外汇管理部门应当对国际收支进行统计、监测，定期公布国际收支状况。经常项目外汇支出，应当按照国务院外汇管理部门关于付汇与购汇的管理规定，凭有效单证以自有外汇支付或者向经营结汇、售汇业务的金融机构购汇支付。

2. 企业经常项目购汇管理具体规定

（1）境内机构下列贸易及非贸易经营性对外支付用汇，持与支付方式相应的有效商业单据和所列有效凭证从其外汇账户中支付或者到外汇指定银行兑付：

①用跟单信用证/保函方式结算的贸易进口，如需在开证时购汇，持进口合同、进口付汇核销单、开证申请书；如需在付汇时购汇，还应当提供信用证结算方式要求的有效商业单据。核销时必须凭正本进口货物报关单办理。

②用跟单托收方式结算的贸易进口，持进口合同、进口付汇核销单、进口付汇通知书及跟单托收结算方式要求的有效商业单据。核销时必须凭正本进口货物报关单办理。

③用汇款方式结算的贸易进口，持进口合同、进口付汇核销单、发票、正本进口货物报关单、正本运输单据，若提单上的"提货人"和报关单上的"经营单位"与进口合同中列明的买方名称不一致，还应当提供两者间的代理协议。

④进口项下不超过合同总金额的15%或者虽超过15%但未超过等值10万美元的预付货款，持进口合同、进口付汇核销单。

上述①至④项下进口，实行进口配额管理或者特定产品进口管理的货物，还应当提供有关部门签发的许可证或者进口证明；进口实行自动登记制的货物，还应当提供填好的登记表格。

⑤进口项下的运输费、保险费，持进口合同、正本运输费收据和保险费收据。

⑥出口项下不超过合同总金额2%的暗佣（暗扣）和5%的明佣（明扣）或者虽超过上述比例但未超过等值1万美元的佣金，持出口合同或者佣金协议、结汇水单或者收账通知；出口项下的运输费、保险费，持出口合同、正本运输费收据和保险费收据。

⑦进口项下的尾款，持进口合同、进口付汇核销单、验货合格证明。

⑧进出口项下的资料费、技术费、信息费等从属费用，持进口合同或者出口合同、进口付汇核销单或者出口收汇核销单、发票或者收费单据及进口或者出口单位负责人签字的说明书。

⑨从保税区购买商品以及购买国外入境展览展品的用汇，持①至⑧项规定的有效凭证和有效商业单据。

⑩专利权、著作权、商标权、计算机软件等无形资产的进口，持进口合同或者

协议。

⑪出口项下对外退赔外汇，持结汇水单或者收账通知、索赔协议、理赔证明和已冲减出口收汇核销的证明。

⑫境外承包工程所需的投标保证金，持投标文件；履约保证金及垫付工程款项，持合同。

（2）境内机构下列贸易及非贸易经营性对外支付，经营外汇业务的银行凭用户提供的支付清单先从其外汇账户中支付或者兑付，事后核查：

①经国务院批准的免税品公司按照规定范围经营免税商品的进口支付；

②民航、海运、铁道部门（机构）支付境外国际联运费、设备维修费、站场港口使用费、燃料供应费、保险费、非融资性租赁及其他服务费用；

③民航、海运、铁道部门（机构）支付国际营运人员伙食、津贴补助；

④邮电部门支付国际邮政、电信业务费用。

（3）境内机构下列对外支付用汇，由外汇局审核其真实性后，从其外汇账户支付或者到外汇指定银行兑付：

①超过本规定第（1）种情况第④项所规定比例和金额的预付货款；

②超过本规定第（1）种情况第⑥项所规定比例和金额的佣金；

③转口贸易项下先支后收的对外支付；

④偿还外债利息；

⑤超过等值1万美元的现钞提取。

（4）境内机构偿还境内中资金融机构外汇贷款利息，持外汇（转）贷款登记证、借贷合同及债权人的付息通知单，从其外汇账户中支付或者到外汇指定银行兑付。

（5）财政预算内的机关、事业单位和社会团体的非贸易非经营性用汇，按照《非贸易非经营性外汇财务管理暂行规定》办理。

（6）财政预算外的境内机构的下列非经营性用汇，持所列有效凭证从其外汇账户中支付或者到外汇指定银行兑付：

①在境外举办展览、招商、培训及拍摄影视片等用汇，持合同、境外机构的支付通知书及主管部门批准文件；

②对外宣传费、对外援助费、对外捐赠外汇、国际组织会费、参加国际会议的注册费、报名费，持主管部门的批准文件及有关函件；

③在境外设立代表处或者办事机构的开办费和年度预算经费，持主管部门批准设立该机构的批准文件和经费预算书；

④教育部国外考试协调机构支付境外的考试费，持对外合同和国外考试机构的账单或者结算通知书；

⑤在境外办理商标、版权注册，申请专利和法律、咨询服务等所需费用，持合同和发票；

⑥因公出国费用，持国家授权部门出国任务批件。

上述①至⑥项以外的非经营性用汇，由国家外汇管理局审核其真实性以后，从其外汇账户中支付或者到外汇指定银行兑付。

（二）企业资本项目下的外汇管理

1. 一般性规定。资本项目外汇收入保留或者卖给经营结汇、售汇业务的金融机构，应当经外汇管理机关批准，但国家规定无须批准的除外。

资本项目外汇支出，应当按照国务院外汇管理部门关于付汇与购汇的管理规定，凭有效单证以自有外汇支付或者向经营结汇、售汇业务的金融机构购汇支付。国家规定应当经外汇管理机关批准的，应当在外汇支付前办理批准手续。

依法终止的外商投资企业，按照国家有关规定进行清算、纳税后，属于外方投资者所有的人民币，可以向经营结汇、售汇业务的金融机构购汇汇出。

资本项目外汇及结汇资金，应当按照有关主管部门及外汇管理机关批准的用途使用。外汇管理机关有权对资本项目外汇及结汇资金使用和账户变动情况进行监督检查。

2. 境内机构偿还境内中资金融机构外汇贷款本金。境内机构偿还境内中资金融机构外汇贷款本金，持外汇（转）贷款登记证、借贷合同及债权机构的还本通知单，从其外汇账户中支付或者到外汇指定银行兑付。

3. 境内机构资本项目下的用汇。境内机构资本项目下的下列用汇，持所列有效凭证向国家外汇管理局申请，凭国家外汇管理局的核准件从其外汇账户中支付或者到外汇指定银行兑付：

（1）偿还外债本金，持外债登记证、借贷合同及债权机构还本通知单；

（2）对外担保履约用汇，持担保合同、国家外汇管理局核发的外汇担保登记证及境外机构支付通知；

（3）境外投资资金的汇出，持国家主管部门的批准文件和投资合同；

（4）外商投资企业的中方投资者经批准需以外汇投入的注册资金，持国家主管部门的批准文件和合同。

4. 外商投资企业的外汇资本金。外商投资企业的外汇资本金的增加、转让或者以其他方式处置，持董事会决议，经国家外汇管理局核准后，从其外汇账户中支付或者持国家外汇管理局核发的售汇通知单到外汇指定银行兑付。

投资性外商投资企业外汇资本金在境内投资及外方所得利润在境内增资或者再投资，持国家外汇管理局核准件办理。

 【拓展栏目——思政园地】

2023 年 10 月召开的中央金融工作会议提出，加强外汇市场管理，保持人民币汇率在合理均衡水平上的基本稳定。稳步扩大金融领域制度型开放，提升跨境投融资便利化。

国家外汇管理局表示，坚持以人民为中心的价值取向，更好地服务实体经济高质量发展。以支持科技创新和中小微企业为重点，着力提升跨境贸易和投融资便利化水平，完善企业汇率风险管理服务。有序深化外汇领域改革，稳步扩大制度型开放，持续推动外汇市场发展，着力提升资本项目开放的质量，吸引更多外资金融机构和长期资本来华展业兴业。

同时，坚持把防控风险作为金融工作永恒主题，强化外汇领域监管全覆盖。加强外汇市场"宏观审慎＋微观监管"两位一体管理。强化跨境资金流动监测研判，完善应对预案，加强预期引导，保持人民币汇率在合理均衡水平上基本稳定。推动商业银行外汇业务流程再造，严厉打击地下钱庄、跨境赌博等违法违规活动，维护外汇市场健康秩序。完善中国特色外汇储备经营管理制度，有效维护外汇储备安全、流动和保值增值。

讨论：为什么要维护外汇市场的平稳运行？

 练习题

1. 商业银行如何合规收缴人民币假币？
2. 商业银行如何合规兑换人民币残缺币？
3. 商业银行如何合规境内个人出国留学所需要的外汇？
4. 企业经常项目项下外汇收入如何结汇？

第九章

个人金融柜面业务合规管理

GEREN JINRONG GUIMIAN
YEWU HEGUI GUANLI

学习目标

【知识目标】

◆ 掌握个人金融柜面业务基本法律规定，如储蓄类管理法规、银行卡业务纠纷司法解释等规定。

◆ 掌握个人金融柜面业务合规制度。

【能力目标】

◆ 能依据法律法规处理储蓄业务纠纷。

◆ 能正确处理个人代理类中间业务合规纠纷。

【思政目标】

◆ 坚持正确合规风险思维，牢牢守住合规操作底线。

◆ 树立全心全意为人民服务意识，保护存款人利益。

第一节　人民币储蓄业务合规管理

一、储蓄合同的成立

案例导入1：有一客户到银行存款，将现金从包中取出置于其与银行柜员之间的柜台上。柜员取过一沓钞票开始点数，正当柜员将点完数的钞票置于一旁时，有数名匪徒闯入，抢走了柜台上尚未点数的钞票。该客户对银行提起诉讼，认为柜台上的现金已由银行占有，已属于银行的财产，要求银行返还被匪徒抢去的现金。法院判原告败诉，理由是在意图存入的款项经银行清点和表示接受之前，此款尚未存入，银行也未成为客户的债务人。

案例导入2：张某到某银行谭庄支行存款。当他正在填写存单时，从其身后过来一个人夺过他装钱的袋子就跑。张某边喊"抢钱了"，边去追抢钱的人，抢钱的人坐上门外等他的摩托车逃跑，张某到谭庄派出所报案。张某认为，他的钱是在谭庄支行营业厅内被抢的，而谭庄支行没有必备的安全防卫措施，也没尽到应尽的职责，是谭庄支行的不作为造成了他的经济损失，谭庄支行应承担全部的赔偿责任，于是便将该银行告上了法庭，要求赔偿其被抢现金85 000元。法院认为，张某到被告处存款，作为商业银行应对储户在其营业场所的人身、财产提供安全保障，虽本案中突发性的犯罪行为被告难以预料和防范，但根据《中华人民共和国商业银行法》，其应为保障安全、预防罪犯采取一定的防范措施，以尽到自己安全保障的义务。被告未按要求配备保安、电视监控等必备的设施，故对事故的发生应承担过错的赔偿责任。张某携带大量现金，自身应提高警惕、确保安全，但仅一人将钱放在柜台上，本身防范意识不强，所以对此事故也应承担一定的责任，原、被告双方的责任承担按2∶8为宜。

案例1和案例2的案情差不多，为什么判决结果截然不同？

案例分析：

案例1中，法院作出判决的依据是储蓄合同尚未成立，客户资金未交付银行，风险并未转移给银行。客户依据储蓄合同要求银行赔付资金，而储蓄合同尚未成立，因此法院没有支持客户的诉讼请求。

案例2中，客户认为银行未尽到《中华人民共和国商业银行法》规定的义务——"商业银行应当保障存款人的合法权益不受任何单位和个人的侵犯。""商业银行的设立要有健全的组织机构和管理制度；有符合要求的营业场所、安全防范措施和与业务有关的其他设施。"商业银行没有对客户的财产、人身安全尽到保障义务，构成了对客户的侵权。因此，法院依据银行与客户过错的大小进行损失分配，于法有据。

债权请求权，是权利人基于债的关系而产生的、请求特定人为特定行为的权利。不同请求权在构成要件、责任方式、诉讼时效、证明责任分配、赔偿范围和免责条款效力等方面各有不同。《中华人民共和国民法典》第一百八十六条规定，因当事人一方的违约行为，损害对方人身权益、财产权益的，受损害方有权选择请求其承担违约责任或者侵权责任。请求权竞合的情况下，原告有权选择一种请求权起诉。案例中原告起诉选择请求权基础不同，案例 1 是合同之债，案例 2 是侵权之债。选择请求权基础不同，法律适用不同，裁判结果不同。

内容讲解：

（一）储蓄合同的定义

储蓄是指个人将属于其所有的人民币或者外币存入储蓄机构，储蓄机构出具存款凭证，个人依照储蓄合同约定支取存款本金和利息，储蓄机构支付存款本金和利息的活动。储蓄合同是指公民将其个人所有的人民币或外币存入储蓄机构，储蓄机构依照约定支付存款本金和利息的协议。

（二）储蓄合同成立过程

1. 储蓄合同应为书面形式。《中华人民共和国民法典》第四百六十九条规定，当事人订立合同，可以采用书面形式、口头形式或者其他形式。书面形式是合同书、信件、电报、电传、传真等可以有形地表现所载内容的形式。以电子数据交换、电子邮件等方式能够有形地表现所载内容，并可以随时调取查用的数据电文，视为书面形式。

2. 储蓄合同成立时间。当事人订立合同，可以采取要约、承诺方式或者其他方式。承诺生效时合同成立，但是法律另有规定或者当事人另有约定的除外。

关于储蓄存款合同的成立时间，目前没有相应法律依据予以规定。在储蓄存款实务中，大部分银行对活期存款实施免签单业务，即储户先行将欲存款项交与银行，银行接柜员清点完毕后，将自行打印出写有具体存款数额的存款凭条交与储户核查签名，储户核查无误签名后将该凭条交给接柜员，即表示储户已经向银行发出了订立合同的要约，银行柜员复核储户交付的凭条，在存款凭证上加盖名章并在储户存折（存单）上记载储蓄合同的内容并加盖名章后，储户与银行间的储蓄存款合同即为成立。由此可见储蓄存款合同属于实践合同，即合同的成立除了当事人意思表示一致外，还须有标的物的实际交付，只有这两个条件同时满足时，储蓄存款合同才正式成立。

柜面现金存款业务柜员要先收款后记账，现金取款要先记账后付款。

（三）储蓄合同特征

1. 储蓄合同的当事人为储蓄机构和储户。储蓄机构是指经银行监督管理机构批准，办理储蓄业务的各商业银行、信用社等各类机构。除储蓄机构外，任何单位和个人不得办理储蓄业务。储户只能是公民个人，任何单位和个人不得将公款以个人名义转为储蓄存款。根据《个人存款账户实名制规定》，个人存款必须提供真实姓名。

2. 储蓄合同的标的是货币。储蓄合同的标的既可以是人民币，也可以是特定的货币，如美元、英镑、日元、欧元等。个人外币储蓄存款的种类、利率档次及其利息支付办法，按照中国人民银行的规定办理。

3. 储蓄合同订立的自愿原则。国家保护自然人储蓄存款的所有权，鼓励个人参加储蓄。《储蓄管理条例》第五条规定，储蓄机构办理储蓄业务，必须遵循"存款自愿，取款自由，存款有息，为储户保密"的原则。公民是否储蓄、储蓄多少、储蓄币种、储蓄期限以及储蓄机构的选择等，均由公民个人决定，任何人不能强迫。储蓄种类有活期储蓄存款、整存整取定期储蓄存款、零存整取定期储蓄存款、存本取息定期储蓄存款、整存零取定期储蓄存款、定活两便储蓄存款、华侨（人民币）整存整取定期储蓄存款等。

4. 储蓄合同是单务有偿实践要式合同。储蓄合同的双方当事人只有一方负有义务，另一方享有权利，故为单务合同。储户将一定数量的币值存入储蓄机构，储蓄机构应支付利息，故储蓄合同为有偿合同。储蓄合同不仅需要当事人意思表示一致，而且需要储户交付货币的行为，只有储户将货币交付储蓄机构，储蓄机构出具了存折或存单，储蓄合同才能成立，故储蓄合同为实践合同。储蓄合同必须采取书面形式，储蓄机构出具的存折、存单就是储蓄合同的书面形式，故储蓄合同为要式合同。存款凭证可以载明储蓄人姓名、账号、货币种类、存款余额、存款种类、存款期限、存款利率等事项，并由储蓄机构加盖公章，存款凭证可以加密。

二、一般存单纠纷案件的认定与处理

案例导入： 原告于 2017 年 2 月 10 日向被告银行存入款项 20 000 元，约定存期半年。后原告因存单遗失，经查询后，发现该款项本息合计 20 290 元，于 2017 年 5 月 10 日被人取出，但并非原告支取。被告亦无法提供证据证明系原告取出。原告多次与被告协商，但被告一直以种种理由拒不偿还存款。被告银行认为，原告存单系其自己弄丢，与银行无关，银行不存在过错，不承担责任。

原告将 20 000 元存入被告处，被告向原告出具存单，银行即负有到期还本付息的义务。虽然原告的存单丢失，但是存单丢失不代表储蓄合同关系消灭，被告银行不能以此消灭其支付存款本息的义务。本案中，原告陈述其未向他人泄露密码，在发现存单丢失后就立即告知被告银行，原告已经尽到了存单安全注意义务。被告银行向法院提交了存单支取凭证，但该存单的支取凭证中并无取款人签名，因此，被告银行提交证据不能证明其在办理案涉存单取款时对取款人身份进行核实或者按照一般的交易习惯要求取款人在取款凭证中进行签名确认。故综合认定被告银行在办理案涉取款时未尽到安全保障义务。

案例分析：

银行应当对存款尽到安全保障义务，并提供相关设备、软件和人员培训达到要求。《最高人民法院关于审理存单纠纷案件的若干规定》第五条规定，持有人以存单、进账单、对账单、存款合同等真实凭证为证据提起诉讼的，金融机构应当对持有人与金融机构间是否存在存款关系负举证责任。如金融机构有充分证据证明持有人未向金融机构交付上述凭证所记载的款项的，人民法院应当认定持有人与金融机构间不存在存款关系，并判决驳回原告的诉讼请求。

内容讲解：

（一）一般存单纠纷的认定

当事人以存单或进账单、对账单、存款合同等凭证为主要证据向人民法院提起诉讼的存单纠纷案件和金融机构向人民法院提起的确认存单或进账单、对账单、存款合同等凭证无效的存单纠纷案件，为一般存单纠纷案件。

（二）处理

人民法院在审理一般存单纠纷案件中，除应审查存单、进账单、对账单、存款合同等凭证的真实性外，还应审查持有人与金融机构间存款关系的真实性，并以存单、进账单、对账单、存款合同等凭证的真实性以及存款关系的真实性为依据，作出正确处理。

1. 持有人以上述真实凭证为证据提起诉讼的，金融机构应当对持有人与金融机构间是否存在存款关系负举证责任。如金融机构有充分证据证明持有人未向金融机构交付上述凭证所记载的款项的，人民法院应当认定持有人与金融机构间不存在存款关系，并判决驳回原告的诉讼请求。

2. 持有人以上述真实凭证为证据提起诉讼的，如金融机构不能提供证明存款关系不真实的证据，或仅以金融机构底单的记载内容与上述凭证记载内容不符为由进行抗辩的，人民法院应认定持有人与金融机构间存款关系成立，金融机构应当承担兑付款项的义务。

3. 持有人以在样式、印鉴、记载事项上有别于真实凭证，但无充分证据证明系伪造或变造的瑕疵凭证提起诉讼的，持有人应对瑕疵凭证的取得提供合理的陈述。如持有人对瑕疵凭证的取得提供了合理陈述，而金融机构否认存款关系存在的，金融机构应当对持有人与金融机构间是否存在存款关系负举证责任。如金融机构有充分证据证明持有人未向金融机构交付上述凭证所记载的款项的，人民法院应当认定持有人与金融机构间不存在存款关系，判决驳回原告的诉讼请求；如金融机构不能提供证明存款关系不真实的证据，或仅以金融机构底单的记载内容与上述凭证记载内容不符为由进行抗辩的，人民法院应认定持有人与金融机构间存款关系成立，金融机构应当承担兑付款项的义务。

4. 存单纠纷案件的审理中，如有充足证据证明存单、进账单、对账单、存款合同等凭证系伪造、变造，人民法院应在查明案件事实的基础上，依法确认上述凭证无效，并可驳回持上述凭证起诉的原告的诉讼请求或根据实际存款数额进行判决。如有本规定第三条中止审理情形的，人民法院应当中止审理。

三、以存单为表现形式的借贷纠纷案件的认定和处理

案例导入： A 公司与 B 银行签订单位银行结算账户管理协议的次日，A 公司存在该银行开立账户中的款项 5 940 万元即被划到 C 公司账户上，C 公司随即将其中的 810 万元辗转交付给 A 公司和中间人。A 公司资金通过 B 银行流动到 C 公司，A 公司及撮合该笔业务的中间人从该笔借贷业务中获得 C 公司支付的费用，涉案事实符合《最高人民法院关于审理存单纠纷案件的若干规定》第六条第（一）款关于"在出资人直接将款项交与用资人使用，或通过金融机构将款项交与用资人使用，金融机构向出资人出具存单或进账单、对账单或与出资人签订存款合同，出资人从用资人或从金融机构取得或约定取得高额利差的行为中发生的存单纠纷案件，为以存单为表现形式的借贷纠纷案件"规定的情形之一，故应认定本案当事人之间的纠纷为以存单为表现形式的借贷纠纷，A 公司为出资人，C 公司为用资人，B 银行为提供资金周转支持的金融机构。

A 公司在办理存款前及存款后催款时均与用资人 C 公司有所接触，对涉案资金并非用于一般存款，资金在交付给银行后会转给用资人使用，其可以从中获得存款利息以外

资金的安排是清楚的；C 公司持 A 公司的非预留印鉴向 B 银行申请并成功办理转款，并非规范手续办理银行业务，系接受了特殊安排；B 银行经理在记账回执上承诺"1. 存款期满，原路返回。2. 逾期后，按人民银行有关规定处理"，表明银行方面清楚该笔资金的流动路线和该笔资金的使用人，而承诺内容表明了其系主动参与两企业之间的借贷活动。

A 公司在 B 银行开立账户、存入资金并办理了预留印鉴手续，按银行业务操作规范，B 银行应当根据预留印鉴或者账号所有人 A 公司的指令管理账户并办理银行业务。根据本案现有证据查明，涉案资金由用资人 C 公司办理从 A 公司账户转到用资人账户业务，且其持有的印鉴与 A 公司在银行预留印鉴不符。因 B 银行办理转款业务时使用的印鉴与预留印鉴不同，且其没有证据证明 A 公司指令其办理转款业务，故应认定 B 银行擅自处分了 A 公司账户资金。根据 B 银行与 A 公司签订的单位银行结算账户管理协议约定的内容、B 银行原经理在为 A 公司出具记账回执上承诺的内容，以及 B 银行允许用资人 C 公司持非预留印鉴办理涉案资金转款业务的事实，应当推定 B 银行将资金自行转给用资人使用。根据《最高人民法院关于审理存单纠纷案件的若干规定》第六条第（二）款第一项关于"出资人将款项或者票据交付给金融机构，金融机构给出资人出具存单或者进账单、对账单或与出资人签订存款合同，并将资金自行转给用资人的，金融机构与用资人对偿还出资人本金及利息承担连带责任"的规定，B 银行与 C 公司对偿还 A 公司该笔资金本息应承担连带责任。B 银行上诉称其操作尽到了必要的审慎义务、没有任何指定用资人或帮助转款的意思表示或行为等观点与事实不符，本院不予采信，其关于不承担涉案资金损失责任的主张，本院不予支持。

综上，根据本案现有证据查明的 A 公司、B 银行与 C 公司之间发生的资金流转等案件事实，依照《最高人民法院关于审理存单纠纷案件的若干规定》第六条第（一）款认定、第六条第（二）款第一项的规定，应当认定本案当事人之间民事关系性质为以存单为表现形式的借贷纠纷，B 银行与 C 公司对偿还 A 公司借款本金及利息应当承担连带责任。

资料来源：最高人民法院民事审判第二庭编. 最高人民法院商事审判指导案例（2014）［M］. 北京：中国民主法制出版社，2015：297－313.

案例分析：

该案例与一般存单纠纷案件不同，适用法律规则也不同。以存单为表现形式的借贷纠纷，金融机构与用资人之间的借款合同可能无效。用资人应向出资人还款而不是向金融机构还款，根据案件的具体情况决定金融机构是否应该承担连带还款责任。

内容讲解：

（一）以存单为表现形式的借贷纠纷案件认定

在出资人直接将款项交与用资人使用，或通过金融机构将款项交与用资人使用，金融机构向出资人出具存单或进账单、对账单或与出资人签订存款合同，出资人从用资人或从金融机构取得或约定取得高额利差的行为中发生的存单纠纷案件，为以存单为表现形式的借贷纠纷案件。但符合委托贷款和信托贷款的除外。

（二）以存单为表现形式的借贷纠纷案件处理

以存单为表现形式的借贷，属于违法借贷，出资人收取的高额利差应充抵本金，出资人、金融机构与用资人因参与违法借贷均应当承担相应的民事责任。可分以下几种情况处理。

1. 出资人将款项或票据（以下统称资金）交付给金融机构，金融机构给出资人出具存单或进账单、对账单或与出资人签订存款合同，并将资金自行转给用资人的，金融机构与用资人对偿还出资人本金及利息承担连带责任；利息按人民银行同期存款利率计算至给付之日。

2. 出资人未将资金交付给金融机构，而是依照金融机构的指定将资金直接转给用资人，金融机构给出资人出具存单或进账单、对账单或与出资人签订存款合同的，首先由用资人偿还出资人本金及利息，金融机构对用资人不能偿还出资人本金及利息部分承担补充赔偿责任；利息按人民银行同期存款利率计算至给付之日。

3. 出资人将资金交付给金融机构，金融机构给出资人出具存单或进账单、对账单或与出资人签订存款合同，出资人再指定金融机构将资金转给用资人的，首先由用资人返还出资人本金和利息。利息按人民银行同期存款利率计算至给付之日。金融机构因其帮助违法借贷的过错，应当对用资人不能偿还出资人本金部分承担赔偿责任，但不超过不能偿还本金部分的40%。

4. 出资人未将资金交付给金融机构，而是自行将资金直接转给用资人，金融机构给出资人出具存单或进账单、对账单或与出资人签订存款合同的，首先由用资人返还出资人本金和利息。利息按人民银行同期存款利率计算至给付之日。金融机构因其帮助违法借贷的过错，应当对用资人不能偿还出资人本金部分承担赔偿责任，但不超过不能偿还本金部分的20%。

规定中所称交付，指出资人向金融机构转移现金的占有或出资人向金融机构交付注明出资人或金融机构（包括金融机构的下属部门）为收款人的票据。出资人向金融机构交付有资金数额但未注明收款人的票据的，亦属于本规定中所称交付。

如以存单为表现形式的借贷行为确已发生，即使金融机构向出资人出具的存单、进账单、对账单或与出资人签订的存款合同存在虚假、瑕疵，或金融机构工作人员超越权限出具上述凭证等情形，也不影响人民法院按以上规定对案件进行处理。

（三）当事人的确定

出资人起诉金融机构的，人民法院应通知用资人作为第三人参加诉讼；出资人起诉用资人的，人民法院应通知金融机构作为第三人参加诉讼；公款私存的，人民法院在查明款项的真实所有人基础上，应通知款项的真实所有人为权利人参加诉讼，与存单记载的个人为共同诉讼人。该个人申请退出诉讼的，人民法院可予准许。

四、存款实名制合规管理

案例导入：M向法院起诉请求：（1）判令T银行消除有关M在T银行处被恶意透支的个人信用记录中的不良记录；（2）判令涉案贷记卡领用合约对M不发生法律效力，M对涉案信用卡项下的欠款不承担还款义务；（3）鉴定费3 300元由T银行承担。

法院查明：根据北京民生物证科学司法鉴定所出具的鉴定意见，涉案信用卡申请表中 M 的签字与样本中并非同一人书写。信用卡所预留的手机机主并非 M，M 也否认使用过该号码。M 提交劳动合同、房产证等，证明其工作单位并非申请表中显示的北京某公司。经法庭询问，M 否认与信用卡消费记录存在交集，T 银行并未提交充分证据证明 M 使用了案涉信用卡贷款。故本案中的开卡行虽核实了"M"的身份证件真实性，但其并未发现申领人系冒用他人身份信息开立涉案信用卡，其办理诉争开卡业务时并未尽到谨慎审查义务，开卡行对此存在过错，故涉案信用卡产生的逾期金额不应由 M 承担，且开卡行应及时协助 M 将征信不良记录进行消除。由 M 垫付的鉴定费 3 300 元，根据鉴定意见，贷记卡申请表中的签字并非 M 本人书写，故应由 T 银行负担。法院判决：（1）签名为 M、签署日期为 2012 年 12 月 19 日的贷记卡领用合约对 M 不发生法律效力，M 对卡号为×××的贷记卡项下欠款不承担偿还责任；（2）T 银行股份有限公司北京分行于判决生效后 10 日内协助消除 M 因×××号贷记卡项下的逾期形成的不良征信记录。

资料来源：中国裁判文书网，北京金融法院（2021）京 74 民终 457 号，2021 年 12 月 14 日裁判。

案例分析：

在本案例中，信用卡业务是银行卡业务、信贷业务和开立账户业务，银行应当严格执行存款实名制规定，对客户身份进行严格审核，尽到审慎审核义务，防止冒名申办信用卡案件发生，维护金融安全与稳定。

内容讲解：

个人存款账户实名制是指自然人在金融机构开立个人存款账户时，必须出示本人有效身份证件，并使用该证件上的真实姓名的制度。个人存款账户是指个人在金融机构开立的人民币、外币存款账户，包括活期存款账户、定期存款账户、定活两便存款账户、通知存款账户以及其他形式的个人存款账户。有效身份证件是指符合法律、行政法规和国家有关规定的身份证件。不出示本人身份证件或者不使用本人身份证件上的姓名的，金融机构不得为其开立个人存款账户。

个人存款账户实名制从 2000 年 4 月 1 日起施行，这是对我国公民参与金融活动的一项基本制度，是规范金融机构的经营行为，完善金融监管的基础性措施。它有利于保证个人存款账户的真实性，有利于维护存款人的合法权益，有利于配合现金管理，防范经济、金融犯罪。

（一）实名证件

1.《个人存款账户实名制规定》的实名。根据《个人存款账户实名制规定》，实名是指符合法律、行政法规和国家有关规定的身份证件上使用的姓名。下列身份证件为实名证件：

（1）居住在境内的中国公民，为居民身份证或者临时居民身份证。

（2）居住在境内的 16 周岁以下的中国公民，为户口簿。

（3）中国人民解放军军人，为军人身份证件；中国人民武装警察，为武装警察身份证件。

（4）香港、澳门居民，为港澳居民往来内地通行证；台湾居民，为台湾居民来往大陆通行证或者其他有效旅行证件。

（5）外国公民，为护照。

前款未作规定的，依照有关法律、行政法规和国家有关规定执行。

2.《关于〈个人存款账户实名制规定〉施行后有关问题处置意见的通知》。

（1）居住在境内的16周岁以上的中国公民，在有关金融机构开立个人存款账户或在原账户上办理第一笔存款时，其实名身份证件除居民身份证或者临时居民身份证外，还包括户口簿、护照。

（2）军队（武装警察）离退休干部以及在解放军军事院校学习的现役军人，在有关金融机构开立个人存款账户或在原账户上办理第一笔存款时，其实名身份证件还包括离休干部荣誉证、军官退休证、文职干部退休证和军事院校学员证。

（3）居住在境内或境外的中国籍的华侨在有关金融机构开立个人存款账户或在原账户上办理第一笔存款时，其实名身份证件可以是中国护照。

（4）外国边民在我国边境地区的金融机构开立个人存款账户或在原账户上办理第一笔存款时，其实名身份证件除护照外，还可是所在国制发的《边民出入境通行证》。

（5）学生证、机动车驾驶证、介绍信以及法定身份证件的复印件不能作为实名证件使用。

（6）对部分大中专院校的学生开立存款账户问题，有关金融机构可主动商请学校提供便利。

3.《中国人民银行关于进一步落实个人人民币银行存款账户实名制的通知》。各类个人人民币银行存款账户（含个人银行结算账户、个人活期储蓄账户、个人定期存款账户、个人通知存款账户等，以下简称个人银行账户）必须以实名开立，即存款人开立各类个人银行账户时，必须提供真实、合法和完整的有效证明文件，账户名称与提供的证明文件中存款人名称一致。银行为存款人开立个人银行账户，存款人应出具以下有效证件：

（1）居住在中国境内16周岁以上的中国公民，应出具居民身份证或临时身份证。

军人、武装警察尚未申领居民身份证的，可出具军人、武装警察身份证件。

居住在境内或境外的中国籍的华侨，可出具中国护照。

（2）居住在中国境内16周岁以下的中国公民，应由监护人代理开立个人银行账户，出具监护人的有效身份证件以及账户使用人的居民身份证或户口簿。

（3）香港、澳门特别行政区居民，应出具港澳居民往来内地通行证；台湾居民，应出具台湾居民来往大陆通行证或其他有效旅行证件。

（4）外国公民，应出具护照或外国人永久居留证（外国边民，按照边贸结算的有关规定办理）。

除以上法定有效证件外，银行还可根据需要，要求存款人出具户口簿、护照、工作证、机动车驾驶证、社会保障卡、公用事业账单、学生证、介绍信等其他能证明身份的有效证件或证明文件，以进一步确认存款人身份。

（二）存款实名制的实施

1.《个人存款账户实名制规定》。个人在金融机构开立个人存款账户时，应当出示本人身份证件，使用实名。代理他人在金融机构开立个人存款账户的，代理人应当出示被代理人和代理人的身份证件。

在金融机构开立个人存款账户的，金融机构应当要求其出示本人身份证件，进行核对，并登记其身份证件上的姓名和号码。代理他人在金融机构开立个人存款账户的，金融机构应当要求其出示被代理人和代理人的身份证件，进行核对，并登记被代理人和代理人的身份证件上的姓名和号码。不出示本人身份证件或者不使用本人身份证件上的姓名的，金融机构不得为其开立个人存款账户。

金融机构及其工作人员负有为个人存款账户的情况保守秘密的责任。除法律另有规定的外，不得向任何单位或个人提供有关个人存款账户的情况，并有权拒绝任何单位或个人查询、冻结、扣划个人在金融机构的款项。否则，将予以严肃处理，造成严重后果的，要依法追究法律责任。

《个人存款账户实名制规定》施行前，已经在金融机构开立的个人存款账户，按照本规定施行前国家有关规定执行；《个人存款账户实名制规定》施行后，在原账户办理第一笔个人存款时，原账户没有使用实名的，应当依照本规定使用实名。

2. 《关于〈个人存款账户实名制规定〉施行后有关问题处置意见的通知》。对2000年4月1日前办理的个人与存款金融机构约定的自动转存定期整存整取存款或个人定期零存整取（到期本息一次清结）的存款，按4月1日以前的有关规定执行。在办理通存通兑业务中，不论存款人在异地、本地办理存入款项，均应按实名制规定办理。对2000年4月1日前，境内居民个人已开立的外汇现汇账户和外汇现钞账户，在4月1日后第一次到期转存时，应当出示法定身份证件办理；原账户户名未使用实名的，由存款人出示法定身份证件，银行直接更改其账户户名。老式户口簿的证件号码登录，可采取登录户口簿上存款人的出生年月日。代发工资、养老金等业务，在实名制施行过渡期内（3个月），有关金融机构按2000年4月1日前的规定办理；对于身份证件及号码的登录问题有关金融机构可通过单位集中办理。

3. 《中国人民银行关于〈个人存款账户实名制规定〉施行中有关问题处理意见的补充通知》。

（1）对于极少数尚未办理居民身份证又不能提供户口簿的边远农村居民要求开立储蓄账户或在原账户办理第一笔存款业务的，储蓄机构柜台经办人员应要求其提供所在村村民委员会开具的身份证明，经核实后，方可为其开立人民币储蓄账户或在原账户办理第一笔存款业务，并将该证明附存款底单后留存。该账户在补办实名登记之前，其存款余额不得超过1万元人民币。储蓄机构经办人办理业务时，应告知存款人在3个月内向该储蓄机构提供居民身份证，并补办实名登记。

（2）对于离开户口所在地外出就读的16周岁以下学生要求开立储蓄账户的，为解决其既无居民身份证又不能随身携带户口簿的问题，储蓄机构应凭本人学生证连同就读学校出具的证明为其开立人民币储蓄账户，办理小额存款。储蓄机构应登记发放学生证的学校名称、学生证号码，并将学校出具的证明附存款底单后留存。该账户在办理实名登记之前，其存款余额不得超过1万元人民币。

4.《中国人民银行关于进一步落实个人人民币银行存款账户实名制的通知》。

人民银行各分支机构要认真履行对个人银行账户的监督管理职责，加强对银行业金融机构落实账户实名制的指导、监督、检查。各银行要严格按照相关法律制度要求，加强对个人银行账户开立的审查，识别客户真实身份，不得为存款人开立假名和匿名账户；建立个人银行账户的跟踪检查制度，及时掌握存款人账户信息资料变动情况；建立健全个人银行账户开立和管理的内控制度，建立客户身份识别制度及责任制，加强对临柜人员的培训和检查。

各银行应加强对存款人的信用管理，逐步完善存款人信用记录档案，对于不正当使用银行账户和存在不良信用记录的存款人，银行有权实施更严格的身份认证措施；逐步实现同一存款人的各类银行账户在行内系统统一管理，鼓励存款人在同一银行账户下办理多种银行业务；在严格遵守对存款人身份认证基本规定的基础上，可以对不同的存款人确定差别身份认证标准，并按照账户余额、交易频率、交易金额及风险程度等进行分类管理。

存款人应以实名开立个人银行账户，并对其出具的开户申请资料的真实性和有效性负责。存款人开户信息资料发生变更时，应及时通知开户银行。

2000年4月1日前开立的个人银行账户，需要延续使用的，自本通知实施之日起，存款人到开户银行办理第一笔业务时，存款人应当出具拥有该存款的存折、存单等，并出示账户管理制度规定的有效身份证件，进行账户的重新确认。在2000年4月1日前开立的个人银行账户不再延续使用的，存款人应出具拥有该存款的存折、存单等，并出示账户管理制度规定的有效身份证件，办理销户手续。

（三）联网核查公民身份信息系统

1. 联网核查业务范围。为规范银行业金融机构（以下简称银行机构）联网核查公民身份信息（以下简称联网核查）业务处理，进一步落实银行账户实名制，促进征信体系建设和反洗钱工作开展，维护正常的经济金融秩序，中国人民银行制定了《银行业金融机构联网核查公民身份信息业务处理规定（试行）》和《联网核查公民身份信息系统操作规程（试行）》。中国人民银行和公安部2007年6月26日联合宣称，两部门已于6月29日完成联网核查公民身份信息系统在全国所有省份各类银行机构的运行。

联网核查是指银行机构通过联网核查系统核对公民身份信息，以验证客户出示的居民身份证所记载的姓名、公民身份证号、照片以及签发机关等信息真实性的行为。

按照相关规定，有四种情况，银行机构将对其公民身份信息进行联网核查：

一是银行账户业务，具体包括开立和变更个人储蓄账户、个人银行结算账户、单位银行结算账户业务；

二是支付结算业务，包括票据结算业务、银行卡结算业务、汇兑等业务；

三是信贷业务，具体包括个人贷款业务或单位贷款等业务；

四是其他银行业务，如交易金额单笔人民币5万元以上或者外币等值1万美元以上的现金存取业务。

银行机构为加强内部管理，在办理除规定业务之外的其他银行业务时也可进行联网核查。

2. 联网核查公民身份信息处理。

（1）核查时间：银行机构在办理规定业务时，需当场为客户办结的，应当场联网核查相关个人的公民身份信息；不需当场办结的，应在办结相关业务前联网核查相关个人的公民身份信息。

（2）核查结果：银行机构为办理规定业务而进行联网核查时，若相关个人的姓名、公民身份号码、照片和签发机关与居民身份证所记载的信息核对完全相符，可按照相关规定继续办理业务。

银行机构为办理规定业务而进行联网核查时，若个人的姓名、公民身份证号码、照片和签发机关中一项或多项核对不一致且能够确切判断客户出示的居民身份证为虚假证件，银行机构应拒绝为该客户办理相关业务。

银行机构为办理规定业务而进行联网核查时，若个人的姓名、公民身份证号码、照片和签发机关中一项或多项核对不一致且无法确切判断客户出示的居民身份证为虚假证件，相关业务处理方法如下：

①客户申请办理单位银行结算账户业务的，银行机构应暂停为该客户办理业务，同时，将核查结果明确告知客户，并及时对相关个人的居民身份证的真伪进行进一步核实。如其居民身份证经核实确属虚假证件，银行机构应拒绝为该客户办理业务，反之，可按相关规定继续办理业务。

②客户申请办理个人银行账户业务的，银行机构可继续为该客户办理业务。银行机构无论是否继续办理业务，均应将核查结果明确告知客户。银行机构继续办理业务的，应详细登记客户的联系方式（如通信地址、联系电话等，下同），并在办理业务后及时对相关个人的居民身份证的真伪进一步核实。如其居民身份证经核实确属虚假证件，银行机构应立即停办相关账户的支付结算业务。对于开户业务的，银行机构应及时通知该客户撤销账户，并将有关情况向中国人民银行当地分支机构报告；对于变更账户业务的，银行机构还应及时采取恢复原状、通知真实存款人等补救措施，并将有关情况向中国人民银行当地分支机构报告。

③客户申请办理支付结算业务的，银行机构可根据法规制度规定及内部管理要求决定是否为该客户办理相关业务。银行机构如拒绝为该客户办理业务，应将核查结果明确告知客户。银行机构如暂停为该客户办理业务，应将核查结果明确告知客户，及时对相关个人的居民身份证的真伪进行进一步核实，并根据核实情况决定是否继续办理业务。银行机构如继续为该客户办理相关业务，应详细登记客户的联系方式，并在办理业务后及时对相关个人的居民身份证的真伪进行进一步核实。如其居民身份证经核实确属虚假证件，银行机构应及时采取适当的补救措施，并将有关情况向中国人民银行当地分支机构报告。

银行机构为办理规定业务之外的其他业务而进行联网核查时，应区别相关银行业务的业务性质、客户类型、金额大小和风险程度等因素制定具体的联网核查业务处理方法，并将制定的业务处理方法向中国人民银行当地分支机构备案。

同一银行机构网点在办理规定业务时，如先前在为相关个人办理银行业务时已对其进行联网核查且其公民身份信息尚未发生变化，可不再对其进行联网核查；如对先前获得的相关个人的公民身份信息的真实性存在疑义，应当重新进行联网核查。

五、储蓄合同纠纷合规处理

案例导入： 余某某系某银行的储户，系卡号为×××银行卡（磁条借记卡）的持卡人。2023年8月21日、22日涉案银行卡交易9次，其中5次发生在海南，1次发生在广东汕头，3次系外币取款。余某某在2023年8月23日发现卡被盗刷，即向银行反映情况并向公安机关报警。2023年8月24日9时余某某往案涉银行卡存入100元，证明案涉银行卡一直由余某某保管，并没有出借、遗失等情形。2023年8月25日，某县公安局某派出所向余某某出具受案回执。至诉讼时，公安机关仍未能侦破此案。

银行认为，余某某的银行卡被取款后，未及时进行挂失，且银行卡应凭密码才能使用（支取），凡使用密码进行的交易均视为其本人所为，因此，余某某的损失应由其自行承担。银行对银行卡被取款或转账没有任何过错，不应承担赔偿责任。

二审法院认为，根据案涉银行卡被取现和转账的时间、地点等情况，同时结合在卷其他证据，余某某主张案涉银行卡内的存款系被他人盗取较为符合本案实际情况。某银行主张余某某存在自己或委托他人进行取款、转账的可能，但缺乏证据证明。因此，一审认定案涉银行卡系被他人盗刷，并无不当。某银行未能对其提供给余某某使用的银行卡及卡内存款尽到充足的安全保障义务，对余某某的存款损失具有过错，应承担赔偿责任。余某某对案涉银行卡及密码未尽妥善保管和审慎注意义务，对卡内存款被盗取也有过错。综合双方过错及本案实际情况，酌情确定余某某和某银行分别承担被盗取资金20%和80%的责任。

资料来源：中国裁判文书网，浙江省金华市中级人民法院（2024）浙07民终1312号，2024年6月18日裁判。

案例分析：

《中华人民共和国商业银行法》第六条规定，商业银行应当保障存款人的合法权益不受任何单位和个人的侵犯。依据该法律规定，银行对储户的存款具有法定的安全保障义务。该安全保障义务不仅包括被告应对其所发的银行卡本身的安全性予以保障，防止储户信息等信息数据被轻易盗用，还包括银行应保证其服务场所、系统设备安全适用。使用密码进行交易是储蓄存款合同履行的条款之一，不能仅仅以此一条款来免责。

内容讲解：

（一）储蓄合同纠纷合规处理法律法规依据

在有关银行储蓄业务的规定中，现行效力最高的法规是《中华人民共和国民法典》，属于基本法律的范畴；其次是国务院发布的《储蓄管理条例》和《个人存款账户实名制规定》，这些规定属于行政法规的范畴；此外，还有《最高人民法院关于审理存单纠纷案件的若干规定》《最高人民法院关于审理银行卡民事纠纷案件若干问题的规定》《最高人民法院关于银行工作人员未按规定办理储户挂失造成储户损失银行是否承担民事责任的批复》等司法解释。《银行卡业务管理办法》《信用卡业务管理办法》《支付结算办法》《关于执行〈储蓄管理条例〉的若干规定》《关于加强金融机构个人存取款业务管理的通知》《关于进一步加强大额现金支付管理的通知》等中国人民银行所颁布的部门规章，在法院审理案件中参照适用。

（二）储蓄合同当事人的权利和义务

《中华人民共和国商业银行法》第二十九条、《储蓄管理条例》第五条规定了储蓄机构办理个人储蓄业务应遵循的原则，即"存款自愿、取款自由、存款有息、为储户保密"原则，以保护个人存款的所有权。

1. 储户有权提取本息。根据"取款自由"的原则，储户可以随时提取存款本金和利息。但储户在提取存款时，应当按储蓄管理有关规定及合同约定办理。《储蓄管理条例》第二十九条规定："未到期的定期储蓄存款，储户提前支取的，必须持存单和存款人的身份证明办理；代储户支取的，代支取人必须持其身份证明。"第二十五条规定："逾期支取的储蓄存款，其超过原定存期的部分，除约定自动转存以外，按支取日挂牌公告的活期储蓄存款利率计付利息。"

2. 储户有权申请挂失。《储蓄管理条例》第三十一条规定："储户遗失存单、存折或者预留印鉴、印章的，必须立即持本人身份证明，并提供储户的姓名、开户时间、储蓄种类、金额、账号及住址等有关情况，向其开户的储蓄机构书面申请挂失。在特殊情况下，储户可以口头或者函电形式申请挂失，但必须在 5 天内补办书面申请挂失手续。"

3. 储户有权申请复核。《储蓄管理条例》第二十八条规定："储户认为储蓄存款利息支付有错误时，有权向经办的储蓄机构申请复核，经办的储蓄机构应当及时受理、复核。"

4. 储户有权解除储蓄合同。储户有权随时提取全部存款，无论是活期存款，还是定期存款。

5. 储蓄机构依规定支付存款本金和利息。《储蓄管理条例》第十四条规定："储蓄机构应当保证储蓄存款本金和利息的支付，不得违反规定拒绝支付储蓄存款的本金和利息。"当然，储蓄机构也不得违反合同约定支付本金和利息。

6. 储蓄机构应当为储户保密。《储蓄管理条例》第三十二条规定："储蓄机构及其工作人员对储户的储蓄情况负有保密责任。"除法律、行政法规另有规定的外，储蓄机构不得代任何单位和个人查询储户的储蓄情况。

7. 储蓄机构非依法律规定，不得冻结、划拨储户存款。《储蓄管理条例》第三十三条规定："储蓄存款的所有权发生争议，涉及办理过户的，储蓄机构依据人民法院发生法律效力的判决书、裁定书或者调解书办理过户手续。"

8. 储蓄机构按规定接受储户挂失。《储蓄管理条例》第三十条规定："记名式的存单、存折可以挂失，不记名的存单、存折不能挂失。"

（三）存单挂失纠纷合规处理

储户按照规定办理挂失手续，储蓄机构必须予以接受，并办理存款的挂失。储蓄机构受理挂失后，必须立即停止支付该储蓄存款，如果储蓄机构拒绝受理挂失，或者受理挂失后，仍支付该储蓄存款的，都构成违约。

1. 银行未按规定挂失法律责任。根据《最高人民法院关于银行工作人员未按规定办理储户挂失造成储户损失银行是否承担民事责任的批复》，银行工作人员接到存款人挂失电话后，未按规定办理临时止付的登记手续，致使该存款挂失后被他人冒领，受理挂失银行对由此造成的经济损失应依法承担民事责任。

2. 挂失合规程序。《中国人民银行关于执行〈储蓄管理条例〉的若干规定》第三十七条规定："储户的存单、存折如有遗失，必须立即持本人居民身份证明，并提供姓名、存款时间、种类、金额、账号及住址等有关情况，书面向原储蓄机构正式声明挂失止付。储蓄机构在确认该笔存款未被支取的前提下，方可受理挂失手续。挂失7天后，储户需与储蓄机构约定时间，办理补领新存单（折）或支取存款手续。如储户本人不能前往办理，可委托他人代为办理挂失手续，但被委托人要出示其身份证明。如储户不能办理书面挂失手续，而用电话、电报、信函挂失，则必须在挂失5天之内补办书面挂失手续，否则挂失不再有效。若存款在挂失前或挂失失效后已被他人支取，储蓄机构不负责任。"

《中国人民银行关于办理存单挂失手续有关问题的复函》中明确规定："储户遗失存单后，委托他人代为办理挂失手续只限于代为办理挂失申请手续。挂失申请手续办理完毕后，储户必须亲自到储蓄机构办理补领新存单（折）或支取存款手续。"

六、存款归属纠纷合规管理

案例导入1： 朱某诉称，其于2007年经人介绍在薛某某家任保姆一职，工作时长为3个月。在此期间，因其没有银行账户且身份证丢失无法补办，便借用雇主薛某某的身份证办理了一本活期存折，该存折一直由朱某自己保管及使用。朱某自述，十几年来其四处打工、捡拾废品，将挣得的每一笔钱均存入该存折，截至2021年12月已陆续存入60万余元，而薛某某本人从未使用过该账户。2019年，银行普查信息时发现该账户信息不全将其冻结。经了解，薛某某早已于2017年6月20日去世，无法到银行进行身份确认，导致朱某无法正常提取该账户的存款金额。无奈之下，朱某将薛某某子女诉至法院。

朱某提交的涉案银行账户存折显示，该账户从2007年开户至2021年，共计存入68笔款项，其中16笔存款系薛某某去世以后存入该账户。从存款的时间及金额上看，存款时间间隔相近，存款金额连续且递增，符合个人收入零存整取的特征。通过司法鉴定意见书可知涉案账户系朱某使用薛某某身份证开立，从每次存款单客户签名处"薛某某"的字样及薛某某本人习惯将自己名字书写为"薛某某（同音字）"，且通过同期的名字书写甄别可以确认涉案账户的款项系朱某所存。因涉案存折由朱某持有，故薛某某去世以后存入该存折的16笔款项应为朱某所有。对于薛某某在世前存入款项的归属问题。法院认为，根据生活常理，代为办理存款通常发生在两个关系要好的人之间，且代为存款的次数应为偶发性的，但涉案争议的存款自2007年至2016年间，近10年时间如果由朋友代为存款52笔，且存款涉及24个银行营业点，显然不符合常理。根据朱某的陈述，其仅在薛某某家当了3个月保姆，薛某某子女亦称平时照看薛某某时未见过朱某可知，涉案账户存款由朱某代薛某某存款的事实不成立。朱某提供的现有证据足够形成高度盖然性优势，涉案账户的存款应为朱某所有。朱某在十余年间，省吃俭用将自己的收入长期储蓄符合民众的生活观念，亦系勤俭节约的传统美德，朱某现已花甲之年，如无法支取生活将难以为继，亦有悖于保障人民群众的幸福感、获得感、安全感，故法院综合证据对朱某要求确认涉案账户内存款60万余元为其所有的诉讼请求予以支持。

资料来源：银川市西夏区人民法院，https：//www. nxfy. gov. cn/xwzx/2018jcdt/202212/t20221209_4947243. html。

案例分析：

银行存款作为一种较为特殊的动产，其所有权变动仍应遵循物权变动的一般原则。《中华人民共和国民法典》规定，动产物权的设立和转让，自交付时发生效力。因此当存款转入存款人银行账户时，物权即已发生转移，银行账户的实名制注册人即为银行存款的权利人。因此，对存款权利发生纠纷，银行应当以法院判决书、裁定书等法律文书确定存款权利归属。

案例导入2：原告C与Z系夫妻关系，二人共生育3个子女，2023年7月Z因死亡注销户籍。Z生前于2021年1月8日在被告银行存入10万元定期存款一笔，被告为Z出具存单一张，存期为3年，存款到期日为2024年1月8日，年利率是3.85%，支取方式是凭密码，账号15－3＊＊＊＊＊＊＊＊＊。存单到期后，2024年1月9日原告及其儿子前去银行取款，因原告不知道该存单密码，被告无法为原告办理取款相关手续。诉讼过程中，原告的女儿通过微信发送了两段视频至法院，表示其父亲Z名下的10万元存款由其母亲C继承，二人放弃继承。儿子亦表示同意案涉存款由原告继承。法院认为，储蓄存款合同关系依法成立有效，双方应按合同约定履行义务。被告应当按照《储蓄管理条例》规定向储户支付存款本息。原告要求被告支付该存款及利息并无不当，其他法定继承人亦无异议，法院依法予以支持。

资料来源：中国裁判文书网，（2024）鲁0683民初2293号，2024年4月25日裁判。

案例分析：

本案件中涉及存款人死亡的，存款怎么合规处置问题。Z财产由其继承人继承，银行作为存款债权的债务人，应该向谁进行支付。根据《中国人民银行关于执行〈储蓄管理条例〉的若干规定》，存款人死亡后，合法继承人为证明自己的身份和有权提取该项存款，应向当地公证处（尚未设立公证处的地方向县、市人民法院，下同）申请办理继承权证明书，银行凭此办理过户或支付手续。如该项存款的继承权发生争执时，应由人民法院判处。银行凭人民法院的判决书、裁定书或调解书办理过户或支付手续。

案例导入3：一位任姓储户，在临终前，因怕儿子吃亏，便将一笔60 000元定期存款的情况告诉给了儿子，并写下遗嘱。父亲去世后，儿子带着父亲的死亡证明书、未经公证的遗嘱及本人身份证，办理了此笔存款的挂失手续。办完挂失后，他请求柜台人员帮他查一下，看他父亲生前还有无其他存款。经查发现还有一笔1万元的定期存款，他遂又办理了挂失手续。一周后，他带着挂失申请书及本人身份证，提前支取了上述两笔存款。后来，他的继母带着这两笔存款的存单、丈夫的身份证、经公证的遗嘱和本人身份证前来支取存款，并与银行发生了纠纷。法院认定银行由于在查询遗嘱上的过失，侵害了该存款所有权人的利益，故应承担赔偿损失责任。

内容讲解：

存款归属发生纠纷，银行应当基于法律法规的规定进行合规处理，不能凭直觉进行随意分配。

（一）继承相关法律规定

1. 继承基本规定。《中华人民共和国民法典》继承编的规定，国家保护自然人的继承权。继承开始后，按照法定继承办理；有遗嘱的，按照遗嘱继承或者遗赠办理；有遗赠扶养协议的，按照协议办理。继承开始后，继承人放弃继承的，应当在遗产处理前，以书面形式作出放弃继承的表示；没有表示的，视为接受继承。受遗赠人应当在知道受遗赠后 60 日内，作出接受或者放弃受遗赠的表示；到期没有表示的，视为放弃受遗赠。

2. 继承顺序。继承权男女平等。法定继承人的范围及继承顺序，遗产按照下列顺序继承：

（1）第一顺序，配偶、子女、父母；

（2）第二顺序，兄弟姐妹、祖父母、外祖父母。

继承开始后，由第一顺序继承人继承，第二顺序继承人不继承；没有第一顺序继承人继承的，由第二顺序继承人继承。子女，包括婚生子女、非婚生子女、养子女和有扶养关系的继子女。母，包括生父母、养父母和有扶养关系的继父母。兄弟姐妹，包括同父母的兄弟姐妹、同父异母或者同母异父的兄弟姐妹、养兄弟姐妹、有扶养关系的继兄弟姐妹。

被继承人的子女先于被继承人死亡的，由被继承人的子女的直系晚辈血亲代位继承。被继承人的兄弟姐妹先于被继承人死亡的，由被继承人的兄弟姐妹的子女代位继承。代位继承人一般只能继承被代位继承人有权继承的遗产份额。

丧偶儿媳对公婆，丧偶女婿对岳父母，尽了主要赡养义务的，作为第一顺序继承人。

3. 遗产分配原则。同一顺序继承人继承遗产的份额，一般应当均等。继承人协商同意的，也可以不均等。

对生活有特殊困难又缺乏劳动能力的继承人，分配遗产时，应当予以照顾。

对被继承人尽了主要扶养义务或者与被继承人共同生活的继承人，分配遗产时，可以多分。有扶养能力和有扶养条件的继承人，不尽扶养义务的，分配遗产时，应当不分或者少分。

（二）存款人死亡的存款处理

1.《中国人民银行关于执行〈储蓄管理条例〉的若干规定》中关于存款人死亡的存款规定。储蓄存款的所有权发生争议，涉及办理过户或支付手续，应慎重处理。

（1）存款人死亡后，合法继承人为证明自己的身份和有权提取该项存款，应向当地公证处（尚未设立公证处的地方向县、市人民法院，下同）申请办理继承权证明书，银行凭此办理过户或支付手续。如该项存款的继承权发生争执时，应由人民法院判处。银行凭人民法院的判决书、裁定书或调解书办理过户或支付手续。

（2）在国外的华侨、中国血统外籍人和港澳同胞在国内银行的存款或委托银行代为保管的存款，原存款人死亡，如其合法继承人在国内者，凭原存款人的死亡证（或其他可以证明存款人确实死亡的证明）向当地公证处申请办理继承权证明书，银行凭以办理存款的过户或支付手续。

（3）在我国定居的外侨（包括无国籍者）在我国银行的存款，其存款过户或提取手续与我国公民存款处理手续相同，应按照上述规定办理。与我国订有双边领事协定的外国侨民应按协定的具体规定办理。

（4）继承人在国外者，可凭原存款人的死亡证明和经我国驻该国使领馆认证的亲属证明，向我国公证机关申请办理继承权证明书，银行凭以办理存款的过户或支付手续。

继承人所在国如系禁汇国家，按上述规定办理有困难时，可由当地侨团、友好社团和爱国侨领、友好人士提供证明，并由我驻所在国使领馆认证后，向我国公安机关申请办理继承权证明书，银行再凭以办理过户或支付手续。

继承人所在国如未与我国建交，应根据特殊情况，特殊处理。

居住国外的继承人继承在国内银行的存款，能否汇出国外，应按我国外汇管理条例的有关规定办理。

（5）存款人死亡后，无法定继承人又无遗嘱的，经公证部门的证明，暂按财政部规定处理：全民所有制企、事业单位，国家机关，群众团体的职工存款，上缴财政部门入库收归国有；集体所有制企、事业单位的职工存款，可转归集体所有。此项上缴国库或转归集体所有的存款都不计利息。

2. 查询已故存款人存款。中国银保监会、司法部联合发布的《关于简化查询已故存款人存款相关事项的通知》对查询已故存款人存款做了简化规定：

已故存款人的配偶、父母、子女凭已故存款人死亡证明、可表明亲属关系的文件（如居民户口簿、结婚证、出生证明等）以及本人有效身份证件，公证遗嘱指定的继承人或受遗赠人凭已故存款人死亡证明、公证遗嘱及本人有效身份证件，可单独或共同向存款所在银行业金融机构提交书面申请，办理存款查询业务。查询范围包括存款余额、银行业金融机构自身发行或管理的非存款类金融资产的余额。银行业金融机构经形式审查符合要求后，应书面告知申请人所查询余额。对代销且无法确定金额的第三方产品，银行业金融机构应告知申请人到相关机构查询。未尽事宜，按照《司法部　中国银行业监督管理委员会关于在办理继承公证过程中查询被继承人名下存款等事宜的通知》执行。

3. 已故存款人存款提取。已故存款人存款提取事项，按照《中国人民银行关于执行〈储蓄管理条例〉的若干规定》以及《中国人民银行　最高人民法院　最高人民检察院　公安部　司法部关于查询、停止支付和没收个人在银行的存款以及存款人死亡后的存款过户或支付手续的联合通知》办理。

为进一步优化金融服务，便利群众办理存款继承，根据《中华人民共和国商业银行法》《中华人民共和国银行业监督管理法》《储蓄管理条例》等法律和行政法规，经商相关部门，2021 年 1 月 28 日，中国银保监会、中国人民银行决定简化已故存款人小额存款提取手续，颁布《关于简化提取已故存款人小额存款相关事宜的通知》（简称 18 号文）。2024年6月1日起实施的《国家金融监督管理总局　中国人民银行关于优化已故存款人小额存款提取有关要求的通知》，在《关于简化提取已故存款人小额存款相关事宜的通知》的基础上，优化了已故存款人小额存款提取业务办理要求。

（1）符合条件的已故存款人的继承人，向银行业金融机构申请提取已故存款人的小额存款，银行业金融机构应当按照本通知规定办理，不再适用《中国人民银行关于执行〈储蓄管理条例〉的若干规定》以及《中国人民银行　最高人民法院　最高人民检察院　公安部　司法部关于查询、停止支付和没收个人在银行的存款以及存款人死亡后的存款过户或支付手续的联合通知》关于提取已故存款人存款须经公证的规定。

（2）适用本通知规定办理已故存款人小额存款提取业务应当同时符合下列条件：

①已故存款人在同一法人银行业金融机构的账户余额合计不超过1万元人民币（或等值外币，不含未结利息）；《关于优化已故存款人小额存款提取有关要求的通知》将前款账户限额统一提高至5万元人民币（或等值外币，不含未结利息），农村中小银行应当于2025年12月31日前落实该要求。

②提取申请人为已故存款人的配偶、子女、父母，或者公证遗嘱指定的继承人、受遗赠人。

③提取申请人同意一次性提取已故存款人存款及利息，并在提取后注销已故存款人账户。

（3）银行业金融机构自身发行的非存款类金融产品适用本通知关于简化提取的规定，其本金和收益一并计入账户限额。

非存款类金融产品未到期且无法提前终止，或者无法办理非交易过户的，应当在该产品到期或满足赎回条件后一次性提取。

银行业金融机构代为办理公积金提取等业务的，应当告知提取申请人按照相关部门的要求办理。银行业金融机构黄金积存产品以及代理销售的国债、理财产品可以在到期或赎回后，按照18号文要求办理提取，其本金和实际收益一并计入账户限额。银行业金融机构应当引导提取申请人合理安排提取时间，协助提取申请人向理财产品的管理人申请办理赎回或非交易过户。

（4）已故存款人的配偶、子女、父母办理已故存款人小额存款提取业务，应当向存款所在银行业金融机构提交以下材料：

①死亡证明等能够证明已故存款人死亡事实的材料；

②居民户口簿、结婚证、出生证明等能够证明亲属关系的材料；

③提取申请人的有效身份证件；

④提取申请人亲笔签名的承诺书。

（5）已故存款人的公证遗嘱指定的继承人或受遗赠人办理已故存款人小额存款提取业务，应当向存款所在银行业金融机构提交以下材料：

①死亡证明等能够证明已故存款人死亡事实的材料；

②指定提取申请人为已故存款人的继承人或受遗赠人的公证遗嘱；

③提取申请人的有效身份证件；

④提取申请人亲笔签名的承诺书。

（6）银行业金融机构应当对提取申请人提交的材料进行必要审查，审查时应当尽到合理谨慎义务。提取申请人提交的有关材料不齐全或不符合要求的，银行业金融机构应当一次性告知申请人相关要求。已故存款人账户汇入丧葬费、抚恤金的，银行业金融机构可以参照18号文关于申请人提交材料的要求，为第一顺序继承人办理丧葬费、抚恤金的简化提取。丧葬费、抚恤金不计入《关于优化已故存款人小额存款提取有关要求的通知》第一条规定的账户限额。

银行业金融机构应当建立健全已故存款人小额存款尽职免责机制，对于由简化提取引起的投诉、诉讼、资金损失，办理人员尽到合理谨慎义务的，实行尽职免责。

（7）提取申请人隐瞒真实情况，通过提交虚假材料、作出虚假承诺等方式冒领存款，涉嫌犯罪的，银行业金融机构应当将相关线索移交司法机关。

（8）银行业金融机构应当加强对已故存款人小额存款提取业务的内控管理，制定规范的业务流程和操作标准，妥善保管客户信息及交易资料。

（9）银行业金融机构应当加强与公安部门、民政部门、公证机构等相关单位的协作，健全信息联网核查机制，保障存款安全和继承人合法权益。

（10）银行业自律组织应当充分发挥行业自律、协调和服务职能，指导会员制定已故存款人小额存款业务规范，协调做好相关政策咨询和金融服务。

（11）根据经济社会发展情况，银保监会商人民银行可以调整第（2）条规定的小额存款的金额标准。

（12）本通知不适用于涉及境外个人的存款提取事项。

境外个人包括持港澳居民来往内地通行证、台湾居民来往大陆通行证、港澳台居民身份证或其他有效旅行证件的港澳台同胞，持外籍护照或外国人永久居留证的外国公民，以及持中国护照及境外永久居留证件的定居国外的中国公民。

（13）账户明细的查询。已故存款人的第一顺序继承人在提取已故存款人存款时，基于合法、正当理由申请查询已故存款人账户交易明细的，银行业金融机构应当应申请人要求，提供已故存款人死亡后以及死亡前6个月内的账户交易明细。已故存款人生前另有安排的除外。

第二节　金融机构协助查询、冻结、扣划工作合规管理

一、协助查询业务

案例导入1： 某公安机关两名工作人员至某银行郑州分行办理司法查询业务，申请查询100多个单位账户流水以及调取相关业务资料，且因办案需要，调取时间较为紧急。该行工作人员考虑到司法查询业务情况紧急，为不耽误案件处理进度，立即展开协助司法查询工作。一方面，克服窗口压力开通专属通道，安排专人迅速办理，及时准确完成查询工作；另一方面，积极与各部门协调沟通，时间并行，快速为公安机关调取相

关业务资料，为公安机关快速办结案件提供助力。为深化警银合作，配合司法机关打击治理违法犯罪活动，在有权机关至网点司法查冻扣时，该行开设绿色通道，专人全流程服务，前中后台紧密配合，提升业务办理效率，确保司法查冻扣业务准确及时高效完成。同时优化系统，通过线上平台实现司法机关查询、冻结等业务需求，提升应急处理效率。

案例导入 2：某法院三名执行干警前往赤峰市某银行对一起执行案件被执行人的银行账户进行查询、冻结。然而银行工作人员在接到手续后却以需要有关领导的签字才能办理，领导暂时没在为由拒绝办理。经执行法官与银行工作人员的交涉，银行方面同意自行领导签字后再予以协助办理。经过一段时间的等待后，银行工作人员只将查询存款回执单交回，并通知执行法官称已到下班时间，无法协助办理冻结手续。在执行法官的说服教育没有任何结果的情况下，为防止被执行人银行账户存款被恶意转移，执行法官将相关冻结账户手续留置送达，并对该金融机构作出 15 万元处罚决定。

案例分析：

近年来，电信诈骗案件、金融诈骗案件多发，犯罪分子往往利用金融机构支付网络分散和转移资金，导致案件追赃困难，人民群众损失巨大，无法挽回损失。在民事诉讼案件中，由于执行存在困难，无法查找被告人财产，有些当事人赢了官司，但输了钱。

金融机构应当依法做好协助工作，建立健全有关规章制度，切实加强协助查询、冻结、扣划的管理工作。金融机构应当在其营业机构确定专职部门或专职人员，负责接待要求协助查询、冻结和扣划的有权机关，及时处理协助事宜，并注意保守国家秘密。

内容讲解：

根据《金融机构协助查询、冻结、扣划工作管理规定》，"协助查询、冻结、扣划"是指金融机构依法协助有权机关查询、冻结、扣划单位或个人在金融机构存款的行为。规定所称有权机关是指依照法律、行政法规的明确规定，有权查询、冻结、扣划单位或个人在金融机构存款的司法机关、行政机关、军事机关及行使行政职能的事业单位。协助查询、冻结和扣划工作应当遵循依法合规、不损害客户合法权益的原则。

协助查询是指金融机构依照有关法律或行政法规的规定以及有权机关查询的要求，将单位或个人存款的金额、币种以及其他存款信息告知有权机关的行为。

（一）金融机构协助查询规定

办理协助查询业务时，经办人员应当核实执法人员的工作证件，以及有权机关县团级以上（含，下同）机构签发的协助查询存款通知书。金融机构协助有权机关查询的资料应限于存款资料，包括被查询单位或个人开户、存款情况以及与存款有关的会计凭证、账簿、对账单等资料。对上述资料，金融机构应当如实提供，有权机关根据需要可以抄录、复制、照相，但不得带走原件。金融机构协助复制存款资料等支付了成本费用的，可以按相关规定收取工本费。有权机关在查询单位存款情况时，只提供被查询单位名称而未提供账号的，金融机构应当根据账户管理档案积极协助查询，没有所查询的账户的，应如实告知有权机关。

（二）金融机构保密要求

金融机构对有权机关办理查询、冻结和扣划手续完备的，应当认真协助办理。在接到协助冻结、扣划存款通知书后，不得再扣划应当协助执行的款项用于收贷收息，不得向被查询、冻结、扣划单位或个人通风报信，帮助隐匿或转移存款。金融机构在协助有权机关办理完毕查询存款手续后，有权机关要求予以保密的，金融机构应当保守秘密。金融机构在协助有权机关办理完毕冻结、扣划存款手续后，根据业务需要可以通知存款单位或个人。

二、协助冻结业务

案例导入：银行因协助执行差错少冻结款项 7 560 000 元，致使应冻结款项被转移，法院责令银行在限期内追回已转移的款项并裁定其以自己的财产向申请执行人承担 7 560 000 元的责任。银行申请执行异议，一审裁定驳回，二审支持了银行的执行异议。

某法院作出冻结××明案涉账户存款的裁定及协助执行通知书，相关支行应当依法予以办理。但因该行工作人员的原因，该账户本应限额冻结 8 400 000 元，仅限额冻结840 000 元，实际冻结金额 203 365.76 元。法院作出冻结裁定的次日，××明账户即发生多次转入、转出的操作，涉及金额达 756 万余元。法院作出冻结××明案涉账户存款的裁定及协助执行通知书后，相关支行仅实际冻结 203 365.76 元。

案例分析：

《最高人民法院关于人民法院执行工作若干问题的规定（试行）》第 33 条规定："金融机构擅自解冻被人民法院冻结的款项，致冻结款项被转移的，人民法院有权责令其限期追回已转移的款项。在限期内未能追回的，应当裁定该金融机构在转移的款项范围内以自己的财产向申请执行人承担责任。"现有证据不能证明相关支行主观上故意擅自解冻法院已冻结款项并将款项转出，不属于《最高人民法院关于人民法院执行工作若干问题的规定（试行）》第 33 条规定的情形，故一审法院据此作出责令相关支行追回被转移款项的通知书和在未追回的范围内以自己的财产向石某承担还款责任的执行裁定书，属适用法律不当，应予纠正。申请执行人石某对相关支行在履行协助执行义务中因过错行为造成的损失，可通过民事诉讼程序主张权利。

内容讲解：

协助冻结是指金融机构依照法律的规定以及有权机关冻结的要求，在一定时期内禁止单位或个人提取其存款账户内的全部或部分存款的行为。金融机构协助冻结存款应当依法合规办理。

（一）所需审核证件

办理协助冻结业务时，金融机构经办人员应当核实以下证件和法律文书：

1. 有权机关执法人员的工作证件；

2. 有权机关县团级以上机构签发的协助冻结存款通知书，法律、行政法规规定应当由有权机关主要负责人签字的，应当由主要负责人签字；

3. 人民法院出具的冻结存款裁定书、其他有权机关出具的冻结存款决定书。

（二）冻结的期限

人民法院冻结被执行人的银行存款的期限不得超过一年，期满后可以续冻。有权机关应在冻结期满前办理续冻手续，逾期未办理续冻手续的，视为自动解除冻结措施。有权机关要求对已被冻结的存款再行冻结的，金融机构不予办理并应当说明情况。

在冻结期限内，只有在原作出冻结决定的有权机关作出解冻决定并出具解除冻结存款通知书的情况下，金融机构才能对已经冻结的存款予以解冻。被冻结存款的单位或个人对冻结提出异议的，金融机构应告知其与作出冻结决定的有权机关联系，在存款冻结期限内金融机构不得自行解冻。有权机关在冻结、解冻工作中发生错误，其上级机关直接作出变更决定或裁定的，金融机构接到变更决定书或裁定书后，应当予以办理。

三、协助扣划业务

案例导入：原告（银行）系被告（案涉账户户主）的开户行，原告先后协助 A、B 两家法院对案涉账户进行了冻结。被告案涉账户内的全部资金不足清偿，原告应将账户内的冻结金额优先划拨给冻结时间在前且仍在冻结期限的 A 法院账户。但是，原告误将部分款项划拨给 B 法院账户，原告在收到 A 法院的划款通知后，用自己账户的资金把对应金额款项付至 A 法院账户。后原告以不当得利为由起诉被告要求返还相应款项。

B 法院的冻结属于轮候冻结，轮候冻结自在先的冻结解除时生效，本案银行在 A 法院未解除冻结的情况下，对 B 法院没有协助扣划的义务，其将款项划拨给 B 法院，并非是履行法律规定的义务，属于其自身工作过错造成的。

案例分析：

金融机构应当按照内控制度的规定建立和完善协助查询、冻结和扣划工作的登记制度。金融机构在协助有权机关办理查询、冻结和扣划手续时，应对下列情况进行登记：有权机关名称，执法人员姓名和证件号码，金融机构经办人员姓名，被查询、冻结、扣划单位或个人的名称或姓名，协助查询、冻结、扣划的时间和金额，相关法律文书名称及文号，协助结果等。登记表应当在协助办理查询、冻结、扣划手续时填写，并由有权机关执法人员和金融机构经办人签字。金融机构应当妥善保存登记表，并严格保守有关国家秘密。金融机构协助查询、冻结、扣划存款，涉及内控制度中的核实、授权和审批工作时，应当严格按内控制度及时办理相关手续，不得拖延推诿。

金融机构应当加强对员工协助查询、冻结、扣划业务培训，加强员工业务风险教育，避免不必要的法律风险。

内容讲解：

协助扣划是指金融机构依照法律的规定以及有权机关扣划的要求，将单位或个人存款账户内的全部或部分存款资金划拨到指定账户上的行为。

（一）所需审核证件

办理协助扣划业务时，金融机构经办人员应当核实以下证件和法律文书：

1. 有权机关执法人员的工作证件；

2. 有权机关县团级以上机构签发的协助扣划存款通知书，法律、行政法规规定应当由有权机关主要负责人签字的，应当由主要负责人签字；

3. 有关生效法律文书或行政机关的有关决定书。

（二）扣划业务处理

金融机构协助扣划时，应当将扣划的存款直接划入有权机关指定的账户。有权机关要求提取现金的，金融机构不予协助。

四、协助查询、冻结、扣划业务所需注意的内容

金融机构在协助冻结、扣划单位或个人存款时，应当审查以下内容。

1. "协助冻结、扣划存款通知书"须填写被冻结或扣划存款的单位或个人开户金融机构名称、户名和账号、大小写金额。

2. "协助冻结、扣划存款通知书"上的义务人应与所依据的法律文书上的义务人相同。

3. "协助冻结、扣划存款通知书"上的冻结或扣划金额应当是确定的。如发现缺少应附的法律文书，以及法律文书有关内容与"协助冻结、扣划存款通知书"的内容不符，应说明原因，退回"协助冻结、扣划存款通知书"或所附的法律文书。

有权机关对个人存款户不能提供账户的，金融机构应当要求有权机关提供该个人的居民身份证号码或其他足以确定该个人存款账户的情况。

查询、冻结、扣划存款通知书与解除冻结、扣划存款通知书均应由有权机关执法人员依法送达，金融机构不接受有权机关执法人员以外的人员代为送达的上述通知书。

两个以上有权机关对同一单位或个人的同一笔存款采取冻结或扣划措施时，金融机构应当协助最先送达协助冻结、扣划存款通知书的有权机关办理冻结、扣划手续。两个以上有权机关对金融机构协助冻结、扣划的具体措施有争议的，金融机构应当按照有关争议机关协商后的意见办理。

五、金融机构协助人民法院网络查询、冻结、扣划业务

人民法院与金融机构已建立网络执行查控机制的，可以通过网络实施查询、冻结被执行人存款等措施。人民法院通过网络查询、冻结、续冻、解冻被执行人存款，与执行人员赴金融机构营业场所查询、冻结、续冻、解冻被执行人存款具有同等效力。

（一）人民法院网络协助查询、冻结、扣划业务证件

人民法院实施网络执行查控措施，应当事前统一向相应金融机构报备有权通过网络采取执行查控措施的特定执行人员的相关公务证件。办理具体业务时，不再另行向相应金融机构提供执行人员的相关公务证件。

（二）人民法院网络协助查询、冻结、扣划业务法律文书

人民法院通过网络查询被执行人存款时，应当向金融机构传输电子协助查询存款通知书。多案集中查询的，可以附汇总的案件查询清单。对查询到的被执行人存款需要冻结或者续行冻结的，人民法院应当及时向金融机构传输电子冻结裁定书和协助冻结存款通知书。对冻结的被执行人存款需要解除冻结的，人民法院应当及时向金融机构传输电子解除冻结裁定书和协助解除冻结存款通知书。

人民法院向金融机构传输的法律文书，应当加盖电子印章。

作为协助执行人的金融机构完成查询、冻结等事项后，应当及时通过网络向人民法院回复加盖电子印章的查询、冻结等结果。人民法院出具的电子法律文书和金融机构出具的电子查询、冻结等结果，与纸质法律文书及反馈结果具有同等效力。

（三）金融机构协助人民法院网络查询

金融机构协助人民法院采取网络查询措施的，应当根据所提供的被执行人基本信息数据，在本单位生产数据库或实时备份库中查询，并通过网络执行查控系统实时反馈查询结果。被执行人有开立账户记录的，金融机构应反馈开户时间、开户行名称、户名、账号、账户性质、账户状态（含已注销的账户）、余额、联系电话、被有权机关冻结的情况等信息；被执行人有存款以外的其他金融资产的，金融机构应反馈关联资金账户、资产管理人等信息。被执行人未开立账户，金融机构应反馈查无开户信息。

（四）金融机构协助网络冻结存款

金融机构协助冻结被执行人存款的，应当根据人民法院要求冻结的金额冻结指定账户，并向人民法院反馈冻结账户对应的应冻结金额（要求冻结的金额）、实际冻结金额、冻结起止时间等信息。

当被执行人账户中的可用余额小于应冻结金额时，金融机构应对指定账户按照人民法院要求冻结的金额进行限额冻结。

有权机关要求金融机构对指定账户进行轮候冻结的，金融机构应按有权机关要求的金额对指定账户冻结的限制额度叠加，进行限额冻结，并反馈冻结账户对应的应冻结金额（要求冻结的金额）、实际冻结金额、冻结起止时间以及先前顺序冻结记录等信息。

有权机关要求金融机构对指定账户进行继续冻结（续冻）的，金融机构应按有权机关的要求延长原冻结事项的截止时间，并反馈冻结账户对应的应冻结金额（要求冻结的金额）、实际冻结金额、冻结起止时间以及前后顺序冻结记录等信息。

（五）金融机构协助网络扣划存款

执行法院通过网络执行查控系统对被执行人的存款采取扣划措施的，应当将款项扣划至本院执行款专户；被执行人的存款为外币的，应当将款项扣划至本院外币执行款专户。

执行法院通过网络执行查控系统对被执行人的存款采取扣划措施的，应当在协助执行通知书中载明扣划的账号、扣划金额、执行款专户信息（包括开户行名称、账号、户名）。金融机构应当按照协助执行通知书的要求，将被执行人的存款扣划至执行法院的执行款专户。执行法院扣划被执行人已经被冻结的存款，无须先行解除原冻结措施。

金融机构协助扣划被执行人存款的，反馈的回执中应当载明实际扣划金额、未扣划金额（执行法院对已冻结的存款部分扣划的，原冻结金额与本次实际扣划金额的差额）等内容。

案例讨论：

法院依据已经发生法律效力的某市中级人民法院（2017）陕 07 民终 924 号及本院（2017）陕 0725 民初 587 号民事判决书，执行申请执行人朱某某与被执行人刘某某民间借贷纠纷一案。执行依据确定：刘某某偿还朱某某借款本金 80 000 元及利息 34 400 元，负担案件受理费 1 425 元。逾期，被执行人刘某某未履行。申请执行人朱某某于 2018 年 1 月 5 日向本院申请强制执行。2020 年 4 月法院冻结、划拨被执行人刘某某银行存款 37 217 元至勉县人民法院账户；2022 年 12 月，法院依法冻结、划拨被执行人刘某某银行账户存款 22 348.93 元至勉县人民法院账户；2023 年 11 月法院依法冻结、划拨被执行人刘某某银行账户存款 14 840.07 元至勉县人民法院账户。执行款已足额兑付申请执行人。民事判决书申请执行的内容已全部执行完毕，本案依法结案。

资料来源：中国裁判文书网，陕西省勉县人民法院（2024）陕 0725 执恢 49 号，2024 年 3 月 15 日裁判。

问题：银行柜台人员在司法协助时应该如何配合？

答案提示：《中国人民银行关于执行〈储蓄管理条例〉的若干规定》第三十九条：为维护储户的利益，凡查询、冻结、扣划个人存款者必须按法律、行政法规规定办理，任何单位不得擅自查询、冻结和扣划储户的存款。

第三节　商业银行代理个人业务合规管理

一、商业银行代理个人业务合规管理

案例导入：某商业银行代理个人生活缴费业务

1. 业务介绍

该商业银行的个人生活缴费业务涉及生活中各种经常性发生的费用，如代收代缴水电煤费、代收代缴固定电话费、代收代缴有线电视费、代收代缴税款业务、代收代缴罚没款业务等。代收代缴是指银行接受收款单位和付款人（客户）的委托，将付款人在银行账户（单位为结算账户，个人为银行卡或活期储蓄存折账户）的资金按当期付款人应缴纳的金额在约定的时间划付给收费单位的资金结算产品。

2. 代理流程

（1）收款单位与银行签订代收费业务协议；

（2）客户开有银行卡或活期储蓄存折账户，签订代收缴费业务委托书，若单位为付款人的也应签订代收代缴业务委托书；

（3）代收费业务收费单位按时提供代收费数据；

（4）扣款不成功由银行将不成功信息反馈给收费单位，便于收费单位修改和向客户催收。

案例分析：

商业银行中间业务广义上讲是指不构成商业银行表内资产、表内负债，形成银行非利息收入的业务。商业银行在资产业务和负债业务的基础上，利用技术、信息、机构网络、资金和信誉等方面的优势，不运用或较少运用银行的资财，以中间人和代理人的身份替客户办理收付、咨询、代理、担保、租赁及其他委托事项，提供各类金融服务并收取一定费用的经营活动。商业银行代理个人生活缴费业务是代办性中间业务，指商业银

行接受客户委托，利用自身经营管理方面的优势，向客户提供各种代办服务的业务。代办性中间业务是商业银行品种最多的中间业务种类，主要有代办债券发行、兑付、买卖，代收税金、罚没款项，代收电费、水费、电话费，代发工资，代办证券资金清算，代办集团资金解缴等。

相对其他中间业务，代办性中间业务风险较小，但不能说没有风险。商业银行应当按照相关代理协议和业务规范等文件合规开展业务。商业银行代理个人业务，是代理行为，其法律特征符合《中华人民共和国民法典》代理特征，业务应当遵守有关代理的法律规定。

内容讲解：

（一）代理的定义

《中华人民共和国民法典》规定，民事主体可以通过代理人实施民事法律行为。依照法律规定、当事人约定或者民事法律行为的性质，应当由本人亲自实施的民事法律行为，不得代理。代理人在代理权限内，以被代理人名义实施的民事法律行为，对被代理人发生效力。

（二）委托代理

代理包括委托代理和法定代理。委托代理人按照被代理人的委托行使代理权。法定代理人依照法律的规定行使代理权。代理人不履行或者不完全履行职责，造成被代理人损害的，应当承担民事责任。代理人和相对人恶意串通，损害被代理人合法权益的，代理人和相对人应当承担连带责任。

因委托代理中，被代理人是以意思表示的方法将代理权授予代理人的，故委托代理又称"意定代理"或"任意代理"。民事法律行为的委托代理，可以采用书面形式，也可以采用口头形式。委托代理授权采用书面形式的，授权委托书应当载明代理人的姓名或者名称、代理事项、权限和期间，并由被代理人签名或者盖章。

委托代理人为被代理人的利益需要转托他人代理的，应当事先取得被代理人的同意。事先没有取得被代理人同意的，应当在事后及时告诉被代理人，如果被代理人不同意，由代理人对自己所转托的人的行为负民事责任，但在紧急情况下，为了保护被代理人的利益而转托他人代理的除外。

有下列情形之一的，委托代理终止：

（1）代理期间届满或者代理事务完成；

（2）被代理人取消委托或者代理人辞去委托；

（3）代理人丧失民事行为能力；

（4）代理人或者被代理人死亡；

（5）作为代理人或者被代理人的法人、非法人组织终止。

（三）商业银行委托代理业务

商业银行的代理业务是指商业银行作为代理人接受客户的委托，代为办理客户指定的经济事务的业务。代理业务具有代客户服务的性质，一般不要求被代理人转移财产所有权，是代理人和被代理人之间产生的一种契约关系的法律行为。目前就我国商业银行来看，代理类中间业务是其主要形式的中间业务。代理类中间业务从被代理者主体来看，主要有商业银行代理金融机构之间的业务和商业银行代理企业、个人、其他经济主体经济事务的业务。

商业银行办理代收代付业务应坚持以下基本原则，防止由此产生的经济和法律纠纷。

（1）明确代收代付业务金额的使用方向。客户要求商业银行代理收付时，必须向商业银行提出申请，并明确所收付款项的金额、用途和代理形式。

（2）签订收付款项的代理合同。商业银行为客户代理收付款项时，要签订合同或代理协议，明确责任，避免经济纠纷。

（3）要坚持互惠互利原则。商业银行为客户代收代付款项时，要坚持互惠互利原则，根据具体情况，按照一定的规定，收取合理的手续费用。

（4）要以国家的相关法规为业务依据。商业银行为客户代收代付款项时，要遵守国家有关法律及政策规定，遵守商业银行的结算原则。

（5）要坚持银行不垫款原则。商业银行为客户代收代付款项时，付款方不能按时交纳款项时，商业银行不负任何责任，要坚持银行不垫款原则，但有义务向客户提供真实情况。

二、柜面通业务合规管理

案例导入 1：某银行易时行柜面通业务

某银行易时行柜面通利用中国人民银行结算网络，客户可在参与行柜台实现卡/折账户的跨行查询、存款、取款和转账业务。已加入易时行柜面通的参与行共有 33 家，分别为交通银行浙江省分行、浦发银行杭州分行、杭州银行、浙商银行、恒丰银行杭州分行、台州银行、渤海银行杭州分行、稠州商业银行、泰隆商业银行、金华银行、温州民商银行等。

银行卡/折到他行柜面（可视实际管理需要适时进行调整）：

（1）存款：单笔存款最高金额为 100 万元，每日交易次数和累计存款金额不限。

（2）取款：单笔取款最高金额为 5 万元，每日交易次数不限，每日累计取款最高金额为 5 万元。

（3）转账：单笔转账付款最高金额为 100 万元，每日交易次数和累计存款金额不限。

该行易时行柜面通业务暂不向客户收取手续费。凡在该行或加入易时行系统的各会员行开立银行卡或折者，都可办理易时行柜面通业务。

案例导入 2：A 银行柜面通

A 银行有三种柜面通业务。

1. 银联柜面通。凡持有 A 银行卡的客户，可以在浙江省内任何一家开通银联柜面通的银行办理 A 银行卡查询、存款、取款、转账业务，手续费由 A 银行支付，客户无须支付手续费（一天限现金取现 20 万元，转账 100 万元）。

目前浙江省内开通银联柜面通的银行有浙江民泰商业银行、台州市商业银行、杭州市商业银行、嘉兴市商业银行、湖州市商业银行、金华市商业银行、绍兴市商业银行、温州市商业银行、浙商银行、杭州兴业银行、杭州华夏银行、浙江泰隆商业银行、恒丰银行。

2. A 银行柜面通业务。客户持 A 银行卡或存折可在 A 银行全国所有网点共 300 多家分支机构的柜面办理存款、取款、转账、余额查询业务，手续费由 A 银行支付，客户不须支付手续费（一天限现金取现 20 万元，转账 100 万元）。

3. 易时行柜面通。客户持 A 银行卡或存折在全省参加"易时行柜面通系统"的银行柜面通办理通存、通兑、实时转账、查询等业务，手续费按办理行标准收费（一天限现金取现 20 万元，转账 100 万元）。

案例分析：

利用柜面通，客户能在相关金融机构的各大营业网点办理查询、存款、取款、双方借记卡间转账等业务，并具有部分业务免收手续费、实时到账等优点，为持卡客户带来了极大便利和良好的用卡体验。柜面通功能不仅弥补了银行物理网点单一的不足，同时也增进了与其他商业银行的合作交流，可为银行今后的发展壮大提供产品与战略支持。

内容讲解：

（一）柜面通功能

柜面通业务是在原有联网的基础上的一种创新业务，新增了柜面查询、柜面存款、存款撤销、柜面取款和柜面转账业务功能。这些新增的交易都由代理银行的柜面发起，整个交易的流程和传统的交易是类似的。"柜面通"业务支持客户通过银行柜面终端、自动存款机（CDM）和柜面直联销售终端（POS）利用现有结算网络，实现成员机构发行的银行卡（折）在他行进行跨行查询、存款、取款、转账等业务，可支持卡对卡、折对折、卡与折之间的通存通兑。

（二）柜面通合规管理

柜面通业务是本着"资源共享、互惠互利"的合作原则，参与方互相开放按协议约定的营业网点资源，为对方个人客户办理柜面通存通兑金融服务。柜面通是商业银行代理他行柜面业务，通常柜面通业务银行会签订业务合作协议，约定委托行与代理行之间的权利义务，特别是业务范围、资金清算、代理费用、客户手续费收取等，并约定违约造成对方损失的，应当承担赔偿责任。

1. 银行卡卡片识别。开放全国境内全部营业网点，并通过加强对柜台业务人员的业务培训，保证已开放营业网点柜台受理委托方所发行银行卡的柜面通业务处理及时、准确。在银行卡识别与受理、差错处理、对账及资金清算等业务方面，与委托方密切配合，共同做好培训交流工作，为客户提供优质高效的柜面通服务。银行卡为各方发行的借记卡，柜面人员根据卡片银行名称等卡面信息进行识别。

2. 保密义务。办理柜面通业务时，保证不将对方持卡人输入的银行卡密码存放在任何物理介质上。对涉及委托方客户信息情况保密。对代理方提供的联网接口等资料、涉及客户信息情况保密。未经代理方书面许可，委托方不得对代理方提供的联网接口等资料复制、许可他人使用或利用该资料为自身或第三方谋取本协议之外的利益。

3. 反洗钱义务。各方应严格按照我国反洗钱法律法规规定，建立并实施客户身份识别、大额和可疑交易报告等反洗钱内控制度。各方应按反洗钱法规要求，采取客户身份识别和身份资料保存的必要措施，并按照反洗钱监管要求提供客户信息，还可在必要时向委托方提供客户的有效身份证件、身份证明文件的原件、复印件或者影印件。

4. 遵守结算相关规定。各方应当遵守中国人民银行支付结算、银行卡规章制度，如有违规给各方造成经济损失，应当承担赔偿责任。

【拓展栏目——思政园地】

坚持以人民为中心的价值取向　深刻把握金融工作的人民性

——学习《习近平关于金融工作论述摘编》

习近平总书记在中央金融工作会议上强调，"坚持以人民为中心的价值取向"，"深刻把握金融工作的政治性、人民性"。全心全意为人民服务，是我们党一切行动的根本出发点和落脚点，是我们党区别于其他一切政党的根本标志。

一、坚持以人民为中心的价值取向，是中国特色金融发展之路的根本出发点和落脚点

人民性是马克思主义的本质属性。全面建成社会主义现代化强国，人民是决定性力量。我们始终坚持以人民为中心的价值取向，这是由马克思主义基本立场，中国共产党的根本宗旨，习近平新时代中国特色社会主义思想的世界观、方法论和贯穿其中的立场观点方法所决定的。

以人民为中心的价值取向，是马克思主义唯物史观的必然要求。走中国特色金融发展之路，必须始终坚持马克思主义唯物史观的基本立场，坚持人民主体地位，尊重人民首创精神，紧紧依靠人民推动金融高质量发展。

以人民为中心的价值取向，是坚持中国共产党根本宗旨的必然要求。走中国特色金融发展之路，必须始终牢记全心全意为人民服务的根本宗旨，树牢群众观点，实现好、维护好、发展好最广大人民根本利益。

以人民为中心的价值取向，是贯彻习近平新时代中国特色社会主义思想的必然要求。金融是国民经济的血脉，走中国特色金融发展之路，必须坚持以习近平新时代中国特色社会主义思想为指导，坚持以人民为中心的价值取向，这是中国特色金融发展之路与西方金融发展之路的显著区别。

二、坚持以人民为中心的价值取向，根本上要做到金融发展为了人民、依靠人民、成果由人民共享

坚持以人民为中心的价值取向，是金融发展的价值观问题，是从根本上明确为了谁、依靠谁的问题。

始终坚持发展为了人民。要强化问题导向，始终同人民想在一起、干在一起，增强金融服务的多样性、普惠性、可及性。

始终坚持发展依靠人民。金融政策的制定要坚持问政于民、问计于民、问需于民，想人民之所想，行人民之所愿，把人民的满意度作为衡量金融工作成效的标尺，实现金融高质量发展与人民群众高品质生活互促互进。

始终坚持发展成果由人民共享。共同富裕是社会主义的本质要求，是人民群众的共同期盼。就金融体系而言，要健全具有高度适应性、竞争力、普惠性的现代金融体系，着力解决地区差距、城乡差距、收入差距等问题，扎实推进共同富裕。

三、把以人民为中心的价值取向贯彻到金融工作的各方面和全过程

新时代新征程，我们必须坚持以习近平新时代中国特色社会主义思想为指导，深入贯彻落实党中央决策部署，坚持系统观念、整体思维，把以人民为中心的价值取向体现在推动金融高质量发展各个环节，不断增强人民群众获得感、幸福感、安全感。

加强党对金融工作的全面领导。完善党领导金融工作的体制机制，坚决贯彻落实党中央各项重大金融决策部署，把党的领导这一制度优势转化为金融治理效能。

深化金融供给侧结构性改革。做好科技金融、绿色金融、普惠金融、养老金融、数字金融五篇大文章，在促进实现高质量发展的过程中提升人民生活品质。多渠道增加居民财产性收入，促进资本市场稳定发展，严厉打击扰乱资本市场的违法违规行为，多措并举提高股息率。

全面加强金融监管。坚持以人民为中心的价值取向，必须全面加强金融监管，从人民利益出发，促进金融行业规范发展。

有效防范化解金融风险。坚持以人民为中心的价值取向，必须有效防范化解金融风险，切实守好人民群众的"钱袋子"。统筹化解房地产、地方债务、中小金融机构等风险。加强金融消费者权益保护。

资料来源：国家发展改革委党组理论学习中心组. 坚持以人民为中心的价值取向　深刻把握金融工作的人民性——学习《习近平关于金融工作论述摘编》[N]. 人民日报，2024-04-17（10）.

练习题

1. 演练商业银行存款合同成立过程。
2. 讨论存款合同基本特征。
3. 查找商业银行存款合同纠纷案例，并讨论法院判决的理由。
4. 讨论商业银行如何配合法院查询、冻结、扣划个人账户。
5. 商业银行代发工资，如果企业和员工发生纠纷如何处理？

第十章

企业金融柜面业务合规管理

QIYE JINRONG GUIMIAN
YEWU HEGUI GUANLI

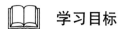 **学习目标**

【知识目标】

◆ 掌握商业银行对公柜台业务合规相关基本法律法规，如结算账户相关规定、票据结算法律法规、反洗钱相关规定。

◆ 掌握银行对公柜台业务合规风险点。

【能力目标】

◆ 能合规处理对公柜台业务，处理简单的对公柜台业务纠纷。

◆ 能加强对公柜面业务风险与合规意识，降低对公柜面业务法律风险。

【思政目标】

◆ 树立对公业务合规风险意识，坚守遵纪守法底线。

◆ 能够自觉防范电信诈骗风险。

◆ 诚实守信，坚决执行对公业务国家监管政策。

第一节　企业结算账户合规管理

一、企业结算账户合规开立

案例导入：某白酒企业存款丢失案

2020 年 3 月，L 公司披露收到最高人民法院的民事判决书。针对公司的存款丢失案，通过刑事执行程序不能追回的损失，涉事的银行支行需承担 60% 的赔偿责任，而剩余损失由公司自行承担。

2014 年 10 月，L 公司发现，在某银行存的 1.5 亿元存款取不出来了。根据与银行的协议，L 公司在 2013 年 4 月先后 4 次向公司的账号汇入 2 亿元。存款到期后，第一笔 5 000 万元的存款和利息正常收回，但剩下的 1.5 亿元存款在到期后的第二天被银行告知公司账户上没有这笔钱，不能按时划转。

L 公司是一家酒企，其将钱存入银行，而银行则以团购价格帮酒企卖酒。2012 年 10 月，Y 某从 Z 某处了解到这一"资源交换"的业务，并认为可以在这 1 年的定期存款期限内挪用这笔钱用于其他。

2013 年 4 月，Y 某安排张某、陈某冒充某银行支行员工，上门到 L 公司帮助其开户，并签订了协定存款协议，获取了 L 公司相关开户印鉴模板及开户资料。随后，Y 某又安排罗某、张某拿着根据上述模板伪造的资料，以 L 公司的名义到该支行进行开户。在这中间，罗某、张某所持的 L 公司资料不完整，不符合开户和开通网上银行的条件。不过，经彼时的行长 ZH 某，通过"特事特办"程序帮助其开通了账户及网上银行。为了感谢行长 ZH 某的帮助，Y 某向 ZH 某送了 200 万元现金，以及一辆 20 多万元的雪佛兰汽车。

Y 某作为中间方，先冒充银行人员和 L 公司签订了合同，又冒充 L 公司和银行签了合同，并且伪造了银行出具的存款证明书、签字和印鉴。经过 3 次这样的操作，Y 某伙同 Z 某、罗某、陈某、张某等人获取 L 公司资金共计 2 亿元，并转移了存款。

资料来源：刘天. 泸州老窖 1.5 亿存款失踪案终审判决：目前仅收回 2 000 余万　需自行承担 40% 损失［EB/OL］. http：//finance. china. com. cn/news/20200326/5232699. shtml.

案例分析：

为什么会发生这样的存款丢失案件？

1. 从案件发生过程来看，表面原因是酒企和银行之间合作被犯罪嫌疑人利用，犯罪嫌疑人利用酒企与银行之间的信息差骗取信任，利用虚假资料开立账户，从而骗取资金。从银行合规角度分析，银行在开立账户过程中缺少对账户开户真实意愿以及开户资料的真实性、完整性、合规性的审核，导致企业被冒名开户。企业疏于对银行工作人员真实身份的鉴别，导致被骗取相关的开户资料和开户印鉴模板，也存在企业开户资料疏于保管的过错。

2. 对公结算账户开户企业与银行在开户业务中，应当严格遵守《中华人民共和国民法典》《中华人民共和国公司法》等法律以及中国人民银行和中国金融监督管理部门的相关部门规章，严格对开户资料的保管与开户资料的审核，防止账户被冒用和非法开户。

内容讲解：

企业银行结算账户是指《人民币银行结算账户管理办法》规定的基本存款账户、一般存款账户、专用存款账户、临时存款账户。企业开立、变更、撤销基本存款账户、临时存款账户实行备案制。企业只能在银行开立一个基本存款账户。银行应当按规定履行客户身份识别义务，落实账户实名制，不得为企业开立匿名账户或者假名账户，不得为身份不明的企业提供服务或者与其进行交易。银行应当全面、独立承担企业银行结算账户合法合规主体责任，对企业银行结算账户实施全生命周期管理，防范不法分子利用企业银行结算账户从事违法犯罪活动。

（一）结算账户分类与用途

1. 银行结算账户按存款人分为单位银行结算账户和个人银行结算账户。

（1）存款人以单位名称开立的银行结算账户为单位银行结算账户。单位银行结算账户按用途分为基本存款账户、一般存款账户、专用存款账户、临时存款账户。

个体工商户凭营业执照以字号或经营者姓名开立的银行结算账户纳入单位银行结算账户管理。

（2）存款人凭个人身份证件以自然人名称开立的银行结算账户为个人银行结算账户。邮政储蓄机构办理银行卡业务开立的账户纳入个人银行结算账户管理。

2. 单位银行结算账户的使用。存款人开立单位银行结算账户，自正式开立之日起3个工作日后，方可办理付款业务。但注册验资的临时存款账户转为基本存款账户和因借款转存开立的一般存款账户除外。

（1）基本存款账户。基本存款账户是存款人的主办账户。存款人日常经营活动的资金收付及其工资、奖金和现金的支取，应通过该账户办理。基本存款账户是存款人因办理日常转账结算和现金收付需要开立的银行结算账户。单位银行结算账户的存款人只能在银行开立一个基本存款账户。下列存款人，可以申请开立基本存款账户：①企业法人；②非法人企业；③机关、事业单位；④团级（含）以上军队、武警部队及分散执勤的支（分）队；⑤社会团体；⑥民办非企业组织；⑦异地常设机构；⑧外国驻华机构；⑨个体工商户；⑩居民委员会、村民委员会、社区委员会；⑪单位设立的独立核算的附属机构；⑫其他组织。

（2）一般存款账户的使用。一般存款账户是存款人因借款或其他结算需要，在基本存款账户开户银行以外的银行营业机构开立的银行结算账户。一般存款账户用于办理存款人借款转存、借款归还和其他结算的资金收付。该账户可以办理现金缴存，但不得办理现金支取。

（3）专用存款账户的使用。专用存款账户是存款人按照法律、行政法规和规章，对其特定用途资金进行专项管理和使用而开立的银行结算账户。对下列资金的管理与使用，存款人可以申请开立专用存款账户：①基本建设资金；②更新改造资金；③财政预算外资金；④粮、棉、油收购资金；⑤证券交易结算资金；⑥期货交易保证金；⑦信托基金；⑧金融机构存放同业资金；⑨政策性房地产开发资金；⑩单位银行卡备用金；⑪住房基金；⑫社会保障基金；⑬收入汇缴资金和业务支出资金；⑭党、团、工会设在单位的组织机构经费；⑮其他需要专项管理和使用的资金。

收入汇缴资金和业务支出资金，是指基本存款账户存款人附属的非独立核算单位或派出机构发生的收入和支出的资金。因收入汇缴资金和业务支出资金开立的专用存款账户，应使用隶属单位的名称。

（4）临时存款账户的使用。临时存款账户是存款人因临时需要并在规定期限内使用而开立的银行结算账户。临时存款账户应根据有关开户证明文件确定的期限或存款人的需要确定其有效期限。存款人在账户的使用中需要延长期限的，应在有效期限内向开户银行提出申请，并由开户银行报中国人民银行当地分支行核准后办理展期。临时存款账户的有效期最长不得超过 2 年。注册验资的临时存款账户在验资期间只收不付，注册验资资金的汇缴人应与出资人的名称一致。

临时存款账户支取现金，应按照国家现金管理的规定办理。有下列情况的，存款人可以申请开立临时存款账户：①设立临时机构；②异地临时经营活动；③注册验资。

为规范人民币银行结算账户的开立和使用，维护金融秩序稳定，中国人民银行制定了《人民币银行结算账户管理办法》，自 2003 年 9 月 1 日起施行。中国人民银行总行对中国人民银行分支机构企业银行结算账户监管进行指导、监督和检查，会同监管部门依法对银行办理企业银行结算账户业务情况进行监督管理。

（二）企业结算账户的开立

1. 开户资料。企业申请开立银行结算账户，应当按规定提交开户申请书，并出具下列开户证明文件：

（1）营业执照；

（2）法定代表人或单位负责人有效身份证件；

（3）法定代表人或单位负责人授权他人办理的，还应出具法定代表人或单位负责人的授权书以及被授权人的有效身份证件。

企业应当对开户申请书所列事项及相关开户证明文件的真实、有效性负责。

（4）持有基本存款账户编号的企业申请开立一般存款账户、专用存款账户、临时存款账户时，应当提供基本存款账户编号。银行应当通过账户管理系统查询企业基本存款账户"经营范围"是否含有"取消开户许可证核发"字样，核实企业是否持有基本存款账户编号。

2. 银行审核。银行应当审核企业开户证明文件的真实性、完整性和合规性，开户申请人与开户证明文件所属人的一致性，以及企业开户意愿的真实性。

企业申请开立基本存款账户的，银行应当在人民币银行结算账户管理系统中准确录入企业名称、统一社会信用代码、注册地地区代码等信息，依托系统审核企业基本存款账户的唯一性，并向企业法定代表人或单位负责人核实企业开户意愿，留存相关工作记录。

银行可采取面对面、视频等方式向企业法定代表人或单位负责人核实开户意愿，具体方式由银行根据客户风险程度选择。

企业存在异常开户情形的，银行应当按照反洗钱等规定采取延长开户审查期限、强化客户尽职调查等措施，必要时应当拒绝开户。

经审核符合开立条件的，银行应当与企业签订银行结算账户管理协议，予以开立银行结算账户。

3. 银行结算账户管理协议。银行结算账户管理协议应当明确银行与企业双方的权利、义务和责任，内容包括但不限于：

（1）银行与开户申请人办理银行结算账户业务应当遵守法律、行政法规以及中国人民银行的有关规定，不得利用银行结算账户从事各类违法犯罪活动；

（2）企业银行结算账户信息变更及撤销的情形、方式、时限；

（3）银行控制账户交易措施的情形和处理方式；

（4）其他需要约定的内容。

银行应当在银行结算账户管理协议中以醒目方式向企业展示其义务和责任条款，并明确告知企业。

4. 企业结算账户的备案。银行为企业开立基本存款账户、临时存款账户后应当立即至迟于当日将开户信息通过账户管理系统向中国人民银行当地分支机构备案，并在 2 个工作日内将开户资料复印件或影像报送中国人民银行当地分支机构。

银行完成企业基本存款账户信息备案后，账户管理系统生成基本存款账户编号，并在企业基本信息"经营范围"中标注"取消开户许可证核发"字样。银行应当通过账户管理系统打印基本存款账户信息和存款人密码，并交付企业。

企业基本存款账户编号代替原基本存款账户核准号使用。

5. 企业银行结算账户使用。企业银行结算账户自开立之日即可办理收付款业务。

（三）企业结算账户的撤销与变更

1. 撤销银行结算账户。企业撤销银行结算账户，应当按规定向银行提出销户申请。银行应当对企业销户申请进行审核，经审核符合销户条件的，银行应及时为企业办理销户手续，不得拖延办理。企业撤销取消许可前开立基本存款账户、临时存款账户的，银行应当收回原开户许可证原件。因转户原因撤销基本存款账户的，银行还应打印"已开立银行结算账户清单"并交付企业。

2. 企业基本情况变更。企业名称、法定代表人或者单位负责人以及其他开户资料发生变更时，企业应当按规定向开户银行提出变更申请。银行应当对企业银行结算账户变更申请进行审核。经审核符合变更条件的，银行为企业办理变更手续。企业变更取消许可前开立的基本存款账户、临时存款账户名称、法定代表人或单位负责人的，银行应当收回原开户许可证原件。企业遗失原开户许可证的，可出具相关说明。单位存款人申请更换预留公章或财务专用章，应向开户银行出具书面申请、原预留公章或财务专用章等相关证明材料。单位存款人申请更换预留公章或财务专用章但无法提供原预留公章或财务专用章的，应当向开户银行出具原印鉴卡片、开户许可证、营业执照正本等相关证明文件。单位存款人申请变更预留公章或财务专用章，可由法定代表人或单位负责人直接办理，也可授权他人办理。由法定代表人或单位负责人直接办理的，除出具相应的证明文件外，还应出具法定代表人或单位负责人的身份证件；授权他人办理的，除出具相应的证明文件外，还应出具法定代表人或单位负责人的身份证件及其出具的授权书，以及被授权人的身份证件。

银行发现企业名称、法定代表人或单位负责人发生变更的，应当及时通知企业办理变更手续。企业自通知送达之日起合理期限内仍未办理变更手续，且未提出合理理由的，银行有权采取适当控制账户交易措施。

3. 证件的有效期管理。企业营业执照、法定代表人或单位负责人有效身份证件列明有效期的，银行应当于到期日前及时提示企业更新。企业营业执照、法定代表人或单位负责人有效身份证件有效期到期后合理期限内仍未更新，且未提出合理理由的，银行应当按照《金融机构客户身份识别和客户身份资料及交易记录保存管理办法》的规定，中止为企业办理业务。

4. 企业变更账户的信息报送。银行为企业变更和撤销基本存款账户、临时存款账户，应当于2个工作日内通过账户管理系统向中国人民银行当地分支机构备案，并将账户变更、撤销资料复印件或影像报送中国人民银行当地分支机构。因变更、撤销取消许可前基本存款账户、临时存款账户而收回的原开户许可证原件或相关说明，银行应当交回中国人民银行分支机构。对企业名称、法定代表人或者单位负责人变更的，账户管理系统重新生成基本存款账户编号，银行应当打印基本存款账户信息并交付企业。

二、企业结算账户内控与风险管理

案例导入： 为获高息，王某委托会计主管在某行分批存入款项4 500万元。其间，王某曾签订一份"承诺书"，承诺存款期限1年，不查询、不提前支取、不开网银、不开短信提醒。两年后，某通信企业因经营需要到该行取款时却发现到期的巨额款项"不翼而飞"。

警方调查发现，魏某一伙使用假章，先后多次把某通信企业存入款项转入其实际控制的石家庄某贸易有限公司账户中。其间，因某通信企业曾更换过印鉴，魏某一伙制造了第二套假章，再次骗过该银行成功盗取。

监管部门成立了调查组，对此事展开调查工作。意见书显示，经调查核实，银行与企业的对账方式为邮寄对账，不符合《某银行对账管理实施细则》中"存款人跨行政区域开立结算账户的，应采取上门对账方式"的规定。关于"印章"问题，意见书表示："公安局以犯罪嫌疑人伪造企业印章罪立案侦查，目前司法机关正在审理中，该局也将继续予以关注。"

案例分析：

1. 该案例损失的发生直接原因是犯罪嫌疑人伪造印鉴，骗取企业存款，但究其根本原因，是银行在操作内控方面存在违规情形，没有遵守银行内部风险控制措施。

2. 为防范该类案件发生，银行应当严格遵守相关合规操作规程，做好内控制度的检查，采取风险防范措施。

内容讲解：

（一）合规的操作规程

银行应当建立健全企业银行结算账户业务管理办法和操作规程，包括但不限于开户资料要求、开户审核要求、向法定代表人或单位负责人核实意愿方式、开户审核工作记录留存要求、账户资金和信息安全保护机制等内容。银行应当建立健全企业银行结算账户业务内控合规制度，实行业务管理、运营管理、风险管理等部门相互制衡、相互配合的内控机制，做好账户审核、动态复核、对账、风险监测及后续控制措施等工作，实现账户业务的全流程监控与管理。银行应当建立企业银行结算账户风险责任追究机制，对发生违规事件或风险事件的按规定追究相关机构和人员责任。

（二）反洗钱控制措施

企业银行账户存续期间，银行应当对企业开户资格和实名制符合性进行动态复核，并根据复核情况作相应处理。银行应当建立和完善企业银行结算账户行为监测和交易监测方案，加强企业银行结算账户开立、变更、撤销等行为监测和账户交易监测，并按规定提交可疑交易报告。对涉及可疑交易报告的账户，银行应当按照反洗钱有关规定采取适当后续控制措施。

（三）对账措施

银行应当建立企业账务核对机制，对账频率应不低于每季度一次。企业超过对账时间未反馈或者核对结果不一致的，银行应当查明原因，并有权采取适当控制账户交易措施。银行应当建立企业银行结算账户监督检查制度。上级行至少每半年对下级行企业银行账户内控制度执行、业务办理、风险管理等情况开展一次监督检查。

【拓展栏目——思政园地】

以金融高质量发展助力中国式现代化
（学习宣传贯彻《习近平关于金融工作论述摘编》）（节选）

习近平总书记强调："金融是'国之大者'，关系中国式现代化建设全局。"党的十八大以来，以习近平同志为核心的党中央积极探索新时代金融发展规律，不断加深对中国特色社会主义金融本质的认识，不断推进金融实践创新、理论创新、制度创新，逐步走出一条中国特色金融发展之路。习近平总书记的一系列重要讲话为新时代新征程推动金融高质量发展提供了根本遵循和行动指南。

国有大型金融机构必须深化对金融本质和规律的认识，准确理解把握、坚决贯彻落实，锚定打造强大的金融机构目标，牢牢把握金融工作的政治性、人民性，以金融高质量发展服务中国式现代化。

始终坚持方向和立场的高度统一。党的领导是中国特色金融发展之路最本质的特征，是我国金融发展最大的政治优势、制度优势。人民立场是我们党的根本政治立场。

践行金融服务实体经济根本宗旨。要发挥中国银行全球化独特优势和综合化经营特色，聚焦重大战略、重点领域和薄弱环节，主动适应新业态、新模式、新动能，构建协同顺畅、高效适配的金融服务体系，全力做好科技金融、绿色金融、普惠金融、养老金融、数字金融五篇大文章，不断为经营主体提供多层次多样性的金融产品，强化对科技创新、绿色低碳、民营企业和中小微企业等领域的金融支持，持续为培育新质生产力注入金融动能。

既做到全面无死角，也避免简单"一刀切"。一方面，全面掌握各地区、各条线、各领域的风险底数，提升风控智能化水平，建立健全全面风险管理体系，强化内控案防工作，实现全覆盖、穿透式管理。另一方面，根据不同机构的外部环境、客户基础、管控能力，实施精细化管理和差异化定策。针对境外机构特殊环境，"一行一策"制定境外风险策略，有效管控制裁合规风险，增强风险管理精准性，真正做到既把风险管住，也避免把业务管死。

既防控传统风险，也关注非传统风险。加大重点领域风险处置力度。坚持对风险早识别、早预警、早暴露、早处置，开展风险全面和专项排查与分析研判，稳妥推进存量风险"出清"，严控增量风险。高度重视非传统安全风险防范。加快推进核心银行业务系统自主可控、安全高效，加强消费者保护、舆情、信访、安全生产等领域问题隐患排查和整治，避免风险关联传染、叠加共振，坚决守住不发生系统性金融风险底线。

资料来源：中国银行党委理论学习中心组. 以金融高质量发展助力中国式现代化（学习贯彻《习近平关于金融工作论述摘编》）［N］. 人民日报，2024－06－18（10）.

第二节 企业结算合规管理

一、支付结算基本原则

案例导入：网点某柜员为新入行员工，刚刚从事临柜工作，在为客户办理组合流程交易时，第一笔是对公现金交款 31 547 元成功，第二笔活期取款因客户银行卡里余额不足导致 31 547 元取款失败。柜员马上向现场经理汇报，现场经理得知后对该笔对公现金交款业务联系客户做了纠错处理，并告知柜员要严格执行"银行不垫款"和"先收款后记账"的会计记账基本原则，冲正后从客户银行卡取出现金后，重新办理了对公现金存款业务。

案例分析：

1. 案例中银行柜台人员由于不熟悉业务，没有合规操作，导致银行垫付了款项，给银行带来了结算风险。如果客户不予配合纠正错误操作，可能会给银行带来诉讼。

2. 银行在结算中，要严格遵守结算相关合规规定，不能随意变更操作流程，如银行不垫款等原则，做好风险防范工作。

内容讲解：

（一）支付结算的含义

支付结算是指单位、个人在社会经济活动中使用票据、信用卡和汇兑、托收承付、委托收款等结算方式进行货币给付及其资金清算的行为。票据和结算凭证是办理支付结算的工具。单位、个人和银行办理支付结算，必须使用按中国人民银行统一规定印制的票据凭证和统一规定的结算凭证。未使用按中国人民银行统一规定印制的票据，票据无效；未使用中国人民银行统一规定格式的结算凭证，银行不予受理。支付结算工作的任务，是根据经济往来组织支付结算，准确、及时、安全办理支付结算，按照有关法律、行政法规和《支付结算办法》的规定管理支付结算，保障支付结算活动的正常进行。

（二）支付结算的原则

1. 恪守信用，履行付款。根据该原则，结算当事人必须依照共同约定的民事法律关系内容享受权利和承担义务，严格遵守信用，依约履行付款义务，特别是应按照约定的付款金额和付款日期进行支付。这一原则对履行付款义务的当事人具有约束力，是维护合同秩序、保障当事人经济利益的重要保证。

2. 谁的钱进谁的账，由谁支配。根据该原则，银行在办理结算时，必须按照存款人的委托，将款项支付给其指定的收款人；对存款人的资金，除国家法律另有规定外，必须由其自由支配。这一原则主要在于维护存款人对存款资金的所有权，保证其对资金支配的自主权。

银行依法为单位、个人在银行开立的基本存款账户、一般存款账户、专用存款账户和临时存款账户的存款保密，维护其资金的自主支配权。对单位、个人在银行开立上述存款账户的存款，除国家法律、行政法规另有规定外，银行不得为任何单位或者个人查询；除国家法律另有规定外，银行不代任何单位或者个人冻结、扣款，不得停止单位、个人存款的正常支付。

3. 银行不垫款。银行作为办理支付结算的中介机构，负责根据结算当事人的要求办理结算当事人之间的资金转移，即按照付款人的委托将资金支付给付款人指定的收款人，或者按照收款人的委托将归属收款人所有的资金转账收入到收款人的账户，银行不能在结算过程中为其垫付资金。

（三）支付结算的管理

支付结算实行集中统一和分级管理相结合的管理体制。中国人民银行总行负责制定统一的支付结算制度，组织、协调、管理、监督全国的支付结算工作，调解、处理银行之间的支付结算纠纷。中国人民银行省、自治区、直辖市分行根据统一的支付结算制度制定实施细则，报总行备案；根据需要可以制定单项支付结算办法，报经中国人民银行总行批准后执行。中国人民银行分、支行负责组织、协调、管理、监督本辖区的支付结算工作，调解、处理本辖区银行之间的支付结算纠纷。政策性银行、商业银行总行可以根据统一的支付结算制度，结合本行情况，制定具体管理实施办法，报经中国人民银行总行批准后执行。政策性银行、商业银行负责组织、管理、协调本行内的支付结算工作，调解、处理本行内分支机构之间的支付结算纠纷。

二、票据概述

案例导入：原告（某公司）是被告 A 公司某建设工程的专业分包商，由于被告 A 公司拖欠原告工程款未给付，2022 年 5 月 31 日，被告 A 公司给原告出具了一张票据金额为 60 万元的转账支票。可当原告持该转账支票向银行兑付票据款项时，却被该银行告知：支票签章与银行预留签章不符，拒绝付款。付款期限到期后，被告仍未付清票面款项。法院认为本案中，原告持有被告 A 公司作为出票人的转账支票，因出票人签章与银行预留签章不符而未能兑现，致使原告无法取得票据款项。依照票据法司法解释规定，支票上出票人的签章，出票人为单位的，为与该单位在银行预留签章一致的财务专用章或者公章加其法定代表人或者其授权的代理人的签名或者盖章。支票的出票人在票据上未加盖与该单位在银行预留签章一致的财务专用章而加盖该出票人公章的，签章人应当承担票据责任。由于出票人制作票据，或者其他票据债务人未按照法定条件在票据上签章，给他人造成损失的，除应当按照所记载事项承担票据责任外，还应当承担相应的民事责任。出票人被告 A 公司应当对持票人承担票据责任，判决被告 A 公司向原告支付票据款 60 万元，一并支付相应利息。

案例分析：

1. 票据是指出票人依法签发的由自己或指示他人无条件支付一定金额给收款人或持票人的有价证券，即某种程度上可以代替现金流通的有价证券。票据是债权债务关系凭证，持票人享有票据权利，是付款人的债权人。

2. 票据具有不同于其他债权债务关系凭证的特点，票据关系的法律适用为《中华人民共和国票据法》、票据法司法解释及相关法规，票据应当符合法定要式，并且依法取得，持票人才能享有票据权利。支票应当严格按照票据法及其相关管理规定签章。

3. 出票人签章与银行预留签章不符，持票人可以区分以下两种情形来维护自身权利。签发空头支票或者与其预留印鉴不符的支票，骗取财物的，可构成票据诈骗罪。当债务人通过缔结合同、开具空头支票等行为，以实现其非法占有他人财物的目的时，权利人应及时向公安机关报案，追究其刑事责任。如债务人并无非法占有他人财物的目的，对开具空头支票的行为并非明知，而是由于资金周转、预留印鉴错误、经营不善等出现迟延付款，权利人发现票据被银行拒绝付款后，应及时向债务人提出付款请求。

内容讲解：

（一）票据的概念

广义的票据泛指各种有价证券和凭证，如债券、股票、提单、国库券、发票等。狭义的票据仅指以支付金钱为目的的有价证券，即出票人根据票据法签发的，由自己无条件支付确定金额或委托他人无条件支付确定金额给收款人或持票人的有价证券。在我国，票据即汇票（银行汇票和商业汇票）、支票及本票（银行本票）的统称。一般所称的票据往往是指狭义的票据。

（二）票据法渊源

票据法是调整因票据活动而产生的各种法律关系的法律规范的总称。1979 年以后，随着经济体制改革和商品经济的发展，票据的作用逐渐受到重视，我国在一些省市扩大了票据使用范围，试办票据承兑、贴现、交换和结算业务。1988 年 9 月，国务院发布《现金管理暂行条例》，允许银行发行本票和汇票。1988 年 12 月，中国人民银行发布《银行结算办法》，规定全面推行银行汇票、商业汇票、银行本票、支票，并规定个体工商户和个人可以使用支票。1993 年 5 月，中国人民银行又发布了《商业汇票办法》，从而使我国的票据立法渐入正轨。1995 年 5 月 10 日，第八届全国人民代表大会常务委员会第十三次会议通过了《中华人民共和国票据法》，自 1996 年 1 月 1 日起施行（2004 年 8 月 28 日修正）。该法是我国第一部票据大法，也是我国票据法律规范的主要渊源。为了保障票据法的贯彻实施，根据《中华人民共和国票据法》的规定，中国人民银行先后发布了一系列有关票据管理具体实施办法的规章。1997 年 5 月，中国人民银行发布了《商业汇票承兑、贴现与再贴现管理暂行办法》。1997 年 6 月，中国人民银行发布了《票据管理实施办法》，自 1997 年 10 月 1 日起施行。根据《中华人民共和国票据法》、《票据管理实施办法》，中国人民银行对《银行结算办法》进行了全面的修改、完善，1997 年 9 月颁布了《支付结算办法》，自 1997 年 12 月 1 日起施行。最高人民法院 2000 年 2 月通过了《最高人民法院关于审理票据纠纷案件若干问题的规定》，自同年 11 月 21 日起施行，2020 年 12 月 23 日进行了修订。2023 年 1 月 1 日，《商业汇票承兑、贴现与再贴现管理办法》颁布施行。《中华人民共和国票据法》及其配套法规的颁布实施，有力地推动了票据业务的广泛进行，有效地保障了票据市场健康有序发展。

三、票据要素合规审查

案例导入：A 电器厂通过交易从黄某处取得 B 电器公司为出票人的支票，在银行拒付后，又因保管不慎，支票因洗衣机水洗仅剩残片，除显示票据号码外，其余内容均不清晰。A 电器厂持该支票残片诉请 B 电器公司支付票款。A 电器厂能否获得法院支持？

案例分析：

1. 仅持有除显示票据号码外，其余内容均不清晰的票据残片，因不符合法定形式要件，故持票人无权主张票据权利。

2.（1）本案为票据追索权纠纷。A 电器厂提供的退票理由书及进账单，足以证明 A 电器厂持支票提示付款后被拒绝付款。《中华人民共和国票据法》第八十四条规定："支票必须记载下列事项：（一）表明'支票'的字样；（二）无条件支付的委托；（三）确定的金额；（四）付款人名称；（五）出票日期；（六）出票人签章。支票上未记载前款规定事项之一的，支票无效。"本案中，A 电器厂提供的支票残片显示的票据号码与退票理由书及支票存根记载的支票号码一致，但该票据残片本身并不能反映该票据残片记载有"支票"字样、无条件支付的委托、支票金额、付款人名称、出票日期、出票人签章这六项支票必须记载事项，亦无法辨认收款人名称。（2）B 电器公司尽管确认其提供的支票存根对应的支票与 A 电器厂提供的退票理由书对应的支票是同一张支票，但不确认其提供的支票存根对应的支票与 A 电器厂持有的支票残片是同一张支票，黄某证人证言、双方提供的证据、双方庭审陈述亦不足以证明该支票残片与支票存根对应支票，或退票理由书对应的支票是同一张支票。综合以上分析，《中华人民共和国票据法》第八十四条规定的支票必须记载事项是法定形式要件，支票上未记载规定事项之一的，支票即应认定为无效。A 电器厂提供的票据残片除显示票据号码外，其余内容均不清晰，故本案 A 电器厂持有的支票残片应认定为无效。A 电器厂持该支票残片等证据向 B 电器公司行使票据追索权，诉请电器公司向其支付款项及利息，理据不足。

内容讲解：

（一）票据要素的合规填写

1. 票据要素填写。出票人在票据上的记载事项必须符合《中华人民共和国票据法》、《票据管理实施办法》和《支付结算办法》等相关票据法律法规。票据上可以记载《中华人民共和国票据法》和《支付结算办法》规定事项以外的其他出票事项，但是该记载事项不具有票据上的效力，银行不负审查责任。票据和结算凭证金额以中文大写和阿拉伯数码同时记载，二者必须一致，二者不一致的票据无效；二者不一致的结算凭证，银行不予受理。少数民族地区和外国驻华使领馆根据实际需要，金额大写可以使用少数民族文字或者外国文字记载。

2. 票据要素变更。票据和结算凭证的金额、出票或签发日期、收款人名称不得更改，更改的票据无效；更改的结算凭证，银行不予受理。对票据和结算凭证上的其他记载事项，原记载人可以更改，更改时应当由原记载人在更改处签章证明。

（二）票据签章

票据和结算凭证上的签章，为签名、盖章或者签名加盖章。单位、银行在票据上的签章和单位在结算凭证上的签章，为该单位、银行的盖章加其法定代表人或其授权的代理人的签名或盖章。个人在票据和结算凭证上的签章，应为该个人本名的签名或盖章。

（三）票据要素分类

1. 绝对记载事项。

（1）汇票必须记载下列事项：表明"汇票"的字样；无条件支付的委托；确定的金额；付款人名称；收款人名称；出票日期；出票人签章。汇票未记载上述事项之一的，汇票无效。

（2）本票必须记载下列事项：表明"本票"的字样；无条件支付的承诺；确定的金额；收款人名称；出票日期；出票人签章。本票未记载前述事项之一的，本票无效。

（3）支票必须记载下列事项：表明"支票"的字样；无条件支付的委托；确定的金额；付款人名称；出票日期；出票人签章。支票上未记载前述规定事项之一的，支票无效。"确定的金额"是支票绝对必要记载事项，空白支票可以授权补记。只要支票被补记成为完全票据，就以票据上记载的金额发生票据法上的效力。

2. 相对记载事项。付款日期、付款地、出票地等事项属相对记载事项，若未记载，票据仍有效。

（1）汇票上记载付款日期、付款地、出票地等事项的，应当清楚、明确。汇票上未记载付款日期的，为见票即付；汇票上未记载付款地的，付款人的营业场所、住所或者经常居住地为付款地；汇票上未记载出票地的，出票人的营业场所、住所或者经常居住地为出票地。

（2）本票上记载付款地、出票地等事项的，应当清楚、明确。本票上未记载付款地的，出票人的营业场所为付款地；本票上未记载出票地的，出票人的营业场所为出票地。

（3）支票上未记载收款人名称的，经出票人授权，可以补记。支票上未记载付款地的，付款人的营业场所为付款地。支票上未记载出票地的，出票人的营业场所、住所或者经常居住地为出票地。

3. 任意记载事项。法律未作列举规定，是否记载完全由当事人决定的票据事项属任意记载事项。若予记载，如不违反法律规定，则发生法律效力；若未记载也不影响票据的有效成立。例如，《中华人民共和国票据法》规定，出票人在汇票上记载"不得转让"字样的，汇票不得转让，其中的"不得转让"事项即为任意记载事项。

4. 无效记载事项。无效记载事项是指虽然可以记载，但却不具有票据法上的效力的事项。如签发汇票的原因或者用途、该汇票项下的交易合同号码等，这类记载事项不具有汇票上的效力。背书不得附有条件，附有条件的，所附条件不具有汇票上的效力。保证不得附有条件，附有条件的不影响对汇票的保证责任。

5. 有害记载事项。有害记载事项一般是指附条件的委托支付文句的记载，如货到验收合格后付款。若记载便会使汇票票据归于无效。付款人承兑汇票，不得附有条件，附有条件的，视为拒绝承兑。

四、票据当事人

案例导入： 商贸公司因购销合同取得金额为 6 万元的银行承兑汇票一张，随后在空白被背书人栏加盖自己公司公章。该汇票被盗，公安机关从电器公司处追回交还给商贸公司。因银行以该汇票有争议而拒绝向商贸公司承兑付款致诉。《最高人民法院关于审理票据纠纷案件若干问题的规定》第四十八条规定："依照票据法第二十七条和第三十条的规定，背书人未记载被背书人名称即将票据交付他人的，持票人在票据被背书人栏内记载自己的名称与背书人记载具有同等法律效力。"本案商贸公司在涉案票据被背书人栏内记载自己公司名称后即为合法持票人，依法应支持其诉讼请求，银行应支付商贸公司汇票金额及利息。

案例分析：

背书人未记载被背书人名称即将票据交付他人的，票据付款人不能以空白背书无效为由拒绝付款。商贸公司在票据被背书人一栏补记自己的公司公章，成为票据合法的当事人，依法享有票据的权利。

内容讲解：

（一）票据基本当事人

票据当事人，也称票据法律关系主体，是指票据法律关系中，享有票据权利、承担票据义务的主体。票据当事人可以分为基本当事人和非基本当事人。

基本当事人，是指在票据作成和交付时就已存在的当事人，是构成票据法律关系的必要主体，包括出票人、付款人和收款人三种。在汇票及支票中有出票人、付款人与收款人；在本票中有出票人与收款人。基本当事人不存在或不完全，票据上的法律关系就不能成立，票据就无效。

1. 出票人，是指依法定方式签发票据并将票据交付给收款人的人。根据票据种类的不同，出票人的法律地位也有所不同。

商业汇票的出票人为银行以外的企业和其他组织；向银行申请办理汇票承兑的商业汇票的出票人，必须在承兑银行开立存款账户，资信状况良好，并具有支付汇票金额的可靠资金来源。承兑商业汇票的银行，必须与出票人具有真实的委托付款关系，必须具有支付汇票金额的可靠资金。

支票的出票人，为在经中国人民银行批准办理支票存款业务的银行开立支票存款账户的企业、其他组织和个人。

2. 收款人，是指票据到期后有权收取票据所载金额的人，又称票据权利人。债权人的票据权利可以转让，如通过背书将票据转让给他人，或者通过贴现将票据转让给银行。

3. 付款人，是指由出票人委托付款或自行承担付款责任的人。付款人付款后，票据上的一切债务责任解除。

汇票的付款人有两种，商业承兑汇票的付款人是合同中应给付款项的一方当事人，也是该汇票的承兑人；银行承兑汇票的付款人是承兑银行，但是其款项来源还是与该票据有关的合同中应付款方的存款。支票的付款人是出票人的开户银行。本票的付款人就是出票人。

（二）票据的非基本当事人

非基本当事人，是指在票据作成并交付后，通过一定的票据行为加入票据关系而享有一定权利、承担一定义务的当事人，包括承兑人、背书人、被背书人、保证人等。

1. 承兑人，是指接受汇票出票人的付款委托，同意承担支付票款义务的人，它是汇票的主债务人。

2. 背书人与被背书人。背书人是指在转让票据时，在票据背面或粘单上签字或盖章的当事人（称为前手），并将该票据交付给受让人的票据收款人或持有人。

被背书人，是指被记名受让票据或接受票据转让的人。背书后，被背书人成为票据新的持有人（称为后手），享有票据的所有权利。但是，在票据得到最终付款前，在持票人之前的所有前手不能终结其债务人的义务。

3. 保证人，是指为票据债务提供担保的人，由票据债务人以外的第三人担当。保证人在被保证人不能履行票据付款责任时，以自己的金钱履行票据付款义务，然后取得持票人的权利，向票据债务人追索。

保证人应当依据《中华人民共和国票据法》的规定，在票据或者其粘单上记载保证事项。保证人为出票人、付款人、承兑人保证的，应当在票据的正面记载保证事项；保证人为背书人保证的，应当在票据的背面或者其粘单上记载保证事项。

并非所有的票据当事人一定同时出现在某一张票据上，除基本当事人外，非基本当事人是否存在，完全取决于相应票据行为是否发生。不同票据上可能出现的票据当事人也有所不同。

五、票据法律特征

案例导入：2022 年 11 月 20 日，A 公司签发了电子商业承兑汇票一张，出票人及承兑人为 A 公司，收款人为 B 公司，金额为 125 万元，到期日为 2023 年 8 月 20 日，该汇票注明可再转让。后 B 公司将该汇票背书转让给 C 公司。2022 年 12 月 18 日，因 C 公司向 D 公司采购产品，存在买卖关系，故其又将该汇票背书转让给 D 公司。

2023 年 8 月 23 日，D 公司通过电子商业汇票系统向 A 公司提示付款，A 公司拒付，当前票据状态记载为"提示付款已拒付"，拒付理由为"票据到期后承兑人超三日未应答，开户行代客户拒付"。后 D 公司将 A 公司、B 公司、C 公司一同诉至法院，要求判令被告支付票据款 125 万元及相应利息。B 公司与 C 公司发生纠纷，B 公司辩称 C 公司是通过贴现从 B 公司处取得票据，该背书行为无效，D 公司从 C 公司取得的票据非法，不应取得票据权利。

D 公司经连续背书取得案涉电子商业承兑汇票，并提交其与 C 公司签订的产品购销合同等证据证实取得票据的合法性，该汇票记载事项符合法律规定，背书连续、反映的票据关系明确。D 公司是该汇票的合法持票人，其票据权利应受法律保护。B 公司主张 C 公司取得票据的行为不合法，不应享有票据权利，但未提供证据证明 D 公司明知该抗辩事由的存在，故 B 公司不得以其与 C 公司之间存在贴现事由对抗 D 公司。

D 公司在票据权利时效期间内发送提示付款申请后，承兑人未能按期付款，且票据状态显示提示付款已拒付，属于拒绝付款的情形，故 D 公司有权行使票据追索权。根据《中华人民共和国票据法》第六十八条，持票人可对背书人、出票人行使追索权，汇票的出票人、背书人、承兑人和保证人对持票人承担连带责任。综上，D 公司要求 A 公司、B 公司、C 公司连带支付汇票金额 125 万元及利息，于法有据，法院予以支持。该判决现已生效。

案例分析：

1. 法院作出支持付款的判决，主要依据是票据无因性，即票据债务人不得以自己与出票人或者与持票人的前手之间的抗辩事由，对抗持票人。但是，持票人明知存在抗辩事由而取得票据的除外。票据无因性理论保护合法持票人的权利，增强票据的信用功能，从而促进票据的流通。

2. 票据系无因证券，票据一经形成，票据关系即与原因关系相分离；同时，票据又系要式证券和文义证券，票据记载事项须符合《中华人民共和国票据法》相关规定，票据权利内容及票据有关的一切事项须以票据记载文字为准。

内容讲解：

（一）票据的特征

1. 票据是有价证券。有价证券是代表一定财产权的证券，票据不但能证明价值，而且其本身具有价值，代表给付一定金额的货币。

2. 票据是设权证券。票据权利是以票据的作为和交付而创设的，没有票据就没有票据权利。

3. 票据是无因证券。票据权利、票据义务的产生，以具备法定条件为前提，与设立票据的原因无关。这是指证券上权利的存在只因证券本身记载的文义为准，权利人享有证券权利只以持有证券为必要，至于权利人取得证券的原因，证券上权利发生的原因以及这些原因的存在、有效对证券权利原则上没有影响。换言之，票据持票人只要对票据债务人提示票据就可行使票据权利，而对取得票据的原因不负证明责任，即使票据的基础关系无效或有瑕疵，票据债务人仍应对持票人按票据所记载文义负责。

4. 票据是要式证券。票据必须依照法定方式制作，才能产生票据上的效力。要式是指票据行为必须依据《中华人民共和国票据法》的规定在票据上载明法定事项并交付。如果欠缺法定事项，除法律另有规定外，票据行为应属无效。票据行为的要式性主要表现为：票据行为必须是书面行为，而不是口头行为；票据行为的行为人必须在票据上签章，没有签章的票据无效；票据行为必须遵照《中华人民共和国票据法》规定的方式和内容，如背书必须由背书人签章并记载背书日期、必须记载被背书人名称等。

5. 票据是文义证券。票据权利、票据义务的内容，决定于票据上记载的文字的意义。票据的权利和义务完全依照票据上记载的文义而定。纵使其所记载的文义有错误，票据关系人也不得离开票据所记载的文义，以票据以外的其他立证方法变更或补充票据文义。在票据上签章者，都必须依据票据记载的文义承担相应的责任，不得以票据以外的任何理由来推卸或改变责任。

6. 票据是提示证券。持票人行使票据权利必须向债务人出示票据。

7. 票据是金钱证券。票据给付的标的是金钱，而不是金钱以外的其他财产或权利。支付票据金额是票据签发和转让的最终目的，也是确定票据债权和债务的重要依据。在《中华人民共和国票据法》中对汇票、本票和支票必须记载事项均将“确定的金额”作为重要内容，若没有“确定的金额”则票据无效。

8. 票据是返还证券。持票人在受领票据金额后，必须将票据交回债务人。

（二）票据无因性

1. 票据无因性目的。票据无因性原则的实质内容就是票据基础关系与票据法律关系的分离。只有票据法律关系与票据基础关系互相独立，作为基础关系的交易关系和债权债务关系才能不影响独立存在的票据关系的效力。也只有票据关系与基础关系相互分离，才能够在票据的转让中，使持票人的交易风险大大降低，并减轻持票人的审查责任，从而能够保障持票人特别是善意持票人的合法权益。通过确立票据无因性原则，可以使人们乐于接受票据；人们乐于接受票据，就会利用票据的种种功效，加速物资有序流动，促进贸易发展，也就助长了票据的流通，从而发挥票据的效用，最终达到实现经济高度发达的社会目标。这也正是《中华人民共和国票据法》理论确立票据无因性原则的最终目的。

2. 票据无因性内容。票据无因性应该包括以下内容：

（1）票据的无因性实际上是指票据行为的无因性，即票据行为所产生的法律效果与票据行为所产生的基础关系（特别是原因关系）之间的关系。所以，对票据无因性含义的理解实际上就是对这些关系的解释。

（2）票据行为的外在无因性正如上所述，是指票据行为的效力独立存在，其效力如何，完全取决于该行为在形式上是否符合《中华人民共和国票据法》的要求，而不受由基础关系（特别是实质原因关系）引起的法律行为的效力的影响。持票人不负证明给付原因的责任，只要依《中华人民共和国票据法》的规定，能够证明票据债权的真实成立和存续，就当然可以行使票据权利。

（3）票据行为的内在无因性是指引起票据行为、产生票据关系的实质原因从票据行为中抽离，不构成票据行为的自身内容。所以，当形成票据债权债务关系时，原则上票据债务人不得以基础关系所生的抗辩事由对抗票据债权的行使。

《中华人民共和国票据法》第十三条规定，票据债务人不得以自己与出票人或者与持票人的前手之间的抗辩事由对抗持票人。但是，持票人明知存在抗辩事由而取得票据的除外。

票据债务人可以对不履行约定义务的与自己有直接债权债务关系的持票人进行抗辩。抗辩是指票据债务人根据《中华人民共和国票据法》规定对票据债权人拒绝履行义务的行为。

六、票据行为与票据权利

案例导入1： A 公司为支付所欠 B 公司贷款，开出一张 50 万元的商业承兑汇票。B 公司用此汇票进行背书转让给 C 公司，以购买一批原材料。但事后不久，B 公司发现 C 公司根本无货可供，完全是一场骗局，于是马上通知付款人停止向 C 公司付款。C 公司获此票据后，又将该票据背书转让给了 D 公司，以支付其所欠工程款。D 公司用此汇票向 E 公司购买一批钢丝，背书时注明了"货到后此汇票背书方生效"。E 公司向付款人请求付款。付款人在对该汇票审查后拒绝付款，理由是：C 公司有欺诈行为，B 公司已通知付款人停止付款；该汇票未记载付款日期，且背书附有条件，为无效票据。随即付款人便做成退票理由书，交付于 E 公司。

问题：

（1）付款人可否以 C 公司的欺诈行为为由拒绝向 E 公司支付票款？为什么？

（2）A 公司开出的汇票未记载付款日期，是否为无效票据，为什么？

（3）D 公司的背书是否有效？该条件是否影响汇票效力？

（4）E 公司的付款请求权得不到实现时，可以向本案中哪些当事人行使追索权？

案例分析：

（1）不能。《中华人民共和国票据法》规定，票据债务人不得以自己与出票人或者持票人的前手之间的抗辩事由对抗持票人，E 公司属善意持票人，不受前手票据权利瑕疵的影响。

（2）该票据为有效票据。票据的付款日期为相对记载事项，未记载时不影响票据的效力。

（3）该背书有效。背书不得记载的内容，一是附有条件的背书，二是部分背书。背书时附有条件的，所附条件不具有汇票上的效力。

（4）E 公司可以向其前手中任何一个或几个当事人行使追索权。

案例导入2： A 公司将交易取得的银行承兑汇票交给销售公司进行贴现，后被骗失去票据。A 公司申请公示催告。其间，B 公司以其通过背书转让获得票据为由提出异议。B 公司基于买卖合同关系从案外人处取得涉案票据作为买卖合同标的对价，在取得涉案票据后在背书栏内记载自己名称，与背书人记载其名称具有同等法律效力。上述行为时间早于 A 公司申请公示催告时间，故 B 公司已通过背书转让取得涉案票据，系本案诉争票据合法持有人。在取得涉案票据后，B 公司又基于业务关系将票据背书转让给他人，他人又背书转让给 B 公司，故 B 公司为涉案票据最后合法持有人。判决驳回 A 公司诉请。

案例分析：

1. 票据系要式性、文义性、无因性证券，票据文义性决定了票据上权利义务完全依票据上记载文义确定，不能以票据记载以外事项作为认定票据权利的依据。票据要式性决定了票据权利依票据而行使，票据权利人要行使票据权利，即应依法定程序在票据上签字或盖章，未在票据上签章的，均不为《中华人民共和国票据法》上权利义务人。

2. 《中华人民共和国票据法》规定的可以申请公示催告的失票人，是指按照规定可以背书转让的票据在丧失票据占有以前的最后合法持有人。《中华人民共和国民事诉讼法》规定："按照规定可以背书转让的票据持有人，因票据被盗、遗失或者灭失，可以向票据支付地的基层人民法院申请公示催告。"本案中，A 公司并非丧失本案票据占有的失票人，其工作人员将涉案票据交给销售公司进行贴现，欲将票据权利转化为相应对价。A 公司系因贴现行为将涉案票据进行了处分而丧失对票据的占有，而非被盗、遗失或灭失，故不具有申请公示催告的主体资格。对于伪报票据丧失的当事人，人民法院在查明事实，裁定终结公示催告或者诉讼程序后，可以参照民事诉讼法中关于妨害司法行为的规定，追究虚假申请公示催告人的法律责任。

内容讲解：

（一）票据行为

1. 票据行为的概念和特征。票据行为是引起票据权利义务关系发生的法律行为，包括出票、背书、承兑、保证等。这些票据行为的记载事项、记载方式以及所引起的法律后果虽然各有不同，但在基本特征上是完全一致的，都具有要式性、无因性、文义性和独立性的特征。

（1）要式性。票据行为都是严格的要式行为，必须按照《中华人民共和国票据法》规定的格式和内容作成，才能发生效力，法律对每一种票据行为都规定了必要的方式。

（2）无因性。票据行为只要符合法律规定的形式要件，就发生效力，不受原因关系或资金关系的影响。原因关系或资金关系的有无及效力如何，都不影响票据行为的效力。

（3）文义性。票据行为的解释应按照票据上的文义进行，不能以票据上没有记载的内容来决定票据债务的内容。票据行为的文义性是要式性的具体表现，直接决定票据权利和票据义务的范围与最高限度。

（4）独立性。票据上有多个票据行为时，各个行为各自独立发生效力，其中一个行为无效，并不影响其他行为的效力。

2. 票据行为的种类。票据行为可以分为主票据行为和从票据行为两大类。主票据行为，也称基本票据行为，是指能够引起票据法律关系发生的行为。主票据行为仅指出票行为，它是指出票人签发票据并将其交付给收款人的票据行为。出票行为包括签发票据和交付票据两个行为。出票是创设票据权利的行为，是从票据行为有效成立的前提。从票据行为，是指能够引起票据法律关系变更或消灭的行为，包括背书、承兑、保证等。

这些行为要以票据已经出票为前提，要附属于主票据行为而存在，故又称附属票据行为。

3. 票据行为的形式。票据必须统一使用中国人民银行规定的格式。票据凭证不能满足记载事项的需要，可以加附粘单，粘附于票据凭证上。粘单上的第一记载人，应当在汇票和粘单的粘接处签章。票据上的签章，为签名、盖章或者签名加盖章。法人和其他使用票据的单位在票据上的签章，为该法人或者该单位的盖章加其法定代表人或者其授权的代理人的签章。在票据上的签名，应当为该当事人的本名。

票据上的记载事项必须符合《中华人民共和国票据法》的规定，票据金额以中文大写和数码同时记载，二者必须一致，二者不一致的，票据无效。票据金额、日期、收款人名称不得更改，更改的票据无效。对票据上的其他记载事项，原记载人可以更改，更改时应当由原记载人签章证明。

票据在依法记载完成后，必须由出票人将票据交付给持票人，票据行为才完成。

4. 票据行为的代理。票据行为是一种特殊的民事法律行为，票据行为代理人与民法中的代理有许多相同之处，但由于票据行为的特殊性，其代理行为具有以下特点。

（1）实行严格的显名主义。票据当事人可以委托其代理人在票据上签章，并应当在票据上表明其代理关系。

（2）无权代理和越权代理的行为不予追认。没有代理权而以代理人名义在票据上签章的，应当由签章人承担票据责任；代理人超越代理权限的，应当就其超越权限的部分承担票据责任。

（二）票据的伪造和变造

1. 票据的伪造。票据的伪造是指假冒他人名义而为的票据行为，包括假冒出票人名义签发票据或假冒他人名义为其他票据行为，如假冒他人名义进行背书、承兑等行为。票据伪造会产生下列法律后果：

（1）伪造人不是以自己的名义进行票据行为，所以不承担票据上的责任，但因侵权而应承担民事责任和刑事责任。

（2）被伪造人没有在票据上亲自签章，不承担票据责任。

（3）票据上既有伪造的签名又有真实的签名时，真实的签名依然有效。真实签名人仍应各负票据上的责任。这是由票据行为的独立性决定的。

2. 票据的变造。票据的变造是指没有变更权限的人，在有效票据上变更除签章以外的记载事项的行为，如变更票据金额、到期日等。票据变造会产生下列法律后果：

（1）变造前签章的人对原记载事项负责；变造后签章的人对变造之后的记载事项负责；不能辨别是在票据被变造之前或者之后签章的，视同在变造之前签章。

（2）变造人如未在票据上签章，不负《中华人民共和国票据法》上的责任，但因侵权应承担民事责任、刑事责任。

（三）票据的抗辩

票据的抗辩是指票据债务人根据《中华人民共和国票据法》规定对票据债权人拒绝履行义务的行为。票据债务人可以对不履行约定义务的与自己有直接债权债务关系的持票人进行抗辩。为了保护持票人的权利，防止债务人滥用抗辩权，抗辩权的行使受到如下限制：

（1）票据债务人不得以自己与出票人之间的抗辩事由对抗持票人。

（2）票据债务人不得以自己与持票人的前手之间的抗辩事由对抗持票人，但持票人明知存在抗辩事由而取得票据的除外。

（四）票据权利

1. 票据权利的概念。票据权利是指持票人向票据债务人请求支付票据金额的权利，包括付款请求权和追索权。

（1）付款请求权是持票人向付款人或承兑人请求按照票据上记载的金额付款的权利，又称第一请求权。

（2）追索权是持票人在不获承兑或不获付款时，向其前手，包括出票人、背书人或保证人请求偿还票据金额、利息或其他法定费用的权利。追索权一般是在持票人行使付款请求权不获实现后才行使的权利，所以又称第二请求权。

2. 票据权利的取得。票据权利是以持有票据为依据的，合法、有效地取得了票据即取得了票据权利。票据当事人取得票据的途径主要有：从出票人处取得；从持票人处受让取得，通过背书转让等方式取得；依照其他法定方式取得，如税收、继承、赠与、企业合并等。持票人取得票据权利，还必须符合以下规定：

（1）票据的取得，应当遵循诚实信用的原则，具有真实的交易关系和债权债务关系。

（2）票据的取得，必须给付对价，即应当给付票据当事人认可的相对应的代价。因税收、继承、赠与可以依法无偿取得票据的，不受给付对价的限制。但是，所享有的票据权利不得优于其前手。

（3）取得票据的手段必须合法。以欺诈、偷盗或者胁迫等手段取得票据的，或者明知有前列情形，出于恶意取得票据的，不得享有票据权利。持票人因重大过失取得不符合票据法规定的票据的，也不得享有票据权利。

3. 票据权利的行使。持票人行使票据权利，应当按照法定程序在票据上签章，并出示票据。持票人对票据债务人行使票据权利，或者保全票据权利应当在票据当事人的营业场所和营业时间内进行，票据当事人无营业场所的，应当在其住所进行。

4. 票据权利的消灭。票据权利的消灭是指因发生一定的法律事实而使票据权利不复存在。票据权利可因履行、免除、抵销、时效届满等事由而消灭。《中华人民共和国票据法》着重规定了票据权利因在一定期限内不行使而消灭的四种情况：（1）持票人对票据的出票人和承兑人的权利，自票据到期日起 2 年；见票即付的汇票、本票，自出票日起 2 年。（2）持票人对支票出票人的权利，自出票日起 6 个月。（3）持票人对前手的追索权，自被拒绝承兑或者被拒绝付款之日起 6 个月。（4）持票人对前手的再追索权，自清偿日或者被提起诉讼之日起 3 个月。

5. 票据的丧失及其补救。票据的丧失是指持票人非自愿地失去对票据的占有，包括绝对丧失和相对丧失。前者如烧毁，后者如遗失或被盗。持票人丧失票据后，就无法行使票据权利。在相对丧失的情况下，其他人则有可能行使票据权利。为此，《中华人民共和国票据法》规定了票据丧失的三种补救措施：

（1）挂失止付。失票人将票据丧失的事实通知付款人，请求停止付款。挂失止付只是一种临时补救方法，是持票人丧失票据后，人民法院作出裁决之前，为保护票据权利，防止票款被冒领所能采取的措施。但未记载付款人或者无法确定付款人及其代理付款人的票据不适用挂失止付。

（2）公示催告。公示催告程序，是指人民法院根据当事人的申请，以公示的方式催告不明的利害关系人，在法定期间申报权利，逾期无人申报，作出宣告票据无效判决的程序。公告催示期限届满，如无人申请权利及提示票据，法院即为除权判决宣告票据无效，申请人可以凭除权判决行使票据权利，而不必提示票据。

（3）提起诉讼。失票人应当在挂失止付后3日内或丧失票据后直接向人民法院提起民事诉讼，要求法院判定付款人向其支付票据金额。失票人在向法院起诉时，应提供有关书面证明，以证明其对票据的所有权。

（五）票据责任

票据责任是指票据债务人向持票人支付票据金额的义务。通常可将票据债务人分为第一票据债务人和第二票据债务人。第一债务人是指持票人向其行使付款请求权，以请求其付款的相对人，又称主债务人；第二债务人是指持票人得不到付款或承兑时，可向其行使追索权，以请求其偿还的人，故又称从债务人、偿还义务人。在通常情况下，持票人只有在向第一债务人行使付款请求权遭到拒绝后，才可向第二债务人请求偿还。

 【拓展栏目——思政园地】

在市场化法治化轨道上推进金融创新发展的关键是处理好政府和市场的关系

习近平总书记强调："金融的安全靠制度、活力在市场、秩序靠法治。"中国证监会党委深刻认识到，推进金融创新发展必须充分发挥市场在资源配置中的决定性作用，更好发挥政府作用，完善法治，加强监管，深化改革，充分调动市场各方积极性主动性，进一步激发创新活力，为经济社会高质量发展提供更加优质的金融服务。

一是不断完善金融法律和市场规则体系。金融交易涉及复杂多样的权利义务关系，具有信息不对称特征，对信用的要求非常高，必须有健全的监管制度。资本市场涉及面广、利益主体多元，必须尊重规律，尊重规则，着力推进基础制度建设，逐步构建起符合我国发展阶段要求的资本市场法律制度体系。

二是持续提升金融治理效能和监管有效性。法律的生命力和权威在于实施。金融创新更新迭代快，并具有明显的顺周期性和强外溢性，必须加强对金融创新的监管，及时消除空白和盲区。资本市场是各类风险的交汇口、泄洪区，要坚持"两强两严"，依法从严加强监管，严厉打击欺诈发行、财务造假、市场操纵等违法违规行为，维护市场"三公"秩序，切实保障资本市场平稳健康运行。

三是深化金融供给侧结构性改革。当前，我国金融高质量发展还存在一些卡点堵点，包括服务实体经济质效不高，融资结构不合理，支持科技创新、绿色转型、中小微企业不够充分有力等。这些问题在资本市场也有不同程度的表现，必须用好改革这个关键一招，着力破除相关体制机制性障碍，进一步完善多层次资本市场体系，推动股债期协同发展，不断提升资本市场服务高质量发展质效。

资料来源：中国证监会党委理论学习中心组. 坚持在市场化法治化轨道上推进金融创新发展——学习习近平关于金融工作论述摘编》［N］. 人民日报，2024－04－22（10）.

第三节　汇票与支票的合规管理

一、汇票的合规管理

案例导入 1：甲公司根据与乙公司签订了货物买卖合同，按照约定甲公司签发了金额为 10 万元的银行承兑汇票，承兑人为甲银行。汇票在甲公司交给乙公司前被甲公司遗失。甲公司于是登报声明作废，后又向法院申请公示催告。法院于当天通知甲银行停止支付。公示催告期限届满时，甲公司未向法院申请除权判决。甲公司后来交付给乙公司的是遗失的汇票复印件和甲银行出具的说明函。在汇票复印件上的持票人签章栏内，加盖了甲银行的汇票专用章，但是没有甲公司的签章。甲银行说明函的内容是：由于汇票被出票人遗失，出票人已登报声明作废，因此同意在复印件上加盖本行汇票专用章，作为收款人向本行收款的有效依据；汇票到期后，收款人必须凭此复印件结算票款。乙公司按照复印件记载的日期在到期后持上述复印件向甲银行提示付款时，遭到甲银行拒付。

问题：

（1）乙公司是否有权要求甲银行承担票据责任？为什么？

（2）乙公司的权利如何得到保护？

案例分析：

（1）乙公司不享有票据权利，无权要求甲银行承担票据责任。首先，《中华人民共和国票据法》规定，出票是指出票人签发票据并将其交给收款人的票据行为。甲公司虽然签发了汇票，但是汇票在向乙公司交付前被遗失，故甲公司并未完成出票的票据行为，乙公司也未实际持有该汇票。乙公司据以主张权利的是汇票的复印件，但是该复印件上没有出票人的签章，汇票无效，并且甲银行虽然在复印件上的持票人栏盖章，但是未承兑，另附的甲银行说明函不具有票据上的效力，所以乙公司不能享有票据权利，无权要求甲银行承担票据责任。

（2）乙公司可以向甲公司行使利益返还请求权。《中华人民共和国票据法》规定，持票人因超过票据权利时效或者因票据记载事项欠缺而丧失票据权利的，仍享有民事权利，可以请求出票人或者承兑人返还其与未支付的票据金额相当的利益。本案中，乙公司因票据无效丧失了票据权利，但是对甲公司的债权并未丧失，乙公司与甲公司之间的债权债务关系是票据原因关系，属民法调整，乙公司可以根据民法的有关规定，向甲公司主张债权。

案例导入 2：甲受乙的欺诈，以乙为收款人，开出一张面额为 50 万元的形式要件具备的汇票；乙为支付货款，将汇票背书给丙。

问题：

（1）甲的出票行为效力如何？该汇票是否有效？为什么？

（2）如果甲在出票时忘了写明出票日期，依照我国法律规定，这对出票行为和票据有什么影响？为什么？

（3）如果乙在背书时忘了写明背书日期，其行为对背书行为和票据有什么影响？为什么？

（4）如果丙将汇票背书给丁但没有签章，丁取得汇票后又背书给戊。此时谁是汇票上的债务人？

案例分析：

（1）该出票行为仅在甲、乙之间无效。该汇票仍然有效；因为甲的出票行为只欠缺真实贸易背景但具备形式要件，所以汇票仍然有效。

（2）由于出票日期为绝对必要记载事项，出票行为因欠缺形式要件而无效，因而整张票据无效。

（3）由于背书日期为任意记载事项，因此乙的行为不影响背书行为和票据的效力。

（4）甲、乙、丁。

案例导入 3：A 与 B 签订了一份合同。根据此合同，A 签发并承兑了一张以 B 为收款人的商业承兑汇票。B 将该汇票背书转让给 C，当 C 持该汇票向 A 的开户银行 D 提示付款时，因 B 未曾按照约定履行合同，A 拒绝付款而遭退票。C 遂至法院起诉，请求法院判令被告支付相应的票款及利息。

问题：

（1）A 是否可以 B 未按约定履行合同为由拒绝付款？请说明理由。

（2）如果 C 取得该汇票时知道 B 未按约定履行合同，则 A 可否拒绝付款？理由是什么？

案例分析：

（1）不可以。因为《中华人民共和国票据法》规定，票据债务人不得以自己与出票人或者持票人的前手之间的抗辩事由对抗持票人。

（2）可以。因为《中华人民共和国票据法》规定，票据债务人不得以自己与出票人或者持票人的前手之间的抗辩事由对抗持票人，但是，持票人明知存在抗辩事由而取得票据的例外。

案例导入 4：甲以乙为收款人，签发了一张面额为 50 万元的汇票；丙从乙处偷得汇票，伪造乙的签章背书给丁；丁将汇票金额改写为 150 万元后，背书给不知情的戊；丁于 3 日后应戊的请求，改写背书日期。

问题：

（1）改写日期的行为被称为什么？在《中华人民共和国票据法》中，这一行为的规则是什么？

（2）丙的行为被称为什么？丁改写金额的行为被称为什么？丙和丁各承担什么法律责任？

（3）这张汇票上的债务人有哪些？为什么？

（4）这张汇票上的票据责任应如何承担？为什么？

案例分析：

（1）票据更改规则是只能更改除票据金额、出票日期和收款人之外的记载事项；必须由原记载人或其代理人进行更改；应当在被更改处签章证明。

（2）丙的行为是伪造票据，应承担民事责任、刑事责任；丁的行为是变造票据，应承担票据责任、民事责任、刑事责任。

（3）甲和丁，因为他们是真实签章人。

（4）甲在票据金额被变造之前签章，承担 50 万元的责任；丁在票据金额被变造之后签章，承担 150 万元的责任。

内容讲解：

（一）汇票的定义

汇票是出票人签发的，委托付款人在见票时或者在指定日期无条件支付确定的金额给收款人或者持票人的票据。与本票、支票相比，汇票具有以下特点。

（1）在当事人方面，汇票在出票时有出票人、付款人和收款人三个基本当事人。而本票的基本当事人只有出票人和收款人。支票的基本当事人虽然也有三个，但其付款人仅限于办理支票存款业务的银行或其他金融机构，而汇票的付款人则没有这一限制。

（2）在支付方式上，汇票是委付证券，而本票是一种自付证券。

（3）在承兑方面，承兑是汇票独有的法律行为。

（4）在付款日方面，汇票除有见票即付的情况外，还有定日付款、出票后定期付款和见票后定期付款等情况，而本票和支票一般为见票即付。

（二）汇票的分类

汇票依不同的标准可作不同的分类。

1. 依出票人的不同，汇票可分为银行汇票和商业汇票。银行汇票是指汇款人将款项交存当地银行，由银行签发给汇款人持往异地办理转账结算或支取现金的票据。商业汇票是指收款人或付款人签发，由承兑人承兑，并于到期日向收款人或被背书人支付款项的票据。

2. 依指定的付款期间的不同，汇票可分为即期汇票和远期汇票。即期汇票就是见票即付的汇票。远期汇票是指约定付款日期，持票人只能到约定日期才能提示付款的汇票，它分为定日付款、出票后定期付款和见票后定期付款三种。

3. 按有无记载收款人为标准，汇票可分为记名汇票、指示汇票和无记名汇票。记名汇票，亦称抬头汇票，是指出票人载明收款人姓名或名称的汇票。指示汇票是指出票人不仅注明收款人的姓名或名称，而且附加"或其指定人"字样的汇票。无记名汇票是指对收款人的姓名或名称不做任何记载，或只记载"来人"或"持票人"字样的汇票。

4. 按是否需要附有单据为标准，汇票可分为光单汇票和跟单汇票。光单汇票是指不需要附具任何单据的汇票。此种汇票对当事人的信用要求较高，银行汇票一般多为光单汇票。跟单汇票是指必须附具与商务有关的单据，如提单、保险单等才能获得承兑的汇票。国际贸易中使用最多的是跟单信用证汇票。

（三）汇票的票据行为

1. 出票

（1）出票要件。出票是指出票人签发票据并将其交付给收款人的票据行为，是创造票据的原始票据行为，包括开票、交付两个行为。开票是指出票人在原始票据上记载票据法规定的事项并签章。交付是指出票人将已做成的汇票交给他人。汇票的出票只有同时具备了这两个行为过程，才具有法律效力，票据权利才能为收款人享有。没有交付则出票人的出票行为没有完成，不发生出票行为的法律效力，出票人不承担票据责任；没有经交付而占有汇票的人是非法持有票据，也不享有票据权利。

（2）出票的效力。①对出票人的效力。出票人签发汇票后，即承担保证该汇票承兑和付款的责任。出票人在汇票得不到承兑或者付款时，应当向持票人清偿票据法规定的金额和费用。②对收款人的效力。使收款人享有票据上的权利，即付款请求权和追索权。③对付款人的效力。出票行为并不必然对付款人发生约束力，出票行为仅只使付款人取得承兑地位，并未使付款成为其义务，只有当付款人承兑汇票后，付款人才负有付款的义务，成为汇票的主债务人。

2. 汇票的背书

（1）背书的概念。背书是指在票据背面或者粘单上记载有关事项并签章的票据行为。做背书转让的持票人为背书人，受让票据权利的人为被背书人，被背书人接受票据后可以再做背书，将票据再次转让给他人。背书的次数越多，票据的信用就越牢固。

（2）背书的记载事项。背书绝对记载事项为被背书人名称、背书人签章。背书日期是相对记载事项，背书未记载日期的，视为在汇票到期日前背书。背书的任意记载事项有"不得转让""委托收款"等，这些事项一旦记载，即产生汇票的效力。背书必须是单纯背书，禁止附条件背书和部分背书，背书时附有条件的，所附条件不具有汇票上的效力。将汇票金额的一部分转让的背书或者将汇票金额分别转让给两人以上的背书无效。

（3）背书的效力。①权利转移的效力。背书生效后，被背书人从背书人手中取得并享有票据权利。②权利证明的效力。持票人以背书的连续证明其汇票权利。背书连续是指在票据转让中，转让汇票的背书人与受让汇票的被背书人在汇票上的签章依次前后衔接。③权利担保效力。背书生效后，背书人即成为票据上的债务人，必须承担担保承兑和付款的责任。

3. 汇票的承兑

（1）承兑的概念。承兑是指汇票付款人承诺在汇票到期日支付汇票金额的票据行为。承兑是汇票所特有的一种制度，本票和支票都无承兑这一附属票据行为。

承兑是付款人的单方法律行为，汇票的付款人一旦承兑就成为汇票的第一债务人，就要按汇票的言义承担付款责任。不需要他人合意就发生票据行为的效力。因此，除无须承兑的汇票外，汇票的真正付款人应称为承兑人，其负有到期按汇票金额足额付款的义务。

（2）承兑的程序。除见票即付的汇票无须承兑外，定日付款、出票后定期付款和见票后定期付款的汇票均需承兑。承兑的程序包括两个步骤：持票人的提示承兑和付款人的承兑或拒绝承兑。

①提示承兑。提示承兑是指持票人向付款人出示汇票，并要求付款人承诺付款的行为。定日付款或者出票后定期付款的汇票，持票人应当在汇票到期日前向付款人提示承兑。见票后定期付款的汇票，持票人应当自出票日起1个月内向付款人提示承兑。汇票未按照规定期限提示承兑的，持票人丧失对其前手的追索权，见票即付的汇票无须提示承兑。

②承兑或拒绝承兑。付款人应当自收到提示承兑的汇票之日起3日内承兑或者拒绝承兑。付款人承兑汇票的，应当在汇票正面记载"承兑"字样和承兑日期并签章；见票后定期付款的汇票，应当在承兑时记载付款日期。付款人承兑汇票，不得附有条件；承兑附有条件的，视为拒绝承兑。付款人收到持票人提示承兑的汇票时，应当向持票人签发收到汇票的回单，回单上应当记明汇票提示承兑日期并签章。

（3）承兑的效力。①对付款人的效力。付款人在承兑后应当承担到期付款的责任。汇票付款人在承兑之前仅为汇票一般债务人而不是汇票第一债务人，但一经承兑便成为汇票第一债务人，在票据权利因时效消灭之前，负绝对的付款责任。②对持票人的效力。付款人一经承兑，持票人的期待权就成为现实权。除因时效完成之外，在任何情况下持票人都不会丧失付款请求权。③对出票人和背书人的效力。付款人承兑之后，出票人和汇票上的所有背书人都免受期前追索。拒绝承兑是持票人行使期前追索的法定原因之一。

4. 汇票的保证

（1）票据保证的概念。票据保证是指票据债务人以外的人为担保票据债务的履行，以负担同一内容的票据债务为目的的一种附属票据行为。票据法上保证制度在于促进证券的流通，是补充特定债务人信用不足的一种制度，比民法上的保证有更强的效力。

（2）票据保证的记载事项。保证人必须在汇票或者粘单上记载下列事项：表明"保证"的字样；保证人名称和住所；被保证人的名称；保证日期；保证人签章。保证人在汇票或者粘单上未记载被保证人名称的，已承兑的汇票，承兑人为被保证人；未承兑的汇票，出票人为被保证人。未记载保证日期的，出票日期为保证日期。保证不得附有条件，附有条件的，不影响对汇票的保证责任。

（3）票据保证的效力。保证人在汇票或者粘单上作出保证后，除被保证人的债务因汇票记载事项欠缺而无效的以外，应对合法取得汇票的持票人所享有的汇票权利承担保证责任。被保证的汇票，由保证人和被保证人对持票人承担连带责任。汇票到期后得不到付款的，持票人有权向保证人请求付款，保证人应当足额付款。保证人清偿汇票债务后，可以行使持票人对被保证人及其前手的追索权。

5. 汇票的付款

（1）付款的概念。付款是指汇票的付款人向持票人支付汇票金额以消灭票据关系的行为。付款有广义和狭义之分。广义的付款包括一切票据关系的债务人按照票据记载事项向票据债权人支付票据金额的行为。狭义的付款仅指汇票的承兑人或者票据付款人向票据关系的债权人即持票人的付款。《中华人民共和国票据法》规定的付款是狭义的付款。

（2）付款的程序。付款的程序有两个基本方面：一是由持票人在规定期限内向付款人做付款提示；二是付款人在持票人做付款提示后，对票据的形式要件做必要的审查，然后决定是否予以现实的支付。

①提示付款。持票人向付款人请求付款时，应当按照法定期限提示付款：见票即付的汇票，自出票日起 1 个月内向付款人提示付款；定日付款、出票后定期付款或者见票后定期付款的汇票，自到期日起 10 日内向承兑人提示付款。持票人未按照规定期限提示付款的，在作出说明后，承兑人或者付款人仍应当继续对持票人承担付款责任。通过委托收款银行或者通过票据交换系统向付款人提示付款的，视同持票人提示付款。

②付款。持票人依照规定提示付款的，付款人必须在当日足额付款。付款人付款时，应按照《中华人民共和国票据法》的规定履行审查义务，一方面要审查汇票的形式是否符合《中华人民共和国票据法》的规定，另一方面要审查汇票上各项背书是否连续。持票人获得付款的，应当履行在票据上签收并将票据交还付款人的义务。持票人委托银行收款的，受委托的银行将代收的汇票金额转账划入持票人账户，视同签收。

③付款的效力。付款人依法足额付款后，全体汇票债务人的责任解除，包括付款责任和担保责任都被解除。

6. 汇票的追索权

（1）追索权的概念。追索权是指持票人在票据不获承兑或不获付款时，向其前手，包括出票人、背书人、承兑人和保证人请求偿还票据金额、利息及有关费用的一种票据权利。追索权是对付款请求权的一种补充，其目的是维护票据制度，增强票据信用。

（2）追索权的要件

①行使追索权的实质要件。一是有被拒绝付款和承兑的事实。汇票到期被拒绝付款和承兑的，持票人可以对背书人、出票人以及汇票的其他债务人行使追索权。二是有法定原因。汇票到期日前，有下列情形之一的，持票人也可以行使追索权：承兑人或者付款人死亡、逃匿的；承兑人或者付款人被依法宣告破产的或者因违法被责令终止业务活动的。

②行使追索权的形式要件。一是汇票的承兑提示与付款提示。不在规定期间内提示，丧失追索权。二是取得拒绝证书，包括拒绝证明和其他有关证明。持票人因承兑人或者付款人死亡、逃匿或者其他原因，不能取得拒绝证明的，可以依法取得其他有关证明。承兑人或者付款人被人民法院依法宣告破产的，人民法院的有关司法文书具有拒绝证明的效力。承兑人或者付款人因违法被责令终止业务活动的，有关行政主管部门的处罚决定具有拒绝证明的效力。持票人不能出示拒绝证明、退票理由书或者未按照规定期

限提供其他合法证明的，丧失对其前手的追索权。但是，承兑人或者付款人仍应当对持票人承担责任。

（3）追索权行使的程序。①发出追索通知。持票人应自收到拒绝证明之日起3日内将拒绝事由书面通知其前手，其前手应当自接到追索通知之日起3日内通知其再前手。②确定追索对象。持票人可以按照《中华人民共和国票据法》的规定选择其前手中的一人或者数人、全体行使追索权。③受领追索金额。追索金额包括票据金额、利息、做成拒绝证明及发出追索通知的费用。

（4）再追索权的行使。再追索权是指背书人等票据债务人因被追索对持票人履行清偿义务后，取得汇票权利人的地位而对其前手行使追索权。汇票上有多个债务人，被追索人清偿债务后，与持票人享有同一权利，可以向自己的前手进行再追索，直到最后债务人为止。

（5）追索权的丧失。①因时效届满而消灭。超过法定时效未行使追索权的，持票人丧失对其前手的追索权。持票人对前手的追索权法定时效为自被拒绝承兑或被拒绝付款之日起6个月，持票人对前手的再追索权法定时效为自清偿日或被提起诉讼之日起3个月。②未在法定期限内保全票据权利。追索人未在法定期限内保全票据权利的，丧失对其前手的追索权，其追索权也因此而归于消灭，如不在规定期间内提示承兑和提示付款的，持票人不能出示拒绝证明、退票理由书或者未按照规定期限提供其他合法证明的。

（6）追索权的效力。①对追索人的效力。追索人因行使追索受清偿后，其票据上的权利归于消灭，同时，追索人应将票据及拒绝证书交与被追索人，并向其出具已受领的收据。追索人因怠于履行退票事由通知义务而致使被追索人受到损害的，应承担相应的赔偿责任。②对被追索人的效力。被追索人取得票据成为持票人后，具有合法持票人的地位，享有完整的票据权利。

（四）电子商业汇票

1. 电子商业汇票的法律定义。电子商业汇票是指出票人依托电子商业汇票系统，以数据电文形式制作的，委托付款人在指定日期无条件支付确定金额给收款人或者持票人的票据。电子商业汇票分为电子银行承兑汇票和电子商业承兑汇票。电子银行承兑汇票由银行业金融机构、财务公司（以下统称金融机构）承兑；电子商业承兑汇票由金融机构以外的法人或其他组织承兑。电子商业汇票的付款人为承兑人。电子商业汇票系统是经中国人民银行批准建立，依托网络和计算机技术，接收、存储、发送电子商业汇票数据电文，提供与电子商业汇票货币给付、资金清算行为相关服务的业务处理平台。

2. 电子商业汇票的付款期限。电子商业汇票为定日付款票据。电子商业汇票的付款期限自出票日起至到期日止，最长不得超过1年。

3. 电子商业汇票的签发与签收。出票人签发电子商业汇票时，应将其交付收款人。电子商业汇票背书，背书人应将电子商业汇票交付被背书人。电子商业汇票质押解除，质权人应将电子商业汇票交付出质人。交付是指票据当事人将电子商业汇票发送给受让人，且受让人签收的行为。

签收是指票据当事人同意接受其他票据当事人的行为申请，签章并发送电子指令予以确认的行为。驳回是指票据当事人拒绝接受其他票据当事人的行为申请，签章并发送电子指令予以确认的行为。

4. 电子商业汇票的日期。电子商业汇票的出票日是指出票人记载在电子商业汇票上的出票日期。电子商业汇票的提示付款日是指提示付款申请的指令进入电子商业汇票系统的日期。电子商业汇票的拒绝付款日是指驳回提示付款申请的指令进入电子商业汇票系统的日期。电子商业汇票追索行为的发生日是指追索通知指令进入电子商业汇票系统的日期。承兑、背书、保证、质押解除、付款和追索清偿等行为的发生日是指相应的签收指令进入电子商业汇票系统的日期。

5. 电子商业汇票出票必须记载事项。电子商业汇票出票必须记载下列事项：

（1）表明"电子银行承兑汇票"或"电子商业承兑汇票"的字样；

（2）无条件支付的委托；

（3）确定的金额；

（4）出票人名称；

（5）付款人名称；

（6）收款人名称；

（7）出票日期；

（8）票据到期日；

（9）出票人签章。

6. 电子银行承兑汇票垫款。电子银行承兑汇票的出票人于票据到期日未能足额交存票款时，承兑人除向持票人无条件付款外，对出票人尚未支付的汇票金额转入逾期贷款处理，并按照每天万分之五计收罚息。

7. 电子银行承兑汇票注意事项。在进行电子银行承兑汇票背书转让的过程中，需要进行多次审核和验证，包括票面真实性、背书连续性、收款人信息等。如果发现公司名称与实际收款人不一致，或者有其他错误，银行可能会拒绝该笔电子银行承兑汇票的转让，并将其退回至持票人手中。因此，在进行电子承兑汇票背书转让时，建议仔细核对所有相关信息，包括公司名称、银行账号、开户行等，确保准确无误，避免出现不必要的麻烦和延误。如果发现有任何错误或不确定的地方，应及时与银行或出票人联系。

银行工作人员从事票据业务，必须具备良好的专业知识、合规意识、风险意识和反诈能力，在工作中不断学习最新的票据法律法规，掌握票据最新技术，提高业务能力。

 【拓展栏目——思政园地】

将稳中求进工作总基调在金融实践中落实到位

坚持稳中求进工作总基调，体现了以习近平同志为核心的党中央领导金融工作的娴熟能力和高超智慧。我们要坚持党中央对金融工作的集中统一领导，一体理解、把握、落实"防风险、强监管、促发展"，实现更周全的"稳"与更高质量的"进"的良性互动。

防风险要在稳定大局的前提下把握时度效。防范化解金融风险，事关国家安全、发展全局、人民财产安全，是实现高质量发展必须跨越的重大关口。要坚持"稳定大局、统筹协调、分类施策、精准拆弹"的方针，把握好权和责、快和稳、防和灭的关系。稳慎周全、妥处存量，不能养痈遗患，也不能引发处置风险的风险。以进促稳、严防增量，切实加强风险源头管控，按照"四早"原则，举一反三尽快扎紧制度"篱笆"，绝不能小事拖大、大事拖炸。

强监管要在完善制度的前提下切实动真、碰硬、亮剑。金融监管是防控金融风险、治理金融乱象、规范金融秩序的关键性制度设计。要加快填补监管制度空白，加强监管协同，落实兜底监管责任，实现金融监管全覆盖。全面强化"五大监管"，坚决扭转重发展、弱监管和风险击鼓传花、捂盖子的积弊。监管、对监管的监管都要"长牙带刺"，发现问题坚决亮剑。处理好加强金融监管和金融创新的关系，金融创新是要搞的，但不能乱创新，不能搞偏离实体经济需要、规避监管的"创新"。要加强对金融创新的风险评估，不行的坚决不能搞。

促发展要在坚守根本的前提下推进稳增长、调结构、提质效。服务实体经济是金融的天职，如果金融热衷于自我循环、自我膨胀，就会成为无源之水、无本之木。要围绕实施好稳健的货币政策，强化政策协同，支持稳预期、稳增长、稳就业，为经济社会发展营造有利的货币金融环境。围绕做好"五篇大文章"，统筹做好"加减法"，提高金融资源配置效率，优化资金供给结构，避免资金沉淀空转。围绕中国特色现代金融体系"六大支柱"建设，推动各类金融机构坚守初心、回归本源、做优主业、做精专业，切忌好高骛远、盲目跨界、无序扩张。

实干为要，行胜于言。我们要更加紧密地团结在以习近平同志为核心的党中央周围，坚持稳中求进工作总基调，稳扎稳打、善作善成，锚定建设金融强国目标，扎实推动金融高质量发展，为奋力开拓中国特色金融发展之路作出新的更大贡献。

资料来源：中央金融委员会办公室中央金融工作委员会理论学习中心组.坚持稳中求进工作总基调——学习《习近平关于金融工作论述摘编》[N].人民日报，2024-04-25（10）.

二、支票的合规管理

案例导入：甲公司为了向乙公司购买一批货物，于2023年3月11日签发了一张转账支票给乙公司用于支付货款。之后甲、乙公司之间的买卖合同解除。

问题：

（1）持票人丙公司能否要求付款银行支付现金？为什么？

（2）付款银行能否以甲、乙公司之间的买卖合同解除为理由拒绝付款？为什么？

（3）乙公司于3月23日向付款银行提示付款，银行能否拒绝付款？为什么？

案例分析：

（1）不能。因为《中华人民共和国票据法》规定，转账支票只能用于转账，不得支取现金。

（2）能。票据债务人不得以自己与出票人或者与持票人的前手之间的抗辩事由对抗持票人。但是，持票人明知存在抗辩事由而取得票据的除外。票据债务人可以对不履行约定义务的与自己有直接债权债务关系的持票人进行抗辩。

（3）银行可以拒绝付款。因为《中华人民共和国票据法》第九十一条第一款规定："支票的持票人应当自出票日起十日内提示付款；异地使用的支票，其提示付款的期限由中国人民银行另行规定。"也就是说，如果持票人超过了提示期限，付款人可以拒绝付款。本案中，该支票的出票日是 3 月 11 日，丙公司于 3 月 23 日向银行提示付款，已经超过了法定的提示期限，故银行可以拒绝付款。

内容讲解：

（一）支票的概念和特点

支票是出票人签发的，委托办理支票存款业务的银行或者其他金融机构在见票时无条件支付确定的金额给收款人或者持票人的票据。支票与本票、汇票相比，具有以下特点。

（1）支票的付款人仅限于办理支票存款业务的银行或其他金融机构。汇票的付款人不限于金融机构。

（2）支票不必经过承兑。

（3）支票是委付证券，是一种支付命令。而本票是自付证券，是一种支付承诺。

（4）支票必须见票即付。

（二）支票的分类

支票按照不同的标准，可作多种分类。

（1）以票据的支付方式为标准，支票可分为现金支票、转账支票和一般支票。现金支票是指出票人签发的委托银行等金融机构支付给收款人确定数额现金的支票，它不能用于转账。转账支票是指出票人签发给收款人用于转账结算的支票，它只能用于转账，不能支取现金。一般支票既可以支取现金，也可以转账，但用于转账时必须在支票正面予以注明。

（2）按支票上出票日期是否与实际出票日期一致为标准，支票可分为即期支票与远期支票。即期支票是指出票人所签发的支票出票日期与实际出票日期一致的支票；远期支票是指出票人在签发支票时，不记载实际出票日期，而是以尚未到来的日期填为出票日期的支票。

（3）按有无记载收款人为标准，支票可分为记名式支票、指定式支票和无记名式支票。记名式支票是支票上记载收款人名称的支票。指定式支票是指出票人除记载收款人外，附加记载指定人的支票。无记名式支票是指出票人不记载收款人的姓名或名称，或在收款人栏中记载"来人"或"持票人"字样的支票，故又称来人支票。

（4）按支票票面金额是否受限制为标准，支票可分为不限额支票和限额支票。限额支票是指出票人签发的每张票面金额不超过规定最高限额的支票。此种支票如超过最高限额，即使支票存款余额足够支付，付款人仍可不予付款。限额支票已经停用。不限额支票是指票面金额没有事先规定最高限额的支票。

（三）支票的票据行为

1. 出票。

（1）支票出票人的资格。①开立支票存款账户。支票出票人首先要在银行或其他金融机构开立一个存款账户，作为自己与金融机构之间资金关系的连接点。开立支票存款账户，申请人必须使用其本名，提交证明其身份的合法证件，预留其本名的签名式样和印鉴。②存入足够付款的资金。开立支票存款账户和领用支票，应当有可靠的资信，并存入一定的资金。支票的出票人所签发的支票金额不得超过其付款时在付款人处实有的存款金额。出票人所签发的支票金额超过其付款时在付款人处实有的存款金额的，为空头支票。法律禁止签发空头支票。

（2）支票的记载事项。支票必须记载下列事项：表明"支票"的字样；无条件支付的委托；确定的金额；付款人名称；出票日期；出票人签章。支票上未记载前述规定事项之一的，支票无效。

支票上未记载收款人名称的，经出票人授权，可以补记。支票上未记载付款地的，付款人的营业场所为付款地。支票上未记载出票地的，出票人的营业场所、住所或者经常居住地为出票地。

2. 支票的付款。支票限于见票即付，不得另行记载付款日期。另行记载付款日期的，该记载无效。支票的持票人应当自出票日起 10 日内提示付款；异地使用的支票，其提示付款的期限由中国人民银行另行规定。超过提示付款期限的，付款人可以不予付款；付款人不予付款的，出票人仍应当对持票人承担票据责任。

出票人必须按照签发的支票金额承担保证向该持票人付款的责任。出票人在付款人处的存款足以支付支票金额时，付款人应当在当日足额付款。付款人依法支付支票金额的，对出票人不再承担受委托付款的责任，对持票人不再承担付款的责任。但是，付款人恶意或者有重大过失付款的除外。

第四节　商业银行反洗钱合规管理

一、反洗钱的内涵及反洗钱法

案例导入 1：占某以刷 POS 机方式协助杨某、刘某二人将骗取的公积金贷款通过其超市的 POS 机刷卡提现，每笔收取手续费 2 000 元，并将部分骗取的公积金贷款通过银行转账至杨某、刘某指定的账户。在一年多的时间里，占某用其本人绑定 POS 机某银行账户共向杨某、刘某指定的银行账户转账 323.1 万元，占某收取手续费共计 6 万余元。某市人民法院对该起涉嫌为金融诈骗犯罪提供资金账户，并协助掩饰、隐瞒金融诈骗资金的来源和性质的案件进行宣判，依据《中华人民共和国刑法》第一百九十一条等规定，被告人占某犯洗钱罪，判处有期徒刑 2 年，缓刑 3 年，并处罚金 162 000 元。

案例导入 2：2009 年至 2016 年，熊某在担任某村干部期间，组织、领导黑社会性质组织，以暴力、威胁及其他手段，有组织地实施故意伤害、寻衅滋事、聚众斗殴、非国家工作人员受贿等一系列违法犯罪活动。熊某因犯组织、领导黑社会性质组织罪被判处刑罚。2014 年，某房地产开发有限公司为低价取得某土地使用权进行房地产开发，多次向熊某行贿，曾某以提供银行账户、转账、取现等方式，帮助熊某转移受贿款共计3 700

万元。曾某受熊某指使，利用某公司银行账户接收房地产公司行贿款 500 万元，然后转账至其侄女银行账户，再拆分转账至熊某妻子及黑社会性质组织其他成员银行账户。后曾某受熊某指使，多次通过银行柜台取现、直接转账或者利用曾某个人银行账户中转等方式，将 3 200 万元转移给熊某及其妻子、黑社会性质组织其他成员。法院作出判决，认定曾某犯洗钱罪，判处有期徒刑 3 年 6 个月，并处罚金 300 万元。

案例分析：

1. 洗钱犯罪手段多样，变化频繁，本质都是通过隐匿资金流转关系，掩饰、隐瞒犯罪所得及收益的来源和性质。犯罪嫌疑人为隐匿资金真实去向，大额取现或者将大额赃款在多个账户间进行频繁划转；为避免直接转账留下痕迹，将转账拆分为先取现后存款，人为割裂交易链条，利用银行支付结算业务采取了多种手段实施洗钱犯罪。实践中除上述方式外，还有利用汇兑、托收承付、委托收款或者开立票据、信用证以及利用第三方支付、第四方支付等互联网支付业务实施的洗钱犯罪，资金转移方式更专业，洗钱手段更隐蔽。公安机关在办案中要透过资金往来表象，认识行为本质，准确识别各类洗钱手段。

2. 充分发挥金融机构、行政监管和刑事司法反洗钱工作合力，共同落实反洗钱义务和责任。金融机构应当建立并严格执行反洗钱内部控制制度，履行客户尽职调查义务、大额交易和可疑交易报告义务，充分发挥反洗钱"第一防线"的作用。中国人民银行要加强监管，对涉嫌洗钱的可疑交易活动进行反洗钱调查，对金融机构反洗钱履职不力的违法行为作出行政处罚，涉嫌犯罪的，应当及时移送公安机关立案侦查。人民检察院要充分发挥法律监督职能作用和刑事诉讼中指控证明犯罪的主导责任，准确追诉犯罪，发现金融机构涉嫌行政违法的，及时移送中国人民银行调查处理，促进行业治理。

内容讲解：

（一）反洗钱的内涵

反洗钱，是指为了预防通过各种方式掩饰、隐瞒毒品犯罪、黑社会性质的组织犯罪、恐怖活动犯罪、走私犯罪、贪污贿赂犯罪、破坏金融管理秩序犯罪、金融诈骗犯罪和其他犯罪所得及其收益的来源、性质的洗钱活动，依照《中华人民共和国反洗钱法》规定采取相关措施的行为。

（二）反洗钱法

2006 年 10 月 31 日，《中华人民共和国反洗钱法》由第十届全国人民代表大会常务委员会第二十四次会议通过，2024 年 11 月 8 日第十四届全国人民代表大会常务委员会第十二次会议修订，自 2025 年 1 月 1 日起施行。

国务院反洗钱行政主管部门负责全国的反洗钱监督管理工作。国务院有关部门在各自的职责范围内履行反洗钱监督管理职责。国务院反洗钱行政主管部门、国务院有关部门、监察机关和司法机关在反洗钱工作中应当相互配合。

1. 中国人民银行。《中华人民共和国中国人民银行法》第四条规定，中国人民银行履行指导、部署金融业反洗钱工作，负责反洗钱的资金监测职责。中国人民银行是国务院反洗钱行政主管部门，主要职责有：

组织协调反洗钱和反恐怖融资工作；牵头拟订反洗钱和反恐怖融资政策规章；监督检查金融机构及非金融高风险行业履行反洗钱和反恐怖融资义务情况；收集分析监测相关部门提供的大额和可疑交易信息并开展反洗钱和反恐怖融资调查，协助相关部门调查涉嫌洗钱、恐怖融资及相关犯罪案件；承担反洗钱和反恐怖融资国际合作工作。

2. 国务院金融监督管理机构。国务院金融监督管理机构是指国家金融监督管理总局、证监会。它们应履行的反洗钱监管职责主要有：参与制定所监督管理的金融机构反洗钱规章；对所监督管理的金融机构提出按照规定建立健全反洗钱内部控制制度的要求，发现涉嫌洗钱犯罪的交易活动及时向公安机关报告；审查新设金融机构或者金融机构增设分支机构的反洗钱内部控制制度方案，对于不符合反洗钱法规定的设立申请，不予批准；以及法律和国务院规定的有关反洗钱的其他职责。

3. 中国反洗钱监测分析中心。《中华人民共和国反洗钱法》第十六条规定确立了中国反洗钱监测分析中心的法律地位："国务院反洗钱行政主管部门设立反洗钱监测分析机构。反洗钱监测分析机构开展反洗钱资金监测，负责接收、分析大额交易和可疑交易报告，移送分析结果，并按照规定向国务院反洗钱行政主管部门报告工作情况，履行国务院反洗钱行政主管部门规定的其他职责。"中国反洗钱监测分析中心由此成为中国反洗钱框架中的一个重要法律实体。中国反洗钱监测分析中心是中国政府根据联合国有关公约的原则和反洗钱金融行动特别工作组（FATF）建议以及中国国情建立的行政型国家金融情报机构（FIU），隶属于中央银行（中国人民银行），负责接收、分析和移送金融情报。自成立以来，中国反洗钱监测分析中心在反洗钱方面发挥了重要作用，为执法机关打击洗钱及相关犯罪提供了有力金融情报支持。中国反洗钱监测分析中心依据相关法律，根据国家反洗钱工作的需要，不断提高对大额与可疑资金流动的监测分析水平。其主要职责为：

（1）收集、整理并保存大额和可疑资金交易信息及相关调查、案件信息；

（2）分析、研究大额交易与可疑交易信息，与有关部门研判和会商可疑资金交易线索，配合有关部门进行可疑资金交易线索协查；

（3）指导协助中国人民银行相关部门及分支行开展反洗钱调查工作，协调跨省（市）、自治区的可疑资金交易线索研判；

（4）按照规定程序向有关部门移送、提供可疑交易线索，受理国家有关部门的协查；

（5）根据授权，负责与境外金融情报机构的交流与合作，负责反洗钱情报的国际互协查；

（6）负责国家反洗钱数据库建设和管理，研究、开发反洗钱信息接收及监测分析系统，负责系统的运行和维护；

（7）研究分析反洗钱犯罪的方式、手段及发展趋势，为制定反洗钱政策提供依据；

（8）会同有关部门研究、制定大额交易与可疑交易信息报送技术标准；

（9）承办人民银行授权或交办的其他事项。

二、金融机构反洗钱

案例导入：2024年12月13日，中国人民银行陕西省分行行政处罚决定信息公示表显示，某银行陕西省分行因违反反洗钱管理规定，被罚款193万元。时任分行法律与合规部总经理，对该行违反反洗钱管理规定的行为负有责任，被罚款3.5万元。时任该行个人金融部总经理，对该行违反反洗钱管理规定的行为负有责任，被罚款2.5万元。

中国人民银行对多家违反反洗钱规定的银行和责任人进行了处罚，从处罚原因分析，"未按照规定报送大额交易报告或者可疑交易报告""未按规定履行客户身份识别义务""与身份不明的客户进行交易"成为中小银行违反反洗钱业务管理规定的"重灾区"。

案例分析：

反洗钱工作是维护国家安全和金融稳定的重要保障。与传统地下钱庄洗钱模式相比，当前的洗钱犯罪手段不断翻新。随着大数据、云计算等技术的发展，洗钱模式更加隐蔽和高智能。作为社会资金融通、集散中心，各个金融机构是反洗钱的"第一道防线"，在新形势和新任务下，商业银行应该增加反洗钱业务投入，深入贯彻《中华人民共和国反洗钱法》，提高反洗钱能力，建立反洗钱内控制度，按照反洗钱要求对客户身份进行识别、报送大额交易报告或者可疑交易报告。

内容讲解：

（一）金融机构反洗钱义务

在中华人民共和国境内设立的金融机构和依照《中华人民共和国反洗钱法》规定应当履行反洗钱义务的特定非金融机构，应当依法采取预防、监控措施，建立健全反洗钱内部控制制度，履行客户尽职调查、客户身份资料和交易记录保存、大额交易和可疑交易报告、反洗钱特别预防措施等反洗钱义务。金融机构在履行反洗钱义务过程中，发现涉嫌犯罪的，应当及时以书面形式向中国人民银行当地分支机构和当地公安机关报告。金融机构及其工作人员应当依法协助、配合司法机关和行政执法机关打击洗钱活动。金融机构的境外分支机构应当遵循驻在国家或者地区反洗钱方面的法律规定，协助配合驻在国家或者地区反洗钱机构的工作。

1. 建立反洗钱内控制度。金融机构应当依照《中华人民共和国反洗钱法》规定建立健全反洗钱内部控制制度，设立专门机构或者指定内设机构牵头负责反洗钱工作，根据经营规模和洗钱风险状况配备相应的人员，按照要求开展反洗钱培训和宣传。金融机构应当定期评估洗钱风险状况并制定相应的风险管理制度和流程，根据需要建立相关信息系统。金融机构应当通过内部审计或者社会审计等方式，监督反洗钱内部控制制度的有效实施。金融机构的负责人对反洗钱内部控制制度的有效实施负责。

2. 金融机构应当按照规定建立客户尽职调查制度。金融机构不得为身份不明的客户提供服务或者与其进行交易，不得为客户开立匿名账户或者假名账户，不得为冒用他人身份的客户开立账户。

有下列情形之一的，金融机构应当开展客户尽职调查：

（1）与客户建立业务关系或者为客户提供规定金额以上的一次性金融服务；

（2）有合理理由怀疑客户及其交易涉嫌洗钱活动；

（3）对先前获得的客户身份资料的真实性、有效性、完整性存在疑问。

客户尽职调查包括识别并采取合理措施核实客户及其受益所有人身份，了解客户建立业务关系和交易的目的，涉及较高洗钱风险的，还应当了解相关资金来源和用途。

金融机构开展客户尽职调查，应当根据客户特征和交易活动的性质、风险状况进行，对于涉及较低洗钱风险的，金融机构应当根据情况简化客户尽职调查。

在业务关系存续期间，金融机构应当持续关注并评估客户整体状况及交易情况，了解客户的洗钱风险。发现客户进行的交易与金融机构所掌握的客户身份、风险状况等不符的，应当进一步核实客户及其交易有关情况；对存在洗钱高风险情形的，必要时可以采取限制交易方式、金额或者频次，限制业务类型，拒绝办理业务，终止业务关系等洗钱风险管理措施。

金融机构采取洗钱风险管理措施，应当在其业务权限范围内按照有关管理规定的要求和程序进行，平衡好管理洗钱风险与优化金融服务的关系，不得采取与洗钱风险状况明显不相匹配的措施，保障与客户依法享有的医疗、社会保障、公用事业服务等相关的基本的、必需的金融服务。

金融机构进行客户尽职调查，可以通过反洗钱行政主管部门以及公安、市场监督管理、民政、税务、移民管理、电信管理等部门依法核实客户身份等有关信息，相关部门应当依法予以支持。

3. 金融机构应当按照规定建立客户身份资料和交易记录保存制度。在业务关系存续期间，客户身份信息发生变更的，应当及时更新。客户身份资料在业务关系结束后、客户交易信息在交易结束后，应当至少保存 10 年。金融机构解散、被撤销或者被宣告破产时，应当将客户身份资料和客户交易信息移交国务院有关部门指定的机构。

4. 金融机构应当按照规定执行大额交易报告制度。金融机构应当按照规定执行大额交易报告制度，客户单笔交易或者在一定期限内的累计交易超过规定金额的，应当及时向反洗钱监测分析机构报告。

金融机构应当按照规定执行可疑交易报告制度，制定并不断优化监测标准，有效识别、分析可疑交易活动，及时向反洗钱监测分析机构提交可疑交易报告；提交可疑交易报告的情况应当保密。

5. 反洗钱信息保护。对依法履行反洗钱职责或者义务获得的客户身份资料和交易信息、反洗钱调查信息等反洗钱信息，应当予以保密；非依法律规定，不得向任何单位和个人提供。反洗钱行政主管部门和其他依法负有反洗钱监督管理职责的部门履行反洗钱职责获得的客户身份资料和交易信息，只能用于反洗钱监督管理和行政调查工作。司法机关依照本法获得的客户身份资料和交易信息，只能用于反洗钱相关刑事诉讼。国家有关机关使用反洗钱信息应当依法保护国家秘密、商业秘密和个人隐私、个人信息。

（二）金融机构大额交易和可疑交易报告管理

1. 金融机构大额交易报告管理。

（1）金融机构应当向中国反洗钱监测分析中心报告下列大额交易：

①当日单笔或者累计交易人民币 5 万元以上（含 5 万元）、外币等值 1 万美元以上

（含 1 万美元）的现金缴存、现金支取、现金结售汇、现钞兑换、现金汇款、现金票据解付及其他形式的现金收支。

②非自然人客户银行账户与其他的银行账户发生当日单笔或者累计交易人民币 200 万元以上（含 200 万元）、外币等值 20 万美元以上（含 20 万美元）的款项划转。

③自然人客户银行账户与其他的银行账户发生当日单笔或者累计交易人民币 50 万元以上（含 50 万元）、外币等值 10 万美元以上（含 10 万美元）的境内款项划转。

④自然人客户银行账户与其他的银行账户发生当日单笔或者累计交易人民币 20 万元以上（含 20 万元）、外币等值 1 万美元以上（含 1 万美元）的跨境款项划转。

累计交易金额以客户为单位，按资金收入或者支出单边累计计算并报告。中国人民银行另有规定的除外。

中国人民银行根据需要可以调整第①款规定的大额交易报告标准。对同时符合两项以上大额交易标准的交易，金融机构应当分别提交大额交易报告。

（2）对符合下列条件之一的大额交易，如未发现交易或行为可疑的，金融机构可以不报告：

①定期存款到期后，不直接提取或者划转，而是本金或者本金加全部或者部分利息续存入在同一金融机构开立的同一户名下的另一账户。

活期存款的本金或者本金加全部或者部分利息转为在同一金融机构开立的同一户名下的另一账户内的定期存款。

定期存款的本金或者本金加全部或者部分利息转为在同一金融机构开立的同一户名下的另一账户内的活期存款。

②自然人实盘外汇买卖交易过程中不同外币币种间的转换。

③交易一方为各级党的机关、国家权力机关、行政机关、司法机关、军事机关、人民政协机关和人民解放军、武警部队，但不包含其下属的各类企事业单位。

④金融机构同业拆借、在银行间债券市场进行的债券交易。

⑤金融机构在黄金交易所进行的黄金交易。

⑥金融机构内部调拨资金。

⑦国际金融组织和外国政府贷款转贷业务项下的交易。

⑧国际金融组织和外国政府贷款项下的债务掉期交易。

⑨政策性银行、商业银行、农村合作银行、农村信用社、村镇银行办理的税收、错账冲正、利息支付。

⑩中国人民银行确定的其他情形。

金融机构应当在大额交易发生之日起 5 个工作日内以电子方式提交大额交易报告。

2. 金融机构可疑交易报告管理。

（1）可疑交易标准。金融机构发现或者有合理理由怀疑客户、客户的资金或者其他资产、客户的交易或者试图进行的交易与洗钱、恐怖融资等犯罪活动相关的，不论所涉资金金额或者资产价值大小，应当提交可疑交易报告。

金融机构应当制定本机构的交易监测标准，并对其有效性负责。交易监测标准包括并不限于客户的身份、行为，交易的资金来源、金额、频率、流向、性质等存在异常的情形，并应当参考以下因素：

①中国人民银行及其分支机构发布的反洗钱、反恐怖融资规定及指引、风险提示、洗钱类型分析报告和风险评估报告。

②公安机关、司法机关发布的犯罪形势分析、风险提示、犯罪类型报告和工作报告。

③本机构的资产规模、地域分布、业务特点、客户群体、交易特征，洗钱和恐怖融资风险评估结论。

④中国人民银行及其分支机构出具的反洗钱监管意见。

⑤中国人民银行要求关注的其他因素。

（2）可疑交易报告。

金融机构应当在按本机构可疑交易报告内部操作规程确认为可疑交易后，及时以电子方式提交可疑交易报告，最迟不超过5个工作日。

既属于大额交易又属于可疑交易的交易，金融机构应当分别提交大额交易报告和可疑交易报告。

可疑交易符合下列情形之一的，金融机构应当在向中国反洗钱监测分析中心提交可疑交易报告的同时，以电子形式或书面形式向所在地中国人民银行或者其分支机构报告，并配合反洗钱调查：

①明显涉嫌洗钱、恐怖融资等犯罪活动的。

②严重危害国家安全或者影响社会稳定的。

③其他情节严重或者情况紧急的情形。

金融机构应当对下列恐怖活动组织及恐怖活动人员名单开展实时监测，有合理理由怀疑客户或者其交易对手、资金或者其他资产与名单相关的，应当在立即向中国反洗钱监测分析中心提交可疑交易报告的同时，以电子形式或书面形式向所在地中国人民银行或者其分支机构报告，并按照相关主管部门的要求依法采取措施：

①中国政府发布的或者要求执行的恐怖活动组织及恐怖活动人员名单。

②联合国安理会决议中所列的恐怖活动组织及恐怖活动人员名单。

③中国人民银行要求关注的其他涉嫌恐怖活动的组织及人员名单。

恐怖活动组织及恐怖活动人员名单调整的，金融机构应当立即开展回溯性调查，并按前款规定提交可疑交易报告。

【拓展栏目——思政园地】

洗钱是指将犯罪所得及其收益通过交易、转移、转换等各种方式加以合法化，以逃避法律制裁的行为。洗钱活动不仅帮助犯罪分子逃避法律制裁，而且助长并滋生新的犯罪，扭曲正常的经济和金融秩序，损害金融机构的诚信，腐蚀公众道德。

预防、监测、遏制和打击洗钱活动，发现并查没调查犯罪组织赖以生存的资金来源、冻结并收缴其犯罪收益，将有力地削弱和瓦解犯罪活动，遏制其扩大和蔓延，并最终实现打击犯罪、保护人民群众根本利益、维护正常社会秩序的目标。洗钱风险管理是金融机构全面风险管理的一个重要组成部分，实践证明，做好洗钱风险管理，有助于义务机构持续健康发展，维护良好的声誉。做好反洗钱工作对防范金融风险、保持金融体系的稳定、最终维护国家金融安全具有重要的现实意义。做好反洗钱工作是维护国家利益、履行国际承诺、顺利实现金融业双向开放和"一带一路"倡议的需要。

 练习题

1. 商业银行如何对企业开户资料的完整性、准确性、合规性进行审查?
2. 商业银行如何审查票据要素?
3. 汇票的当事人有哪些?
4. 票据行为有哪些特征?
5. 商业银行如何履行反洗钱义务?

第十一章

个人金融营销业务合规管理

GEREN JINRONG YINGXIAO
YEWU HEGUI GUANLI

📖 **学习目标**

【知识目标】

◆ 掌握商业银行营销个人理财产品合规管理基本规定和风险点。

◆ 掌握商业银行个人授信业务合规管理基本规定和风险点。

【能力目标】

◆ 能合规营销个人理财产品，能够防范理财产品营销法律风险点。

◆ 能够合规做好个人授信业务，防范个人授信业务法律风险点。

◆ 能应用理财产品营销基本法律法规解决简单个人理财产品纠纷。

◆ 能应用授信业务基本法律法规处理个人不良贷款。

【思政目标】

◆ 具备理财风险意识，并把客户利益放在心上，不能为了业绩，忘记为人民服务的初心。

◆ 牢牢守住个人信贷业务合规底线，防范内外勾结犯罪，防止发生系统性金融风险。

◆ 树立普惠金融意识，金融是为实体经济服务，防止金融空转，金融腐败。

第一节　商业银行营销个人理财产品合规管理

一、商业银行代理基金业务合规管理

案例导入： 代理基金销售业务

经某银行营业部工作人员主动推介，M 女士同意购买某基金 110 万元份额。M 女士随即到柜台现场办理了认购划款手续，从其储蓄账户共计划款 110 万元。M 女士领取了股票型证券投资基金基金合同。此后，M 女士再未从银行、基金管理人、基金托管人处收到任何该基金投资运营的信息，也未有任何收益。基金发生巨额亏损，其资金损失 48.68 万元。M 女士认为，银行工作人员在基金推介过程中，未充分披露前述基金的投资风险，未向其出示和提供基金合同以及基金招募说明书，未充分介绍基金合同的主要条款，未对 M 女士进行风险认知、风险偏好和风险承受能力的评估测评。M 女士称，银行明知案涉基金风险超出其风险承受能力却仍然向其主动推介，其行为违反了诚实信用、勤勉尽责原则和适当性义务，其行为构成欺诈，造成了自己的投资损失。M 女士向一审法院起诉，请求判令银行赔偿其理财认购金损失 48.68 万元，并支付相关利息及诉讼费用。

银行表示，M 女士受过高等教育，有风险识别能力。在本案产品前，M 女士投资过高风险理财产品，有投资经验。银行已提供充足的证据证明履行了"卖者尽责"义务，完成了相应的举证责任，M 女士应承担"买者自负"责任。

法院认为，银行作为专业的金融机构在明知案涉产品超出 M 女士风险承受能力，并无充分证据证明 M 女士对此明知且确认，无法证明其恰当地履行了适当性义务及充分告知说明义务，法院对银行以投资者过往投资经验主张免除其未履行适当性义务及告知说明义务的责任无法支持。关于责任承担范围和金额，法院认为，虽然银行在销售案涉产品时确实存在未恰当履行适当性义务和告知说明义务的情形，但 M 女士作为有一定经验的投资者应当对所投资产品的风险等级和自身风险的匹配进行关注。结合案涉产品的销售时间、M 女士的投资经验及本案具体在案证据事实，最终法院酌定银行的赔偿责任为 30 万元。

资料来源：中国裁判文书网，（2021）京 74 民终 817 号。

案例分析：

1. 最高人民法院 2019 年发布的《全国法院民商事审判工作会议纪要》第七十二条规定，适当性义务是指卖方机构在向金融消费者推介、销售银行理财产品、保险投资产品、信托理财产品等高风险等级金融产品的过程中，必须履行了解客户、了解产品、将适当的产品销售给适合的金融消费者等义务。银行作为卖方机构承担适当性管理义务，需确保金融消费者能够在充分了解相关金融产品、投资活动性质及风险的基础上自主决定，并获取由此产生的收益和承担由此产生的风险。

2. 银行在日常金融资产管理过程中，一方面要强化内部风险培训机制，确保理财经

理了解掌握相关资管类产品风险收益特征，开展适当性销售，把适当的产品卖给适当的客户；另一方面需强化投资者教育，不断提高投资者金融知识水平和风险防范意识，及时向投资者传递"卖者尽责、买者自负"的理念，要让客户了解并接受不保证本金和收益的产品特征，为其提供符合其投资目的与风险偏好的金融产品。

3. 金融消费者也要适当学习投资理财基础知识，强化理性投资意识，增强甄别能力，充分认识到"风险与收益相匹配"的原则，要根据自身风险承受能力选择金融产品。

内容讲解：

（一）商业银行基金代理业务

在基金代销业务快速发展的情况下，为保证基金销售行业的健康发展，监管部门出台了大量基金业务规则。监管部门对基金代销机构的违规行为出具罚单，使得基金代销机构高度重视基金销售业务的合法合规性，防范基金代销业务合规风险。

《关于规范金融机构资产管理业务的指导意见》规定，代理销售是指接受合作机构的委托，在本机构渠道向投资者宣传推介、销售合作机构依法发行的资产管理产品的活动。银行基金代销业务指宣传推介基金、基金产品发售、销售适用性检查、签约、开立基金账户、基金认申购、基金赎回、基金账户类操作等一系列流程。

（二）商业银行基金代理业务合规风险

1. 基金产品风险。银行未对基金销售产品实行集中统一管理，未制定基金销售产品准入标准，基金产品风险评价流于形式，不能准确预测和分析市场风险，基金选品能力弱，未对基金产品风险等级动态评价等。

2. 销售人员资格和能力风险。基金销售人员未取得基金销售从业资格，已离职人员基金销售资格未注销；缺乏专业的基金研究分析团队，基金培训不到位，重业绩轻风险。

3. 销售适当性管理不到位风险。违反销售适用性原则销售基金产品，对于产品风险评级与客户风险评级不匹配的，未向客户确认意愿或未留存意愿确认记录；为了业绩指标引导客户确认意愿，诱导客户购买与其风险承受能力等级不匹配的产品；风险测评时未准确了解投资人信息，风险测评结果失真；基金定投扣款时，未增加销售适用性判断，客户风险评级已过期或与购买的产品风险等级不匹配时仍在定投扣款。

4. 基金宣传推介和信息披露风险。基金宣传推介材料未经合规审查，基金宣传推介资料存在绝对收益、绝对回报字眼，虚假宣传，误导销售；未将影响投资者决策的重大信息及时传递给投资者，如产品募集期延长；未向投资者主动提供基金保有情况信息，未与投资者约定提供信息的方式；产品信息披露错误，信息披露不充分。

5. 员工道德风险。员工代客户操作基金账户，用自己手机银行代客户购买和赎回基金，代客户操作风险评级确认。

（三）银行基金代销业务风险防范措施

《关于规范金融机构资产管理业务的指导意见》规定，金融机构发行和销售资产管理产品，应当坚持"了解产品"和"了解客户"的经营理念，加强投资者适当性管理，向投资者销售与其风险识别能力和风险承担能力相适应的资产管理产品。禁止欺诈或者误导投资者购买与其风险承担能力不匹配的资产管理产品。金融机构不得通过拆分资产管理产品的方式，向风险识别能力和风险承担能力低于产品风险等级的投资者销售资产管理产品。金融机构应当加强投资者教育，不断提高投资者的金融知识水平和风险意识，向投资者传递"卖者尽责、买者自负"的理念，打破刚性兑付。

1. 加强基金产品准入管理。银行应对基金销售产品进行集中统一管理，制定基金销售产品准入标准，加大对基金产品和市场风险的研究，优化基金投资策略，提高基金产品选品能力，审慎选择基金产品。2023 年 4 月，某银行基金销售业务存在违规行为，一是基金销售业务部门负责人、部分分支行基金销售业务负责人未取得基金从业资格；二是合规风控人员未对基金新销售产品进行合规审查并出具合规审查意见；三是未将基金销售保有规模、投资人长期收益纳入分支机构和基金销售人员考核评价指标体系。

2. 加强销售人员业务资格管理和培训。基金销售业务人员必须持证上岗；建立基金销售咨询服务流程，加大关于基金产品、营销技能、职业道德、风险防范的培训，使基金销售人员有能力将产品销售给风险承受能力相适应的投资者；完善基金考核激励机制，严禁短期激励行为，基金考核时将基金销售保有规模、投资人长期投资收益等纳入基金销售人员考核评价指标体系。2023 年 4 月，某银行因基金销售业务违规被罚，该银行江西省分行在开展基金销售业务中，存在基金销售业务部门负责人未取得基金从业资格、负责基金销售业务的部门取得基金从业资格的人员低于该部门员工人数的 1/2 等问题。

3. 加强基金销售适当性管理。风险测评环节有效核实基金投资人身份，加强对金融科技的应用，提升对客户的画像水平，做到精准摸底，准确识别客户实际风险承受能力，构建可回溯管理机制，具备合法有效的抗否认措施；对于产品风险评级和客户风险评级不匹配的，向客户确认意愿并留存记录；基金定投扣款时增加风险等级判断，客户风险等级过期或与产品风险等级不匹配的，停止自动扣款；客户风险评级变化后导致风险等级不匹配的，告知客户并征求客户意愿；通过严格基金销售适当性管理，充分提示风险，保护金融消费者权益，防范客户投诉风险和银行声誉风险。

4. 加强基金信息披露管理。基金产品募集期延长或缩短时，及时将影响投资者决策的重大信息传递给投资者，向投资者主动提供基金保有情况信息，产品信息披露充分，宣传推介资料内容合规，不得夸大宣传。

5. 防范员工道德风险。对员工进行案件教育，传导合规理念，培养员工合规意识，将员工违规代办基金业务纳入日常排查，禁止员工以任何名义代理客户办理基金业务，发现问题及时处理，防范道德风险。

二、商业银行代理保险业务合规管理

案例导入 1：2024 年 5 月 17 日，国家金融监督管理总局网站披露，因为涉及代理销售保险承诺收益等欺骗投保人、诱导投保人不履行如实告知义务等违规事项，监管部门对 A 银行股份有限公司北京分行罚款合计 14 万元。同日，国家金融监督管理总局北京监管局也给 B 银行银行卡中心开出罚单，原因为"代理销售保险夸大保险责任、承诺收益等欺骗投保人"。监管部门对该银行卡中心罚款 13 万元。2024 年 5 月 15 日，国家金融监督管理总局网站披露，因未按规定进行保险销售从业人员执业登记管理、代理销售保险产品过程中销售行为不规范，监管部门对 C 银行青海省分行责令改正，给予警告，并处罚款 13.5 万元。

案例导入 2：2023 年 2 月，刘某母亲到 Y 银行办理存款业务，银行柜台人员向其推介，某存款比现有存款利率高，并且赠送保险一份。刘某母亲由于年纪偏大且缺乏基本金融知识，在未正确认识该产品性质的情况下便同意办理。直至到期后刘某母亲方才得知自己购买的是一份保险产品，且利息远低于同期银行存款利息，与当时工作人员的承诺严重不符。刘某认为当时柜员有意隐瞒实情，存在欺骗行为，投诉至金融消费权益保护协会要求 Y 银行按同期银行存款利率补偿差额部分。经了解，刘某母亲购买的是某保险公司分红型产品，分红具有不确定性，当时的营销人员非银行工作人员，银行存在一定过错。最终通过协调，由 Y 银行和保险公司按比例为刘某母亲补齐同期银行存款利率差额部分。

案例分析：

商业银行在开展代理保险业务时，不得将保险产品与储蓄存款、基金、银行理财产品等产品混淆销售，不得将保险产品收益与上述产品简单类比，不得夸大保险产品收益。

银行机构代理保险类业务成为金融消费者投诉的热点问题。案例 1 中，银行工作人员违法犯罪，骗取客户信任，控制客户资金。案例 1 中，银行工作人员违反了商业银行保险代理相关制度，出现承诺收益夸大保险责任等不规范营销行为，侵害了客户利益，导致监管部门对机构的处罚。案例 2 属于典型的"被保险"情况，营销人员以销售保险为目的，夸大产品收益，与银行储蓄产品进行简单类比，侵犯了消费者的知情权和公平交易权，银行和保险公司应当按照各自的过错比例承担责任。

内容讲解：

（一）商业银行代理保险业务法律定义

商业银行代理保险业务是指商业银行接受保险公司委托，在保险公司授权的范围内，代理保险公司销售保险产品及提供相关服务，并依法向保险公司收取佣金的经营活动。保险销售从业人员，是指为商业银行销售保险产品的人员。

（二）商业银行代理保险业务合规管理

1. 商业银行代理保险资格合规管理。商业银行经营保险代理业务，应当符合银行保险业监督管理机构规定的条件，取得保险兼业代理业务许可证。

商业银行经营保险代理业务，应当具备下列条件：

（1）具有银行保险业监督管理机构或其派出机构颁发的金融许可证；

（2）主业经营情况良好，最近 2 年无重大违法违规记录（已采取有效整改措施并经银行保险业监督机构及其派出机构认可的除外）；

（3）已建立符合银行保险业监督机构规定的保险代理业务信息系统；

（4）已建立保险代理业务管理制度和机制，并具备相应的专业管理能力；

（5）法人机构和一级分支机构已指定保险代理业务管理责任部门和责任人员；

（6）银行保险业监督管理机构规定的其他条件。

商业银行代理保险业务信息系统应具备以下条件：

（1）具备与管控保险产品销售风险相适应的技术支持系统和后台保障能力；

（2）与保险公司业务系统对接；

（3）实现对其保险销售从业人员的管理；

（4）能够提供电子版合同材料，包括投保提示书、投保单、保险单、保险条款、产品说明书、现金价值表等文件；

（5）记录各项承保所需信息，并对各项信息的逻辑关系及真实性进行校对；

（6）银行保险业监督管理机构规定的其他条件。

2. 商业银行销售人员代理保险资格合规管理。商业银行应当加强对其保险销售从业人员的岗前培训和后续教育，组织其定期接受法律法规、业务知识、职业道德、消费者权益保护等相关培训。其中，商业银行保险销售从业人员销售投资连结型保险产品还应至少有 1 年的保险销售经验，每年接受不少于 40 小时的专项培训，并无不良记录。

3. 商业银行代理保险合规管理。

（1）宣传合规管理。商业银行网点应当在营业场所显著位置张贴统一制式的投保提示，并公示代销保险产品清单，包括保险产品名称和保险公司等信息。商业银行及其保险销售从业人员应当使用保险公司法人机构或经其授权的保险公司一级分支机构统一印制的保险产品宣传材料，不得设计、印刷、编写或者变更相关保险产品的宣传册、宣传彩页、宣传展板或其他销售辅助品。各类宣传材料应当按照保险条款全面、准确描述保险产品，要在醒目位置对经营主体、保险责任、退保费用、现金价值和费用扣除情况进行提示，不得夸大或变相夸大保险合同利益，不得承诺不确定收益或进行误导性演示，不得有虚报、欺瞒或不正当竞争的表述。各类保险单证和宣传材料在颜色、样式、材料等方面应与银行单证和宣传材料有明显区别，不得使用带有商业银行名称的中英文字样或商业银行的形象标识，不得出现"存款""储蓄""与银行共同推出"等字样。

（2）营销合规管理。商业银行及其保险销售从业人员应当对投保人进行需求分析与风险承受能力测评，根据评估结果推荐保险产品，把合适的保险产品销售给有需求和承受能力的客户。

商业银行及其保险销售从业人员应当向客户全面客观介绍保险产品，应当按保险条款将保险责任、责任免除、退保费用、保单现金价值、缴费期限、犹豫期、观察期等重要事项明确告知客户，并将保险代理业务中商业银行和保险公司的法律责任界定明确告知客户。

商业银行及其保险销售从业人员应当向投保人提供完整合同材料，包括投保提示书、投保单、保险单、保险条款、产品说明书、现金价值表等，指导投保人在投保单上如实、正确、完整地填写客户信息，并在人身保险新型产品投保书上抄录有关声明，不得代抄录有关语句或签字。投保提示书应当至少包括以下内容：

①客户购买的是保险产品；

②提示客户详细阅读保险条款和产品说明书，尤其是保险责任、犹豫期和退保事项、利益演示、费用扣除等内容；

③提示客户应当由投保人亲自抄录、签名；

④客户向商业银行及保险公司咨询及投诉渠道；

⑤国家金融监督管理总局规定的其他内容。

商业银行及其保险销售从业人员代理销售投资连结型保险产品和财产保险公司非预定收益型投资保险产品等，应在设有销售专区以上层级的网点进行，并严格限制在销售专区内。对于保单期限和缴费期限较长、保障程度较高、产品设计相对复杂以及需要较长时间解释说明的保险产品，商业银行应当积极开拓销售专区，通过对销售区域和销售从业人员的控制，将合适的保险产品销售给合适的客户。

（3）商业银行代理保险业务禁止性行为。商业银行代理保险业务应当严格遵守审慎经营规则，不得有下列行为：

①将保险产品与储蓄存款、基金、银行理财产品等产品混淆销售；

②将保险产品收益与储蓄存款、基金、银行理财产品简单类比，夸大保险责任或者保险产品收益；

③将不确定利益的保险产品的收益承诺为保证收益；

④将保险产品宣传为其他金融机构开发的产品进行销售；

⑤通过宣传误导、降低合同约定的退保费用等手段诱导消费者提前解除保险合同；

⑥隐瞒免除保险人责任的条款、提前解除保险合同可能产生的损失等与保险合同有关的重要情况；

⑦以任何方式向保险公司及其人员收取、索要协议约定以外的任何利益；

⑧其他违反审慎经营规则的行为。

商业银行及其保险销售从业人员在开展保险代理业务中不得有下列行为：

①欺骗保险公司、投保人、被保险人或者受益人；

②隐瞒与保险合同有关的重要情况；

③阻碍投保人履行如实告知义务，或者诱导其不履行如实告知义务；

④给予或者承诺给予投保人、被保险人或者受益人保险合同约定以外的利益；

⑤利用行政权力、职务或者职业便利以及其他不正当手段强迫、引诱或者限制投保人订立保险合同；

⑥伪造、擅自变更保险合同，或者为保险合同当事人提供虚假证明材料；

⑦挪用、截留、侵占保险费或者保险金；

⑧利用业务便利为其他机构或者个人牟取不正当利益；

⑨串通投保人、被保险人或者受益人，骗取保险金；

⑩泄露在业务活动中知悉的保险人、投保人、被保险人的商业秘密。

4. 保险提示语合规管理。《商业银行代理保险业务管理办法》规定的风险提示语及犹豫期提示语内容如下：

分红保险风险提示语："您投保的是分红保险，红利分配是不确定的。"

万能保险风险提示语："您投保的是万能保险，最低保证利率之上的投资收益是不确定的。"有初始费用的产品还应包括："您缴纳的保险费将在扣除初始费用后计入保单账户。"

投资连结保险风险提示语："您投保的是投资连结保险，投资回报具有不确定性。"有初始费用的产品还应包括："您缴纳的保险费将在扣除初始费用后计入投资账户。"

其他产品类型的风险提示语，由公司自行确定。

犹豫期提示语："您在收到保险合同后 15 日内有全额退保（扣除不超过 10 元的工本费）的权利。超过 15 日退保有损失。"

三、银行理财产品合规管理

案例导入 1：李某投诉到中国人民银行称其根据 N 银行营销资料及工作人员介绍，于 2021 年 1 月签约了该行"活利丰"产品，并向签约账户存入 100 万元，该产品约定年收益率为 3.7%。2022 年 2 月，李某赎回理财产品时发现，其存入的 100 万元签约了另一理财产品"双利丰"，该理财产品年收益率为 1.7%，导致实际收益与预期收益相差近 2 万元。

经调查，李某曾于 2019 年签约 N 银行的"双利丰"产品，该产品与"活利丰"相互排斥。2021 年 1 月，李先生存入 100 万元后，N 银行业务系统将存款转存为"双利丰"产品，导致李某购买"活利丰"产品失败。调查同时发现：（1）N 银行确实在营业网点摆放了"活利丰"产品的营销资料，并通过显示屏对产品进行了宣传；（2）N 银行工作人员向李某营销了"活利丰"产品，李某明确向 N 银行工作人员表示购买"活利丰"产品；（3）李某存入的 100 万元转存为"双利丰"后，N 银行未及时发现并提醒李某；（4）N 银行"活利丰"产品说明书虽载明该产品与"双利丰"产品相互排斥，但未以显著方式提示李某。根据调查情况，中国人民银行某中心支行约谈了 N 银行相关负责人，指出了 N 银行在金融产品销售过程中存在的问题，N 银行积极与李某协商并达成和解，赔偿了李某的收益损失。

案例分析：

1. 《中国人民银行金融消费者权益保护实施办法》第十五条规定："银行、支付机构应当尊重金融消费者购买金融产品或者服务的真实意愿，不得擅自代理金融消费者办理业务，不得擅自修改金融消费者的业务指令，不得强制搭售其他产品或者服务。"第十七条规定："银行、支付机构对金融产品和服务进行信息披露时，应当使用有利于金融消费者接收、理解的方式。对利率、费用、收益及风险等与金融消费者切身利益相关的重要信息，应当根据金融产品或者服务的复杂程度及风险等级，对其中关键的专业术语进行解释说明，并以适当方式供金融消费者确认其已接收完整信息。"本案例中，金融机构没有对不同的理财产品进行解释说明，导致消费者在违背真实意愿的情况下签约了并非真正想购买的金融产品。

2. 《中国人民银行金融消费者权益保护实施办法》第二十二条规定："银行、支付机构应当对营销宣传内容的真实性负责。银行、支付机构实际承担的义务不得低于在营销宣传活动中通过广告、资料或者说明等形式对金融消费者所承诺的标准。"本案例中，李某明确表示想购买"活利丰"产品。

案例导入 2：2022 年 10 月，经某银行工作人员推荐，张先生购买了一款 50 万元的"稳利"低风险稳健理财，一个月后又追加了 300 万元。本想着能有不少理财收益，但是产品到期后他却亏损了近 4 万元。"翻开产品的评级说明，上面写的是产品总体风险程度较低，收益波动较小，本金损失的可能性较小，然而到期后却没有一分利息，还损失了近 4 万元。"张先生认为这明显超过了自己的风险承受能力，因此要求银行赔偿资金损失，并将利息补上。

案例分析：

银行金融机构在销售理财产品过程中，必须尽到告知义务，明确告知消费者产品风险，同时遵循适当性原则，在进行风险等级评级后，将适当的产品推荐给适当的客户，不得对客户进行误导销售。此外，理财产品必须明显标注"过往业绩不代表投资收益"等内容，"存在风险""不保本"等内容必须进行明确提醒而不应模糊化处理。在金融机构场所进行理财产品销售，应做到"双录"，即设立销售专区并在销售专区内装配电子系统，对自有理财产品及代销产品销售过程同步录音录像，履行明确的风险提示义务。

内容讲解：

理财业务是指商业银行接受投资者委托，按照与投资者事先约定的投资策略、风险承担和收益分配方式，对受托的投资者财产进行投资和管理的金融服务。理财产品是指商业银行按照约定条件和实际投资收益情况向投资者支付收益、不保证本金支付和收益水平的非保本理财产品。

（一）银行理财产品类型

1. 公募理财产品和私募理财产品。根据募集方式的不同，理财产品分为公募理财产品和私募理财产品。

公募理财产品是指商业银行面向不特定社会公众公开发行的理财产品。公开发行的认定标准按照《中华人民共和国证券法》执行。

私募理财产品是指商业银行面向合格投资者非公开发行的理财产品。合格投资者是指具备相应风险识别能力和风险承受能力，投资于单只理财产品不低于一定金额且符合下列条件的自然人、法人或者依法成立的其他组织：

（1）具有 2 年以上投资经历，且满足家庭金融净资产不低于 300 万元人民币，或者家庭金融资产不低于 500 万元人民币，或者近 3 年本人年均收入不低于 40 万元人民币；

（2）最近 1 年末净资产不低于 1 000 万元人民币的法人或者依法成立的其他组织；

（3）国务院银行业监督管理机构规定的其他情形。

私募理财产品的投资范围由合同约定，可以投资于债权类资产和权益类资产等。权益类资产是指上市交易的股票、未上市企业股权及其受（收）益权。

2. 固定收益类理财产品、权益类理财产品、商品及金融衍生品类理财产品和混合类理财产品。根据投资性质的不同，理财产品分为固定收益类理财产品、权益类理财产品、商品及金融衍生品类理财产品和混合类理财产品。固定收益类理财产品投资于存款、债券等债权类资产的比例不低于 80%；权益类理财产品投资于权益类资产的比例不低于 80%；商品及金融衍生品类理财产品投资于商品及金融衍生品的比例不低于 80%；混合类理财产品投资于债权类资产、权益类资产、商品及金融衍生品类资产且任一资产的投资比例未达到前三类理财产品标准。

非因商业银行主观因素导致突破前述比例限制的，商业银行应当在流动性受限资产可出售、可转让或者恢复交易的 15 个交易日内将理财产品投资比例调整至符合要求，国务院银行业监督管理机构规定的特殊情形除外。

3. 封闭式理财产品和开放式理财产品。根据运作方式的不同，理财产品分为封闭式理财产品和开放式理财产品。

封闭式理财产品是指有确定到期日，且自产品成立日至终止日期间，投资者不得进行认购或者赎回的理财产品。开放式理财产品是指自产品成立日至终止日期间，理财产品份额总额不固定，投资者可以按照协议约定，在开放日和相应场所进行认购或者赎回的理财产品。

（二）商业银行理财产品资金合规管理

商业银行应当通过具有独立法人地位的子公司开展理财业务。暂不具备条件的，商业银行总行应当设立理财业务专营部门，对理财业务实行集中统一经营管理。

商业银行开展理财业务，应当确保理财业务与其他业务相分离，理财产品与其代销的金融产品相分离，理财产品之间相分离，理财业务操作与其他业务操作相分离。

商业银行开展理财业务，应当确保每只理财产品与所投资资产相对应，做到每只理财产品单独管理、单独建账和单独核算，不得开展或者参与具有滚动发行、集合运作、分离定价特征的资金池理财业务。

单独管理是指对每只理财产品进行独立的投资管理。单独建账是指为每只理财产品建立投资明细账，确保投资资产逐项清晰明确。单独核算是指对每只理财产品单独进行会计账务处理，确保每只理财产品具有资产负债表、利润表、产品净值变动表等财务会计报表。

（三）商业银行理财产品销售合规管理

商业银行理财产品销售是指商业银行将本行发行的理财产品向投资者进行宣传推介和办理认购、赎回等业务活动。从事理财产品销售业务活动，应当遵守法律法规、监管规定、合作协议及理财产品销售文件的约定，诚实守信，谨慎勤勉，恪守职业道德和行为规范，向投资者充分披露信息和揭示风险，打破刚性兑付，不得直接或变相宣传、承诺保本保收益，不得损害国家利益、社会公共利益和投资者的合法权益。

1. 投资者适当性管理。商业银行销售理财产品，应当加强投资者适当性管理，向投资者充分披露信息和揭示风险，不得宣传或承诺保本保收益，不得误导投资者购买与其风险承受能力不相匹配的理财产品。

2. 宣传销售文本合规管理。商业银行理财产品宣传销售文本应当全面、如实、客观地反映理财产品的重要特性，充分披露理财产品类型、投资组合、估值方法、托管安排、风险和收费等重要信息，所使用的语言表述必须真实、准确和清晰。

3. 收益率合规宣传。商业银行发行理财产品，不得宣传理财产品预期收益率，在理财产品宣传销售文本中只能登载该理财产品或者本行同类理财产品的过往平均业绩和最好、最差业绩，并以醒目文字提醒投资者"理财产品过往业绩不代表其未来表现，不等于理财产品实际收益，投资须谨慎"。

4. 风险评级合规管理。商业银行应当采用科学合理的方法，根据理财产品的投资组合、同类产品过往业绩和风险水平等因素，对拟销售的理财产品进行风险评级。

理财产品风险评级结果应当以风险等级体现，由低到高至少包括一级至五级，并可以根据实际情况进一步细分。商业银行应当对非机构投资者的风险承受能力进行评估，确定投资者风险承受能力等级，由低到高至少包括一级至五级，并可以根据实际情况进一步细分。

商业银行不得在风险承受能力评估过程中误导投资者或者代为操作，确保风险承受能力评估结果的真实性和有效性。商业银行只能向投资者销售风险等级等于或低于其风险承受能力等级的理财产品，并在销售文件中明确提示产品适合销售的投资者范围，在销售系统中设置销售限制措施。商业银行不得通过对理财产品进行拆分等方式，向风险承受能力等级低于理财产品风险等级的投资者销售理财产品。其他资产管理产品投资于商业银行理财产品的，商业银行应当按照穿透原则，有效识别资产管理产品的最终投资者。

5. 销售起点金额合规管理。商业银行应当根据理财产品的性质和风险特征，设置适当的期限和销售起点金额。

商业银行发行公募理财产品的，单一投资者销售起点金额不得低于 1 万元人民币。

商业银行发行私募理财产品的，合格投资者投资于单只固定收益类理财产品的金额不得低于 30 万元人民币，投资于单只混合类理财产品的金额不得低于 40 万元人民币，投资于单只权益类理财产品、单只商品及金融衍生品类理财产品的金额不得低于 100 万元人民币。

6. 销售渠道合规管理。商业银行只能通过本行渠道（含营业网点和电子渠道）销售理财产品，或者通过其他商业银行、农村合作银行、村镇银行、农村信用合作社等吸收公众存款的银行业金融机构代理销售理财产品。

商业银行通过营业场所向非机构投资者销售理财产品的，应当按照国务院银行业监督管理机构的相关规定实施理财产品销售专区管理，并在销售专区内对每只理财产品销售过程进行录音录像。

商业银行应当按照国务院银行业监督管理机构的相关规定，妥善保存理财产品销售过程涉及的投资者风险承受能力评估、录音录像等相关资料。

7. 资料的保密义务。商业银行应当依法履行投资者信息保密义务，建立投资者信息管理制度和保密制度，防范投资者信息被不当采集、使用、传输和泄露。商业银行与其他机构共享投资者信息的，应当在理财产品销售文本中予以明确，征得投资者书面授权或者同意，并要求其履行投资者信息保密义务。

商业银行应当建立理财产品销售授权管理体系，制定统一的标准化销售服务规程，建立清晰的报告路线，明确分支机构业务权限，并采取定期核对、现场核查、风险评估等方式加强对分支机构销售活动的管理。

第二节 商业银行个人授信业务营销合规管理

一、商业银行信用卡业务合规管理

案例导入1：2021年6月28日，被告钟某某与原告某银行签署L卡信用卡领用协议，约定免息还款期、最低还款额、透支利息、还款违约金等事项，被告在透支信用卡额度后，违反合约约定，未按时足额还款。截至2022年12月22日，被告信用卡尚欠透支本金、利息、逾期还款违约金、分期付款手续费共计20余万元，原告多次催收无果，遂诉至法院。被告钟某某因投资创业受疫情影响全部亏损，目前虽无一次性偿还其透支信用卡金额的能力，但一直有在力所能及的范围内积极还款，最后原被告达成调解。

案例分析：

信用卡是指记录持卡人账户相关信息，具备银行授信额度和透支功能，并为持卡人提供相关银行服务的各类介质。《全国人民代表大会常务委员会关于〈中华人民共和国刑法〉有关信用卡规定的解释》规定的信用卡，是指由商业银行或者其他金融机构发行的具有消费支付、信用贷款、转账结算、存取现金等全部功能或者部分功能的电子支付卡。信用卡业务，是指商业银行利用具有授信额度和透支功能的银行卡提供的银行服务，主要包括发卡业务和收单业务。因此，商业银行在办理信用卡业务时应当严格审查客户的信用情况和征信报告，按照客户信用状况和还款能力确定透支额度，而非盲目给与大额度透支授信。

案例导入2：2019年连某某购买商品房需要办理按揭贷款，银行告知他，其征信上有多达20余万元的某银行信用卡逾期，不能办理按揭贷款，因此发生诉讼。2020年12月24日，法院委托某司法鉴定中心对连某某办理信用卡签名进行鉴定的结果为不是本人笔迹。

案例分析：

银行作为专业的信用卡开办机构，应当完全了解现实生活中存在盗用、假冒他人姓名申办信用卡的情况，在客户本人未到柜台的情况下，应当针对申请资料进行合理、有效的审查，严格规范开信用卡审核管理，规范审核流程。在申请人递交信用卡申请材料后，银行应对申请人进行电话回访，确认地址、工作单位、财产等信息。同时，发卡机构应对申请人的资料进行严格的资信审核。

内容讲解：

（一）信用卡业务法律主体

发卡银行，是指经中国银行业监管机构批准开办信用卡发卡业务，并承担发卡业务风险管理相关责任的商业银行。发卡业务服务机构，是指与发卡银行签约协助其提供信用卡业务服务的法人机构或其他组织。收单银行，是指依据合同为商户提供信用卡收单业务服务或为信用卡收单业务提供结算服务，并承担收单业务风险管理相关责任的商业银行。收单业务服务机构，是指与收单银行或收单业务的结算银行签约协助其提供信用卡收单业务服务的法人机构或其他组织。

（二）信用卡业务介绍

商业银行发行的信用卡按照发行对象不同，分为个人卡和单位卡。其中，单位卡按照用途又分为商务差旅卡和商务采购卡。商务差旅卡，是指商业银行与政府部门、法人机构或其他组织签订合同建立差旅费用报销还款关系，为其工作人员提供日常商务支出和财务报销服务的信用卡。商务采购卡，是指商业银行与政府部门、法人机构或其他组织签订合同建立采购支出报销还款关系，为其提供办公用品、办公事项等采购支出相关服务的信用卡。

发卡业务，是指发卡银行基于对客户的评估结果，与符合条件的客户签约发放信用卡并提供的相关银行服务。发卡业务包括营销推广、审批授信、卡片制作发放、交易授权、交易处理、交易监测、资金结算、账务处理、争议处理、增值服务和欠款催收等业务环节。收单业务，是指商业银行为商户等提供的受理信用卡，并完成相关资金结算的服务。收单业务包括商户资质审核、商户培训、受理终端安装维护管理、获取交易授权、处理交易信息、交易监测、资金垫付、资金结算、争议处理和增值服务等业务环节。

（三）信用卡业务合规管理

1. 信用卡要素信息。信用卡卡面应当对持卡人充分披露以下基本信息：发卡银行法人名称、品牌标识及防伪标志、卡片种类（信用卡、贷记卡、准贷记卡等）、卡号、持卡人姓名拼音（外文姓名）、有效期、持卡人签名条、安全校验码、注意事项、客户服务电话、银行网站地址。

2. 信用卡申请资料。发卡银行印制的信用卡申请材料文本应当至少包含以下要素。

（1）申请人信息：编号、申请人姓名、有效身份证件名称、证件号码、单位名称、单位地址、住宅地址、账单寄送地址、联系电话、联系人姓名、联系人电话、联系人验证信息、其他验证信息等；

（2）合同信息：领用合同（协议）、信用卡章程、重要提示、合同信息变更的通知方式等；

（3）费用信息：主要收费项目和收费水平、收费信息查询渠道、收费信息变更的通知方式等；

（4）其他信息：申请人已持有的信用卡及其授信额度、申请人声明、申请人确认栏和签名栏、发卡银行服务电话和银行网站、投诉渠道等。

"重要提示"应当在信用卡申请材料中以醒目方式列示，至少包括申请信用卡的基本条件、所需基本申请资料、计结息规则、年费/滞纳金/超限费收取方式、阅读领用合同（协议）并签字的提示、申请人信息的安全保密提示、非法使用信用卡行为相关的法律责任和处理措施的提示、其他对申请人信用和权利义务有重大影响的内容等信息。

申请人确认栏应当载明以下语句，并要求客户抄录后签名："本人已阅读全部申请材料，充分了解并清楚知晓该信用卡产品的相关信息，愿意遵守领用合同（协议）的各项规则。"

3. 信用卡业务营销合规管理

（1）申请资料真实性审核。发卡银行应当公开、明确告知申请人需提交的申请材料和基本要求，申请材料必须由申请人本人亲自签名，不得在客户不知情或违背客户意愿的情况下发卡。发卡银行受理的信用卡附属卡申请材料必须由主卡持卡人以亲自签名、客户服务电话录音、电子签名或持卡人和发卡银行双方均认可的方式确认。

营销人员应当公开明确告知申请信用卡需提交的申请资料和基本要求，督促信用卡申请人完整、正确、真实地填写申请材料，并审核身份证件（原件）和必要的证明材料（原件）。营销人员不得向客户承诺发卡，不得以快速发卡、以卡办卡、以名片办卡等名义营销信用卡。发卡银行不得向未满 18 周岁的客户核发信用卡（附属卡除外）。

（2）资信调查。发卡银行应当对信用卡申请人开展资信调查，充分核实并完整记录申请人有效身份、财务状况、消费和信贷记录等信息，并确认申请人拥有固定工作、稳定的收入来源或可靠的还款保障。

发卡银行应当建立信用卡授信管理制度，根据持卡人资信状况、用卡情况和风险信息对信用卡授信额度进行动态管理，并及时按照约定方式通知持卡人，必要时可以要求持卡人落实第二还款来源或要求其提供担保。发卡银行应当对持卡人名下的多个信用卡账户授信额度、分期付款总体授信额度、附属卡授信额度、现金提取授信额度、超授信额度用卡服务的最高授信额度等合并管理，设定总授信额度上限。商务采购卡的现金提取授信额度应当设置为零。

（3）信用卡催收合规管理。发卡银行应当对债务人本人及其担保人进行催收，不得对与债务无关的第三人进行催收，不得采用暴力、胁迫、恐吓或辱骂等不当催收行为。对催收过程应当进行录音，录音资料至少保存 2 年备查。信用卡催收函件应当对持卡人充分披露以下基本信息：持卡人姓名和欠款余额，催收事由和相关法规，持卡人相关权利和义务，查询账户状态、还款、提出异议和提供相关证据的途径，发卡银行联系方式，相关业务公章，监管机构规定的其他内容。发卡银行收到持卡人对信用卡催收提出的异议，应当及时对相关信用卡账户进行备注，并开展核实处理工作。

4. 信用卡风险资产分类合规管理。《商业银行金融资产风险分类办法》第八条规定，个人贷款、信用卡贷款、小微企业贷款可采取脱期法进行分类。《商业银行信用卡业务监督管理办法》第九十二条规定，商业银行应当对信用卡风险资产实行分类管理，分类标准如下。

（1）正常类：持卡人能够按照事先约定的还款规则在到期还款日前（含）足额偿还应付款项。

（2）关注类：持卡人未按事先约定的还款规则在到期还款日足额偿还应付款项，逾期天数在 1~90 天（含）。

（3）次级类：持卡人未按事先约定的还款规则在到期还款日足额偿还应付款项，逾期天数为 91~120 天（含）。

（4）可疑类：持卡人未按事先约定的还款规则在到期还款日足额偿还应付款项，逾期天数在 121~180 天（含）。

（5）损失类：持卡人未按事先约定的还款规则在到期还款日足额偿还应付款项，逾期天数超过 180 天。

在业务系统能够支持、分类操作合法合规、分类方法和数据测算方式已经银行业监督管理机构及其相关派出机构审批同意等前提下，鼓励商业银行采用更为审慎的信用卡资产分类标准，持续关注和定期比对与之相关的准备金计提、风险资产计量等环节的重要风险管理指标，并采取相应的风险控制措施。

商业银行应当建立健全信用卡业务操作风险的防控制度和应急预案，有效防范操作风险。以下风险资产应当直接列入相应类别：

（1）持卡人因使用诈骗方式申领、使用信用卡造成的风险资产，一经确认，应当直接列入可疑类或损失类；

（2）因内部作案或内外勾结作案造成的风险资产应当直接列入可疑类或损失类；

（3）因系统故障、操作失误造成的风险资产应当直接列入可疑类或损失类；

（4）签订个性化分期还款协议后尚未偿还的风险资产应当直接列入次级类或可疑类。

二、商业银行个人贷款业务合规管理

案例导入 1：ZQ 等人指使银行内外部人员，以多户联保的形式，冒充他人名义，制作虚假贷款合同从某村镇银行骗取贷款共计 26 亿余元，其中未偿还贷款近 12 亿元。ZQ 个人持有某银行 5% 的股权，但另外 3 家企业分别代 ZQ 持有银行 10% 的股权，张某等 5 名个人分别代 ZQ 持有该行 5% 的股权。这意味着，除第一大股东所持 40% 股份外，该银行剩余股权均由 ZQ 及其代持人控制，他才是这家村镇银行的实际控制人。在银行外部，在 ZQ 的指使下，专人制作整理虚假贷款资料并送往各支行进行贷款审批、支取贷款、还本付息；在银行内部，该银行某副行长负责协调各支行违规审批发放联保贷款，多名支行工作人员在 ZQ 的指使和言语胁迫下对银行外部提供的贷款材料不进行任何审查和入户调查，编造贷款调查报告，制作联保贷款审批手续后进行审批发放贷款，某经理督促各支行尽快发放虚假联保贷款。

案例分析：

银行在发放每笔贷款时都要进行贷前调查、贷时审查和贷后检查。其中，贷前调查是指贷款发放前银行对贷款申请人基本情况的调查，并对其是否符合贷款条件和可发放的贷款额度作出初步判断。

案例导入 2：因公司资金周转困难，蔡某以与他人共有的位于益阳市某地的一栋 4 582.64 平方米的房屋作抵押物，为其公司向银行贷款 600 万元。为确保公司顺利取得贷款，蔡某在银行办理 600 万元贷款面签时，让人冒充共有人与银行签订最高额抵押合同，帮助该公司取得了 600 万元贷款。清偿 600 万元银行贷款后，蔡某又采取上述方式为公司向银行贷款 600 万元。后蔡某向公安机关投案，如实供述犯罪事实。

案例分析：

个人贷款业务中，对当事人身份应当进行联网核查，多角度核查当事人身份真假，防止发生冒名贷款和冒名签字。

内容讲解：

（一）个人贷款定义

个人贷款，是指贷款人向符合条件的自然人发放的用于个人消费、生产经营等用途

的本外币贷款。2024 年 7 月 1 日起施行的《个人贷款管理办法》规定，贷款人开展个人贷款业务，应当遵循依法合规、审慎经营、平等自愿、公平诚信的原则。贷款人应建立有效的个人贷款全流程管理机制，制定贷款管理制度及每一贷款品种的操作规程，明确相应贷款对象和范围，实施差别风险管理，建立贷款各操作环节的考核和问责机制。个人贷款的期限应符合国家相关规定。用于个人消费的贷款期限不得超过 5 年；用于生产经营的贷款期限一般不超过 5 年，对于贷款用途对应的经营现金流回收周期较长的，可适当延长贷款期限，最长不超过 10 年。

（二）个人贷款主体资格

1. 个人贷款申请应具备以下条件：

（1）借款人为具有完全民事行为能力的中华人民共和国公民或符合国家有关规定的境外自然人；

（2）贷款用途明确合法；

（3）贷款申请数额、期限和币种合理；

（4）借款人具备还款意愿和还款能力；

（5）借款人信用状况良好；

（6）贷款人要求的其他条件。

2. 完全民事行为能力。完全民事行为能力是指能够通过自己独立的行为行使民事权利、履行民事义务的能力。18 周岁以上的公民是成年人，可以独立进行民事活动，是完全民事行为能力人。16 周岁以上不满 18 周岁的公民，以自己的劳动收入为主要生活来源的，视为完全民事行为能力人。

不能辨认自己行为的成年人为无民事行为能力人，由其法定代理人代理实施民事法律行为。不能完全辨认自己行为的成年人为限制民事行为能力人，实施民事法律行为由其法定代理人代理或者经其法定代理人同意、追认；但是，可以独立实施纯获利益的民事法律行为或者与其智力、精神健康状况相适应的民事法律行为。不能辨认或者不能完全辨认自己行为的成年人，其利害关系人或者有关组织，可以向人民法院申请认定该成年人为无民事行为能力人或者限制民事行为能力人。

被人民法院认定为无民事行为能力人或者限制民事行为能力人的，经本人、利害关系人或者有关组织申请，人民法院可以根据其智力、精神健康恢复的状况，认定该成年人恢复为限制民事行为能力人或者完全民事行为能力人。有关组织包括居民委员会、村民委员会、学校、医疗机构、妇女联合会、残疾人联合会、依法设立的老年人组织、民政部门等。

（三）个人贷款调查合规管理

贷款人受理借款人贷款申请后，应履行尽职调查职责，对个人贷款申请内容和相关情况的真实性、准确性、完整性进行调查核实，形成调查评价意见。

贷款调查包括但不限于以下内容：

（1）借款人基本情况。

（2）借款人收入情况。

（3）借款用途，用于生产经营的还应调查借款人经营情况。个人贷款用途应符合法律法规规定和国家有关政策，贷款人不得发放无指定用途的个人贷款。贷款人应加强贷款资金支付管理，有效防范个人贷款业务风险。

（4）借款人还款来源、还款能力及还款方式。

（5）保证人担保意愿、担保能力或抵（质）押物权属、价值及变现能力。

（四）个人贷款协议

贷款人应与借款人签订书面借款合同，需担保的应同时签订担保合同或条款。贷款人应要求借款人当面签订借款合同及其他相关文件。对于金额不超过 20 万元人民币的贷款，可通过电子银行渠道签订有关合同和文件（不含用于个人住房用途的贷款）。当面签约的，贷款人应当对签约过程进行录音录像并妥善保存相关影像。借款合同应符合《中华人民共和国民法典》等法律规定，明确约定各方当事人的诚信承诺和贷款资金的用途、支付对象（范围）、支付金额、支付条件、支付方式等。贷款人应在合同中与借款人约定，借款人不履行合同或怠于履行合同时应承担的违约责任，以及贷款人可采取的提前收回贷款、调整贷款支付方式、调整贷款利率、收取罚息、压降授信额度、停止或中止贷款发放等措施，并追究相应法律责任。

贷款人应建立健全合同管理制度，有效防范个人贷款法律风险。借款合同采用格式条款的，应当维护借款人的合法权益，并予以公示。

（五）个人贷款支付合规管理

1. 受托支付与自主支付。贷款人应按照借款合同约定，通过贷款人受托支付或借款人自主支付的方式对贷款资金的支付进行管理与控制。贷款人应健全贷款资金支付管控体系，加强金融科技应用，有效监督贷款资金按约定用途使用。贷款人受托支付是指贷款人根据借款人的提款申请和支付委托，将贷款资金支付给符合合同约定用途的借款人交易对象。借款人自主支付是指贷款人根据借款人的提款申请将贷款资金直接发放至借款人账户，并由借款人自主支付给符合合同约定用途的借款人交易对象。

2. 受托支付的合规管理。个人贷款资金应当采用贷款人受托支付方式向借款人交易对象支付。采用贷款人受托支付的，贷款人应要求借款人在使用贷款时提出支付申请，并授权贷款人按合同约定方式支付贷款资金。贷款人应在贷款资金发放前审核借款人相关交易资料和凭证是否符合合同约定条件，支付后做好有关细节的认定记录。对于贷款资金使用记录良好的借款人，在合同约定的生产经营贷款用途范围内，出现合理的紧急用款需求，贷款人经评估认为风险可控的，可适当简化借款人需提供的受托支付事前证明材料和流程，于放款完成后及时完成事后审核。

3. 自主支付的情形。有下列情形之一的个人贷款，经贷款人同意可以采取借款人自主支付方式：

（1）借款人无法事先确定具体交易对象且金额不超过 30 万元人民币的；

（2）借款人交易对象不具备条件有效使用非现金结算方式的；

（3）贷款资金用于生产经营且金额不超过 50 万元人民币的；

（4）法律法规规定的其他情形的。

采用借款人自主支付的，贷款人应与借款人在借款合同中事先约定，要求借款人定期报告或告知贷款人贷款资金支付情况。贷款人应当通过账户分析、凭证查验或现场调查等方式，核查贷款支付是否符合约定用途，以及是否存在以化整为零方式规避受托支付的情形。

（六）个人贷款贷后合规管理

借款人申请贷款展期的，贷款人应审慎评估展期原因和后续还款安排的可行性。同意展期的，应根据还款来源等情况，合理确定展期期限，并加强对贷款的后续管理，按照实质风险状况进行风险分类。期限一年以内的贷款展期期限累计不得超过原贷款期限；期限超过一年的贷款展期期限累计不得超过原贷款期限的一半。

贷款人应按照借款合同约定，收回贷款本息。对于未按照借款合同约定偿还的贷款，贷款人应采取清收、协议重组、债权转让或核销等措施进行处置。

（七）个人贷款违规的法律责任

1. 违反《个人贷款管理办法》办理个人贷款业务的情形一。贷款人违反《个人贷款管理办法》规定办理个人贷款业务的，国家金融监督管理总局及其派出机构应当责令其限期改正。贷款人有下列情形之一的，国家金融监督管理总局及其派出机构可根据《中华人民共和国银行业监督管理法》采取相关监管措施：

（1）贷款调查、审查、贷后管理未尽职的；

（2）未按规定建立、执行贷款面谈、借款合同面签制度的；

（3）借款合同采用格式条款未公示的；

（4）违反"贷款人应加强对贷款的发放管理，遵循审贷与放贷分离的原则，设立独立的放款管理部门或岗位，负责落实放款条件、发放满足约定条件的个人贷款"规定；

（5）支付管理不符合办法要求的。

2. 违反《个人贷款管理办法》办理个人贷款业务的情形二。贷款人有下列情形之一的，国家金融监督管理总局及其派出机构可根据《中华人民共和国银行业监督管理法》对其采取相关监管措施或进行处罚：

（1）发放不符合条件的个人贷款的；

（2）签订的借款合同不符合《个人贷款管理办法》规定的；

（3）违反"个人贷款用途应符合法律法规规定和国家有关政策，贷款人不得发放无指定用途的个人贷款。贷款人应加强贷款资金支付管理，有效防范个人贷款业务风险"规定的；

（4）将贷款调查的风险控制核心事项委托第三方完成的；

（5）超越或变相超越贷款权限审批贷款的；

（6）授意借款人虚构情节获得贷款的；

（7）对借款人严重违约行为未采取有效措施的；

（8）严重违反《个人贷款管理办法》规定的审慎经营规则的其他情形的。

练习题

1. 商业银行如何合规代理基金业务？
2. 商业银行如何合规代理保险业务？
3. 商业银行如何合规营销理财产品？
4. 商业银行如何合规营销信用卡业务？
5. 商业银行个人贷款业务如何合规支付？

第十二章

企业金融业务
营销合规管理

QIYE JINRONG YEWU
YINGXIAO HEGUI GUANLI

 学习目标

【知识目标】

◆ 掌握商业银行企业理财业务和企业授信业务合规风险点，掌握监管部门对授信业务的基本规定。

◆ 掌握《中华人民共和国民法典》等法律法规有关银行授信基本规定，如法人制度、担保制度等。

【能力目标】

◆ 能够合规开展企业理财业务和企业授信业务，自觉防范企业金融业务风险。

◆ 能应用有关法律规定到具体业务中，并能够解决简单的法律纠纷。

【思政目标】

◆ 坚持合法合规开展企业金融业务，防范金融诈骗等法律风险。

◆ 具备大国工匠精神，做业务精益求精，不放过每一个风险点。

◆ 坚持金融服务实体经济原则，坚持审慎的合规管理。

第一节　企业理财产品营销合规管理

一、企业理财产品营销合规管理

案例导入 1：某上市公司理财公告

一、本次委托理财概况

（一）委托理财目的

公司运用闲置自有资金进行短期低风险银行理财产品投资，是在确保公司日常运营和资金安全的前提下实施的，不影响公司日常资金正常周转需要，不会影响公司主营业务的正常开展。通过适度合理的理财投资，可以提高公司的资金使用效率，并获得一定的收益。

（二）资金来源：公司闲置自有资金。

（三）委托理财产品类型：银行一年以内的短期理财产品。

（四）委托理财额度：单日最高余额不超过 70 000 万元，在该额度内，资金可以滚动使用。

（五）授权期限：自董事会审议通过之日起 12 个月。

二、本次委托理财的具体情况

（一）委托理财的资金投向

资金投向为一年以内的银行短期理财产品，不得用于购买股票以及衍生品、无担保债券为投资标的的银行理财产品，并保证当重大项目投资或经营需要资金时，公司将终止购买银行理财产品以满足公司资金需要。

（二）风险提示

公司购买标的为低风险短期（一年内）银行理财产品，未用于证券投资，也未购买股票及其衍生品以及无担保债券为投资标的的理财产品，资金安全性较高。目前公司经营情况和财务状况稳定，公司用于购买银行理财产品的资金均为公司闲置自有资金，不会影响公司日常业务的发展，总体而言风险可控。但金融市场受宏观经济影响较大，不排除该项投资受到收益风险、利率风险、流动性风险、政策风险、信息传递风险、不可抗力风险等风险从而影响收益，敬请广大投资者注意投资风险。

案例导入 2：2023 年 2 月 20 日晚间，某公司发布公告称，已如期赎回某 XY 理财金雪球稳利 1 号 G 款净值型理财产品，赎回本金 2 亿元及理财收益 3 244 312.57 元，受到近期市场波动等因素影响，产品收益不达预期。此前公告显示，其购买的 1.5 亿元"GF银行幸福理财幸福添利 1 个月周期型理财计划第 1 期"到期后亏损 40.98 万元；购买的 5 000 万元"某银行贵竹固收增利 3 个月持有期自动续期 2 号理财产品"到期亏损 30.49 万元。

案例分析：

《上市公司监管指引第 2 号——上市公司募集资金管理和使用的监管要求》等规定，

原则上上市公司募集资金都用于主营业务，如有暂时闲置的募集资金可进行现金管理，购买安全性高、流动性好的投资产品。从企业实际情况考虑，某种程度上也合理。企业募集到超出预期的过量资金，却没有准备好相应的投资项目，短期内难以将钱全部花出去，相比激进投资的风险，暂时性地购买理财产品，不失为对资金安全负责的应急之举。相关上市公司也表示，将超募资金购买理财产品，是为了提高闲置资金使用效率，进一步提升公司整体业绩水平，保障股东利益。商业银行对企业客户进行理财服务，应当遵守理财相关法律法规，不得承兑收益，打破刚性兑付。

内容讲解：

从广义的角度讲，企业理财就是对企业的资产进行配置的过程；狭义地讲，企业理财是要最大限度地利用闲置资金，提升资金的总体收益率。企业理财目标，是企业经营目标在财务上的集中和概括，是企业一切理财活动的出发点和归宿，是股东财富最大化。

（一）企业理财资金合规来源

金融要坚持服务实体经济的根本目标，既要充分发挥资产管理业务功能，切实服务实体经济投融资需求，又要严格规范引导，避免资金脱实向虚在金融体系内部自我循环，防止产品过于复杂，加剧风险跨行业、跨市场、跨区域传递。企业不得使用贷款、发行债券等筹集的非自有资金投资资产管理产品。

（二）金融机构职责

金融机构运用受托资金进行投资，应当遵守审慎经营规则，制定科学合理的投资策略和风险管理制度，有效防范和控制风险。

金融机构应当履行以下管理人职责：

（1）依法募集资金，办理产品份额的发售和登记事宜；

（2）办理产品登记备案或者注册手续；

（3）对所管理的不同产品受托财产分别管理、分别记账，进行投资；

（4）按照产品合同的约定确定收益分配方案，及时向投资者分配收益；

（5）进行产品会计核算并编制产品财务会计报告；

（6）依法计算并披露产品净值或者投资收益情况，确定申购、赎回价格；

（7）办理与受托财产管理业务活动有关的信息披露事项；

（8）保存受托财产管理业务活动的记录、账册、报表和其他相关资料；

（9）以管理人名义，代表投资者利益行使诉讼权利或者实施其他法律行为；

（10）在兑付受托资金及收益时，金融机构应当保证受托资金及收益返回委托人的原账户、同名账户或者合同约定的受益人账户；

（11）金融监督管理部门规定的其他职责。

金融机构未按照诚实信用、勤勉尽责原则切实履行受托管理职责，造成投资者损失的，应当依法向投资者承担赔偿责任。

（三）资产管理产品投资管理

1. 标准化债权类资产应当同时符合以下条件：

（1）等分化，可交易；

（2）信息披露充分；

（3）集中登记，独立托管；

（4）公允定价，流动性机制完善；

（5）在银行间市场、证券交易所市场等经国务院同意设立的交易市场交易。

标准化债权类资产之外的债权类资产均为非标准化债权类资产。金融机构发行资产管理产品投资于非标准化债权类资产的，应当遵守金融监督管理部门制定的有关限额管理、流动性管理等监管标准。金融监督管理部门未制定相关监管标准的，由中国人民银行督促制定监管标准并予以执行。

商业银行理财产品可以投资于国债、地方政府债券、中央银行票据、政府机构债券、金融债券、银行存款、大额存单、同业存单、公司信用类债券、在银行间市场和证券交易所市场发行的资产支持证券、公募证券投资基金、其他债权类资产、权益类资产以及国务院银行业监督管理机构认可的其他资产。

商业银行理财产品不得直接投资于信贷资产，不得直接或间接投资于本行信贷资产，不得直接或间接投资于本行或其他银行业金融机构发行的理财产品，不得直接或间接投资于本行发行的次级档信贷资产支持证券。

2. 资产管理产品不得直接或者间接投资法律法规和国家政策禁止进行债权或股权投资的行业和领域。

3. 鼓励金融机构在依法合规、商业可持续的前提下，通过发行资产管理产品募集资金投向符合国家战略和产业政策要求、符合国家供给侧结构性改革政策要求的领域。鼓励金融机构通过发行资产管理产品募集资金支持经济结构转型，支持市场化、法治化债转股，降低企业杠杆率。

4. 跨境资产管理产品及业务参照执行，并应当符合跨境人民币和外汇管理有关规定。

二、理财产品销售机构对投资机构的身份识别

理财产品销售机构应当根据反洗钱、反恐怖融资及非居民金融账户涉税信息尽职调查等相关法律法规要求识别客户身份。代理销售机构应当配合理财公司开展反洗钱、反恐怖融资及非居民金融账户涉税信息尽职调查等工作，并向理财公司提供投资者身份信息及法律法规规定的其他信息。

理财产品销售机构应当充分了解面向特定对象销售的理财产品的投资者信息，收集、核验投资者金融资产证明、收入证明或纳税凭证等材料，并要求投资者承诺投资资金为自有资金。

理财产品销售机构应当完善合格投资者尽职调查流程并履行投资者签字确认程序，包括但不限于合格投资者确认、投资者适当性匹配、风险揭示、自有资金投资承诺。

三、理财产品的申购、赎回管理

理财产品销售协议生效后，理财产品销售机构应当按照法律、行政法规、监管规定和理财产品投资协议、销售协议的约定，办理理财产品的认（申）购、赎回，不得擅自拒绝接受投资者的认（申）购、赎回申请。理财公司暂停或者开放认（申）购、赎回等业务的，应当按照相关规定和投资协议、销售协议约定说明具体原因和依据。

四、信息披露管理

商业银行应当按照国务院银行业监督管理机构关于信息披露的有关规定，每半年披露其从事理财业务活动的有关信息，披露的信息应当至少包括以下内容：当期发行和到期的理财产品类型、数量和金额、期末存续理财产品数量和金额，列明各类理财产品的占比及其变化情况，以及理财产品直接和间接投资的资产种类、规模和占比等信息。商业银行应当在本行营业网点或官方网站建立理财产品信息查询平台，收录全部在售及存续期内公募理财产品的基本信息。商业银行应当及时、准确、完整地向理财产品投资者披露理财产品的募集信息、资金投向、杠杆水平、收益分配、托管安排、投资账户信息和主要投资风险等内容。

（一）公募理财信息披露

商业银行发行公募理财产品的，应当在本行官方网站或者按照与投资者约定的方式，披露以下理财产品信息：

（1）在全国银行业理财信息登记系统获取的登记编码；

（2）销售文件，包括说明书、销售协议书、风险揭示书和投资者权益须知；

（3）发行公告，包括理财产品成立日期和募集规模等信息；

（4）定期报告，包括理财产品的存续规模、收益表现，并分别列示直接和间接投资的资产种类、投资比例、投资组合的流动性风险分析，以及前十项资产具体名称、规模和比例等信息；

（5）到期公告，包括理财产品的存续期限、终止日期、收费情况和收益分配情况等信息；

（6）重大事项公告；

（7）临时性信息披露；

（8）国务院银行业监督管理机构规定的其他信息。

商业银行应当在理财产品成立之后5日内披露发行公告，在理财产品终止后5日内披露到期公告，在发生可能对理财产品投资者或者理财产品收益产生重大影响的事件后2日内发布重大事项公告。

商业银行应当在每个季度结束之日起15日内、上半年结束之日起60日内、每年结束之日起90日内，编制完成理财产品的季度、半年度和年度报告等定期报告。理财产品成立不足90日或者剩余存续期不超过90日的，商业银行可以不编制理财产品当期的季度、半年度和年度报告。

（二）私募理财信息披露

商业银行发行私募理财产品的，应当按照与合格投资者约定的方式和频率，披露以下理财产品信息：

（1）在全国银行业理财信息登记系统获取的登记编码；

（2）销售文件，包括说明书、销售协议书、风险揭示书和投资者权益须知；

（3）至少每季度向合格投资者披露理财产品的资产净值、份额净值和其他重要信息；

（4）定期报告，至少包括季度、半年度和年度报告；

（5）到期报告；

（6）重大事项报告；

（7）临时性信息披露；

（8）国务院银行业监督管理机构规定的其他信息。

第二节 商业银行企业授信业务合规管理

一、企业授信业务流程合规管理

案例导入1：裁判文书网披露了一则某银行被骗贷案的细节。犯罪分子通过伪造虚假合同、报关材料、财务报表、审计报告等材料，利用一个从未进行过国际贸易的"皮包公司"骗取该银行贷款1.26亿元。

AYZ等人以HD进出口有限公司（实际控制人为AYZ）名义与银行签订综合授信合同和出口商业发票贴现协议及最高额保证、抵押合同，申请出口押汇项目贷款授信人民币1.5亿元。HD进出口有限公司是AYZ出资2万元通过代办公司的中介所收购来的，从未开展过进出口贸易业务。AYZ利用其实际控制的进出口贸易公司伪造虚假的出口贸易合同，提供虚假报关资料，将虚假合同、发票、提运单、报关单等资料提交银行审核，并由LHG向银行工作人员解释国际贸易情况；在贷款授信期间，伪造虚假财务报表、虚假审计报告等资料。在银行要求追加抵押物期间，AYZ等人隐瞒真相，以借款融资为诱饵，骗取福建某公司提供抵押物（评估价值为人民币2亿元）为贷款提供担保。

AYZ以HD进出口有限公司名义向银行出具了与美国、法国、英国等7个国家相关公司签订的货物销售合同、购销发票、发货的船运提单、海关报关单等相关虚假资料后，又提供了中国进出口信用保险公司出具的发送货物的出口信用保险单据，银行将2 063万美元分四笔结汇为人民币，将约1.26亿元贷款发放至HD进出口有限公司贷款账户。银行发放贷款后，AYZ在中信保公司网上系统勾选国外客户已付款选项，使中信保公司免除保证责任，利用网银远程操控将贷款用于归还他人借款及其他银行贷款、转入关联公司账户等，贷款无任何资金用于所谓国际进出口贸易。

案例分析：

银行被骗贷直接原因是犯罪嫌疑人利用虚假资料和皮包公司诈骗，但是从贷款诈骗犯罪发生的根源来看，主要根源有：一是有的金融机构负责人对市场经济形势下的贷款诈骗犯罪缺乏应有的警惕性和防范意识及防范知识，对保障金融资金安全的措施不得力、不落实。二是由于金融机构发展较快，业务人员素质参差不齐、培训工作没跟上，有的金融机构经办人员业务能力低下，对贷款诈骗等金融犯罪缺乏必要的了解，有的金融机构经办人或业务主管、领导人员甚至经不起物质利益或其他利益的诱惑，与犯罪分子内外勾结，有章不循、违法放贷，导致金融资金被诈骗。三是有的地方为了政绩工程，急于上项目，到处找门路引进资金，一些不法分子就投其所好，以引资、投资为诱饵，进行贷款诈骗活动。

银行在企业授信业务营销过程中，要坚持依法合规原则，谨小慎微，严格依据法律法规和银行授信操作规程，不能为了一时的业绩和绩效放松审查。

案例导入2：S市某国有商业银行信贷业务管理部小企业贷款中心小企业客户经理张某，负责对该市某物流公司贷款业务进行授信调查。张某发现该物流公司申请贷款财务报表与实际经营情况严重不符，在明知贷款用途非用于申请用途的情况下，为做成该笔业务，张某隐瞒上述重大问题，撰写失实的小企业授信调查报告，使得该物流公司申请的贷款在后续审批程序中逐一通过并获得500万元的贷款。经查，连续五年该物流公司每年都以上述方式申请500万元的贷款，张某均负责授信调查、支用调查，每年帮该公司隐瞒真实情况，撰写失实的小企业贷款支用调查报告、小企业额度项下单笔贷款业务调查报告、小企业法人授信业务调查报告、小企业法人授信业务支用调查报告等，使得该公司每年获贷成功。

事发后，张某因涉嫌犯违法发放贷款罪被S市监察委员会采取留置措施，并将其违法事实移交司法部门。经法院审判，张某犯违法发放贷款罪，被判处有期徒刑1年3个月，并处罚金人民币3万元。

资料来源：湖北省纪委监委网站，https：//www.hbjwjc.gov.cn/xwtt/142177.htm。

案例分析：

商业银行信贷人员应该严格遵守岗位职责，做到尽职调查，不能为了私人利益隐瞒伪造相关资料，虚假陈述，导致银行发生损失。

内容讲解：

（一）企业授信主体类型及主体资格

《贷款通则》第十七条对借款人主体资格的规定："借款人应当是经工商行政管理机关（或主管机关）核准登记的企（事）业法人、其他经济组织、个体工商户或具有中华人民共和国国籍的具有完全民事行为能力的自然人。"以上规定较为原则。在实际操作中，不能仅考察借款人是否有工商行政管理机关颁发的营业执照，还应做更加全面细致的审查。其中有两点应当特别注意：一是要进行主体资格的真伪辨别；二是要进行主体资格是否存续的审查。后者是一种动态的审查，主要审查法人在名称变更、法定代表人变更、经营场地变更、经营范围变更登记后，是否有逃废银行债务的行为。

1. 法人。法人是具有民事权利能力和民事行为能力，依法独立享有民事权利和承担民事义务的组织。《中华人民共和国民法典》规定，法人主要被区分为营利法人、非营利法人和特别法人。

（1）营利法人。以取得利润并分配给股东等出资人为目的成立的法人，为营利法人。营利法人包括有限责任公司、股份有限公司和其他企业法人等。

①有限责任公司。有限责任公司是依照《中华人民共和国公司法》设立，股东以其

出资额为限对公司承担责任，公司以其全部财产对公司债务承担责任的企业法人。

②股份有限公司。股份有限公司是指依照《中华人民共和国公司法》设立，股东以其认购的股份为限对公司承担责任，公司以其全部资产对公司的债务承担责任的企业法人。

（2）非营利法人。为公益目的或者其他非营利目的成立，不向出资人、设立人或者会员分配所取得利润的法人，为非营利法人。非营利法人包括事业单位、社会团体、基金会、社会服务机构等。

具备法人条件，为适应经济社会发展需要，提供公益服务设立的事业单位，经依法登记成立，取得事业单位法人资格；依法不需要办理法人登记的，从成立之日起，具有事业单位法人资格。

具备法人条件，基于会员共同意愿，为公益目的或者会员共同利益等非营利目的设立的社会团体，经依法登记成立，取得社会团体法人资格；依法不需要办理法人登记的，从成立之日起，具有社会团体法人资格。

（3）特别法人。机关法人、农村集体经济组织法人、城镇农村的合作经济组织法人、基层群众性自治组织法人，为特别法人。

2.非法人组织。非法人组织是不具有法人资格，但是能够依法以自己的名义从事民事活动的组织。非法人组织包括个人独资企业、合伙企业、不具有法人资格的专业服务机构等。

（1）合伙企业。合伙企业是指自然人、法人和其他组织依法在中国境内设立的普通合伙企业和有限合伙企业。普通合伙企业由普通合伙人组成，合伙人对合伙企业债务承担无限连带责任。有限合伙企业由普通合伙人和有限合伙人组成，普通合伙人对合伙企业债务承担无限连带责任，有限合伙人以其认缴的出资额为限对合伙企业债务承担责任。此外，国有独资公司、国有企业、上市公司以及公益性的事业单位、社会团体不得成为普通合伙人。

①设立合伙企业，应当具备下列条件：有2个以上合伙人。合伙人为自然人的，应当具有完全民事行为能力；有书面合伙协议；有合伙人认缴或者实际缴付的出资；有合伙企业的名称和生产经营场所；法律、行政法规规定的其他条件。

②合伙人可以用货币、实物、知识产权、土地使用权或者其他财产权利出资，也可以用劳务出资。

③合伙人对执行合伙事务享有同等的权利。按照合伙协议的约定或者经全体合伙人决定，可以委托一个或者数个合伙人对外代表合伙企业，执行合伙事务。

④合伙企业的利润分配、亏损分担，按照合伙协议的约定办理；合伙协议未约定或者约定不明确的，由合伙人协商决定；协商不成的，由合伙人按照实缴出资比例分配、分担；无法确定出资比例的，由合伙人平均分配、分担。

（2）个人独资企业。个人独资企业为依照《中华人民共和国个人独资企业法》，在中国境内设立，由一个自然人投资，财产为投资人个人所有，投资人以其个人财产对企业债务承担无限责任的经营实体。

（3）个体工商户和农村承包经营户。公民在法律允许的范围内，依法经核准登记，从事工商业经营的，为个体工商户，个体工商户可以起字号。农村集体经济组织的成员，在法律允许的范围内，按照承包合同规定从事商品经营的，为农村承包经营户。

（二）授信主体资格审查

1. 客户及担保人主体资格、法定代表人有关证明材料是否符合规定。借款人应当具备法律规定的主体资格以及经济、财务上的条件。如果借款人不具备相应主体资格或者主体资格存在法律瑕疵，其与银行等金融机构签订的授信合同、借款合同以及相应的其他合同可能被认定为无效。因此，授信审查首先应该审查借款人的主体资格以及证明其具有借款人资格的法律文件。

（1）营业执照等主体资格证明材料。对于企业法人的分支机构，需要审查分支机构的营业执照。上述文件应当提供经贷款人经办人员核对与原件一致的、加盖借款申请人公章的复印件。其中营业执照类文书应当由工商行政管理机关在专用纸上复印并加盖其印章。

（2）禁止贷款的对象。下列情形之一者，商业银行一般不对其发放贷款：

①不具备贷款主体资格和基本条件；

②生产、经营或投资国家明文禁止的产品、项目；

③违反国家外汇管理规定；

④建设项目按国家规定应当报有关部门批准而未取得批准文件；

⑤生产、经营或投资项目未取得环境保护部门许可；

⑥在实行承包、租赁、联营、合并（兼并）、合作、分立、产权有偿转让、股份制改造等体制变更过程中，未清偿原有贷款债务，未落实原有贷款债务的承担责任或提供相应担保；

⑦有其他严重违法经营行为。

2. 客户及担保人组织机构是否合理，产权关系是否明晰。商业银行还应当要求借款人提供真实、完整的信息资料，以反映并证明借款人及其所属分支机构和子公司的名称、法定代表人、实际控制人、注册地、注册资本、主营业务、股权结构、高级管理人员情况、财务状况、重大资产项目、担保情况和重要诉讼情况等。必要时，商业银行可要求借款人聘请独立的具有公证效应的第三方出具资料真实性证明。

3. 客户及担保人法定代表人、主要部门负责人有无不良记录。主要依据客户经理查询的情况判断，是否列入商业银行黑名单、征信有无不良记录。

（三）企业授信决策文件

借款人申请借款的决策文件，是指借款人作为法人的内部组织性文件，以及内部决策机关依据内部组织性文件或者法律规定的程序作出的以借款人名义向金融机构申请借款的决策性文件以及其他有关文件，如公司章程、股东会决议、董事会决议、法定代表人或主要负责人的证明文件和委托文件等。如果缺乏申请借款决策文件或者申请借款决策文件存在法律瑕疵，借款人与贷款人签订的授信合同、贷款合同及其从合同可能被认定为无效。因此，应当审查借款人的申请借款决策文件是否齐备及合法有效。

1. 章程。（1）借款人应当提供内容完整、从借款人的工商登记档案中复制并加盖工商登记管理机关查阅档案章的复印件。（2）根据章程确认借款人申请借款决策的内部决策机关的职权范围、议事方式、表决程序以及有权代表借款人签署借款合同的法定代表人或其委托的代理人。（3）如果章程中有限制对外申请借款的规定，借款人的申请借款行为及相关决策文件不得违反上述规定。

2. 股东会（大会）决议和董事会决议。根据章程规定，必须由股东会（大会）或董事会作出申请本次借款决议的，应当出具经公证证明的股东会（大会）决议或董事会决议。

3. 有关会议记录。

4. 法定代表人或主要负责人身份证明书。（1）应当载明法定代表人或主要负责人姓名、职务和身份证号码，与工商管理机关或其他有权机关颁发的借款人主体资格证明的记载内容一致；（2）应当加盖借款人公章；（3）贷款合同签订日应当在证明书有效期限之内。

5. 法定代表人或主要负责人授权委托书。授权委托书是法定代表人或主要负责人委托他人代理其从事签订贷款合同等特定民事法律行为的书面文件，审查要点如下：（1）应当载明代理人的姓名、职务、身份证号码、授权范围和期限等内容；（2）应当由法定代表人或主要负责人签章，并由借款人加盖公章；（3）贷款合同签订日应当在授权委托书载明的授权期限之内；（4）应当提供经银行经办人员核对与原件一致的并由借款人加盖公章的身份证件复印件。

（四）企业授信流程合规管理

贷款"三查"制度是指贷前调查、贷时审查和贷后检查。实施贷款"三查"，有利于贷款人较为全面地了解和掌握借款人经营状况以及贷款的风险情况，及时发现风险隐患，采取相应风险防范和控制措施，保障银行信贷资金安全。同时，贷款"三查"制度执行情况也是在贷款出现风险后对相关责任人员进行责任追究或免责的重要依据。

贷款的主要流程如下：

（1）客户向银行客户部门提出信贷业务申请。

（2）银行客户部门受理并进行初步认定，对同意受理的信贷业务进行调查评估，调查结束后，将调查材料送信贷管理部门审查。

（3）银行信贷管理部门对客户部门提交的调查材料进行审查，提出审查意见。

（4）信贷管理部门将审查材料和审查意见报贷款审查委员会（以下简称贷审会）审议，贷审会审议后，有权审批人根据审议结果进行审批。

（5）经有权审批人审批后，权限内的信贷业务由经营行客户部门直接与客户签订信贷合同。超权限的信贷业务在经营行调查、审查和审议的基础上，上报上级行信贷管理部门，再经有权管理行贷审会审议和有权人审批后，逐级批复至经营行并由经营行与客户签订信贷合同。

（6）经营行按合同提供信用，并由经营行客户部门负责信贷业务发生后的经营管理和信用收回。

（五）贷款用途合规管理

授信政策管理主要审查授信用途是否合规合法，是否符合国家有关政策；授信用途、期限、方式、利率或费率等是否符合银行授信政策。

借款人应该按照约定的用途使用贷款，不能用于非法目的。贷款合同载明的借款用途不得违反国家限制经营、特许经营以及法律、行政法规明令禁止经营的规定。

二、保证贷款合规管理

案例导入1： 在办理借款的过程中，某农村商业银行贷款客户经理陈某在审查借款公司贷款资料过程中，提示、默许借款公司对企业资产负债表造假，授意、默许借款公司提供伪造的委托加工反应釜合同，并通过了贷款的审批。该农村商业银行与借款公司通过上述行为，在借款公司不具备贷款条件的情况下，完成了贷款的审批和发放。法院审理后认定，在办理贷款过程中，该农村商业银行与借款公司进行了恶意串通，骗取了保证人提供担保的事实。

资料来源：中国裁判文书网。

案例分析：

在借款公司不具备贷款条件的情况下，银行授意、默许借款公司提供虚假资料，完成了贷款的审批和发放，根据当时办理案涉贷款背景及银行与借款公司协商情况等事实，可以认定在办理贷款过程中，银行与借款公司进行了恶意串通，骗取了保证人提供担保，保证人不承担民事责任。

案例导入2： 2023年1—6月，A股共有2 886家上市公司为控股子公司申请融资业务进行了担保；上市公司为其控股子公司进行担保的主要原因包括申请银行综合授信、融资租赁、偿还债务提供连带责任担保，以及为上游供货商和下游销售商提供连带责任担保等。

2023年6月3日，某集团发布了关于子公司申请银行授信并由公司提供担保的公告，集团对其下属的3家子公司进行担保，本次担保金额合计不超过5.6亿元人民币，已实际为3家子公司担保的余额达15.94亿元。集团表示，本次为子公司提供担保，有利于子公司日常经营的有序开展，符合公司经营实际和整体发展战略。

某上市公司原控股股东、实控人李某等高管未按上市公司内部审核流程，以公司名义为个人借款提供担保。公司发布公告称，在多家金融机构的贷款逾期，上述逾期贷款金额达到6.1亿元。

案例分析：

上市公司对外担保是公司正常运行的业务，根据《中华人民共和国公司法》第十六条，公司为他人提供担保，依照公司章程规定，由董事会或者股东会、股东大会决议，且不得超出公司章程对担保的相关限额规定。公司为其股东或实际控制人提供担保必须经股东会或者股东大会决议。该条款未对上市公司提供担保作出特别规定。

根据法律、上市公司相关监管规定要求，发生可能对上市公司股票交易价格产生较大影响的重大事件等情形的，上市公司应当将重大事件公开披露。结合《中华人民共和国证券法》第八十条，《上市公司信息披露管理办法》（2021年修订）第22条，《深圳证券交易所股票上市规则（2022 年修订）》第 4.2.8、6.1.1、6.1.2、6.1.10 条等，《上海证券交易所股票上市规则（2022 年 1 月修订）》第 4.2.8、6.1.1、6.1.2、6.1.10 条等，《上市公司股东大会规则（2022 年修订）》第 5 条等规定，对外担保属于应当公开披露的事项。而经过股东大会审议的决议，上市公司必须公告，否则其从理论上也会收到交易所和证券监管部门向其下达的监管函。以《上市公司监管指引第 8 号——上市公司资金往来、对外担保的监管要求》（简称《8 号指引》）第 12 条规定为例，"上市公司董事会或者股东大会审议批准的对外担保，必须在证券交易所的网站和符合中国证监会规定条件的媒体及时披露，披露的内容包括董事会或者股东大会决议、截止信息披露日上市公司及其控股子公司对外担保总额、上市公司对控股子公司提供担保的总额"。

《全国法院民商事审判工作会议纪要》（简称《九民纪要》）第 22 条规定："债权人根据上市公司公开披露的关于担保事项已经董事会或者股东大会决议通过的信息订立的担保合同，人民法院应当认定有效。"《最高人民法院关于适用〈中华人民共和国民法典〉有关担保制度的解释》第九条规定："相对人根据上市公司公开披露的关于担保事项已经董事会或者股东大会决议通过的信息，与上市公司订立担保合同，相对人主张担保合同对上市公司发生效力，并由上市公司承担担保责任的，人民法院应予支持。相对人未根据上市公司公开披露的关于担保事项已经董事会或者股东大会决议通过的信息，与上市公司订立担保合同，上市公司主张担保合同对其不发生效力，且不承担担保责任或者赔偿责任的，人民法院应予支持。相对人与上市公司已公开披露的控股子公司订立的担保合同，或者相对人与股票在国务院批准的其他全国性证券交易场所交易的公司订立的担保合同，适用前两款规定。"

商业银行接受公司的担保，要严格审核相关担保法律文件，包括董事会决议、股东大会决议、上市公司公告等。

内容讲解：

（一）保证的含义

保证，是指保证人和债权人约定，当债务人不履行债务时，保证人按照约定，履行债务或者承担责任的行为。保证合同是为保障债权的实现，保证人和债权人约定，当债务人不履行到期债务或者发生当事人约定的情形时，保证人履行债务或者承担责任的合同。

保证贷款，是商业银行按照国家担保法律制度规定的保证方式，以第三人承诺在借款人不能偿还贷款时，由其按约定承担一般保证责任或者连带责任而发放的贷款。

（二）保证人主体的合规管理

商业银行正是由于对借款人的资信不够信任，才要求追加保证人。银行对保证人的分析调查至少应了解以下三方面情况。

1. 保证人是否具有合法的主体资格，即是否为具有代为清偿债务能力的法人、其他组织或自然人。法律禁止担保的不能作保证人。《中华人民共和国民法典》第六百八十三条规定，机关法人不得为保证人，但是经国务院批准为使用外国政府或者国际经济组织贷款进行转贷的除外。以公益为目的的非营利法人、非法人组织不得为保证人。《最高人民法院关于适用〈中华人民共和国民法典〉有关担保制度的解释》第五条规定，机关法人提供担保的，人民法院应当认定担保合同无效，但是经国务院批准为使用外国政府或者国际经济组织贷款进行转贷的除外。居民委员会、村民委员会提供担保的，人民法院应当认定担保合同无效，但是依法代行村集体经济组织职能的村民委员会，依照村民委员会组织法规定的讨论决定程序对外提供担保的除外。第六条规定，以公益为目的的非营利性学校、幼儿园、医疗机构、养老机构等提供担保的，人民法院应当认定担保合同无效，但是有下列情形之一的除外：（1）在购入或者以融资租赁方式承租教育设施、医疗卫生设施、养老服务设施和其他公益设施时，出卖人、出租人为担保价款或者租金实现而在该公益设施上保留所有权；（2）以教育设施、医疗卫生设施、养老服务设施和其他公益设施以外的不动产、动产或者财产权利设立担保物权。登记为营利法人的学校、幼儿园、医疗机构、养老机构等提供担保，当事人以其不具有担保资格为由主张担保合同无效的，人民法院不予支持。

第十一条规定，企业法人的职能部门不得为保证人。公司的分支机构未经公司股东（大）会或者董事会决议以自己的名义对外提供担保，相对人请求公司或者其分支机构承担担保责任的，人民法院不予支持，但是相对人不知道且不应当知道分支机构对外提供担保未经公司决议程序的除外。

2. 保证人是否具有代为清偿债务的能力，具体调查以下几个方面。

（1）保证人是否具有代为清偿借款的相应财产：从保证人的财产数量上调查了解其担保能力。保证人的财产价值应大于或等于其所担保借款的金额。

（2）保证人对可用代为偿付借款的财产是否具有处分权：从保证人的产权上了解其担保能力，保证人没有处分权的则为不具有担保能力。如果保证人将法律禁止流通或强制执行的财产，已设定为抵押权、质权、留置权等担保物的财产用作代为清偿借款的财产，就视为该保证人无担保能力。

（3）保证人用作代为清偿借款的财产是否可以变现：从保证人的财产质量上了解其担保能力。保证人如果以滞销产品、没有使用价值的物资、无法收回的应收款项等作为担保的财产，就是没有实际价值的财产，应认为是没有代偿能力。

在分析保证人的担保能力时，还要注意分析以下两点：一是保证人的或有负债情况，特别是目前所提供保证的数量和金额；二是对外提供保证总额与保证人的有形净资产是否在合理的比例关系之内。

3. 调查保证人的保证意愿，即保证人对履行保证责任的主观态度。银行在平时与保证人的业务往来中，要注意掌握保证人作为借款人时是否按时归还贷款，有无逾期情况。该保证人过去有无替他人担保过贷款，在以往的保证中所表现出来的保证能力如何，保证人履约是出于自愿，还是银行采取法律诉讼或其他行动的结果。银行还可以通过征信系统、向知情人了解等多种渠道，对保证人进行必要的社会信誉调查。

（三）保证方式

1. 保证的方式包括一般保证和连带责任保证。当事人在保证合同中约定，债务人不能履行债务时，由保证人承担保证责任的，为一般保证。当事人在保证合同中对保证方式没有约定或者约定不明确的，按照一般保证承担保证责任。

一般保证的保证人在主合同纠纷未经审判或者仲裁，并就债务人财产依法强制执行仍不能履行债务前，有权拒绝向债权人承担保证责任，但是有下列情形之一的除外：（1）债务人下落不明，且无财产可供执行；（2）人民法院已经受理债务人破产案件；（3）债权人有证据证明债务人的财产不足以履行全部债务或者丧失履行债务能力；（4）保证人书面表示放弃本款规定的权利。

当事人在保证合同中约定保证人和债务人对债务承担连带责任的，为连带责任保证。

连带责任保证的债务人不履行到期债务或者发生当事人约定的情形时，债权人可以请求债务人履行债务，也可以请求保证人在其保证范围内承担保证责任。

（四）共同保证

1. 按份共同保证，指各保证人与债权人订立合同时约定了各自的保证份额，约定方式有两种：（1）与债权人共同约定；（2）与债权人分别约定。

2. 连带共同保证。债务人到期不能清偿的，各保证人就保证责任承担连带责任。连带共同保证的产生方式也有两种：（1）各保证人明确约定连带责任的；（2）各保证人未约定保证份额的。

连带共同保证的债务人在主合同规定的债务履行期届满没有履行债务的，债权人可以要求债务人履行债务，也可以要求任何一个保证人承担全部保证责任。连带共同保证的保证人承担保证责任后，向债务人不能追偿的部分，由各连带保证人按其内部约定的比例分担。没有约定的，平均分担。

（五）保证责任

保证的范围包括主债权及其利息、违约金、损害赔偿金和实现债权的费用。当事人另有约定的，按照其约定。

保证期间是确定保证人承担保证责任的期间，不发生中止、中断和延长。

债权人与保证人可以约定保证期间，但是约定的保证期间早于主债务履行期限或者与主债务履行期限同时届满的，视为没有约定；没有约定或者约定不明确的，保证期间为主债务履行期限届满之日起6个月。债权人与债务人对主债务履行期限没有约定或者约定不明确的，保证期间自债权人请求债务人履行债务的宽限期届满之日起计算。

三、抵押贷款合规管理

案例导入：马某从甲银行贷款300万元，其为了归还贷款筹款时，经人介绍与孙某认识，孙某谎称有土地可供抵押，提出和其合作申请贷款，供双方使用。

二人经协商，以马某公司为贷款人、由孙某提供土地作抵押到甲银行公司部申请2 000万元贷款，该银行公司部考察后，认为马某公司经营规模和资产规模太小，油厂没有工人，土地也不是本人的，申请金额较大，加上个人在支行还有300万元贷款，拒绝了其贷款申请。

为了方便贷款，将用于抵押的土地过户到马某公司名下，孙某拿了马某公司的公章、组织机构代码证和营业执照复印件等资料，并交给了王某，王某通过他人伪造假土地证、土地过户的契税证明、抵押土地评估报告，经孙某交给马某后，马某发现土地不是孙某的，孙某解释说他跟着王某干，马某未再核实，即把土地证、契税证明、土地评估报告提交给银行。其间，马某没有去国土资源局办理土地所有权过户登记手续，也未缴纳任何费用。

贷前调查时，银行行长陈某、副行长董某、客户经理赵某，甲银行风险管理部周某、武某、李某，甲银行总行行长万某、副行长满某，8 名银行员工对马某公司及抵押物进行实地走访。马某和行长陈某、副行长董某、客户经理赵某到国土资源局地籍科办理土地抵押登记时，孙某、王某、蔡某（注：蔡某由王某安排假冒国土资源局地籍科工作人员，并事先伪造领取他权证登记本和土地登记簿交给蔡某）均在场，蔡某冒充国土资源局地籍科工作人员接受并办理了虚假的土地他权证，并在马某和银行工作人员核实他权证的真实性时，向银行工作人员出示了王某伪造的土地登记簿。

甲银行通过受托支付分两笔向马某公司发放贷款 980 万元，贷款期限一年。马某将其中 580 万元转到孙某提供的账户，另外 400 万元由其本人使用，其中大部分用于偿还其归还前期 300 万元贷款时所借的过桥资金。截至立案日，马某公司逾期贷款金额 858.84 万元。

判决书显示，甲银行 3 名员工一起和马某去国土资源局办理土地抵押登记手续，在国土资源局时，作为本次贷款无关人员孙某、王某也在场，王某告知银行 3 名员工"他在国土局有熟人，他项权证能办快点"，最后他们 5 人就从地籍科由王某安排的假冒工作人员蔡某处领取了虚假他项权证。客户经理赵某感觉他项权证办理太快，又去了地籍科复核，复核对象仍是王某及蔡某。

案例分析：

银行在贷前调查过程中，没有发现虚假土地证，没有发现公司经营状况，说明银行信贷人员没有认真审核相关凭证，没有风险意识。如果甲银行员工能够做到位，在贷前现场调查、资产核实、他项权证办理三个环节都能堵截本案的发生，但非常遗憾的是，甲银行 8 名员工未能做到。贷款流程涉及环节多少、长短与贷款风险没有必然联系，各个流程及环节应能独立判断分析贷款风险，并且能做到责任清晰，这样才有利于贷款风险管控，否则贷款流程及环节很容易流于形式，最终反而会造成贷款风险。

内容讲解：

（一）抵押贷款的定义

1. 担保物权。担保物权人在债务人不履行到期债务或者发生当事人约定的实现担保物权的情形，依法享有就担保财产优先受偿的权利，但是法律另有规定的除外。设立担保物权，应当依照《中华人民共和国民法典》和其他法律的规定订立担保合同。担保合同包括抵押合同、质押合同和其他具有担保功能的合同。担保合同是主债权债务合同的从合同。主债权债务合同无效的，担保合同无效，但是法律另有规定的除外。担保合同被确认无效后，债务人、担保人、债权人有过错的，应当根据其过错各自承担相应的民事责任。担保物权的担保范围包括主债权及其利息、违约金、损害赔偿金、保管担保财产和实现担保物权的费用。当事人另有约定的，按照其约定。

2. 抵押。为担保债务的履行，债务人或者第三人不转移财产的占有，将该财产抵押给债权人的，债务人不履行到期债务或者发生当事人约定的实现抵押权的情形，债权人有权就该财产优先受偿。前款规定的债务人或者第三人为抵押人，债权人为抵押权人，提供担保的财产为抵押财产。

3. 抵押贷款。抵押贷款是以抵押物为贷款债权实现的保障而发放的贷款。银行为抵押权人，借款人或第三人为抵押人。

（二）抵押财产

1. 可以抵押财产。《中华人民共和国民法典》第三百九十五条规定，债务人或者第三人有权处分的下列财产可以抵押。

（1）建筑物和其他土地附着物。建筑物是指定着于土地上或地面以下，具有顶盖、梁柱、墙壁，供人居住或使用的构造物，房屋、仓库、地下室、空中走廊、立体停车场等均包括在内；而其他土地附着物通常包括林木、地上构筑物、与不动产尚未分离的出产物。

（2）建设用地使用权。建设用地使用权是权利主体在法律允许的范围内依法享有的对国家所有的土地占有、使用和收益的权利，权利主体有权利用该土地建造建筑物、构筑物及其附属设施。取得设立建设用地使用权，可以采取出让或者划拨等方式：①出让是国家以所有者的身份将建设用地使用权在一定年限内让与使用者，并由使用者向国家支付建设用地使用权出让金的行为，具体包括协议、招标和拍卖三种具体方式。使用者可以将其获得的建设用地使用权设定抵押权。②划拨是指土地使用者经县级以上人民政府依法批准，无偿取得或者缴纳补偿安置等费用后取得国有土地使用权。此外，转让、互换、出资、赠与或者行使抵押权等也可以成为取得建设用地使用权的方式。

（3）海域使用权。

（4）生产设备、原材料、半成品、产品。

（5）正在建造的建筑物、船舶、航空器。

（6）交通运输工具。

（7）法律、行政法规未禁止抵押的其他财产。

抵押人可以将前款所列财产一并抵押。

企业、个体工商户、农业生产经营者可以将现有的以及将有的生产设备、原材料、半成品、产品抵押，债务人不履行到期债务或者发生当事人约定的实现抵押权的情形，债权人有权就抵押财产确定时的动产优先受偿。

以建筑物抵押的，该建筑物占用范围内的建设用地使用权一并抵押。以建设用地使用权抵押的，该土地上的建筑物一并抵押。抵押人未依据前款规定一并抵押的，未抵押的财产视为一并抵押。

乡镇、村企业的建设用地使用权不得单独抵押。以乡镇、村企业的厂房等建筑物抵押的，其占用范围内的建设用地使用权一并抵押。

2. 不可以抵押的财产。《中华人民共和国民法典》第三百九十九条规定，下列财产不得抵押：

（1）土地所有权；

（2）宅基地、自留地、自留山等集体所有土地的使用权，但是法律规定可以抵押的除外；

（3）学校、幼儿园、医疗机构等为公益目的成立的非营利法人的教育设施、医疗卫生设施和其他公益设施；

（4）所有权、使用权不明或者有争议的财产；

（5）依法被查封、扣押、监管的财产；

（6）法律、行政法规规定不得抵押的其他财产。

（三）抵押物的合规管理

借款人申请抵押贷款，需提交抵押物清单。抵押物清单要载明下列内容：抵押物名称、数量、质量、状况、所在地、权属及其证明、评估价值、已为其他债权设定抵押价值和其他事项等。银行的信贷调查部门受理抵押贷款申请后，除对借款人的资信状况进行贷前调查外，特别要对抵押物做好以下审查：

（1）抵押物是否属于法律、法规允许抵押的财产。

（2）抵押物的权属，抵押的财产必须为借款人所有，或借款人有权处分的财产。

（3）抵押物的价值能否保证贷款债权的实现，即抵押物的价值必须大于或等于抵押贷款的数额。

（4）抵押物在抵押期间或经使用后其价值是否会急剧降低。抵押物经使用而灭失或其价值急剧降低，贷款债权不能实现的不能作抵押物。

（5）抵押物是否有流通性或至少有限制流通性。不能流通的财产不能变现，不能作为抵押物。

（6）抵押物是否有其他抵押权设立在先，如果已先设抵押权，其余额部分价值又不足以担保贷款数额的不能作抵押物。

（四）最高额抵押权

《中华人民共和国民法典》第四百二十条规定，为担保债务的履行，债务人或者第三人对一定期间内将要连续发生的债权提供担保财产的，债务人不履行到期债务或者发生当事人约定的实现抵押权的情形，抵押权人有权在最高债权额限度内就该担保财产优先受偿。最高额抵押权设立前已经存在的债权，经当事人同意，可以转入最高额抵押担保的债权范围。

（五）抵押权的实现

《中华人民共和国民法典》第四百零一条规定，抵押权人在债务履行期限届满前，与抵押人约定债务人不履行到期债务时抵押财产归债权人所有的，只能依法就抵押财产优先受偿。

1. 抵押权的实现方式。债务人不履行到期债务或者发生当事人约定的实现抵押权的情形时，抵押权有两种实现方式。

（1）抵押权人与抵押人协议：以抵押财产折价或者以拍卖、变卖该抵押财产所得的价款优先受偿。协议损害其他债权人利益的，其他债权人可以请求人民法院撤销该协议。

抵押财产折价或者变卖的，应当参照市场价格。

（2）抵押权人请求人民法院拍卖、变卖抵押财产：抵押权人与抵押人未就抵押权实现方式达成协议的。

抵押财产折价或者变卖的，应当参照市场价格。此外，抵押权人在债务履行期届满前，不得与抵押人约定债务人不履行到期债务时抵押财产归债权人所有。

2. 抵押权的特殊实现方式。

（1）共同抵押。同一债权有两个以上抵押人的，当事人对其提供的抵押财产所担保的债权份额或者顺序没有约定或者约定不明的，抵押权人可以就其中任一或者各个财产行使抵押权。但是，债权人放弃债务人提供的抵押担保的，其他抵押人可以请求人民法院减轻或者免除其应当承担的担保责任。此外，抵押人承担担保责任后，可以向债务人追偿，也可以要求其他抵押人清偿其应当承担的份额。

（2）同一财产设定数个抵押权。同一财产向两个以上债权人抵押的，拍卖、变卖抵押财产所得的价款依照下列规定清偿：

①抵押权已登记的，按照登记的先后顺序清偿；顺序相同的，按照债权比例清偿。

②抵押权已登记的先于未登记的受偿。

③抵押权未登记的，按照债权比例清偿。

（六）抵押合同

1. 贷款行应当按照约定程序和时间，与抵押人订立抵押合同。

2. 抵押合同的成立应当采取贷款行与抵押人签订书面合同的形式。

3. 贷款行与抵押人可以就单个借款合同分别订立抵押合同，也可以协议在最高债权额限度内就一定期间连续发生的借款合同订立一个最高额抵押合同。

4. 抵押合同应当包括以下主要内容：

（1）被担保的主债权种类、数额；

（2）主合同借款人履行债务的期限；

（3）抵押物的名称、数量、质量、状况、所在地、所有权权属或者使用权权属；

（4）抵押担保的范围；

（5）抵押物登记与保险；

（6）双方的权利和义务；

（7）违约责任；

（8）合同的生效、变更、解除和终止。

5. 贷款行不得与抵押人约定在债务履行期届满贷款未受清偿时，抵押物的所有权转移为贷款行所有。

四、质押贷款合规管理

案例导入： 据媒体报道，2021年10月，某集团两家子公司S药业与H制药在某银行总存款数为33亿元人民币，其中28亿元在企业不知情的情况下被用于为某公司提供票据融资担保。报道中还提及，2021年8月25日，因借款人未能在还款日偿还贷款，银行仍然划扣了 H 制药 5 亿元存款，后来又退回 5 000 万元。10 月 24 日凌晨，银行发布声明称，在与相关企业日常业务办理过程中，该分行发现企业间异常行为，已向公安机关报案。银行方面郑重承诺，将一如既往坚决维护客户合法权益，保障客户资金安全，维护金融秩序稳定。

案例分析：

存单质押贷款是指借款人以贷款银行签发的未到期的个人本外币定期储蓄存单（也有银行办理与本行签订有保证承诺协议的其他金融机构开具的存单的抵押贷款）作为质押，从贷款银行取得一定金额贷款，并按期归还贷款本息的一种信用业务。作为质押品的定期存单包括未到期的整存整取、存本取息和外币定期储蓄存款存单等具有定期存款性质的权利凭证。以第三人存单作质押的，贷款人应制定严格的内部程序，认真审查存单的真实性、合法性和有效性，防止发生权利瑕疵的情形。对于借款人以公开向不特定的自然人、法人和其他组织募集的存单申请质押贷款的，贷款人不得向其发放贷款。

案例中存单质押贷款出现了纠纷，银行应当审核操作是否存在瑕疵和缺陷。银行应当从质押的真实性、合规性、准确性等角度严格审核质押的真实性和合法性，确保贷款的安全。

内容讲解：

（一）质押贷款

1. 质押。为担保债务的履行，债务人或者第三人将其动产出质给债权人占有的，债务人不履行到期债务或者发生当事人约定的实现质权的情形，债权人有权就该动产优先受偿。前款规定的债务人或者第三人为出质人，债权人为质权人，交付的动产为质押财产。法律、行政法规禁止转让的动产不得出质。

质押按照其标的不同可以分为动产质押和权利质押两类。

质押法律关系中的当事人为质押权人和出质人：质押权人是指接受担保的债权人；出质人是指为担保债务的履行而提供质物的人，可以是债务人，也可以是第三人。出质人移交给债权人占有的动产或权利为质物。

2. 质押贷款。质押贷款是以质物为贷款债权实现的保障而发放的贷款。银行为质押权人，借款人或第三人为出质人。

（二）质押物合规管理

1. 权利质权。《中华人民共和国民法典》第四百四十条规定，债务人或者第三人有权处分的下列权利可以出质：

（1）汇票、本票、支票；

（2）债券、存款单；

（3）仓单、提单；

（4）可以转让的基金份额、股权；

（5）可以转让的注册商标专用权、专利权、著作权等知识产权中的财产权；

（6）现有的以及将有的应收账款；

（7）法律、行政法规规定可以出质的其他财产权利。

2. 动产质押。法律、行政法规禁止转让的动产不得出质。

3. 质押合同。设立质权，当事人应当采用书面形式订立质押合同。质押合同一般包括下列条款：

（1）被担保债权的种类和数额；

（2）债务人履行债务的期限；

（3）质押财产的名称、数量等情况；

（4）担保的范围；

（5）质押财产交付的时间、方式。

4. 质权人的权利和义务。

（1）权利

①占有权：非因其过错而丧失占有的，可要求停止侵害、恢复原状、返还原物等。

②孳息收取权：先抵充收取孳息的费用，余者用于质押，再余者返还。

③保全质物保全：《中华人民共和国民法典》第四百三十三条规定，因不可归责于质权人的事由可能使质押财产毁损或者价值明显减少，足以危害质权人权利的，质权人有权请求出质人提供相应的担保；出质人不提供的，质权人可以拍卖、变卖质押财产，并与出质人协议将拍卖、变卖所得的价款提前清偿债务或者提存。

（2）义务

①妥善保管：未妥善保管的，出质人有权要求提存或提前清偿；质权人有权请求其支付保管费用。《中华人民共和国民法典》第四百三十二条规定，质权人负有妥善保管质押财产的义务；因保管不善致使质押财产毁损、灭失的，应当承担赔偿责任。质权人的行为可能使质押财产毁损、灭失的，出质人可以请求质权人将质押财产提存，或者请求提前清偿债务并返还质押财产。

②不得擅自使用、出租、处分质物。《中华人民共和国民法典》第四百三十一条规定，质权人在质权存续期间，未经出质人同意，擅自使用、处分质押财产，造成出质人损害的，应当承担赔偿责任。第四百三十四条规定，质权人在质权存续期间，未经出质人同意转质，造成质押财产毁损、灭失的，应当承担赔偿责任。

5. 质权的合规实现。债务人履行债务或者出质人提前清偿所担保的债权的，质权人应当返还质押财产。

债务人不履行到期债务或者发生当事人约定的实现质权的情形，质权人可以与出质人协议以质押财产折价，也可以就拍卖、变卖质押财产所得的价款优先受偿。质押财产折价或者变卖的，应当参照市场价格。

出质人可以请求质权人在债务履行期限届满后及时行使质权；质权人不行使的，出质人可以请求人民法院拍卖、变卖质押财产。出质人请求质权人及时行使质权，因质权人怠于行使权利造成出质人损害的，由质权人承担赔偿责任。

质押财产折价或者拍卖、变卖后，其价款超过债权数额的部分归出质人所有，不足部分由债务人清偿。

五、抵（质）押权设立与抵（质）押物登记

案例导入： S 能源公司与 Y 能投公司签署统借统还借款协议，Y 能投公司向 S 能源公司共计提供 8 亿元借款，用于 S 能源公司补充运营资金。Y 能投公司委托 YN 保理与 DD 置业签订抵押担保合同，DD 置业提供其名下房产为 S 能源公司的上述债务提供抵押担保。但因该房产之前设定的其他抵押并未解除，且未征得原抵押权人的同意，本案抵押合同没有办理抵押登记。后 S 能源公司未能按期偿还借款，Y 能投公司诉至法院要求 S 能源公司承担还款责任，并要求 DD 置业对此承担担保责任。关于抵押担保合同的效力及抵押人责任问题，最高人民法院在二审中认为，未办理抵押登记并不影响上述抵押担保合同的效力，并且抵押担保合同订立时均已披露 Y 能投公司与 YN 保理的委托关系，根据《中华人民共和国民法典》第九百二十五条的规定可直接约束 Y 能投公司与 DD 置业；但由于并未办理抵押登记，Y 能投公司对合同项下房产并不享有抵押权，但可要求 DD 置业对 S 能源公司不能清偿的债务以案涉房产折价或者拍卖、变卖时的价值为限承担赔偿责任。

案例分析：

依法成立的合同，对当事人具有法律约束力，当事人应当按照合同约定履行各自义务，不履行合同义务或履行合同义务不符合约定的，应依据合同约定或法律规定承担相应责任。当事人一方不履行合同义务或者履行合同义务不符合约定，给对方造成损失的，损失赔偿额应当相当于因违约所造成的损失，包括合同履行后可以获得的利益，但不得超过违反合同一方订立合同时预见到或者应当预见到的因违反合同可能造成的损失。抵押合同正常履行的情况下，当主债务人不履行到期债务时，债权人可直接请求就抵押物优先受偿。本案抵押权因未办理登记而未设立，债权人无法实现抵押权，损失客观存在，其损失范围相当于在抵押财产价值范围内债务人公司未清偿债务数额部分，并可依约直接请求抵押人进行赔偿。

内容讲解：

（一）关于抵（质）押权设立的法律规定

1. 抵押登记法律规定。《中华人民共和国民法典》对于抵（质）押权的设立做了相关规定。第二百零八条规定，不动产物权的设立、变更、转让和消灭，应当依照法律规定登记。动产物权的设立和转让，应当依照法律规定交付。第二百一十条规定，不动产登记，由不动产所在地的登记机构办理。国家对不动产实行统一登记制度。统一登记的范围、登记机构和登记办法，由法律、行政法规规定。

以建筑物和其他土地附着物、建设用地使用权、海域使用权和正在建造的建筑物抵押的，应当办理抵押登记。抵押权自登记时设立。

以动产抵押的，抵押权自抵押合同生效时设立；未经登记，不得对抗善意第三人。以动产抵押的，不得对抗正常经营活动中已经支付合理价款并取得抵押财产的买受人。

抵押权设立前，抵押财产已经出租并转移占有的，原租赁关系不受该抵押权的影响。抵押期间，抵押人可以转让抵押财产。当事人另有约定的，按照其约定。抵押财产转让的，抵押权不受影响。抵押人转让抵押财产的，应当及时通知抵押权人。抵押权人

能够证明抵押财产转让可能损害抵押权的,可以请求抵押人将转让所得的价款向抵押权人提前清偿债务或者提存。转让的价款超过债权数额的部分归抵押人所有,不足部分由债务人清偿。

2. 质押登记的法律规定。质权自出质人交付质押财产时设立。以汇票、本票、支票、债券、存款单、仓单、提单出质的,质权自权利凭证交付质权人时设立;没有权利凭证的,质权自办理出质登记时设立。法律另有规定的,依照其规定。汇票、本票、支票、债券、存款单、仓单、提单的兑现日期或者提货日期先于主债权到期的,质权人可以兑现或者提货,并与出质人协议将兑现的价款或者提取的货物提前清偿债务或者提存。

以基金份额、股权出质的,质权自办理出质登记时设立。基金份额、股权出质后,不得转让,但是出质人与质权人协商同意的除外。出质人转让基金份额、股权所得的价款,应当向质权人提前清偿债务或者提存。

以注册商标专用权、专利权、著作权等知识产权中的财产权出质的,质权自办理出质登记时设立。知识产权中的财产权出质后,出质人不得转让或者许可他人使用,但是出质人与质权人协商同意的除外。出质人转让或者许可他人使用出质的知识产权中的财产权所得的价款,应当向质权人提前清偿债务或者提存。

以应收账款出质的,质权自办理出质登记时设立。应收账款出质后,不得转让,但是出质人与质权人协商同意的除外。出质人转让应收账款所得的价款,应当向质权人提前清偿债务或者提存。

权利质押,办理出质登记时成立。从法律规定可以看出,抵(质)押权的设立有的是自登记之日起设立,有的是自交付之日起设立,有的是自合同生效之日起设立。法律并不是对所有的抵(质)押物都有强制登记的规定。但为了保证贷款的安全,获得对抗第三人的权利,贷款抵押、质押担保均应办理登记。

(二)登记的办理

贷款行与抵押人、出质人签订抵(质)押合同后一定期限内,应依照有关法律规定,到有关机关办理登记手续,取得他项权利证书或者抵(质)押登记证书。抵(质)押登记手续办妥的日期原则上不得迟于抵(质)押贷款的实际发放日期。

按照法律规定,一般办理抵押登记的部门如下。

1. 不动产抵押登记。不动产登记由不动产所在地的不动产登记机构办理;直辖市、设区的市人民政府可以确定本级不动产登记机构统一办理所属各区的不动产登记。跨县级行政区域的不动产登记,由所跨县级行政区域的不动产登记机构分别办理。不能分别办理的,由所跨县级行政区域的不动产登记机构协商办理;协商不成的,由共同的上一级人民政府不动产登记主管部门指定办理。国务院确定的重点国有林区的森林、林木和林地,国务院批准项目用海、用岛,中央国家机关使用的国有土地等不动产登记,由国务院国土资源主管部门会同有关部门规定。

(1)以无地上定着物的土地使用权抵押的,为不动产登记机构办理。

(2)以城市房地产或者乡(镇)、村企业的厂房等建筑物抵押的,为不动产登记机构办理登记。

（3）以林木抵押的，为不动产登记机构办理登记。

2. 动产抵押登记。2020 年 12 月 22 日，国务院正式印发《关于实施动产和权利担保统一登记的决定》，明确自 2021 年 1 月 1 日起，在全国范围内实施动产和权利担保统一登记。纳入统一登记范围的动产和权利担保，由当事人通过中国人民银行征信中心动产融资统一登记公示系统自主办理登记。2021 年 11 月 28 日，中国人民银行发布了《动产和权利担保统一登记办法》，自 2022 年 2 月 1 日起正式施行。

纳入动产和权利担保统一登记范围的担保类型包括：生产设备、原材料、半成品、产品抵押；应收账款质押；存款单、仓单、提单质押；融资租赁；保理；所有权保留；其他可以登记的动产和权利担保，但机动车抵押、船舶抵押、航空器抵押、债券质押、基金份额质押、股权质押、知识产权中的财产权质押除外。

（1）以航空器抵押的，为国务院民用航空主管部门。就两架以上民用航空器设定一项抵押权或者就同一民用航空器设定两项以上抵押权时，贷款行应当与抵押人就每一架民用航空器或者每一项抵押权分别办理抵押登记。

（2）以船舶抵押的，为船籍港船舶登记机关。

（3）以机动车辆抵押的，为车辆注册登记地公安机关车辆管理所。

表 12 - 1　　　　　　　　　　　　抵押权设立与登记效力

抵押财产	抵押权设立条件	抵押登记效力
建筑物、其他土地附着物	登记设立	抵押权设立要件
建设用地使用权	登记设立	抵押权设立要件
依法取得的荒地等土地承包经营权	登记设立	抵押权设立要件
生产设备、原材料、半成品、产品	抵押合同生效时设立	对抗善意第三人
正在建造的建筑物	登记设立	抵押权设立要件
正在建造的船舶、航空器	抵押合同生效时设立	对抗善意第三人
交通运输工具	抵押合同生效时设立	对抗善意第三人
动产浮动抵押	抵押合同生效时设立	对抗善意第三人

表 12 - 2　　　　　　　　　　　　长期实践中的抵押登记状况

担保物	担保物登记机构
无地上定着物的土地使用权、集体荒地土地使用权	不动产登记部门
城市房地产或者乡（镇）村企业的厂房等建筑物	不动产登记部门
航空器	民用航空主管部门
船舶	海事局
渔业船舶	渔政渔港监督管理局
非农用机动车	车辆管理所
生产设备、原材料、半成品、产品抵押	中国人民银行征信中心动产融资统一登记公示系统
所有权保留	中国人民银行征信中心动产融资统一登记公示系统

3. 质押登记。办理质押登记的部门如下。

（1）以依法可以转让的上市公司国有股、社会法人股质押的，为中国证券登记结算有限责任公司。贷款行办理上市公司国有股质押登记，应当要求出质人事先按照财务隶属关系报省级以上主管财政机关备案，并提交该机关出具的上市公司国有股质押备案表。

（2）以银行间债券市场托管的记账式债券质押的，为中央国债登记结算有限公司；以证券交易所托管的记账式债券质押的，为中国证券登记结算有限责任公司；以银行柜台交易系统购买的记账式债券质押的，为作为二级托管机构的承办银行。

（3）以著作权中的财产权质押的，为国家版权局。

（4）以商标专用权质押的，为国家知识产权局商标局。

（5）以专利权中的财产权质押的，为国家知识产权局专利局。

依法必须办理抵（质）押登记或备案、记载手续的，抵（质）押合同签订后，因登记部门的原因致使无法办理登记或备案、记载手续的，或抵押人、出质人违背诚实信用原则拒绝办理登记或备案、记载手续的，贷款行应当停止发放贷款；贷款行已经发放贷款的，应当提前收回贷款或者要求借款人另行提供令贷款行满意的担保。

（三）保险

为保障抵（质）押财产的安全，确保银行的权益，抵押、质押财产可以办理保险手续。抵押合同、质押合同（动产质押）签订后，贷款行可以要求抵押人、出质人到有关保险机构按照下列条件办理抵（质）押物的财产保险手续：

（1）办理抵押物、质物足额财产保险；

（2）保险期限不得短于主合同履行期限；

（3）保险金额不得小于主合同贷款本息；

（4）保险合同及保险单中应当注明，出险时贷款行为保险赔偿金的第一请求权人；

（5）保险单中不得有任何限制贷款行权益的条款；

（6）抵押物、质物保险费用全部由抵押人承担。

六、各类抵（质）押物的合规调查

案例导入：2024 年 5 月 28 日，武汉市中级人民法院一审对武汉 A 公司、武汉 B 公司、合肥 C 公司及个人 D 等 18 名被告人合同诈骗、骗取贷款、违法发放贷款、非国家工作人员受贿、对非国家工作人员行贿、职务侵占、假冒注册商标一案依法公开宣判。对被告人 D 以合同诈骗罪、非国家工作人员受贿罪、对非国家工作人员行贿罪，数罪并罚，判处无期徒刑，并处没收个人全部财产，剥夺政治权利终身。自 2015 年以来，武汉 A 公司就以"黄金质押 + 保单增信"向金融机构提供 Au999.9 足金的质押物，获得金融机构巨额融资。自 2019 年下半年起，金融机构在对仓库中的黄金质押物开箱检测后发现，武汉 A 公司提供的黄金为假，检测结果为"铜合金"。武汉 A 公司凭借这些表面镀金、内部成分为铜合金的假黄金共获取了金融机构约 200 亿元融资，未到期融资额约 160 亿元，对应质押黄金超过 80 吨。

案例分析：

大宗商品融资业务的风险点主要表现在三个方面：质押货物的价格、货权风险；监管方的道德和操作风险；银行操作中存在的尽职风险。

银行对仓单的调查要做到以下几点：第一，贷前严格落实确认借款人对出质货物的所有权。即通过查看入库单、增值税发票、货运单等验证权属，并需借款人向融资行出具书面承诺书，说明自身出质货物权属状况明确且不存在任何法律瑕疵。在此要特别注意加强对质物属性的审核，不得接受来料加工等货物作为质押物；防范质押物重复融资风险，避免同一批货物出现双重融资问题，如误将应收账款订单融资下货物又进行了动产质押，出现重复融资风险。第二，首次设立质押时，与客户经理一道到仓库现场核实质物。第三，定期或不定期与经办行一起进行核保、核库，并检查经办行客户经理核库、巡库工作，确保质押物的足值、完整，以及与授信质押合同的严格对应性。第四，定期对经办行交接相关业务重要凭证的执行情况进行检查。第五，为确保融资银行质权的实现，货押期间在质押物发生变化时，如进行换货等操作时，必须对每一笔业务认真确认产权，并及时与借款人重新签订质押合同，明确变化后的质押物，防范操作风险。

内容讲解：

（一）不动产抵押物的调查

1. **房地产。**坐落地点、房屋结构（钢混结构、砖混结构、框架结构、砖木结构）、房地产证号、建筑面积、占地面积、土地使用权证号、土地使用权取得方式（国有出让、国有划拨、集体土地）、评估价值、评估单位、评估时间、房产登记单位、他项权利证号、所有权证书保管人、是否出租、有效租期起止时间、租赁单位等要素。

2. **土地使用权。**土地使用权证号、土地使用权取得方式、土地使用状况（通上水、通下水、通电、通路、通气、通汽、通信、平地）、共有人、核发单位、抵押登记部门、抵押面积、评估价值、评估单位、评估时间、坐落地点、图号、四周范围（东、南、西、北）。

3. **在建工程。**项目名称、项目立项批文、土地使用权证号、建筑用地规划许可证号、施工许可证号、土地使用权取得方式、拟用途、坐落地点、评估价值、评估单位、评估时间等。

（二）动产抵押物的调查

1. **机器设备。**机器名称、型号、发票号码、成新率、评估价值、评估单位、评估时间等。

2. **交通工具。**名称、品牌、型号、车架号、发动机号、牌照号码、行驶证号、成新率、评估价值、评估单位、评估时间、保险单号码等。

3. **船舶。**船名、船籍、制造地、发动机号、行驶证号、吨位、成新率、保险单号码、评估价值、评估单位、评估时间等。

（三）质押物的调查

1. **银行存单。**存单账号、存单币种、面额、月利率、外币签订合同时的汇率、存入日、到期日、签发银行等。

2. **债券。**债券种类、号码、发行人、金额、月利率、发行日期、到期日期等。

3. 汇票。汇票种类（银行承兑汇票、商业汇票）、号码、出票日期、到期日期、汇票金额、承兑人名称、付款人名称、出票人账号、出票人开户银行等。

4. 股权。出质人姓名、股权发行单位、股权种类（非上市、有限制、上市）、代码、发行价、股数、办理指定交易所、办理指定交易证券交易公司、市值、评估价值、评估单位、评估时间。

5. 知识产权。出质人姓名、权证号、持有人、类别（专用权、商标权、著作权）、数量、有效期、核发单位、出质权利类型（所有权、使用权）、使用权类型（一般使用权、排他使用权、专属使用权）、评估价值、评估单位、评估时间等。

6. 支票。支票种类（转账支票、现金支票）、号码、付款日、面额、出票人名称、付款人名称等。

7. 本票。本票种类（不定额本票或定额本票）、号码、出票人名称、付款人名称、付款日、面额等。

8. 仓单。仓单种类、型号、号码、数量、付单、标的等。

9. 提单。提单种类（提货单或报关单）、号码、付单、标的、型号、数量、产地、运输工具名称、班次、提货地、提货日期、止提通知书号、质押登记机构、评估价值、评估单位、评估时间等。

七、格式合同合规管理

案例导入：沈某为购买某房产公司开发的楼盘，向某银行借款购买案涉房产，担保方式为沈某提供房产作抵押担保，某房产公司提供连带保证担保，保证期间为保证合同生效之日至抵押登记办妥且抵押财产的他项权利证书、抵押登记证明文件交付贷款人之日。某银行依约向沈某发放借款，并对案涉房产办理了抵押备案登记。后因沈某未依约还款，某银行遂诉至法院请求解除借款合同，并判决沈某偿还贷款本金及利息，某房产公司对债务承担连带清偿责任，某银行对案涉房产享有优先受偿权。

法院生效判决认为，案涉房产已办理了抵押备案登记，其与抵押预告登记并无本质区别，且已办理建筑物所有权首次登记，备案登记的财产与办理建筑物所有权首次登记时的财产一致，不存在预告登记失效的情形，抵押权自抵押备案登记之日起设立。虽然本案尚未办理抵押权他项权利登记，不符合合同约定的保证责任免除条件，但某房产公司提供阶段性连带保证担保的目的是在银行取得抵押权保障之前，其债权可通过房产公司提供连带保证担保的方式得以实现，故应以某银行实质享有抵押权作为某房产公司保证责任免除的条件。故判决某银行对处分抵押房产所得价款享有优先受偿权，某房产公司无须承担连带保证责任。

人民法院避免机械适用合同条款，运用目的解释，认定债权获得抵押权保护时开发商阶段性担保责任免除，否定按揭银行同时取得房屋抵押担保与开发商阶段性担保双重保障，为预售商品房交易各方提供合理的规则预期，不合理地加重开发商的责任。

案例分析：

格式条款是当事人在订立合同时不必协商的，具有不变性、附合性。在订立合同过程中，提供格式条款一方并不与相对方就格式条款的内容进行协商，也就是说，格式条款的内容是不能改变的，相对方只能或是同意格式条款的内容与对方订立合同，或是拒绝接受格式条款的内容而不与提供方订立合同，而不可能与对方协商修改格式条款的内容。《中华人民共和国民法典》第四百九十七条规定，格式条款无效情形包括提供格式条款一方不合理地免除或者减轻其责任、加重对方责任、限制对方主要权利；提供格式条款一方排除对方主要权利。

因此，银行不能因为有了格式合同，而且格式条款维护自己的权益，就认为格式合同一定会得到法院支持。如果格式合同解释和提示不符合法律要求，条款也可能不能够成为合同内容。

内容讲解：

（一）格式条款的定义

目前，商业银行授信业务合同多采用格式合同。

格式条款是当事人为了重复使用而预先拟定，并在订立合同时未与对方协商的条款。

采用格式条款订立合同的，提供格式条款的一方应当遵循公平原则确定当事人之间的权利和义务，并采取合理的方式提示对方注意免除或者减轻其责任等与对方有重大利害关系的条款，按照对方的要求，对该条款予以说明。提供格式条款的一方未履行提示或者说明义务，致使对方没有注意或者理解与其有重大利害关系的条款的，对方可以主张该条款不成为合同的内容。

（二）格式条款解释

对格式条款的理解发生争议的，应当按照通常理解予以解释。对格式条款有两种以上解释的，应当作出不利于提供格式条款一方的解释。格式条款和非格式条款不一致的，应当采用非格式条款。

因此，合同的解释权不属于任何一方，格式条款的制定者更无权把最终解释权强行划归于自己。

（三）格式条款无效

有下列情形之一的，该格式条款无效：

（1）具有民事行为无效[①]情形和《中华人民共和国民法典》规定免责条款[②]的无效情形；

（2）提供格式条款一方不合理地免除或者减轻其责任、加重对方责任、限制对方主要权利；

（3）提供格式条款一方排除对方主要权利。

（四）对于格式合同的审查

1. 应当审查该格式合同的制定时间，自制定以来国家关于银行信贷工作的法律、法规、政策规范是否有重大变化，是否需要对该格式合同作整体性的修改。

---

① 《中华人民共和国民法典》第一编第六章第三节。
② 合同中的下列免责条款无效：造成对方人身损害的；因故意或者重大过失造成对方财产损失的。

2. 填写合同应当符合制定格式合同时的使用说明，合同待定内容应当填写完整，空白处应当划线删除。

3. 贷款合同载明的主合同编号、金额、币种、期限、借款用途等内容必须与授信审批表、授信合同、担保合同、借据等相关文件保持一致。

4. 办理借新还旧贷款的，均应当重新设置担保，签订担保合同。

5. 当事人签字、盖章应当正确齐备，合同签订时间应当填写正确。

6. 借款人的法定代表人或主要负责人的签章应当与工商行政管理机关或其他有权机关颁发的借款人主体资格证明的记载内容一致。

7. 代理人签章与授权委托书载明的代理人姓名一致。

8. 如果发生以下任一影响贷款人格式合同或其中某些条款适用的情形，应当经过上级有管理权限的部门审查批准并附有书面意见：

（1）直接排除适用或者修改格式条款的；

（2）合同的其他约定事项排除适用或者修改格式条款的。

9. 合同的其他约定事项（排除适用或者修改贷款人格式合同的格式条款的除外）应当经银行本分支机构法务部门审查批准并附有法律意见书。

10. 修改合同的，修改处应当加盖双方公章或校对章。

11. 贷款合同附有担保合同生效、公证等合同生效条件的，生效条件应当成就。

12. 有最高额担保的，该笔贷款业务的债权数额应当在最高额担保约定的所担保的最高债权额度尚未使用的余额之内，该笔贷款合同签订日期和放款日期应当在最高额担保合同约定的主债权发生的期间之内。

13. 有最高额抵押的，应当在该笔贷款业务放款前由贷款经办人采取向抵押登记部门查询或其他方式了解抵押物是否已被国家有权机关采取查封措施。在确认抵押物无限制转让情况后，贷款经办人应当出具内容为"已采取向抵押登记部门查询或其他方式了解抵押物状态，该抵押物未被国家有权机关采取查封措施"的书面说明。

（五）合同的签订

贷款合同签订的过程，就是当事人各方就合同条款通过协商最终达成协议的过程。在这个过程中，贷款发放所涉及的借款人、银行及担保人等各方当事人应遵循当事人地位平等、等价有偿、自愿协商、诚实守信等原则。

在贷款合同的签订过程中，要注意四个方面：第一，合同的严密性，即贷款合同的内容要严密、完整。合同中除了要载明贷款的金额、期限、利率、担保品或保证人等必要条件之外，还应载明必要的附加条件。如银行在必要时要求提前清偿债务的权利、变更合同的权利、银行处理担保品的权利，以及有关担保品的保管、保养或维修的责任和权利，还有保证人的连带赔偿责任等。第二，合同的明晰性。贷款合同的文字要言简易懂，使用通用的符合法律规范的语言。合同中的各项规定必须条理清楚，不能含糊其辞，模棱两可。第三，合同的准确性。合同中所有的规定必须准确具体，不能使用抽象化的概念。表达事实的文字必须与事实绝对相符，尤其是对担保品的名称、种类、数量、价值和地址等的记载更应准确具体。第四，合同的合法性。贷款合同的格式、语言等都必须符合国家的法律规定。否则即使其内容严密、明晰和准确，也只是一纸空文，没有法律效力。

八、贷后合规管理

案例导入： 2019年7月，沈某参加司法拍卖，一举竞得某地区别墅，成交价1 702万元。2020年7月1日，某银行向其发放二手房贷款1 049万元，期限15年，以所购房产抵押。2021年初，因新冠疫情影响，借款人经营的培训机构入不敷出，每月7万多元的还贷成为沈某的沉重负担，贷款开始逾期，催收后偶有归还。但2022年以来，借款人明确表示，因失去收入来源，暂无能力还款。至2022年1月末，不良贷款余额为1 015万元。

借款人以拖待变，不配合处置房产。借款人原来经营教培机构，受政策影响已关闭。当时唯一的还款来源就是出售房产，但由于近期房市遇冷，而该房产单体价值较大，一时难以出手，即使成交，也达不到预期价格。因此，沈某捂房惜售，准备等房市再次火爆时才出手。由于该房产为独栋别墅，不论单价还是总价都很高，在近期房产行情偏冷的情况下，变现较难。即使通过法院处置，因该房曾为法拍房，法院再次拍卖，常规价格更难出手。

2022年1月，银行果断向法院提起诉讼。3月24日，银行与沈某在法院达成调解，并给予其1个月的宽限期。

案例分析：

本案前期催收中，银行综合运用了电话、上门、律师函等方式，但收效甚微。银行针对借款人捂房惜售、不认真对待银行催收的态度，决定立即诉讼，促使借款人转变观念，从捂房惜售变为急于出手，本案以诉促收成效尤为显著。银行了解到借款人缺少售房获客渠道，就联系合作中介，并启动全员清收机制，想方设法推介沈某的房产，终于找到购买人。当购买人担心过户受阻时，银行适时向其推荐使用"监管账户"，在风险可控的前提下，同意该房产带抵押过户，解决了购买人后顾之忧。最终，细节决定了成败。

商业银行处理贷后风险，应当及时采取法律措施，加大催收力度，审时度势，提高催收效果。

内容讲解：

银行在授信检查过程中同样要对担保进行检查，注意担保责任的变更。《中华人民共和国民法典》《最高人民法院关于适用〈中华人民共和国民法典〉有关担保制度的解释》等对担保期间某些事项变更引起的责任变更有明确规定。

（一）担保财产变化引起的相关责任

《中华人民共和国民法典》规定，担保期间，担保财产毁损、灭失或者被征收等，担保物权人可以就获得的保险金、赔偿金或者补偿金等优先受偿。被担保债权的履行期限未届满的，也可以提存该保险金、赔偿金或者补偿金等。

建设用地使用权抵押后，该土地上新增的建筑物不属于抵押财产。该建设用地使用权实现抵押权时，应当将该土地上新增的建筑物与建设用地使用权一并处分。但是，新增建筑物所得的价款，抵押权人无权优先受偿。

以集体所有土地的使用权依法抵押的，实现抵押权后，未经法定程序，不得改变土地所有权的性质和土地用途。

抵押权人应当在主债权诉讼时效期间行使抵押权；未行使的，人民法院不予保护。

（二）债权债务转让对担保责任的影响

《中华人民共和国民法典》规定，第三人提供担保，未经其书面同意，债权人允许债务人转移全部或者部分债务的，担保人不再承担相应的担保责任。

一般保证的保证人在主债务履行期限届满后，向债权人提供债务人可供执行财产的真实情况，债权人放弃或者怠于行使权利致使该财产不能被执行的，保证人在其提供可供执行财产的价值范围内不再承担保证责任。

（三）合同变更对保证责任的影响

债权人和债务人未经保证人书面同意，协商变更主债权债务合同内容，减轻债务的，保证人仍对变更后的债务承担保证责任；加重债务的，保证人对加重的部分不承担保证责任。债权人和债务人变更主债权债务合同的履行期限，未经保证人书面同意的，保证期间不受影响。债权人转让全部或者部分债权，未通知保证人的，该转让对保证人不发生效力。保证人与债权人约定禁止债权转让，债权人未经保证人书面同意转让债权的，保证人对受让人不再承担保证责任。债权人未经保证人书面同意，允许债务人转移全部或者部分债务，保证人对未经其同意转移的债务不再承担保证责任，但是债权人和保证人另有约定的除外。第三人加入债务的，保证人的保证责任不受影响。

（四）借新还旧的处理

《最高人民法院关于适用〈中华人民共和国民法典〉有关担保制度的解释》第十六条规定，主合同当事人协议以新贷偿还旧贷，债权人请求旧贷的担保人承担担保责任的，人民法院不予支持。债权人请求新贷的担保人承担担保责任的，按照下列情形处理：

（1）新贷与旧贷的担保人相同的，人民法院应予支持；

（2）新贷与旧贷的担保人不同，或者旧贷无担保新贷有担保的，人民法院不予支持，但是债权人有证据证明新贷的担保人提供担保时对以新贷偿还旧贷的事实知道或者应当知道的除外。

主合同当事人协议以新贷偿还旧贷，旧贷的物的担保人在登记尚未注销的情形下同意继续为新贷提供担保，在订立新的贷款合同前又以该担保财产为其他债权人设立担保物权，其他债权人主张其担保物权顺位优先于新贷债权人的，人民法院不予支持。

（五）保证担保与物的担保并存的保证责任

保证担保是以债权人与债务人以外的第三人的信用担保债权实现的担保方式，称为"人保"。抵押、质押等是以特定的财产来担保债权实现的担保方式，称为"物保"。

《中华人民共和国民法典》第三百九十二条规定，被担保的债权既有物的担保又有人的担保的，债务人不履行到期债务或者发生当事人约定的实现担保物权的情形，债权人应当按照约定实现债权；没有约定或者约定不明确，债务人自己提供物的担保的，债权人应当先就该物的担保实现债权；第三人提供物的担保的，债权人可以就物的担保实现债权，也可以请求保证人承担保证责任。提供担保的第三人承担担保责任后，有权向债务人追偿。

 【拓展栏目——思政园地】

坚持把服务实体经济作为根本宗旨——学习《习近平关于金融工作论述摘编》（节选）

习近平总书记多次就"为实体经济服务是金融立业之本"作出重要论述，深刻指出"实体经济是金融的根基，金融是实体经济的血脉，为实体经济服务是金融的天职，是金融的宗旨，也是防范金融风险的根本举措"，为我们正确把握中国特色金融发展之路、推动中国金融事业行稳致远提供了根本遵循。当前，为实体经济发展提供高质量金融服务，着力营造良好的货币金融环境，需着重做好以下五方面工作。

第一，货币信贷总量要稳。习近平总书记鲜明指出，"稳定货币是做好金融工作的重要基础"。从服务实体经济这个根本宗旨出发，信贷投放归根结底应与实体经济高质量发展的需要相适配，关键是把握好度，而非越多越好。特别是随着经济从高速增长转向高质量发展，货币信贷从外延式扩张转向内涵式发展，更需要改变片面追求规模的传统思维，树立质量和效率优先的观念。

第二，把握好金融资源存量和增量的关系，畅通货币政策传导机制。习近平总书记多次强调要"努力盘活货币信贷存量，用好增量，提高使用效率"。

第三，持续优化资金供给结构，做到有增有减。习近平总书记要求，要"优化信贷结构，强化金融对实体经济的服务"。从"增"的一面看，要引导更多金融资源用于促进科技创新、先进制造、绿色发展和中小微企业，持续加力支持做好金融"五篇大文章"。

第四，兼顾内外均衡，统筹好利率和汇率两种资金价格。习近平总书记要求，要"促进社会综合融资成本稳中有降""保持人民币汇率在合理均衡水平上的基本稳定"。2023年企业贷款加权平均利率为3.88%，同比下降0.29个百分点；新发放个人住房贷款利率为4.1%，同比下降0.75个百分点。2023年下半年，人民币对美元、欧元、英镑分别升值2.0%、0.2%、1.1%，对日元汇率总体持稳。

第五，采用多元视角科学评价金融支持力度。习近平总书记前瞻性提出，"要结合金融业发展规律和特点，把新发展理念贯彻好"。

下一步，人民银行将把思想和行动统一到习近平总书记重要论述精神上来，坚决贯彻落实好中央经济工作会议、中央金融工作会议的决策部署，坚定不移走中国特色金融发展之路，加快构建中国特色现代金融体系，着力以金融的高质量发展为实体经济提供优质服务，助力推进金融强国建设。

资料来源：中国人民银行党委理论学习中心组. 坚持把服务实体经济作为根本宗旨——学习《习近平关于金融工作论述摘编》[N]. 人民日报，2024-04-18（10）.

练习题

1. 商业银行对企业如何合规营销理财产品?

2. 《中华人民共和国民法典》对商业银行对公客户如何分类?

3. 商业银行贷款的保证担保如何调查?

4. 商业银行抵押贷款中如何实现抵押权?

5. 商业银行贷后对担保如何合规管理?

第十三章
商业银行经营管理合规实务

SHANGYE YINHANG JINGYING
GUANLI HEGUI SHIWU

 学习目标

【知识目标】

◆ 掌握商业银行机构经营的合规管理基本规定。

◆ 掌握商业银行机构存款保险制度基本规定和作用。

◆ 掌握商业银行资产风险基本类别和分类方法。

【能力目标】

◆ 能够判别合法和非法金融机构的区别。

◆ 能够在业务营销中解释存款保险制度的保障作用。

◆ 能够对商业银行资产进行基本的风险分类操作。

【思政目标】

◆ 牢牢守住不发生系统性金融风险的底线，坚决抵制非法金融活动，如非法吸收公众存款、集资诈骗等金融犯罪行为。

◆ 从业人员在业务营销过程中，要注重风险意识，坚持把存款人利益放在第一位。

◆ 树立实事求是的行事风格，准确反映资产真实情况。

第一节 商业银行机构合规管理

一、商业银行机构合规管理

案例导入1：《中华人民共和国商业银行法》由中华人民共和国第八届全国人民代表大会常务委员会第十三次会议于1995年5月10日通过，历经2003年、2015年两次修正，共九章九十五条。《中华人民共和国商业银行法》第一条明确了立法宗旨和立法目的：为了保护商业银行、存款人和其他客户的合法权益，规范商业银行的行为，提高信贷资产质量，加强监督管理，保障商业银行的稳健运行，维护金融秩序，促进社会主义市场经济的发展。

一、保护商业银行、存款人和其他客户的合法权益

为适应社会主义现代化建设的需要，商业银行体系越来越完善，银行在国民经济中的地位和作用日益增强，中国的银行体系由中央银行、监管机构、自律组织和银行业金融机构组成。中国的银行业金融机构主要包括政策性银行、大型商业银行、中小商业银行、农村金融机构。商业银行是经营货币这种特殊商品的企业，具有很强的公共性，其经营的好坏对社会经济将产生重大的影响，因此，商业银行的合法权益必须得到有力的保障，才能使其安全稳健地运行。

由于商业银行融通资金的主要来源是社会公众存款，其经营以盈利为目的，并伴有经营风险，商业银行经营的风险偏好直接影响着存款人的利益。制定商业银行法的重要意义，在于用法律形式更好地保护存款人的合法权益，其原因是：第一，商业银行自有资本比例很低，资金的绝大多数是靠吸收存款负债经营，是典型的借鸡生蛋，存款人利益能否得到保障取决于商业银行的经营好坏；第二，商业银行吸收的是公众的存款，而作为商业银行债权人的存款人是分散的，不甚了解或者基本不了解银行的经营运作情况，相对于银行处于弱势；第三，面对社会上众多的存款人，如果不强调对存款人利益的保护，严格禁止侵害存款人利益的行为，一旦银行发生破产，就可能产生社会动荡，直接影响社会安定团结的局面。因此，以法律的明确规定及具体措施保护存款人的合法权益是商业银行立法的重要目的。

其他客户，是指那些商业银行的借款人、有账户往来的其他银行以及商业银行提供其他各项服务的相对人。《中华人民共和国商业银行法》不仅仅注重商业银行的利益以及存款人的利益，注意规定银行客户的违约责任，也注重对银行客户的保护和相对于客户的银行的违约责任。注意保护银行客户的合法权益，也是立法的目的之一。

二、规范商业银行的行为，保障商业银行的稳健运行

从商业银行法所规定的内容看，主要是规范商业银行行为，保障商业银行稳健运行，这是制定商业银行法最直接的目的。稳健是相对于风险、不安全而言，规范商业银行的行为就是为了保障商业银行运行安全，最大限度地降低经营风险，从监管与法律责任方面作出规定也是保障商业银行稳健运行的重要措施。

三、促进社会主义市场经济的发展

保护银行利益关系人的利益，规范商业银行的行为，提高信贷资产质量，加强对商业银行的监督管理，保障商业银行的稳健运行，其目的在于通过商业银行的信用中介作用，有效地集中资金，盘活资金，支持实体经济发展。

在保护存款人合法权益和保障商业银行稳健运行、促进社会主义市场经济发展之中，起关键作用的是保障商业银行的稳健运行，只有商业银行稳健运行，才能更好地保护存款人的合法权益，并促进社会主义市场经济的发展。因此，立法的核心是保障商业银行的稳健运行。

案例分析：

银行法规是银行金融活动的法律规范，是国家为了调整金融活动中发生的经济关系而制定的关于银行的性质、地位、组织机构、职能权利、基本原则、基本制度的法律规范。银行法规由国家授权有关单位制定，通过立法程序公布施行，包括中央银行法、商业银行法、金融外汇管理法、票据法等法规及制定利率、会计、统计人事等各项业务和管理制度。《中华人民共和国商业银行法》是整个商业银行体系金融活动的基本法规，也是重要的经济法规。

商业银行的设立与经营必须遵守相关法律法规，严格遵守相关经营风险管理制度与规章，满足监管要求，不能为了追求高利润忘记初心，把存款人保障置于利润之后。

案例导入2：包商银行破产案件

2019年5月24日，《中国人民银行　中国银行保险监督管理委员会关于接管包商银行股份有限公司的公告》称，鉴于包商银行股份有限公司（以下简称包商银行）出现严重信用风险，为保护存款人和其他客户合法权益，依照《中华人民共和国中国人民银行法》《中华人民共和国银行业监督管理法》《中华人民共和国商业银行法》有关规定，中国银行保险监督管理委员会决定自2019年5月24日起对包商银行实行接管，接管期限一年。

2020年11月11日，包商银行接到《中国人民银行　中国银行保险监督管理委员会关于认定包商银行发生无法生存触发事件的通知》，文件称在接管期间，经清产核资，确认包商银行已严重资不抵债，无法生存。中国人民银行和中国银保监会认定包商银行发生"无法生存触发事件"。2020年11月13日，包商银行公告称，该行拟于11月13日对已发行的65亿元"2015包行二级债"本金实施全额减记，并对任何尚未支付的累积应付利息不再支付，包商银行已于11月12日通知中央国债登记结算有限公司，授权其在减记执行日进行债权注销登记操作。

2021年2月3日，包商银行管理人向北京市第一中级人民法院提出破产申请。截至2020年10月31日，包商银行净资产为−2 055.16亿元，资产总额为4.47亿元，负债总额为2 059.62亿元。包商银行在破产清算申请前已无任何生产经营，也无任何在职人员，除继续履行合同项下的相关工作，亦无其他业务，其实际资产价值较审计报告记载情况进一步降低。因此，包商银行已经明显资不抵债且无实际清偿能力。此外，第一次债权人会议上，无人提出重整申请，且本案现已无和解之可能。故请求北京市第一中级人民法院依法宣告包商银行破产。

北京市第一中级人民法院认为，《中华人民共和国企业破产法》第二条第一款规定：
"企业法人不能清偿到期债务，并且资产不足以清偿全部债务或者明显缺乏清偿能力的，
依照本法规定清理债务。"根据管理人的调查及提交的材料，可以确认包商银行已经不
能清偿到期债务，并且资产不足以清偿全部债务、缺乏清偿能力，已经具备宣告破产的
条件。北京市第一中级人民法院于 2021 年 2 月 7 日作出《民事裁定书》，裁定包商银行
破产。

案例分析：

商业银行违规经营的负外部性极大，会导致社会公众巨额损失，因此，应当加强对
商业银行经营的监管，规范商业银行经营和业务，防止商业银行被少数内部人控制，违
规占用款项，导致发生严重信用风险。因此，银行经营中必须做到：（1）加强风险管
理，保持充足的资本储备，以应对可能的信贷风险和资不抵债情况；（2）建立有效的内
部监管机制，防止内部人控制和违规操作。国家应完善相应的法律法规，加强对银行的
监管和约束，保障金融市场的稳定和健康发展。

内容讲解：

（一）商业银行法律定义

商业银行是指依照《中华人民共和国商业银行法》和《中华人民共和国公司法》设
立的吸收公众存款、发放贷款、办理结算等业务的企业法人。商业银行主要发挥信用中
介、信用创造、支付中介、金融服务的职能，为客户提供多种金融服务。它是金融机构
体系中最为核心的部分，以其机构数量多、业务渗透面广和资产总额比重大等优势，在
金融体系中具有不可替代的作用。

（二）商业银行设立

设立商业银行，应当经国务院银行业监督管理机构审查批准。未经国务院银行业监
督管理机构批准，任何单位和个人不得从事吸收公众存款等商业银行业务，任何单位不
得在名称中使用"银行"字样。

设立商业银行，应当具备下列条件：（1）有符合《中华人民共和国商业银行法》和
《中华人民共和国公司法》规定的章程；（2）有符合《中华人民共和国商业银行法》规
定的注册资本最低限额；（3）有具备任职专业知识和业务工作经验的董事、高级管理人
员；（4）有健全的组织机构和管理制度；（5）有符合要求的营业场所、安全防范措施和
与业务有关的其他设施。设立商业银行，还应当符合其他审慎性条件。

设立全国性商业银行的注册资本最低限额为 10 亿元人民币。设立城市商业银行的
注册资本最低限额为 1 亿元人民币，设立农村商业银行的注册资本最低限额为 5 000 万
元人民币。注册资本应当是实缴资本。国务院银行业监督管理机构根据审慎监管的要求
可以调整注册资本最低限额，但不得少于规定的限额。经批准设立的商业银行，由国务
院银行业监督管理机构颁发经营许可证，并凭该许可证向工商行政管理部门办理登记，
领取营业执照。

任何单位和个人购买商业银行股份总额 5% 以上的，应当事先经国务院银行业监督

管理机构批准。

（三）商业银行业务范围

《中华人民共和国商业银行法》规定，商业银行可以经营下列部分或者全部业务：（1）吸收公众存款；（2）发放短期、中期和长期贷款；（3）办理国内外结算；（4）办理票据承兑与贴现；（5）发行金融债券；（6）代理发行、代理兑付、承销政府债券；（7）买卖政府债券、金融债券；（8）从事同业拆借；（9）买卖、代理买卖外汇；（10）从事银行卡业务；（11）提供信用证服务及担保；（12）代理收付款项及代理保险业务；（13）提供保管箱服务；（14）经国务院银行业监督管理机构批准的其他业务。经营范围由商业银行章程规定，报国务院银行业监督管理机构批准。商业银行经中国人民银行批准，可以经营结汇、售汇业务。

商业银行的业务，以资金的来源和运用来划分主要有资产业务、负债业务、中间业务三类。

（1）资产业务是银行吸入资金运用，主要有放款业务、投资业务两大类；

（2）负债业务是银行的主要资金来源，包括存款、借入款等；

（3）中间业务就是为用户提供一些服务性的业务，包括结算业务、信托业务等。

（四）商业银行公司治理架构

银行机构应当按照《中华人民共和国公司法》《银行保险机构公司治理准则》等法律法规及监管规定，建立包括股东大会、董事会、监事会、高级管理层等治理主体在内的公司治理架构，明确各治理主体的职责边界、履职要求，完善风险管控、制衡监督及激励约束机制，不断提升公司治理水平。监管机构定期对银行机构公司治理情况开展现场或非现场评估。

1. 党的领导。国有银行机构应当按照有关规定，将党的领导融入公司治理各个环节，持续探索和完善中国特色现代金融企业制度。国有银行机构应当将党建工作要求写入公司章程，列明党组织的职责权限、机构设置、运行机制、基础保障等重要事项，落实党组织在公司治理结构中的法定地位。党委书记、董事长一般由一人担任，党员行长（总经理）一般担任副书记。民营银行机构要按照党组织设置有关规定，建立党的组织机构，积极发挥党组织的政治核心作用，加强政治引领，宣传贯彻党的路线方针政策，团结凝聚职工群众，维护各方合法权益，建设先进企业文化，促进银行机构持续健康发展。

2. 股东与股东大会。银行机构股东按照公司法等法律法规、监管规定和公司章程行使股东权利，履行股东义务。银行机构股东使用来源合法的自有资金入股银行保险机构，不得以委托资金、债务资金等非自有资金入股，法律法规或者监管制度另有规定的除外。

银行保险机构股东大会应当在法律法规和公司章程规定的范围内行使职权。除公司法规定的职权外，银行保险机构股东大会职权至少应当包括：

（1）对公司上市作出决议；

（2）审议批准股东大会、董事会和监事会议事规则；

（3）审议批准股权激励计划方案；

（4）依照法律规定对收购本公司股份作出决议；

（5）对聘用或解聘为公司财务报告进行定期法定审计的会计师事务所作出决议；

（6）审议批准法律法规、监管规定或者公司章程规定的应当由股东大会决定的其他事项。

公司法及本条规定的股东大会职权不得授予董事会、其他机构或者个人行使。

3. 董事会。银行机构董事会由执行董事、非执行董事（含独立董事）组成。执行董事是指在银行保险机构除担任董事外，还承担高级管理人员职责的董事。非执行董事是指在银行机构不担任除董事外的其他职务，且不承担高级管理人员职责的董事。

商业银行董事会对股东大会负责，董事会职权由公司章程根据法律法规、监管规定和公司情况明确规定。除公司法规定的职权外，银行保险机构董事会职权至少应当包括：

（1）制订公司增加或者减少注册资本、发行债券或者其他证券及上市的方案；

（2）制订公司重大收购、收购本公司股份或者合并、分立、解散及变更公司形式的方案；

（3）按照监管规定，聘任或者解聘高级管理人员，并决定其报酬、奖惩事项，监督高级管理层履行职责；

（4）依照法律法规、监管规定及公司章程，审议批准公司对外投资、资产购置、资产处置与核销、资产抵押、关联交易、数据治理等事项；

（5）制定公司发展战略并监督战略实施；

（6）制定公司资本规划，承担资本或偿付能力管理最终责任；

（7）制定公司风险容忍度、风险管理和内部控制政策，承担全面风险管理的最终责任；

（8）负责公司信息披露，并对会计和财务报告的真实性、准确性、完整性和及时性承担最终责任；

（9）定期评估并完善银行保险机构公司治理；

（10）制订章程修改方案，制定股东大会议事规则、董事会议事规则，审议批准董事会专门委员会工作规则；

（11）提请股东大会聘用或者解聘为公司财务报告进行定期法定审计的会计师事务所；

（12）维护金融消费者和其他利益相关者合法权益；

（13）建立银行保险机构与股东特别是主要股东之间利益冲突的识别、审查和管理机制；

（14）承担股东事务的管理责任；

（15）公司章程规定的其他职权。

董事会职权由董事会集体行使。公司法规定的董事会职权原则上不得授予董事长、董事、其他机构或个人行使。某些具体决策事项确有必要授权的，应当通过董事会决议的方式依法进行。授权应当一事一授，不得将董事会职权笼统或永久授予其他机构或个人行使。

银行保险机构董事会应当根据法律法规、监管规定和公司情况，单独或合并设立专门委员会，如战略、审计、提名、薪酬、关联交易控制、风险管理、消费者权益保护等专门委员会。

4. 监事会。监事会对股东大会负责，监事会职权由公司章程根据法律法规、监管规定和公司情况明确规定。监事会除依据公司法等法律法规和公司章程履行职责外，还应当重点关注以下事项：

（1）监督董事会确立稳健的经营理念、价值准则和制定符合公司情况的发展战略；

（2）对公司发展战略的科学性、合理性和稳健性进行评估，形成评估报告；

（3）对公司经营决策、风险管理和内部控制等进行监督检查并督促整改；

（4）对董事的选聘程序进行监督；

（5）对公司薪酬管理制度实施情况及高级管理人员薪酬方案的科学性、合理性进行监督；

（6）法律法规、监管规定和公司章程规定的其他事项。

银行机构监事会由股东监事、外部监事和职工监事组成。外部监事是指在银行保险机构不担任除监事以外的其他职务，并且与银行保险机构及其股东、实际控制人不存在可能影响其独立客观判断关系的监事。

5. 高级管理层。银行机构应当根据法律法规、监管规定和公司情况，在公司章程中明确高级管理人员范围、高级管理层职责，清晰界定董事会与高级管理层之间的关系。

高级管理层对董事会负责，同时接受监事会监督，应当按照董事会、监事会要求，及时、准确、完整地报告公司经营管理情况，提供有关资料。高级管理层根据公司章程及董事会授权开展经营管理活动，应当积极执行股东大会决议及董事会决议。高级管理层依法在其职权范围内的经营管理活动不受股东和董事会不当干预。

有下列情形之一的，不得担任商业银行的董事、高级管理人员：（1）因犯有贪污、贿赂、侵占财产、挪用财产罪或者破坏社会经济秩序罪，被判处刑罚，或者因犯罪被剥夺政治权利的；（2）担任因经营不善破产清算的公司、企业的董事或者厂长、经理，并对该公司、企业的破产负有个人责任的；（3）担任因违法被吊销营业执照的公司、企业的法定代表人，并负有个人责任的；（4）个人所负数额较大的债务到期未清偿的。

（五）商业银行的职能部门

1. 业务部门，负责分支行层次业务经营的拓展，以最大限度地满足不同层次、不同类型客户的不同需求。业务部门有不断细化的趋势，主要有零售银行业务部、公司银行业务部、银行同业业务部、国际银行业务部、电子银行业务部、银行柜台营业部等。

2. 业务支持与保障部门，主要负责各种银行业务产品开发和管理，为业务、市场拓展部门和一线业务提供支持手段。业务支持与保障部门主要有支行管理部、放款部、工作研究部、风险管理部、会计部、计划财务部、信贷管理部、人力资源管理部、法律事务部、总务、后勤、保卫等。

（六）商业银行的董事、高级管理人员

有下列情形之一的，不得担任商业银行的董事、高级管理人员：（1）因犯有贪污、贿赂、侵占财产、挪用财产罪或者破坏社会经济秩序罪，被判处刑罚，或者因犯罪被剥夺政治权利的；（2）担任因经营不善破产清算的公司、企业的董事或者厂长、经理，并对该公司、企业的破产负有个人责任的；（3）担任因违法被吊销营业执照的公司、企业的法定代表人，并负有个人责任的；（4）个人所负数额较大的债务到期未清偿的。

（七）商业银行的经营管理

商业银行以安全性、流动性、效益性为经营原则，实行自主经营，自担风险，自负盈亏，自我约束。商业银行依法开展业务，不受任何单位和个人的干涉。商业银行以其全部法人财产独立承担民事责任。商业银行与客户的业务往来，应当遵循平等、自愿、公平和诚实信用的原则。商业银行应当保障存款人的合法权益不受任何单位和个人的侵犯。商业银行开展信贷业务，应当严格审查借款人的资信，实行担保，保障按期收回贷款。商业银行依法向借款人收回到期贷款的本金和利息，受法律保护。

（八）商业银行分支机构的设立

设立商业银行分支机构，申请人应当向国务院银行业监督管理机构提交下列文件、资料：（1）申请书，申请书应当载明拟设立的分支机构的名称、营运资金额、业务范围、总行及分支机构所在地等；（2）申请人最近两年的财务会计报告；（3）拟任职的高级管理人员的资格证明；（4）经营方针和计划；（5）营业场所、安全防范措施和与业务有关的其他设施的资料；（6）国务院银行业监督管理机构规定的其他文件、资料。

经批准设立的商业银行分支机构，由国务院银行业监督管理机构颁发经营许可证，并凭该许可证向工商行政管理部门办理登记，领取营业执照。

商业银行对其分支机构实行全行统一核算，统一调度资金，分级管理的财务制度。商业银行分支机构不具有法人资格，在总行授权范围内依法开展业务，其民事责任由总行承担。

经批准设立的商业银行及其分支机构，由国务院银行业监督管理机构予以公告。商业银行及其分支机构自取得营业执照之日起无正当理由超过 6 个月未开业的，或者开业后自行停业连续 6 个月以上的，由国务院银行业监督管理机构吊销其经营许可证，并予以公告。

（九）对存款人的保护

商业银行办理个人储蓄存款业务，应当遵循存款自愿、取款自由、存款有息、为存款人保密的原则。对个人储蓄存款，商业银行有权拒绝任何单位或者个人查询、冻结、扣划，但法律另有规定的除外。对单位存款，商业银行有权拒绝任何单位或者个人查询，但法律、行政法规另有规定的除外；有权拒绝任何单位或者个人冻结、扣划，但法律另有规定的除外。

商业银行应当按照中国人民银行的规定，向中国人民银行交存存款准备金，留足备付金。商业银行应当保证存款本金和利息的支付，不得拖延、拒绝支付存款本金和利息。

（十）贷款和其他业务的基本规则

1. 商业银行贷款业务基本规定。商业银行根据国民经济和社会发展的需要，在国家产业政策指导下开展贷款业务。商业银行贷款，应当对借款人的借款用途、偿还能力、还款方式等情况进行严格审查。商业银行贷款，应当实行审贷分离、分级审批的制度。

商业银行贷款，贷款人可以要求借款人提供担保。商业银行应当对保证人的偿还能力，抵押物、质物的权属和价值以及实现抵押权、质权的可行性进行严格审查。经商业银行审查、评估，确认借款人资信良好，确能偿还贷款的，可以不提供担保。商业银行贷款，应当与借款人订立书面合同。合同应当约定贷款种类、借款用途、金额、利率、还款期限、还款方式、违约责任和双方认为需要约定的其他事项。

2. 资产负债比例管理。商业银行贷款，应当遵守下列资产负债比例管理的规定：（1）资本充足率不得低于 8%；（2）流动性资产余额与流动性负债余额的比例不得低于 25%；（3）对同一借款人的贷款余额与商业银行资本余额的比例不得超过 50%；（4）国务院银行业监督管理机构对资产负债比例管理的其他规定。

3. 关系人贷款。商业银行不得向关系人发放信用贷款；向关系人发放担保贷款的条件不得优于其他借款人同类贷款的条件。关系人是指：（1）商业银行的董事、监事、管理人员、信贷业务人员及其近亲属；（2）前项所列人员投资或者担任高级管理职务的公司、企业和其他经济组织。

任何单位和个人不得强令商业银行发放贷款或者提供担保。商业银行有权拒绝任何单位和个人强令要求其发放贷款或者提供担保。

4. 担保贷款。借款人应当按期归还贷款的本金和利息。借款人到期不归还担保贷款的，商业银行依法享有要求保证人归还贷款本金和利息或者就该担保物优先受偿的权利。商业银行因行使抵押权、质权而取得的不动产或者股权，应当自取得之日起两年内予以处分。借款人到期不归还信用贷款的，应当按照合同约定承担责任。

5. 分业经营。商业银行在中华人民共和国境内不得从事信托投资和证券经营业务，不得向非自用不动产投资或者向非银行金融机构和企业投资，但国家另有规定的除外。

6. 其他业务规定。商业银行办理票据承兑、汇兑、委托收款等结算业务，应当按照规定的期限兑现，收付入账，不得压单、压票或者违反规定退票。有关兑现、收付入账期限的规定应当公布。

商业银行发行金融债券或者到境外借款，应当依照法律、行政法规的规定报经批准。

同业拆借，应当遵守中国人民银行的规定。禁止利用拆入资金发放固定资产贷款或者用于投资。拆出资金限于交足存款准备金、留足备付金和归还中国人民银行到期贷款之后的闲置资金。拆入资金用于弥补票据结算、联行汇差头寸的不足和解决临时性周转资金的需要。

商业银行不得采用不正当手段，吸收存款，发放贷款。

7. 营业时间。商业银行的营业时间应当方便客户，并予以公告。商业银行应当在公告的营业时间内营业，不得擅自停止营业或者缩短营业时间。

8. 收费。商业银行办理业务，提供服务，按照规定收取手续费。收费项目和标准由国务院银行业监督管理机构、中国人民银行根据职责分工，分别会同国务院价格主管部门制定。

9. 银行工作人员禁止性规定。商业银行的工作人员应当遵守法律、行政法规和其他各项业务管理的规定，不得有下列行为：（1）利用职务上的便利，索取、收受贿赂或者违反国家规定收受各种名义的回扣、手续费；（2）利用职务上的便利，贪污、挪用、侵占本行或者客户的资金；（3）违反规定徇私向亲属、朋友发放贷款或者提供担保；（4）在其他经济组织兼职；（5）违反法律、行政法规和业务管理规定的其他行为。

商业银行的工作人员不得泄露其在任职期间知悉的国家秘密、商业秘密。

（十一）接管和终止

1. 接管。商业银行已经或者可能发生信用危机，严重影响存款人的利益时，国务院银行业监督管理机构可以对该银行实行接管。接管的目的是对被接管的商业银行采取必要措施，以保护存款人的利益，恢复商业银行的正常经营能力。被接管的商业银行的债权债务关系不因接管而变化。

接管由国务院银行业监督管理机构决定，并组织实施。国务院银行业监督管理机构的接管决定应当载明下列内容：（1）被接管的商业银行名称；（2）接管理由；（3）接管组织；（4）接管期限。接管决定由国务院银行业监督管理机构予以公告。

接管自接管决定实施之日起开始。自接管开始之日起，由接管组织行使商业银行的经营管理权力。接管期限届满，国务院银行业监督管理机构可以决定延期，但接管期限最长不得超过两年。有下列情形之一的，接管终止：（1）接管决定规定的期限届满或者国务院银行业监督管理机构决定的接管延期届满；（2）接管期限届满前，该商业银行已恢复正常经营能力；（3）接管期限届满前，该商业银行被合并或者被依法宣告破产。

2. 解散与撤销。商业银行因分立、合并或者出现公司章程规定的解散事由需要解散的，应当向国务院银行业监督管理机构提出申请，并附解散的理由与支付存款的本金和利息等债务清偿计划。经国务院银行业监督管理机构批准后解散。商业银行解散的，应当依法成立清算组进行清算，按照清偿计划及时偿还存款本金和利息等债务。国务院银行业监督管理机构监督清算过程。

商业银行因吊销经营许可证被撤销的，国务院银行业监督管理机构应当依法及时组织成立清算组进行清算，按照清偿计划及时偿还存款本金和利息等债务。

3. 破产。商业银行不能支付到期债务，经国务院银行业监督管理机构同意，由人民法院依法宣告其破产。商业银行被宣告破产的，由人民法院组织国务院银行业监督管理机构等有关部门和有关人员成立清算组进行清算。商业银行破产清算时，在支付清算费用、所欠职工工资和劳动保险费用后，应当优先支付个人储蓄存款的本金和利息。商业银行因解散、被撤销和被宣告破产而终止。

二、中国银行业监督管理法

案例导入： 2023 年 7 月 7 日，国家金融监督管理总局披露的罚单显示，某科技集团股份有限公司被没收违法所得 112 977.62 万元，罚款 263 270.44 万元，罚没合计 376 248.06 万元。根据罚单，该集团存在的违法违规案由包括：一是侵害消费者合法权益，包括：存在引人误解的金融营销宣传行为，侵害消费者知情权；未向部分客户群体明示还款要求；未按规定处理部分消费者个人信息。二是违规参与银行保险机构业务活动，包括：违规参与保险代理、保险经纪业务；违规参与销售个人养老保障管理产品、银行理财产品、互联网存款产品。

2023 年 6 月 21 日，某银行因 14 项违法违规行为，被监管部门责令改正，并罚款合计 4 830 万元。同时给予 11 人警告并罚款 5 万元或 10 万元的处罚。根据监管披露，该银行的主要违法违规事实（案由）包括：小微企业划型不准确；收费政策执行及整改不到位；房地产类业务违规；地方政府融资管理不审慎；贷款及投资业务管理不到位；关联交易管理及关联方名单管理不到位；内控管理不到位；资产分类不真实；贷款及同业投资"三查"严重不审慎；流动资金贷款管理不到位，贷款资金被挪用；向不具有借款资质的借款人发放经营性贷款及个人贷款、信用卡资金管理不审慎；理财业务不合规；表外业务不合规；存款及柜面业务管理不到位。

2023 年 6 月 20 日某银行因多项票据违法违规事实被罚，共计人民币 5 967.8 万元。处罚案由主要涉及 2015 年至 2016 年期间票据业务：违规买断假贴现的商业承兑汇票；违规开立同业账户用于票据交易；票据转贴现和买入返售、卖出回购业务环节中，存在"消规模"行为；与非名单内交易对手开展票据业务；票据代理回购中存在清单交易；违规开展票据代理回购业务；票据业务审慎性考核机制有待完善；票据业务重要资料档案保存不全；票据承兑业务未按期收齐发票；未经授权办理投资业务。

案例分析：

商业银行经营应当依法合规。为加强对银行业的监督管理，规范监督管理行为，防范和化解银行业风险，保护存款人和其他客户的合法权益，促进银行业健康发展，制定《中华人民共和国银行业监督管理法》。国务院银行业监督管理机构负责对全国银行业金融机构及其业务活动监督管理的工作。银行业金融机构，是指在中华人民共和国境内设立的商业银行、城市信用合作社、农村信用合作社等吸收公众存款的金融机构以及政策性银行。国务院银行业监督管理机构对在中华人民共和国境内设立的金融资产管理公司、信托投资公司、财务公司、金融租赁公司以及经国务院银行业监督管理机构批准设立的其他金融机构的监督管理，适用《中华人民共和国银行业监督管理法》对银行业金融机构监督管理的规定。

内容讲解：

（一）国家金融监督管理总局

2023 年 3 月，中共中央、国务院印发了《党和国家机构改革方案》，组建国家金融监督管理总局。国家金融监督管理总局在中国银行保险监督管理委员会基础上组建，将中国人民银行对金融控股公司等金融集团的日常监管职责、有关金融消费者保护职责，中国证券监督管理委员会的投资者保护职责划入国家金融监督管理总局。国家金融监督管理总局工作人员纳入国家公务员统一规范管理，执行国家公务员工资待遇标准。5 月

18 日，国家金融监督管理总局在北京金融街 15 号揭牌，官方网站也正式启用。至此，中国金融监管体系从"一行两会"迈入"一行一总局一会"的新格局。国家金融监督管理总局统一负责除证券业之外的金融业监管，强化机构监管、行为监管、功能监管、穿透式监管、持续监管，统筹负责金融消费者权益保护，加强风险管理和防范处置。

（二）监督管理目标和原则

银行业监督管理的目标是促进银行业的合法、稳健运行，维护公众对银行业的信心。银行业监督管理应当保护银行业公平竞争，提高银行业竞争能力。

银行业监督管理机构对银行业实施监督管理，应当遵循依法、公开、公正和效率的原则。银行业监督管理机构及其从事监督管理工作的人员依法履行监督管理职责，受法律保护。地方政府、各级政府部门、社会团体和个人不得干涉。

（三）监督管理机构与人员

国务院银行业监督管理机构根据履行职责的需要设立派出机构。国务院银行业监督管理机构对派出机构实行统一领导和管理。国务院银行业监督管理机构的派出机构在国务院银行业监督管理机构的授权范围内，履行监督管理职责。

银行业监督管理机构从事监督管理工作的人员，应当具备与其任职相适应的专业知识和业务工作经验。银行业监督管理机构工作人员，应当忠于职守，依法办事，公正廉洁，不得利用职务便利牟取不正当的利益，不得在金融机构等企业中兼任职务。银行业监督管理机构工作人员，应当依法保守国家秘密，并有责任为其监督管理的银行业金融机构及当事人保守秘密。国务院银行业监督管理机构同其他国家或者地区的银行业监督管理机构交流监督管理信息，应当就信息保密作出安排。

（四）监督管理职责

1. 制定业务规章规则。国务院银行业监督管理机构依照法律、行政法规制定并发布对银行业金融机构及其业务活动监督管理的规章、规则。

2. 机构准入、业务准入与人员准入监管。国务院银行业监督管理机构依照法律、行政法规规定的条件和程序，审查批准银行业金融机构的设立、变更、终止以及业务范围。

申请设立银行业金融机构，或者银行业金融机构变更持有资本总额或者股份总额达到规定比例以上的股东的，国务院银行业监督管理机构应当对股东的资金来源、财务状况、资本补充能力和诚信状况进行审查。

银行业金融机构业务范围内的业务品种，应当按照规定经国务院银行业监督管理机构审查批准或者备案。需要审查批准或者备案的业务品种，由国务院银行业监督管理机构依照法律、行政法规作出规定并公布。

未经国务院银行业监督管理机构批准，任何单位或者个人不得设立银行业金融机构或者从事银行业金融机构的业务活动。

国务院银行业监督管理机构对银行业金融机构的董事和高级管理人员实行任职资格管理。具体办法由国务院银行业监督管理机构制定。

3. 金融机构审慎经营监管。银行业金融机构的审慎经营规则，由法律、行政法规规定，也可以由国务院银行业监督管理机构依照法律、行政法规制定。审慎经营规则，包括风险管理、内部控制、资本充足率、资产质量、损失准备金、风险集中、关联交易、资产流动性等内容。银行业金融机构应当严格遵守审慎经营规则。

4. 现场监管与非现场监管。银行业监督管理机构应当对银行业金融机构的业务活动及其风险状况进行非现场监管，建立银行业金融机构监督管理信息系统，分析、评价银行业金融机构的风险状况。

银行业监督管理机构应当对银行业金融机构的业务活动及其风险状况进行现场检查。

国务院银行业监督管理机构应当制定现场检查程序，规范现场检查行为。

（五）突发事件管理

国务院银行业监督管理机构应当建立银行业突发事件的发现、报告岗位责任制度。银行业监督管理机构发现可能引发系统性银行业风险、严重影响社会稳定的突发事件的，应当立即向国务院银行业监督管理机构负责人报告；国务院银行业监督管理机构负责人认为需要向国务院报告的，应当立即向国务院报告，并告知中国人民银行、国务院财政部门等有关部门。

国务院银行业监督管理机构应当会同中国人民银行、国务院财政部门等有关部门建立银行业突发事件处置制度，制定银行业突发事件处置预案，明确处置机构和人员及其职责、处置措施和处置程序，及时、有效地处置银行业突发事件。

（六）监管措施

1. 数据统计监管。银行业监督管理机构根据履行职责的需要，有权要求银行业金融机构按照规定报送资产负债表、利润表和其他财务会计、统计报表、经营管理资料以及注册会计师出具的审计报告。

2. 现场检查措施。银行业监督管理机构根据审慎监管的要求，可以采取下列措施进行现场检查：

（1）进入银行业金融机构进行检查；

（2）询问银行业金融机构的工作人员，要求其对有关检查事项作出说明；

（3）查阅、复制银行业金融机构与检查事项有关的文件、资料，对可能被转移、隐匿或者毁损的文件和资料予以封存；

（4）检查银行业金融机构运用电子计算机管理业务数据的系统。

进行现场检查，应当经银行业监督管理机构负责人批准。现场检查时，检查人员不得少于2人，并应当出示合法证件和检查通知书；检查人员少于2人或者未出示合法证件和检查通知书的，银行业金融机构有权拒绝检查。

3. 监管谈话。银行业监督管理机构根据履行职责的需要，可以与银行业金融机构董事、高级管理人员进行监督管理谈话，要求银行业金融机构董事、高级管理人员就银行业金融机构的业务活动和风险管理的重大事项作出说明。

4. 信息披露。银行业监督管理机构应当责令银行业金融机构按照规定，如实向社会公众披露财务会计报告、风险管理状况、董事和高级管理人员变更以及其他重大事项等信息。

5. 违反审慎经营规则监管措施。银行业金融机构违反审慎经营规则的，国务院银行业监督管理机构或者其省一级派出机构应当责令限期改正；逾期未改正的，或者其行为严重危及该银行业金融机构的稳健运行、损害存款人和其他客户合法权益的，经国务院银行业监督管理机构或者其省一级派出机构负责人批准，可以区别情形，采取下列措施：

（1）责令暂停部分业务、停止批准开办新业务；

（2）限制分配红利和其他收入；

（3）限制资产转让；

（4）责令控股股东转让股权或者限制有关股东的权利；

（5）责令调整董事、高级管理人员或者限制其权利；

（6）停止批准增设分支机构。

银行业金融机构整改后，应当向国务院银行业监督管理机构或者其省一级派出机构提交报告。国务院银行业监督管理机构或者其省一级派出机构经验收，符合有关审慎经营规则的，应当自验收完毕之日起 3 日内解除对其采取的前款规定的有关措施。

6. 接管与撤销。银行业金融机构已经或者可能发生信用危机，严重影响存款人和其他客户合法权益的，国务院银行业监督管理机构可以依法对该银行业金融机构实行接管或者促成机构重组，接管和机构重组依照有关法律和国务院的规定执行。银行业金融机构有违法经营、经营管理不善等情形，不予撤销将严重危害金融秩序、损害公众利益的，国务院银行业监督管理机构有权予以撤销。

银行业金融机构被接管、重组或者被撤销的，国务院银行业监督管理机构有权要求该银行业金融机构的董事、高级管理人员和其他工作人员，按照国务院银行业监督管理机构的要求履行职责。在接管、机构重组或者撤销清算期间，经国务院银行业监督管理机构负责人批准，对直接负责的董事、高级管理人员和其他直接责任人员，可以采取下列措施：

（1）直接负责的董事、高级管理人员和其他直接责任人员出境将对国家利益造成重大损失的，通知出境管理机关依法阻止其出境；

（2）申请司法机关禁止其转移、转让财产或者对其财产设定其他权利。

7. 查询。经国务院银行业监督管理机构或者其省一级派出机构负责人批准，银行业监督管理机构有权查询涉嫌金融违法的银行业金融机构及其工作人员以及关联行为人的账户；对涉嫌转移或者隐匿违法资金的，经银行业监督管理机构负责人批准，可以申请司法机关予以冻结。

8. 对涉嫌违法事项单位和个人的处理措施。银行业监督管理机构依法对银行业金融机构进行检查时，经设区的市一级以上银行业监督管理机构负责人批准，可以对与涉嫌违法事项有关的单位和个人采取下列措施：

（1）询问有关单位或者个人，要求其对有关情况作出说明；

（2）查阅和复制有关财务会计与财产权登记等文件、资料；

（3）对可能被转移、隐匿、毁损或者伪造的文件和资料，予以先行登记保存。

银行业监督管理机构采取前款规定措施，调查人员不得少于 2 人，并应当出示合法证件和调查通知书；调查人员少于 2 人或者未出示合法证件和调查通知书的，有关单位或者个人有权拒绝。对依法采取的措施，有关单位和个人应当配合，如实说明有关情况并提供有关文件、资料，不得拒绝、阻碍和隐瞒。

三、中国人民银行法

案例导入 1：2023 年 7 月 7 日，中国人民银行对两家支付机构分别开出巨额罚单。

Z 公司的违法行为类型共 7 项：（1）违反支付账户管理规定；（2）违反清算管理规定；（3）违反防范电信网络新型违法犯罪有关事项规定；（4）未按规定履行客户身份识别义务；（5）与身份不明的客户进行交易；（6）违反消费者金融信息保护管理规定；（7）违反金融消费者权益保护管理规定。

C 公司的违法行为类型共 11 项：（1）违反机构管理规定；（2）违反商户管理规定；（3）违反清算管理规定；（4）违反支付账户管理规定；（5）其他危及支付机构稳健运行、损害客户合法权益或危害支付服务市场的违法违规行为；（6）未按规定履行客户身份识别义务；（7）未按规定保存客户身份资料和交易记录；（8）未按规定报送大额交易报告或者可疑交易报告；（9）与身份不明的客户进行交易或者为客户开立匿名账户、假名账户；（10）违反消费者金融信息保护管理规定；（11）违反金融消费者权益保护管理规定。

案例分析：

中国人民银行是中华人民共和国的中央银行。《中华人民共和国中国人民银行法》规定，中国人民银行对清算有执法权。第三方支付机构属于支付结算范畴，应当遵守有关法律法规和部门规章，依法合规开展业务。中国人民银行对这两个支付机构进行处罚，履行了执法监督管理职责，维护了金融稳定和金融安全。

案例导入 2：2023 年 5 月 24 日，中国人民银行对某银行因未按规定履行客户身份识别义务、与身份不明的客户进行交易，罚款 990 000 元。银行员工王某因对该银行对未按规定履行客户身份识别义务的违法违规行为负有责任，被罚款 15 000 元。

案例分析：

中国人民银行是国务院反洗钱行政主管部门，主要负责组织协调全国的反洗钱工作，负责反洗钱资金监测，制定金融机构反洗钱规章，监督、检查金融机构及特定非金融机构的反洗钱工作，调查可疑交易，开展反洗钱国际合作等。

金融机构应当按照规定建立客户身份识别制度。金融机构在与客户建立业务关系或者为客户提供规定金额以上的现金汇款、现钞兑换、票据兑付等一次性金融服务时，应当要求客户出示真实有效的身份证件或者其他身份证明文件，进行核对并登记。客户由他人代理办理业务的，金融机构应当同时对代理人和被代理人的身份证件或者其他身份证明文件进行核对并登记。与客户建立人身保险、信托等业务关系，合同的受益人不是客户本人的，金融机构还应当对受益人的身份证件或者其他身份证明文件进行核对并登记。金融机构不得为身份不明的客户提供服务或者与其进行交易，不得为客户开立匿名账户或者假名账户。金融机构对先前获得的客户身份资料的真实性、有效性或者完整性有疑问的，应当重新识别客户身份。任何单位和个人在与金融机构建立业务关系或者要求金融机构为其提供一次性金融服务时，都应当提供真实有效的身份证件或者其他身份证明文件。

中国人民银行履行反洗钱职责，对金融机构违反反洗钱的行为进行处罚。

案例导入3：中国人民银行持续推进整治拒收人民币现金工作。对核实为拒收人民币现金的，中国人民银行依法处罚并予以曝光，切实保护消费者的合法权益，维护人民币法定地位。2022年第二季度，中国人民银行依法对20家拒收现金的单位及相关责任人作出经济处罚，处罚金额从1000元至19万元人民币不等。被处罚的单位包括供暖公司、停车场、保险公司、连锁餐饮、超市等。

案例分析：

《中华人民共和国中国人民银行法》规定，中华人民共和国的法定货币是人民币。以人民币支付中华人民共和国境内的一切公共的和私人的债务，任何单位和个人不得拒收。中国人民银行可以对拒收现金的行为进行行政处罚。

内容讲解：

（一）中国人民银行的法律地位

中国人民银行的全部资本由国家出资，属于国家所有。中国人民银行是中华人民共和国的中央银行。中国人民银行在国务院领导下，制定和执行货币政策，防范和化解金融风险，维护金融稳定。货币政策目标是保持货币币值的稳定，并以此促进经济增长。

中国人民银行就年度货币供应量、利率、汇率和国务院规定的其他重要事项作出的决定，报国务院批准后执行。中国人民银行就前述规定以外的其他有关货币政策事项作出决定后，即予执行，并报国务院备案。中国人民银行应当向全国人民代表大会常务委员会提出有关货币政策情况和金融业运行情况的工作报告。中国人民银行在国务院领导下依法独立执行货币政策，履行职责，开展业务，不受地方政府、各级政府部门、社会团体和个人的干涉。

（二）人民币的法律地位

中华人民共和国的法定货币是人民币。以人民币支付中华人民共和国境内的一切公共的和私人的债务，任何单位和个人不得拒收。人民币的单位为元，人民币辅币单位为角、分。人民币由中国人民银行统一印制、发行。中国人民银行发行新版人民币，应当将发行时间、面额、图案、式样、规格予以公告。中国人民银行设立人民币发行库，在其分支机构设立分支库。分支库调拨人民币发行基金，应当按照上级库的调拨命令办理。任何单位和个人不得违反规定动用发行基金。

禁止伪造、变造人民币。禁止出售、购买伪造、变造的人民币。禁止运输、持有、使用伪造、变造的人民币。禁止故意毁损人民币。禁止在宣传品、出版物或者其他商品上非法使用人民币图样。任何单位和个人不得印制、发售代币票券，以代替人民币在市场上流通。

残缺、污损的人民币，按照中国人民银行的规定兑换，并由中国人民银行负责收回、销毁。

（三）中国人民银行的职责与业务

1. 中国人民银行的职责。中国人民银行履行下列职责：

（1）发布与履行其职责有关的命令和规章；

（2）依法制定和执行货币政策；

（3）发行人民币，管理人民币流通；

（4）监督管理银行间同业拆借市场和银行间债券市场；

（5）实施外汇管理，监督管理银行间外汇市场；

（6）监督管理黄金市场；

（7）持有、管理、经营国家外汇储备、黄金储备；

（8）经理国库；

（9）维护支付、清算系统的正常运行；

（10）指导、部署金融业反洗钱工作，负责反洗钱的资金监测；

（11）负责金融业的统计、调查、分析和预测；

（12）作为国家的中央银行，从事有关的国际金融活动；

（13）国务院规定的其他职责。

中国人民银行为执行货币政策，可以依照《中华人民共和国中国人民银行法》第四章的有关规定从事金融业务活动。

2. 中国人民银行的业务。中国人民银行为执行货币政策，可以运用下列货币政策工具：

（1）要求银行业金融机构按照规定的比例交存存款准备金；

（2）确定中央银行基准利率；

（3）为在中国人民银行开立账户的银行业金融机构办理再贴现；

（4）向商业银行提供贷款；

（5）在公开市场上买卖国债、其他政府债券和金融债券及外汇；

（6）国务院确定的其他货币政策工具。

中国人民银行为执行货币政策，运用上述所列货币政策工具时，可以规定具体的条件和程序。

中国人民银行不得对政府财政透支，不得直接认购、包销国债和其他政府债券。中国人民银行不得向地方政府、各级政府部门提供贷款，不得向非银行金融机构以及其他单位和个人提供贷款，但国务院决定中国人民银行可以向特定的非银行金融机构提供贷款的除外。

中国人民银行不得向任何单位和个人提供担保。

（四）中国人民银行的执法权

1. 中国人民银行有权对金融机构以及其他单位和个人的下列行为进行检查监督：

（1）执行有关存款准备金管理规定的行为。

（2）与中国人民银行特种贷款有关的行为。中国人民银行特种贷款，是指国务院决定的由中国人民银行向金融机构发放的用于特定目的的贷款。

（3）执行有关人民币管理规定的行为。

（4）执行有关银行间同业拆借市场、银行间债券市场管理规定的行为。

（5）执行有关外汇管理规定的行为。

（6）执行有关黄金管理规定的行为。

（7）代理中国人民银行经理国库的行为。

（8）执行有关清算管理规定的行为。

（9）执行有关反洗钱规定的行为。

2. 对支付困难机构的检查。当银行业金融机构出现支付困难，可能引发金融风险时，为了维护金融稳定，中国人民银行经国务院批准，有权对银行业金融机构进行检查监督。

3. 调查统计。中国人民银行根据履行职责的需要，有权要求银行业金融机构报送必要的资产负债表、利润表以及其他财务会计、统计报表和资料。

中国人民银行应当和国务院银行业监督管理机构、国务院其他金融监督管理机构建立监督管理信息共享机制。

【拓展栏目——思政园地】

为推进中国式现代化贡献力量，推动金融高质量发展

习近平总书记指出："防范化解金融风险特别是防止发生系统性金融风险，是金融工作的根本性任务。"金融是现代经济的核心，金融安全是国家安全的重要组成部分，是经济平稳健康发展的重要基础。维护金融安全，是关系我国经济社会发展全局的一件带有战略性、根本性的大事。要以强化金融监管为重点，以防范系统性金融风险为底线，加快相关法律法规建设，完善金融机构法人治理结构，加强宏观审慎管理制度建设，加强功能监管，更加重视行为监管。把主动防范化解系统性金融风险放在更加重要的位置，早识别、早预警、早发现、早处置，着力完善金融安全防线和风险应急处置机制。坚决整治严重干扰金融市场秩序的行为，严格规范金融市场交易行为，规范金融综合经营和产融结合，加强互联网金融监管，强化金融机构防范风险主体责任。加强社会信用体系建设，健全符合我国国情的金融法治体系。健全风险监测预警和早期干预机制，加强金融基础设施的统筹监管和互联互通，推进金融业综合统计和监管信息共享。

资料来源：王庆. 为推进中国式现代化贡献力量　推动金融高质量发展［N］. 人民日报，2023 - 07 - 19（09）.

讨论：如何发挥监管作用，推动金融高质量发展？

第二节　商业银行存款保险制度与资产风险分类

一、存款保险制度

案例导入：2019 年 6 月，接管组以市场化方式聘请了中介机构，逐笔核查 B 银行的对公、同业业务，开展资产负债清查、账务清理、价值重估和资本核实，全面掌握了 B 银行的资产状况、财务状况和经营情况。B 银行在接管时存在严重的资不抵债缺口，已出现严重的信用风险，若没有公共资金介入，理论上一般债权人的受偿率将低于 60%。也就是说，466.77 万个人客户、6.36 万企业及同业机构客户中的大多数将受到严重影响。

为最大限度保障广大储户债权人合法权益，维护金融稳定和社会稳定，中国人民银行、中国银保监会决定由存款保险基金和中国人民银行提供资金，先行对个人存款和绝大多数机构债权予以全额保障。同时，为严肃市场纪律、逐步打破刚性兑付，兼顾市场主体的可承受性，对大额机构债权提供了平均 90% 的保障。

为承接 B 银行的资产负债，处置该行风险，中国银保监会批准了 M 银行的筹建申请，M 银行成立当日，B 银行接管组发布公告称，B 银行将相关业务、资产及负债，分别转让至 M 银行和 H 银行。存款保险基金根据《存款保险条例》第十八条，向 M 银行、H 银行提供资金支持，并分担原 B 银行的资产减值损失，促成 M 银行、H 银行顺利收购承接相关业务并平稳运行。

案例分析：

B 银行市场化重组因 B 银行的损失缺口巨大、缺少投资者参与而无法进行。为确保 B 银行改革重组期间金融服务不中断，接管组借鉴国际金融风险处置经验和做法，并根据《存款保险条例》等国内现行法律制度，最终决定采取新设银行收购承接的方式推进改革重组。存款保险基金在 B 银行破产案件中起到了非常重要的作用，保障了存款人的安全，也维护了社会的稳定，维护了金融机构的形象和声誉。

内容讲解：

（一）存款保险制度的定义

存款保险制度是一种金融保障制度，是指由符合条件的各类存款性金融机构集中起来建立一个保险机构，各存款机构作为投保人按一定存款比例向其缴纳保险费，建立存款保险准备金，当成员机构发生经营危机或面临破产倒闭时，存款保险机构向其提供财务救助或直接向存款人支付部分或全部存款，从而保护存款人利益，维护银行信用，稳定金融秩序的一种制度。

《存款保险条例》对存款保险定义做了规定，指投保机构向存款保险基金管理机构交纳保费，形成存款保险基金，存款保险基金管理机构依照《存款保险条例》的规定向存款人偿付被保险存款，并采取必要措施维护存款以及存款保险基金安全的制度。

被保险存款包括投保机构吸收的人民币存款和外币存款。但是，金融机构同业存款、投保机构的高级管理人员在本投保机构的存款以及存款保险基金管理机构规定不予保险的其他存款除外。

（二）存款保险的强制性

在中华人民共和国境内设立的商业银行、农村合作银行、农村信用合作社等吸收存款的银行业金融机构，应当依照《存款保险条例》的规定投保存款保险。投保机构在中华人民共和国境外设立的分支机构，以及外国银行在中华人民共和国境内设立的分支机构不适用前款规定。但是，中华人民共和国与其他国家或者地区之间对存款保险制度另有安排的除外。

《存款保险条例》施行前已开业的吸收存款的银行业金融机构，应当在存款保险基金管理机构规定的期限内办理投保手续。《存款保险条例》施行后开业的吸收存款的银行业金融机构，应当自工商行政管理部门颁发营业执照之日起 6 个月内，按照存款保险基金管理机构的规定办理投保手续。

（三）存款保险的保障

存款保险实行限额偿付，最高偿付限额为人民币 50 万元。中国人民银行会同国务院有关部门可以根据经济发展、存款结构变化、金融风险状况等因素调整最高偿付限额，报国务院批准后公布执行。同一存款人在同一家投保机构所有被保险存款账户的存款本金和利息合并计算的资金数额在最高偿付限额以内的，实行全额偿付；超出最高偿付限额的部分，依法从投保机构清算财产中受偿。

存款保险基金管理机构偿付存款人的被保险存款后，即在偿付金额范围内取得该存款人对投保机构相同清偿顺序的债权。

（四）存款保险基金

1. 存款保险基金的来源。存款保险基金的来源包括：（1）投保机构交纳的保费；（2）在投保机构清算中分配的财产；（3）存款保险基金管理机构运用存款保险基金获得的收益；（4）其他合法收入。

2. 存款保险基金管理机构的职责。存款保险基金管理机构履行下列职责：（1）制定并发布与其履行职责有关的规则；（2）制定和调整存款保险费率标准，报国务院批准；（3）确定各投保机构的适用费率；（4）归集保费；（5）管理和运用存款保险基金；（6）依照《存款保险条例》的规定采取早期纠正措施和风险处置措施；（7）在《存款保险条例》规定的限额内及时偿付存款人的被保险存款；（8）国务院批准的其他职责。

存款保险基金管理机构由国务院决定。

3. 存款保险基金的运用。存款保险基金的运用，应当遵循安全、流动、保值增值的原则，限于下列形式：（1）存放在中国人民银行；（2）投资政府债券、中央银行票据、信用等级较高的金融债券以及其他高等级债券；（3）国务院批准的其他资金运用形式。

（五）存款保险费率

1. 存款保险费率标准。存款保险费率由基准费率和风险差别费率构成。费率标准由存款保险基金管理机构根据经济金融发展状况、存款结构情况以及存款保险基金的累积水平等因素制定和调整，报国务院批准后执行。各投保机构的适用费率，由存款保险基金管理机构根据投保机构的经营管理状况和风险状况等因素确定。投保机构应当交纳的保费，按照本投保机构的被保险存款和存款保险基金管理机构确定的适用费率计算，具体办法由存款保险基金管理机构规定。投保机构应当按照存款保险基金管理机构的要求定期报送被保险存款余额、存款结构情况以及与确定适用费率、核算保费、偿付存款相关的其他必要资料。投保机构应当按照存款保险基金管理机构的规定，每 6 个月交纳一次保费。

2. 存款保险费率的调整。投保机构因重大资产损失等原因导致资本充足率大幅度下降，严重危及存款安全以及存款保险基金安全的，投保机构应当按照存款保险基金管理机构、中国人民银行、银行业监督管理机构的要求及时采取补充资本、控制资产增长、控制重大交易授信、降低杠杆率等措施。投保机构有前款规定情形，且在存款保险基金管理机构规定的期限内未改进的，存款保险基金管理机构可以提高其适用费率。

投保机构有下列情形之一的，由存款保险基金管理机构责令限期改正；逾期不改正或者情节严重的，予以记录并作为调整该投保机构的适用费率的依据：（1）未依法投保；（2）未依法及时、足额交纳保费；（3）未按照规定报送信息、资料或者报送虚假的信息、资料；（4）拒绝或者妨碍存款保险基金管理机构依法进行的核查；（5）妨碍存款保险基金管理机构实施存款保险基金使用方案。

投保机构有前款规定情形的，存款保险基金管理机构可以对投保机构的主管人员和直接责任人员予以公示。投保机构未依法及时、足额交纳保费情形的，存款保险基金管理机构还可以按日加收未交纳保费部分 0.05% 的滞纳金。

（六）存款保险基金使用

1. 存款保险基金使用。存款保险基金管理机构可以选择下列方式使用存款保险基金，保护存款人利益：（1）在《存款保险条例》规定的限额内直接偿付被保险存款；（2）委托其他合格投保机构在《存款保险条例》规定的限额内代为偿付被保险存款；（3）为其他合格投保机构提供担保、损失分摊或者资金支持，以促成其收购或者承担被接管、被撤销或者申请破产的投保机构的全部或者部分业务、资产、负债。

存款保险基金管理机构在拟订存款保险基金使用方案选择前款规定方式时，应当遵循基金使用成本最小的原则。

2. 使用存款保险基金偿付存款人情形。有下列情形之一的，存款人有权要求存款保险基金管理机构在《存款保险条例》规定的限额内，使用存款保险基金偿付存款人的被保险存款：（1）存款保险基金管理机构担任投保机构的接管组织；（2）存款保险基金管理机构实施被撤销投保机构的清算；（3）人民法院裁定受理对投保机构的破产申请；（4）经国务院批准的其他情形。

存款保险基金管理机构应当依照《存款保险条例》的规定，在前款规定情形发生之日起 7 个工作日内足额偿付存款。

二、商业银行金融资产风险分类

案例导入 1：国家金融监督管理总局网站 2024 年 4 月 23 日消息，因贷款五级分类不准确，掩盖实质风险；信贷管理不审慎，新发放贷款短期内出险；违规向个人发放固定资产贷款用于收购股权等问题，浙江某农村商业银行被罚款 100 万元。2024 年 8 月 20 日，国家金融监督管理总局某监管分局对某农村商业银行股份有限公司罚款 150 万元。主要违法违规事实为：贷款风险分类不准确；未准确识别关联方，导致重大关联交易未经董事会审批；固定资产贷款"三查"不尽职；违规通过以贷还贷、以贷收息的方式延缓风险暴露，最终形成损失。

案例分析：

商业银行风险分类是银行风险管理的重要内容，涉及商业银行利润、贷款拨备率、拨备覆盖率、资本充足率等风险管理指标管理。准确、完善的风险分类制度是有效防控信用风险的基础，银行监管部门的处罚有助于商业银行依法合规风险管理。商业银行要进一步做实金融资产风险分类，不断提升准确识别风险的水平，强化信用风险防控，实现稳健经营。

案例导入 2：多家银行因"以贷收贷或以贷收息等方式掩盖不良资产"被监管处罚。通过此类方法处置不良资产，相当于银行额外发放一笔贷款，用于借新还旧，短时间内银行的不良率得以改善。银行不良违规处理方式实际有多种，比如，通过信托计划回购实现不良资产虚假转让出表；以自有资金借道发放信托贷款，置换表内信贷资产及承接类信贷资产隐匿不良等；违规发放流动资金贷款用于收购本行不良资产；以贷还贷，掩盖不良；贷款资金挪用于认购本行股份及不良资产；借道银行、企业进行不良资产非真实性转让、通过空存还款后再贷款平库方式掩盖不良贷款、通过调整贷款分类掩盖不良贷款等。

案例分析：

商业银行资产风险分类必须严格按照风险分类标准，不能人为隐藏风险，掩盖不良贷款，虚增商业银行利润。商业银行是高负债经营企业，涉及千家万户的资产安全和社会稳定。金融监管部门必须尽到监管职责，做好监管到位，维护存款人利益。

内容讲解：

（一）商业银行金融资产分类历史沿革

风险分类是指商业银行按照风险程度将金融资产划分为不同档次的行为。

中国人民银行于 1998 年出台《贷款风险分类指导原则》，提出五级分类概念；中国银监会于 2007 年发布《贷款风险分类指引》，进一步明确了贷款五级分类监管要求；国际会计准则理事会于 2014 年发布《国际财务报告准则第 9 号》（IFRS9）新会计准则，提出对金融工具应用预期信用损失法计提减值的要求，按照信用风险是否发生显著上升和金融工具是否发生减值，划分为三个不同风险阶段，按照不同的规则计提减值准备；巴塞尔委员会于 2017 年发布《审慎处理资产指引》，明确不良资产和重组资产的认定标准与分类要求，旨在增强全球银行业资产风险分类标准的一致性和结果的可比性。2023 年 2 月，中国银保监会与中国人民银行结合银行业实际及监管实践，借鉴国际经验出台了《商业银行金融资产风险分类办法》，自 2023 年 7 月 1 日起施行。与 2007 年发布的《贷款风险分类指引》相比，《商业银行金融资产风险分类办法》强调了商业银行金融资产开展风险分类的真实性、及时性、审慎性和独立性原则。

（二）商业银行金融资产风险分类原则

1. 真实性原则。风险分类应真实、准确地反映金融资产风险水平。

2. 及时性原则。按照债务人履约能力以及金融资产风险变化情况，及时、动态地调整分类结果。

3. 审慎性原则。金融资产风险分类不确定的，应从低确定分类等级。

4. 独立性原则。金融资产风险分类结果取决于商业银行在依法依规前提下的独立判断。

（三）风险分类范围与类别

1. 风险分类范围。商业银行应对表内承担信用风险的金融资产进行风险分类，包括但不限于贷款、债券和其他投资、同业资产、应收款项等。表外项目中承担信用风险的，应按照表内资产相关要求开展风险分类。

2. 风险分类。金融资产按照风险程度分为五类，分别为正常类、关注类、次级类、可疑类、损失类，后三类合称不良资产。

（1）正常类：债务人能够履行合同，没有客观证据表明本金、利息或收益不能按时足额偿付。

（2）关注类：虽然存在一些可能对履行合同产生不利影响的因素，但债务人目前有能力偿付本金、利息或收益。

（3）次级类：债务人无法足额偿付本金、利息或收益，或金融资产已经发生信用减值。

（4）可疑类：债务人已经无法足额偿付本金、利息或收益，金融资产已发生显著信用减值。

（5）损失类：在采取所有可能的措施后，只能收回极少部分金融资产，或损失全部金融资产。

（四）分类标准

1. 风险分类依据

（1）非零售资产风险分类。商业银行对非零售资产开展风险分类时，应加强对债务人第一还款来源的分析，以评估债务人履约能力为中心，重点考察债务人的财务状况、偿付意愿、偿付记录，并考虑金融资产的逾期天数、担保情况等因素。对于债务人为企业集团成员的，其债务被分为不良并不必然导致其他成员也被分为不良，但商业银行应及时启动评估程序，审慎评估该成员对其他成员的影响，并根据评估结果决定是否调整其他成员债权的风险分类。

商业银行对非零售债务人在本行的债权超过 10% 被分为不良的，对该债务人在本行的所有债权均应归为不良。经国务院金融管理部门认可的增信方式除外。

（2）零售资产风险分类。商业银行对零售资产开展风险分类时，在审慎评估债务人履约能力和偿付意愿基础上，可根据单笔资产的交易特征、担保情况、损失程度等因素进行逐笔分类。

零售资产包括个人贷款、信用卡贷款以及小微企业债权等。其中，个人贷款、信用卡贷款、小微企业贷款可采取脱期法进行分类。

2. 风险分类标准

（1）商业银行应将符合下列情况之一的金融资产至少归为关注类：①本金、利息或收益逾期，操作性或技术性原因导致的短期逾期除外（7天内）；②未经商业银行同意，擅自改变资金用途；③通过借新还旧或通过其他债务融资方式偿还，债券、符合条件的小微企业续贷业务除外；④同一非零售债务人在本行或其他银行的债务出现不良。

（2）商业银行应将符合下列情况之一的金融资产至少归为次级类：①本金、利息或收益逾期超过90天；②金融资产已发生信用减值；③债务人或金融资产的外部评级大幅下调，导致债务人的履约能力显著下降；④同一非零售债务人在所有银行的债务中，逾期超过90天的债务已经超过20%。

（3）商业银行应将符合下列情况之一的金融资产至少归为可疑类：①本金、利息或收益逾期超过270天；②债务人逃废银行债务；③金融资产已发生信用减值，且预期信用损失占其账面余额50%以上。

（4）商业银行应将符合下列情况之一的金融资产归为损失类：①本金、利息或收益逾期超过360天；②债务人已进入破产清算程序；③金融资产已发生信用减值，且预期信用损失占其账面余额90%以上。

（5）不良资产上调至正常类或关注类时的条件。商业银行将不良资产上调至正常类或关注类时，应符合正常类或关注类定义，并同时满足下列要求：①逾期的债权及相关费用已全部偿付，并至少在随后连续两个还款期或6个月内（按两者孰长原则确定）正常偿付；②经评估认为，债务人未来能够持续正常履行合同；③债务人在本行已经没有发生信用减值的金融资产。

其中，个人贷款、信用卡贷款、小微企业贷款可按照脱期法要求对不良资产进行上调。

（五）重组资产

1. 重组资产的定义。重组资产是指因债务人发生财务困难，为促使债务人偿还债务，商业银行对债务合同作出有利于债务人调整的金融资产，或对债务人现有债务提供再融资，包括借新还旧、新增债务融资等。

对于现有合同赋予债务人自主改变条款或再融资的权利，债务人因财务困难行使该权利的，相关资产也属于重组资产。

2. 债务人财务困难包括以下情形：（1）本金、利息或收益已经逾期；（2）虽然本金、利息或收益尚未逾期，但债务人偿债能力下降，预计现金流不足以履行合同，债务有可能逾期；（3）债务人的债务已经被分为不良；（4）债务人无法在其他银行以市场公允价格融资；（5）债务人公开发行的证券存在退市风险，或处于退市过程中，或已经退市，且对债务人的履约能力产生显著不利影响；（6）商业银行认定的其他情形。

3. 合同调整包括以下情形：（1）展期；（2）宽限本息偿还计划；（3）新增或延长宽限期；（4）利息转为本金；（5）降低利率，使债务人获得比公允利率更优惠的利率；（6）允许债务人减少本金、利息或相关费用的偿付；（7）释放部分押品，或用质量较差的押品置换现有押品；（8）置换；（9）其他放松合同条款的措施。

4. 重组资产风险分类。商业银行应对重组资产设置重组观察期。观察期自合同调整后约定的第一次还款日开始计算，应至少包含连续两个还款期，并不得低于 1 年。观察期结束时，债务人已经解决财务困难并在观察期内按照合同约定及时足额还款的，相关资产可不再被认定为重组资产。债务人在观察期结束时未解决财务困难的，应重新计算观察期。债务人在观察期内没有及时足额还款的，应从未履约时点开始，重新计算观察期。

对于重组资产，商业银行应准确判断债务人财务困难的状况，严格按照本办法进行分类。重组前为正常类或关注类的资产，以及对现有债务提供的再融资，重组后应至少归为关注类；观察期内符合不良认定标准的应下调为不良资产，并重新计算观察期；观察期内认定为不良资产后满足不良资产上调至正常类或关注类条件的，可上调为关注类。

重组前为次级类、可疑类或损失类的，观察期内满足不良资产上调至正常类或关注类条件的，可上调为关注类；观察期内资产质量持续恶化的应进一步下调分类，并重新计算观察期。

重组观察期内债务人未按照合同约定及时足额还款，或虽足额还款但财务状况未有好转，再次重组的资产应至少归为次级类，并重新计算观察期。

债务人未发生财务困难情况下，商业银行对债务合同作出调整的金融资产或再融资不属于重组资产。

（六）商业银行风险分类管理制度

1. 明确分类方法。《商业银行金融资产风险分类办法》是金融资产风险分类的最低要求，商业银行应根据实际情况完善分类制度，细化分类方法，但不得低于该办法提出的标准和要求，且与该办法的风险分类方法具有明确的对应和转换关系。商业银行制定或修订金融资产风险分类制度后，应在 30 日内报国务院银行业监督管理机构及其派出机构备案。

2. 商业银行健全风险分类治理架构。商业银行应健全金融资产风险分类管理的治理架构，明确董事会、高级管理层和相关部门的风险分类职责。董事会对金融资产风险分类结果承担最终责任，监督高级管理层履行风险分类职责。高级管理层应制定金融资产风险分类制度，推进风险分类实施，确保分类结果真实有效，并定期向董事会报告。

3. 制定风险分类管理制度。金融资产风险分类管理制度的内容包括但不限于分类流程、职责分工、分类标准、分类方法、内部审计、风险监测、统计报告及信息披露等。

商业银行应按照金融资产类别、交易对手类型、产品结构特征、历史违约情况等信息，结合本行资产组合特征，明确各类金融资产的风险分类方法。分类方法一经确定，应保持相对稳定。

商业银行应完善金融资产风险分类流程，明确"初分、认定、审批"三级程序，加强各环节管理要求，建立有效的制衡机制，确保分类过程的独立性，以及分类结果的准确性和客观性。

4. 流程和频率。商业银行应至少每季度对全部金融资产进行一次风险分类。对于债务人财务状况或影响债务偿还的因素发生重大变化的，应及时调整风险分类。

商业银行应至少每年对风险分类制度、程序和执行情况进行一次内部审计，审计结果应及时向董事会书面报告，并报送银保监会及其派出机构。

5. 信息系统、监测分析、信息披露和文档管理。商业银行应开发并持续完善金融资产风险分类相关信息系统，满足风险管理和审慎监管要求。商业银行应加强对金融资产风险的监测、分析和预警，动态监测风险分布和风险变化，深入分析风险来源及迁徙趋势，及时根据风险状况采取防范措施。商业银行应依据有关信息披露的规定，及时披露金融资产风险分类方法、程序、结果，以及损失准备计提、损失核销等信息。商业银行应持续加强金融资产风险分类档案管理，确保分类资料信息准确、连续、完整。

商业银行通过建立完善的审慎的风险分类管理制度和操作规程，准确地对资产进行风险分类，真实反映金融资产质量，通过审慎的会计账务处理，实现商业银行可持续稳健经营。

【拓展栏目——思政园地】

推动金融高质量发展、建设金融强国——论学习贯彻
习近平总书记在省部级专题研讨班上重要讲话

金融是国民经济的血脉，是国家核心竞争力的重要组成部分。在省部级主要领导干部推动金融高质量发展专题研讨班开班式上，习近平总书记深入阐释建设金融强国的目标任务、实践要求等重大问题，强调"建设金融强国需要长期努力，久久为功""必须加快构建中国特色现代金融体系"。

金融活，经济活；金融稳，经济稳。党的十八大以来，在以习近平同志为核心的党中央坚强领导下，我国金融事业发展取得新的重大成就，金融业保持快速发展，金融改革开放有序推进，金融产品日益丰富，金融服务普惠性增强，金融监管得到加强和改进，金融服务经济高质量发展的能力和效率大幅提升，金融在促进经济平稳健康发展、支持打赢脱贫攻坚战、满足人民群众金融服务需求等方面发挥了重要支撑作用，为如期全面建成小康社会、实现第一个百年奋斗目标作出了重要贡献。当前，我国已成为重要的世界金融大国，拥有全球最大的银行体系，第二大保险、股票和债券市场，外汇储备规模稳居世界第一，普惠金融走在世界前列，经济社会发展和人民群众日益增长的金融需求不断满足，金融已经成为推动经济社会发展的重要力量。

中央金融工作会议明确提出加快建设金融强国的目标，这是党中央立足中国式现代化建设全局作出的战略部署。在这次专题研讨班开班式上，习近平总书记对金融强国作出了深入阐释："金融强国应当基于强大的经济基础，具有领先世界的经济实力、科技实力和综合国力，同时具备一系列关键核心金融要素，即：拥有强大的货币、强大的中央银行、强大的金融机构、强大的国际金融中心、强大的金融监管、强大的金融人才队伍。"这为在新征程上推动金融高质量发展、建设金融强国进一步明确了战略任务、指

明了前进方向。我们要切实提高政治站位，胸怀"国之大者"，强化使命担当，正确认识我国金融发展面临的形势任务，不断增强做好金融工作的责任感和使命感，以更加坚决的态度、更加自觉的行动、更加有力的举措扎实推进金融强国建设，坚定不移把党中央决策部署落到实处。

"秉纲而目自张，执本而末自从。"习近平总书记围绕加快构建中国特色现代金融体系作出重要部署，强调"建立健全科学稳健的金融调控体系、结构合理的金融市场体系、分工协作的金融机构体系、完备有效的金融监管体系、多样化专业性的金融产品和服务体系、自主可控安全高效的金融基础设施体系"，这深刻揭示了建设金融强国的内在要求、实践路径和主攻方向。我们要把思想和行动统一到习近平总书记重要讲话精神上来，认真落实中央经济工作会议和中央金融工作会议的各项决策部署。要着力营造良好的货币金融环境，切实加强对重大战略、重点领域和薄弱环节的优质金融服务，始终保持货币政策的稳健性，优化资金供给结构，提高资金使用效率，做好科技金融、绿色金融、普惠金融、养老金融、数字金融五篇大文章。要着力打造现代金融机构和市场体系，疏通资金进入实体经济的渠道，优化融资结构，打造规则统一、监管协同的金融市场，完善中国特色现代金融企业制度。要切实提高金融监管有效性，全面强化机构监管、行为监管、功能监管、穿透式监管、持续监管。

金融高质量发展关系中国式现代化建设全局，加快建设金融强国使命在肩、责任重大。大道至简、实干为要。更加紧密地团结在以习近平同志为核心的党中央周围，全面贯彻习近平新时代中国特色社会主义思想，锚定既定目标、保持战略定力，真抓实干、埋头苦干、久久为功、善作善成，我们就一定能推动中国特色金融发展之路越走越宽广，以金融高质量发展助力强国建设、民族复兴伟业。

资料来源：人民日报评论员．推动金融高质量发展建设金融强国——论学习贯彻习近平总书记在省部级专题研讨班上重要讲话［N］．人民日报，2024-01-19（01）．

 练习题

1. 商业银行机构如何合规设立？
2. 讨论为什么商业银行设立需要比一般企业更严格的要求。
3. 讨论商业银行机构存款保险制度基本规定和作用。
4. 简述商业银行资产风险基本类别和分类方法。